现代林业企业管理学

主　编　耿玉德
主　审　王兆君

东北林业大学出版社
·哈尔滨·

图书在版编目（CIP）数据

现代林业企业管理学／耿玉德主编. --2 版. --哈尔滨：东北林业大学出版社，2016.7 （2024.1 重印）
ISBN 978 - 7 - 5674 - 0813 - 5

Ⅰ.①现… Ⅱ.①耿… Ⅲ.①林业企业农业企业管理 Ⅳ.①F307.26

中国版本图书馆 CIP 数据核字（2016）第 149696 号

责任编辑：卢 伟

封面设计：彭 宇

出版发行：东北林业大学出版社（哈尔滨市香坊区哈平六道街 6 号 邮编：150040）

印 装：三河市佳星印装有限公司

开 本：787mm×1092mm 1/16

印 张：19.5

字 数：425 千字

版 次：2016 年 8 月第 2 版

印 次：2024 年 1 月第 2 次印刷

定 价：88.00 元

如发现印装质量问题，请与出版社联系调换。（电话：0451 -82113296 82191620）

前　言

21 世纪人类已进入了"信息社会"和"知识经济"时代，很多新兴产业的迅速发展，带来了信息化、网络化的经济走向，对传统的林业企业组织、林业企业管理方式等方面也带来根本性的影响。《中共中央、国务院关于加快林业发展的决定》是我国林业建设史上又一个新的里程碑，标志着我国林业建设进入了一个新的时代。林业企业必须在指导思想、主要任务、组织形式、管理体制、运行机制等方面做出重大调整；随着全球经济一体化进程的加快，林业企业要参与全球化竞争，超越单一经济利益主体的各种联合、重组将在更广的范围内展开，给林业企业经营方式、经营手段带来了重大变革。这些变革，迫切需要有新的理论来指导林业企业管理实践。为了满足上述变化的需要，由东北林业大学、北华大学、浙江林学院的教师，在多年从事林业企业管理教学和科学研究实践基础上，结合我国林业企业的特点，编写了《现代林业企业管理学》一书。

我们在编写本书的过程中，努力做到理论与实践相结合，既吸取了古今中外人类在社会经济活动中所积累的管理思想和管理理论的精华，又结合林业企业的特点和未来的变革，全新地体现现代林业企业管理的基本理论和基本方法；既全面系统地介绍现代林业企业管理的理论知识，又充分体现了现代林业企业管理研究的最新成果，探讨了在新形势下林业企业面临的各种创新。我们希望，在这一思想指导下编写的本书，不仅适用于高等农林院校教学之需，也对林业企业管理的理论研究者和实践者提供一定的参考。

参加本书编写的人员如下：东北林业大学耿玉德编写第 1、5、6、11、13 章，杨长峰编写第 2、10 章，陈玮编写第 4、18 章，奚祥华编写第 9 章，李英禹编写第 14、15 章，韩松岭编写第 19 章；北华大学陶淑芬编写第 3、7 章，姜雪梅编写第 8 章；浙江林学院程云行编写第 12、16 章，唐志编写第 17 章。全书由耿玉德任主编，杨长峰、程云行任副主编，王兆君担任主审。

在本书编写与出版过程中，得到了东北林业大学优秀教材出版基金的资助、东北林业大学经济管理学院的支持、东北林业大学出版社的帮助，参阅了有关学者的研究文献，在此一并表示衷心的感谢。

由于各方面的限制，书中缺点在所难免，恳请广大读者提出批评与改进意见。

编者

2016 年 6 月

目　录

1 绪 论

1.1 现代林业企业概述

1.1.1 现代林业企业的基本特征与分类

1.1.1.1 现代林业企业的基本概念

随着客观环境的变化，林业企业的各种关系也发生了很大的变化，其中最根本的变化是生产要素所有者之间关系的变化，这种变化决定了其他关系的变化。传统意义上的林业企业是以某一生产要素所有者为主体所形成的经济组织。而现代林业企业生产要素所有者多元化，且各生产要素所有者之间是一种平等的契约关系。因此，现代林业企业的概念可定义如下：现代林业企业是指以森林资源培育、开发利用、经营等活动为内容，各种生产要素的所有者为了追求一定的利益，通过契约关系而组成的经济组织。这一定义实际上主要强调了各种生产要素（如资本、土地、人力资源、技术等）背后的所有者的相互关系，且这种相互关系是一种契约式的平等的关系。

1.1.1.2 现代林业企业的基本特征

林业企业有着与一般企业相类似的基本特征，但对于森林资源经营的企业而言，由于森林资源（主要是林木资源）的特殊性，又表现出与一般企业所不同的特征。研究这些不同的特点是有效进行现代林业企业管理的前提。

（1）多产业性。林业企业是以森林资源为经营对象的，由于森林资源包括土地、林木、野生动植物、微生物、地下资源、景观资源等，因此林业企业对森林资源的开发利用是多方面的。由此反映林业企业的经营活动包括了第一、二、三产业在内的多个产业，其经营活动是复杂的，管理的难度也比一般企业大。

（2）多目标的并存性。森林资源不仅能提供各种林产品，而且也能发挥生态效益和其他社会效益。因此，现代林业企业经营活动的目标不应是追求单一的经济效益，同时也应发挥生态效益和社会效益（即使商品林的生产也应如此）。

（3）资源的约束性。任何企业的经营都要受到一定资源的约束，但是林业企业由于森林资源的短缺而成为较为突出的资源约束型企业。这种约束来自两个方面：一是垂直约束，即森林资源主体生产量的锐减，使林业企业后续产业的发展受到较大影响；二是水平约束，即林业企业生产尤其是森林资源培育生产投入的不足，导致林业企业生产所需资源的约束。第二种约束加重了第一种约束，从而形成了林业企业生产资源约束的连环。要克服这种约束，除增加投入大力培育森林资源外，更重要的是林业企业生产要实行强制替代，进行多资源的开发与利用。

（4）林业企业生产资源的地域组合性。森林资源的生产是一定地域上的组合体，而且在不同的地域，这一组合体的内容和表现出的特征又不尽相同，所以，林业企业必须根据不同的组合体采取不同的经营措施，以发挥其整体效用。

1.1.1.3　现代林业企业的分类

现代林业企业虽然都是从事各种林业生产经营活动的经济组织，但由于其经营对象、生产规模、投资主体等方面的不同，从而形成了不同的林业企业类型。正确划分林业企业类型并正确认识它们的不同特点，对于合理组织生产经营活动、进行科学管理，都有着十分重要的意义。

1.1.1.3.1　按企业的财产关系划分

可将林业企业分为三种主要类型：独资型企业、合伙型企业、公司型企业。

独资型企业通常是只有一个自然人单独出资设立、独立拥有和控制、不具备法人资格的企业，它是所有企业组织形态中最古老、最简单的一种模式，因此，有时也被称为古典企业。

合伙型企业是指那些由各合伙人订立合伙协议，共同出资、共同经营、共享收益、共担风险，并对合伙企业债务承担无限连带责任的营利性组织。与独资型企业相比，合伙型企业内部又增添了一层各合伙人之间的相互监督约束关系。

公司型企业是指由两个或两个以上出资者出资，依照法定条件和程序设立，具有独立人格的法人企业。根据《中华人民共和国公司法》的规定，公司型企业主要有两种表现形式：一是有限责任公司，二是股份有限公司。

1.1.1.3.2　按所有制形式划分

按照所有制形式可将林业企业分为：国有林业企业、集体所有制企业、私营企业等。

1.1.1.3.3　按企业经营范围划分

可分为两大类型：综合性林业企业、专业性林业企业。

综合性林业企业通常是指以森林资源培育、加工利用为内容的林业企业，多指国有森工企业、国有林场、集体林场、合作林场、采育场等。

专门性林业企业指局限于林业内部作专门分工的生产经营单位，主要包括以下类型：

第一，森林经营企业。这是以森林资源生产为主的企业，其生产经营活动以培育活立木及其他森林资源为主，从事森林资源的交易活动。

第二，木竹材加工企业。这是以原木、原竹材等为原料，进行粗、精、深加工生产，制造各种木竹产品的加工企业，如制材厂、人造板厂、家具厂等。

第三，林产化工企业。这是以森林资源或木材的附属物（如松脂）、内生物（如胶汁）、副产品（如果壳）等为原料，通过化学工艺加工生产特有林产化工产品的企业。这类企业又往往以一厂一品为特征，由于产品单一、专业化程度高、科技含量高，其产品的附加值也较高，一般骨干企业均以机械化、自动化生产线生产。

第四，林产品经销企业。这是专门从事各种林产品流通经营的企业。

第五，森林旅游企业。这是以森林景观资源为依托，主营景观游览、休憩、旅行、考察等业务及其他业务的企业。

1.1.1.3.4 按企业规模划分

可分为大型、中型、小型企业。划分企业规模要综合考虑其产值、利税、资产、森林资源等多项指标。

1.1.1.3.5 按企业经营形式划分

可分为：承包经营企业、租赁经营企业、股份经营企业、股份合作经营企业等类型。

1.1.2 现代林业企业的经营目标与社会责任

1.1.2.1 现代林业企业的经营目标

所谓企业经营目标，是指在分析企业外部环境和内部条件的基础上，所确定的企业各项经济活动的发展方向和所要达到的水平，是企业经营思想的具体化。

制定科学合理的经营目标，对于现代林业企业的发展起着重要的作用。

经营目标为企业各项生产经营活动提供了基本方向，是企业一切经营活动所要达到的目标和基本依据。有了正确的经营目标，才能够对企业的生产经营活动进行具体指导，才能够使企业有目的、有针对性地合理利用资源，发挥资源优势，提高整体效益。经营目标反映了企业所追求的价值，是衡量企业各方面活动的价值标准，也是企业生存和发展的意义所在。企业的经营目标是动态的，经营目标是在进行外部环境分析和科学预测未来发展趋势的基础上所确定的，所制定的经营目标就是要达到企业内部条件与外部环境的平衡，以求得企业长期、稳定、协调地发展。

企业的目标是变化的，不同时期有不同的经营目标，即使同一时期，企业的经营目标也是多方面的，这其中既有经济目标又有非经济目标，这些目标共同组成了企业的多目标体系。随着我国林业的重新定位，社会对林业企业的要求也发生了很大变化，现代林业企业的经营目标也必须随之进行调整。

1.1.2.1.1 生态效益目标

主要指以森林资源为经营对象的企业为社会所提供的具有巨大公益效能的无形产品。这一目标包括最大限度地发挥森林的调节气候、涵养水源、保持水土、改良土壤、净化空气、防风固沙、保护生物多样性、防治环境污染和减少自然灾害等生态功能。这些无形产品具有外在性、需求难以界定和消费具有层次性、非排他性和集团性，不能在有形市场上交换、得到补偿、实现价值等特点，因此，具有鲜明的公益性，需要国家采取特殊的政策和方法，给林业企业以必要的补偿。

1.1.2.1.2 经济效益目标

在市场经济条件下，林业企业是相对独立的商品生产者和经营者，它对国有资产负有保值增值的责任，实行自负盈亏，因此，追求经济效益最大化是现代林业企业发展的内在要求。市场经济的发展，使现代林业企业面对着更为复杂的竞争环境，企业要生存要发展，就必须进行资金的积累，以增强自身的经济能量，提高自身的素质，而这又以经济效益的最大限度发挥为前提。所以，追求经济效益最大化就成为林业企业的一般运行目标。

经济效益最大化目标对现代林业企业有着积极的效应。首先，经济效益的最大化是以满足市场的需求、产品为市场所接受为条件的，这样林业企业势必要密切注意市场的动向，以高质量的产品赢得市场。所以林业企业能够积极采用先进的技术工艺，运用科学的管理方法，实现资源的有效配置，努力降低成本，提高企业的经济效益。其次，追求经济效益最大化目标使林业企业内部关系得以协调。企业利润的增加依赖于劳动者积极性的提高，而劳动者积极性的提高则有赖于个人收入的增长，所以企业会采取有效的措施，提高劳动者的收入，以刺激劳动者的工作热情。因此，在利益的相互制约中，双方要求得到平衡协调，有利于处理好企业的内部关系。第三，追求经济效益最大化有利于促进企业行为合理化。要使经济效益得到不断增加，企业必须处理好眼前利益与长远利益之间的关系，端正自己的行为，合理地进行企业生产经营活动，重视企业声誉和市场地位，以求得企业的长期发展。

1.1.2.1.3 社会效益目标

林业企业的社会效益目标主要表现在其对促进民族繁荣、社会文明、增加就业机会、稳定和发展林区以及提高人们生活质量等方面。

就增加就业而言，随着企业机构的改革和林业企业木材产量的大幅度调减，富余劳动力大量增加，再加上待业人员数量的增加，使得如何安置这些富余人员，解决待业、稳定社会秩序等问题，成为林业企业亟待解决的大问题，也使得林业企业在某些生产经营活动中以追求就业为主要目标。这一目标的导引，产生了一些积极的效应，如促进了林区社会的安定，增加了林业生产第一线人员，迫使林业企业广开生产门路等，但在实际生产中，也产生了一些不利的影响。由于这些待业人员没有经过专业培训，技术水平相对来说比较低，因此实际的操作能力比较差，给产品质量的提高和经济效益的提高带来了一些不利的影响。另外，企业人员的增加必然会提高企业的工资支出，也会使企业利润水平受到一定的影响。所以，这一目标只是一定时期其他目标的伴随目标，而且以后随着社会保障体系的不断完善，这一目标不会再存在。

林业企业生产经营活动的上述目标是相互联系、相互制约的。追求经济效益最大化是林业企业生产经营活动的一般动机和要求，但这并不意味着企业在生产经营活动中把利润目标定得越高越好，也不意味着企业可以不顾一切地追求利润的增加而忽视其他目标。事实上任何企业的具体经营活动总是在一定的条件下发生的，企业活动的具体目标总要受到这些条件的制约。也就是说，企业的具体经营目标并不仅仅由企业活动的一般动机决定，而且受到其他因素的强烈影响和约束。由此，企业在经营活动的不同时期、不同阶段，具体目标不仅在量上而且在构成上、重心上都会有差别。企业生产经营活动的目标是一个完整的体系，不仅包括生态效益、经济效益、社会效益目标，而且还包括产品产量、产值、产品质量水平、新产品开发程度、劳动生产率、新技术应用程度、产品价格、工资水平等具体目标，实现产量、产值、质量、新产品开发、新技术应用等目标，是实现企业利润目标的手段和重要途径。所以，不能认为追求利润最大化是企业经营中始终不变的唯一目标。在一定时期内，实现其他目标则比实现暂时的利润最大化更为重要。

总之，在林业企业的经营目标系统中，各种具体目标是相互联系、相互制约的，各目标应相互协调，发挥最大的整体效益。

1.1.2.2 现代林业企业的社会责任

林业企业实现社会效益目标（实际上也包括生态效益目标）的过程就是履行社会责任的过程，企业履行社会责任主要是受道德力量的驱使，就是去做对社会有利的事而不做对社会不利的事。履行社会责任对林业企业的发展有着十分重要的意义。现代林业企业所履行的社会责任主要表现在以下几方面：

（1）对环境改善的责任。林业是生态环境建设的主体，对森林资源经营型企业而言，最大限度地发挥森林的生态效益功能是其不可推卸的责任；对其他类型的企业来说，也应积极开发"绿色产品"，并采取有效措施来治理环境污染。

（2）对员工的责任。员工是企业的主人，是企业最宝贵的财富，企业应为员工营造一个良好的工作环境和公平竞争的环境，同时要根据企业的实际和员工的条件，采取各种形式对员工进行培训，以不断提高员工的素质，满足企业发展的需要。

（3）对顾客的责任。企业要为顾客提供各种真实可靠的产品信息，并生产出安全的"绿色产品"，在使用前或使用过程中，企业要尽可能为顾客提供指导，以帮助他们正确使用产品。同时，要为顾客提供高质量的售后服务，建立与顾客的有效沟通渠道，及时解决顾客在使用产品过程中的问题。

（4）对投资者的责任。企业要为投资者带来有吸引力的投资报酬，及时、准确地向投资者报告企业财务状况，使投资者能准确把握企业的发展趋势。

（5）对区域社会的责任。企业要为区域社会的稳定、繁荣做出贡献，不断为社会提供更多的就业机会，积极利用各种途径参与各种社会活动，在回报社会的同时，也为企业树立了良好的公众形象。

1.2 现代林业企业管理活动的特征

现代林业企业既有一般企业的特征，更有一般企业所不具有的特殊性。因此，对林业企业管理既要遵循一般企业管理的规律，更要考虑林业企业生产经营活动的特殊性，采取适宜的措施进行管理。现代林业企业管理活动具有以下的特征。

1.2.1 现代林业企业管理内容的复杂性

林业企业（森林资源经营型企业）除对一般生产要素进行管理外，更主要的是对森林资源的管理。森林资源是以林木资源为核心的由多种动、植物资源组成的群体，它包括林木、林地以及林区内的其他动、植物资源，由此可见林业企业管理的内容是十分复杂的。从管理对象上看，不仅包括林木资源和林地资源的管理，而且还包括森林动、植物的管理。从管理业务上看，不仅包括森林资源数据和调查规划设计的管理，而且还包括森林资源经营利用、保护培育等项活动的管理。同时，森林资源分布的广泛性也增加了对其管理的难度。森林资源系统在时间上、空间上、成熟上、结构上等方面具有明显的多元弹性，使得森林资源的各项管理活动具有很大的选择性，不加以科学地选择、优化而实施各项生产经营活动的管理，都可能带来不良的后果，这也给森林资源的管理带来很大的难度。

1.2.2　现代林业企业管理目标的多元性

森林资源具有多种效益，林业企业在较大空间范围内经营森林资源，既要满足社会对林业企业生产各种林产品的需求，又要满足人们的旅游、心理、环境等需求，而社会需求的这两类产品又具有不同的性质，对其管理的方式、方法不同。林业企业生产经营的这一性质，决定了企业管理目标的多样性，但这一多元化的目标又是相互联系的。因此，林业企业的管理目标应相互协调，以实现企业的整体目标。

1.2.3　现代林业企业管理是以契约规则为手段

正如前面所定义的那样，现代林业企业是各种契约关系的经济组织，现代林业企业管理不同于传统林业企业所采取的强制性的单方面管理，是通过管理者与被管理者双方都认可的契约规则进行管理以实现企业经营目标的。契约就是当事人双方认可的规则，是建立在双方平等基础上的契约规则，不是谁强迫谁，现代林业企业管理就是通过这种契约规则来实现企业经营目标的，而且这种契约规则越来越细化，细分到员工在整个经营过程中的每个环节的责权利关系，因为现代林业企业管理已由对人的管理转向了对岗位的管理，对岗位的管理必然导致各岗位上大家所认可的契约规则的建立。

1.2.4　现代林业企业管理是责权利相对称的管理

在现代林业企业的整个管理过程中，尤其是在处理各种矛盾关系时，遵循的是责任、权利、利益三者之间的有效结合，并且具有对称性。在企业生产经营过程中，任何人对权利和利益的追求都是无限的，企业只能靠责任约束这种无限的追求。也就是说，任何一个经济主体只要拥有什么样的责任，就拥有什么样的权利和利益，所以责任是约束人们权利和利益的最主要标准，或者说是最主要的约束条件，并且责任、权利和利益是对等的，只有三者相对称，才能够实现有效的管理。

1.2.5　现代林业企业管理是追求企业可持续发展的管理

企业发展与人类社会发展紧密相关，企业发展的主题直接关系到社会发展的进程与质量。传统的林业企业发展都是围绕社会发展的需求进行生产经营活动的。林业企业发展的主题是如何利用各种资源生产出社会需要的产品。然而，未来社会的发展，特别是21世纪的社会发展，已明显地表现出向着共存、安全、知识、创新、持续的方向发展。现代林业企业要生存、发展，也必须要与未来人类社会发展同步，力图实现企业长期、稳定的发展，实现企业资源、经济、环境的可持续发展。这就要求现代林业企业在管理过程中，根据自身的特点和通过改进自身的弱势，以不断适应竞争环境和社会发展环境的变化，使企业保持长期的竞争优势。

1.2.6　现代林业企业管理是在自然规律和经济规律双重作用下进行的

林业企业的经济运行是复杂的复合系统的运行，它是以林地和多种差别资源构成的森林资源运行，又是以资金和资产形式存在的经济运行，是自然规律和经济规律共同作用下的经济运行。因此，对林业企业的管理，既要遵循经济规律，又要遵循自然规律。

1.3 现代林业企业经营方式

1.3.1 林业企业经营方式的含义

林业企业经营方式是指在一定的所有制条件下，实现林业企业再生产过程的经营组织、结构、规模、责权利关系及生产要素的组合方式。它既受所有制形式的制约，又是生产力组织形式的具体化。首先，经营方式是生产关系的一个层次，它必须以基本生产关系如所有制关系为基础；其次，经营方式不仅具有生产关系的属性，而且具有生产力的属性，各项生产要素结合的不同比例也会形成不同的经营方式。由于经营方式具有生产力属性，故家庭经营、股份制经营、租赁经营等形式，可以在不同的所有制经济中采用；再次，经营方式依附于经济组织，也就是说经营方式必须借助一定的经济组织来实现生产要素结合后的经营运转，使投入转化为产出。

经营方式是现代林业企业管理中的一个重要问题，因为它关系到潜在的生产力能否转化为现实生产力，劳动者生产经营积极性能否充分发挥，林业企业能否适应市场经济的需要合理配置各生产要素，能否顺利实行技术革新与技术改造、推进科技进步等。

因此，在确定林业企业经营方式时，必须遵循以下原则：适应企业生产力发展水平；适应市场经济要求；符合林业企业生产经营的基本规律和特殊要求；有利于森林资源资产的数量增长、质量提高和结构改善，实现良性循环；有利于调动劳动者生产经营的积极性；有利于科技进步、生产要素合理配置、科学组织管理、三大效益的整体发挥。

1.3.2 林业企业经营方式确定的依据

林业企业经营方式的确定总的来说，要依据企业生产力发展的水平，并与林业企业生产关系的基本性质和企业生产经营的具体特点相适应。

1.3.2.1 经营主体责权利结合的程度

林业企业经营方式的核心在于密切其责权利的关系，使之实现恰当的结合，以调动生产经营者的积极性。因此，在选择企业经营方式时，首先必须弄清企业经营主体责权利的结合状况。任何一个经营者都要以物质利益为动力，并运用经营权利，调配人财物力，组织生产经营活动。其责权利的结合状况关系到具体经营方式的选择。

1.3.2.2 经营主体的所有制性质和生产经营特点

不同所有制结构的特点必定会在一定程度上影响和规范着经营方式的特点，林业企业经营范围的不同，也必然要求不同的经营方式。因此，在确定企业经营方式时，必须考虑企业所有制结构特点和本企业具体生产经营活动的内容。

1.3.2.3 经营方式的具体特点和要求

不同的经营方式有不同的特点，其适应的范围也各不相同。只有明确各种经营方式的特点和具体要求，才能将其与现有的经营主体比较，确定其适应性，最终做出选择，从而保证企业经营方式能有效实施，并达到预期目的。

1.3.3　林业企业经营方式的具体形式

随着我国林业企业改革的不断深入，企业经营方式也呈现出多样化的形式，今后随着各种环境条件的变化，林业企业经营方式还会有更多的变化。

1.3.3.1　承包制经营方式

承包制经营方式是指按照所有权和经营权分离的原则，以承包合同的形式，明确所有者与经营者的责权利关系，使经营者实行自主经营、自负盈亏的一种经营方式。这种经营方式最初产生于农业，并使农业生产取得了前所未有的发展，农民生产积极性空前提高。借鉴农村经济改革的成功经验，林业企业中的一些国有林场、集体所有制林场和国有森工企业中的部分生产活动，也相继产生了统分结合联产承包的经营方式，在保留一定必要的统一经营的同时，以职工、林农及其家庭分散经营为主，将各项生产任务承包给他们，林地和生产工具也一起承包给他们使用。承包后，生产经营活动的全过程，从计划的制定、资金的筹措、生产组织，到产品的收获和销售等活动，均由承包者自主经营。在完成承包合同规定的上缴任务后，经营成果由承包者享用。

承包制经营方式有以下特点：

（1）它是社会主义公有制经济体系中的一种经营形式。现阶段在我国集体所有制企业、国有林业企业的部分活动中，它已成为有效的经营方式。

（2）提高了经营者生产经营的积极性。生产经营活动与经营者的自身利益紧密结合，能充分调动经营者生产经营的积极性。

（3）劳动者的技术素质得到提高。随着科学技术在林业生产中的应用，可以促进经营者提高科学、文化水平。

（4）实现各生产要素的有效结合。经营者能最大限度地有效运用各项生产要素，取得最大的经济效益。

林业企业尤其是森林资源经营型企业，在实行承包制经营时，不能盲目模仿工业企业的做法，要密切结合林业企业的特点，科学确定承包的指标体系，既要考虑经济效益指标，也要考虑生态效益、社会效益指标，并适当确定承包期。同时要建立有效的管理和监督体系，以避免由承包经营带来的企业短期化行为。

1.3.3.2　租赁制经营方式

租赁制经营方式是指林业企业将一部分（或全部）生产资料租赁给集体或个人经营的一种方式。它不改变企业的所有制性质，以授权单位为出租方，将企业或其部分有限期地租给承租方经营。承租方按期向出租方交付租金，并依照合同规定实行自主经营。它是一些小型企业实行的一种有效的经营方式。

租赁制经营与承包制经营虽然都是所有权与经营权相分离的经营形式，但两者有着很大的区别。两者的区别如下：

（1）承包经营是以承包者承诺缴纳税利为条件取得经营权，以一定资金为承担风险的担保。

（2）承包经营中承包者承担企业发展的责任，而承租者不承担企业发展的责任。

（3）承包经营是以经营目标为标的在当事人之间形成的权利义务关系，既有行政关系，又有民事关系，其承包合同不构成独立的民事合同，或者说，是一种特殊的有行政色彩的民事合同；而租赁经营是以资产的让渡为标的，是由对物的支配而形成的一种当事人之间的权利义务关系，其租赁合同在法律上是一种民事合同。

（4）承包经营的利润是扣除税金、折旧和职工福利后，再按合同规定数额或比例归承包者；而租赁经营利润纳税后全部归承租者。

（5）承包经营若发生亏损或到期未达到目标，承包者只负被扣发一定比例的工资或被罚款的责任；而租赁经营者破产或到期资产非正常减值，承租者要用自己抵押的财产补偿。

租赁制经营能使企业活力增强，对市场反应灵敏，但企业经营易产生短期行为。它较适合于技术不很复杂、经济效益较差、市场不太稳定的中小型企业。实行租赁制经营，必须对企业资产进行科学评价，以确定合理的承租费用，使企业资产不流失。

1.3.3.3 股份合作制经营方式

股份合作制是目前全国各地，特别是南方集体林区推行的一种联营经济方式。它有两种实现的途径：一是按照"分股不分山、分利不分林"的思路，将集体的森林资源资产折价作股，以股票形式分给应得利益的享有者；而作为林木资产存在的实物形态，仍保持其生存环境的完整性不作具体划分，采取承包办法实现规模经营。二是以林业的多种生产经营要素折股联营。主要有：市（县）林业投资公司与乡、村合作造林；乡（镇）林业工作站参加市、县、乡、村股份合作造林；国有木材经营单位和乡、村、林农个人股份合作造林；国有用材工业企业参加股份合作造林；林业系统职工或农村群众参加股份合作造林等。

1.3.3.4 股份制经营方式

股份制经营是伴随着市场经济发展和社会化大生产而出现的一种财产组织形式、资产经营形式和直接融资方式。股份制经营是指以入股的形式，把分散于不同所有者手中的生产要素集中起来统一使用、合理经营、按股分红的一种经营方式。股东依在企业中拥有的股份参加管理、享受权益、承担风险，股份可以在规定的范围内转让，但不得退股。与承包、租赁经营相比较，股份制经营可以使投资主体多元化、经营主体一元化、产权关系明晰化，是解决生产社会化和所有权封闭性之间矛盾的最佳途径。

股份制经营与股份合作制经营的主要区别是：

（1）股份制是一种集资手段，主要是私人资本的集合转化为社会资本；而股份合作制则是多种生产经营要素的集合。

（2）股份公司的股票具有资产凭证性质，有的还具有流通性；而股份合作企业的股份证是在原集体经济组织范围内由企业发放，不是完整意义上的资产证明，只是一种分享利润的凭证，仅与企业经营成果有关，不受股市价格影响，无风险性和投机性。

（3）股份制以社会上存在着大量的游资为条件；而股份合作制则是以现有生产要素为条件。

（4）股份制企业与其他社会组织没有固定的行政性关系；而股份合作制企业与当

地林业部门、乡（镇）政府、村委会有一定联系，经营活动不同程度地受其干预，有的企业的收益分配方案要经其批准。

1.3.3.5 企业集团经营方式

企业集团是适应市场经济的发展和社会化大生产的客观需要而产生的一种具有多层次组织结构的经济组织形式。它是若干个具有内在联系的企业，基于共同利益和一致目标，在平等、互利、互惠原则下，依据达成的联合协议、合同或章程，自愿组织起来的。

1.3.3.5.1 企业集团的特点

企业集团是一种特定的结合形态，虽属企业联合范畴，但比一般企业联合范围大、结构复杂，是更高层次的联合。它有以下特点：组织结构高度专业化，保持了企业间高度专业化的分工协作关系；实现集中优化组合，形成群体优势，是通过优化选择形成的多种优势集中的有机组合体；控制机制相对独立，它是相对独立的经济组织，有自己特点的联合章程、管理机构、控制协调手段、规章制度以及分配方式等。

1.3.3.5.2 林业企业集团的特点

林业企业集团实际上是林工商一体化经营的深化发展。早在 20 世纪 80 年代初期，广西就组建了南宁林工商联合公司，实行林工商联合、产供销一条龙经营；20 世纪 90 年代中期，福建省组建了永安林业集团，接着东北、内蒙古四大森工集团（龙江森工集团、吉林森工集团、黑龙江大兴安岭林业集团、内蒙古大兴安岭林业有限责任公司）相继成立。企业集团对成员企业的物资、资金、技术、劳动等生产要素进行了统筹配置，初步形成了集团内部的组织系统，集团内部的育、采、运、加、销各环节分工明确，衔接更加密切。成员企业间盲目竞争、盲目争投资、产业结构雷同等现象基本消除，形成了具有合理利益关系的经济组织。

本章小结

本章界定了现代林业企业的基本概念，分析了现代林业企业的基本特征，并根据林业企业的特殊性，提出现代林业企业的经营目标应是实现生态效益、经济效益和社会效益的整体最优，同时阐述了现代林业企业应负的社会责任。本章还就现代林业企业管理活动的特点、林业企业经营方式进行了论述。通过本章的学习，以期对现代林业企业有一个基本的了解，也为以后各章的学习打下基础。

复习思考题

1. 什么是现代林业企业？其基本特征是什么？

2. 为什么要对林业企业进行分类？如何进行分类？各类型企业有何特点？

3. 试述现代林业企业的经营目标。

4. 现代林业企业应承担哪些社会责任?

5. 现代林业企业管理活动有何特点? 认识这些特点有何意义?

6. 什么是企业经营方式? 选择企业经营方式所遵循的原则是什么?

7. 试分析目前林业企业实行的几种经营方式的特点及其适应条件。

2　林业企业经营环境分析

林业企业经营环境主要包括外部环境和内部环境（内部条件）两个方面。林业企业经营离不开环境，环境是企业生存的土壤，是企业经济发展的舞台，企业只有适应外部环境的变化，才能得以生存和发展。通过外部环境分析，企业可以很好地明确自身面临的机会与威胁，从而决定企业能够选择做什么；通过内部环境分析，企业可以很好地认识自身的优势与劣势，从而决定企业能够做什么。

2.1　林业企业外部环境分析

2.1.1　现代林业企业外部环境及其分类

2.1.1.1　现代林业企业外部环境

现代林业企业作为一个开放的社会经济系统与外部环境有着密切的联系。它源源不断地从外部环境输入人力、物资、能源、资金和信息，经过其加工转换，使输入以新的形态转化为产出，源源不断地输出给外部环境。其输入—转换—产出的过程见图 2-1。

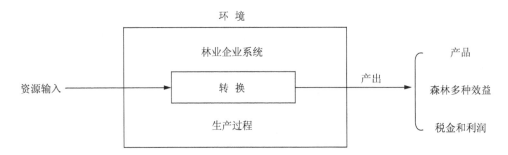

图 2-1　现代林业企业系统与外部环境的关系

企业边界以外与企业有联系的事物都是企业的外部环境（简称环境），企业生存在外部环境包围之中。企业与其外部客观的经营条件、经济组织及其他外部经营因素之间处于一个相互作用、相互联系、不断变化的动态过程之中。这些影响企业的成败，但又在企业外部而非企业所能全部控制的外部因素就形成了企业的外部环境。而对这些外部环境分析的目的就是找出外部环境为企业所提供的可以利用的发展机会以及外部环境对企业发展所构成的威胁，以此作为制定战略目标的出发点、依据和限制的条件。环境与企业相互依存、相互制约。外部环境给企业以营养和力量，并提供发展的机会。没有外部环境的输入，企业就不能生存，同时环境的需要也制约着企业的发展，只有企业的产出适应环境的需要，企业才能得到健康发展，在现代社会中，社会离不开企业，社会需要靠企业的产出来满足。企业的产出也影响外部环境，在一定程度上可以改造环境，创造新的需要。但是，外部环境毕竟是客观存在，而且范围广大，因素繁多，经常处于变动之中。因此，一个企业对外部环境的影响力和改造力是有限的，主要还是适应。企业要适应外部环境，这在客观上要求企业的经营者必须经常深入地研究外部环境，把握其变化趋势，使本企业的生产经营活动与外部环境的要求相一致，即达到动态平衡。只有这样，企业才能求得顺利发展并取得良好的经济效益。

2.1.1.2 现代林业企业外部环境分类

外部环境诸因素对一个企业的影响程度是不同的。首先，对于一个特定的企业来说，它总是存在于某一产业（行业）环境之内，这个产业环境直接地影响企业的生产经营活动。所以第一类外部环境是产业环境，它是企业微观的外部环境。第二类外部环境因素间接或潜在地对企业发生作用和影响，将这第二类外部环境称为企业的宏观外部环境。一般说来，宏观外部环境包括下面因素或力量，它们是政治—法律因素，经济因素，社会—人文因素和技术因素。这两类环境因素与企业内部的关系如图 2-2 所示。产业环境和位于其内部的各个企业均要受到政治、经济、社会和技术等宏观环境的影响。当然，这些因素和力量都是相互联系、相互影响的。

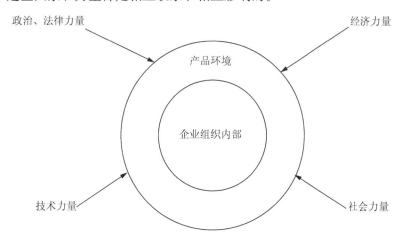

图 2-2 企业内部与外部环境的关系

2.1.2 现代林业企业外部环境的特点及其度量

2.1.2.1 林业企业外部环境的特点

企业的外部环境作为一种企业的客观制约力量，在与企业的相互作用和影响中形成了自己的特点。

（1）企业外部环境的不可控性。企业外部环境是独立于企业之外的客观因素，各有其发展规律，一般来说，一个企业无力控制和改变。如果说在一个小范围内，一个企业对外部环境的某些因素还有一定的影响力的话，那么，对较大的范围，如一个省，乃至全国，个别企业则无能为力。这种不可控性，要求企业要适应环境的约束。为此，就要掌握外部环境各因素的变化规律，并依此组织企业的生产经营活动。

（2）企业外部环境的唯一性。虽然每个企业在其经营活动中都处于同外部环境的动态作用之中，但是对每个企业来说，它面对着自己唯一的外部条件。即使是两个同处于某一行业的竞争企业，由于它们本身的特点和眼界不同，对环境的认识和理解是不同的，因此它们也不会具有绝对相同的外部环境。环境这种唯一性的特点，就要求企业的外部环境分析必须要具体情况具体分析，不但要把握住企业所处环境的共性，也要抓住其个性。

（3）外部环境的变化性。任何企业都不会处于同一个永恒不变的外部环境之中，企业的外部环境总是处于不断变化的状态之中。例如企业与行业竞争者位置的改变，法律义务和法律制约的改变，执政党经济政策的改变等，都将引起企业环境的变化。有些变化是可预测的，是逻辑渐进式的；而有些变化是不可预测的、突发性的。因此，没有一个企业在几个经营管理过程之内，始终都面临着维持同样重要程度的外部环境因素。外部环境的变化性，要求企业的外部环境分析应该是一个与企业环境变化相适应的动态分析过程，而非一劳永逸的一次性工作。企业的决策、计划、战略的选择等也应依据外部环境的变化做出修正或调整。

2.1.2.2　外部环境的度量

企业所面临的外部环境是处于经常变动之中的，其挑战性日益增强，环境发生的很多变化都是企业以前从未碰到过的。环境具有突发性、变化速度快的特性，越来越难以预测，甚至不可预测。环境的这种不定性造成了企业经营困难。为了使企业经营适应的特点，企业必须确认环境的状况。分析和确认环境的状况，一是看环境的复杂性，二是看环境的动荡性或稳定性。

（1）环境的复杂性。外部环境的复杂性指企业在进行外部环境分析时所应当考虑到的环境因素的总量水平。如果企业外部的影响因素多，且各因素间相互关联，则意味着环境复杂。环境的复杂性不仅表现在环境因素的多寡上，而且还表现在环境因素的多样化方面。就是说影响企业的外部环境因素不是同属某一类或几类，而是多种多样、千差万别。一般说来，随着时代的发展，企业作为一个开放系统，它所分析的外部环境因素会有越来越多、越来越多样化的发展趋势，因而企业所面临的外部环境会变得更加复杂。

（2）环境的动荡程度或稳定性。可从两个方面来考察环境的动荡程度。其一是看环境的新奇性，这主要是说明企业运用过去的知识和经验对这些事件的可处理程度。动荡水平低的环境，企业可以用过去的经验、知识处理经营中的问题；而动荡程度高的环境，企业就无法仅用过去的知识和经验去处理经营中的问题。其二要看环境的可预测性。随着环境动荡程度的提高，环境的可预测性逐渐降低，不可预测性逐渐提高。在高动荡水平的环境里，企业所能了解的只是环境变化的弱信号，企业环境中更多地存在着许多不可预测的突发事件。

2.1.3　现代林业企业宏观环境分析

2.1.3.1　政治法律环境

政治法律环境是指对企业经营活动具有实际与潜在影响的政治力量，同时也包括企业经营活动加以限制和要求的法律和法规等因素。具体来说，政治环境主要包括国家的政治制度与体制，政局的稳定性以及政府对外来企业的态度等因素；法律环境主要包括政府制定的对企业经营具有刚性约束力的法律、法规，如反不正当竞争法、森林法、环境保护法以及外贸法规等因素。政治法律环境对企业行为的影响是比较复杂的。有些是直接的，有些是间接的，有些是积极的，有些是消极的。比如，博彩业在我国大陆地区是非法的，而在香港或澳门地区却是合法的，甚至是主导产业之一，这种差异的主要原因之一就在于两地政治制度与体制的不同；再如，我国现在推行的各种环境保护条例和法规的出台，则对很多企业形成了一种无形的限制条件。

2.1.3.2 经济环境

经济环境是指一个国家的经济制度、经济结构、产业布局、资源状况、经济发展水平以及未来的经济走势等。构成经济环境的关键战略要素包括：GDP 的发展趋势、利率水平的高低、财政货币政策的松紧、通货膨胀程度及其趋势、失业率水平、居民可支配收入水平、汇率升降情况、能源供给成本、市场机制的完善程度、市场需求情况等。这些因素都对企业经营发展有着重要的影响。比如，GDP 的发展趋势在一定程度上反映了一国或地区的市场需求总量；利率水平的高低直接决定着企业投资成本的高低；财政货币政策的松紧直接影响着企业融资的难易程度；通货膨胀程度在一定程度上影响着企业各种投入成本的变化；居民可支配收入水平的高低直接影响着高档消费，如旅游、教育以及健康保险等市场消费能力；汇率升降情况则是企业跨国经营时必须考虑的因素，等等。

2.1.3.3 技术环境

技术因素不但指那些引起时代革命性变化的发明，而且还包括与企业生产有关的新技术、新工艺、新材料的出现和发展趋势及应用前景。技术的变革在为企业提供机遇的同时，也对它形成了威胁。因此，技术力量主要从两个方面影响企业。一方面技术革新为企业创造了机遇，表现在：第一，新技术的出现使得社会和新兴行业增加对本行业产品的需求，从而使企业可以开辟新的市场和新的经营范围；第二，技术进步可能使得企业通过利用新的生产方法、新的生产工艺过程或新材料等各种途径，生产出高质量、高性能的产品，同时也可能会使得产品成本大大降低。例如，贝氏转炉的出现使得炼钢生产效率大大提高，生产成本降低；连铸技术的出现，简化了钢铁加工工艺过程，提高了生产效率，也节约了大量的能源，从而降低了产品成本。另一方面，新技术的出现也使企业面临着挑战。技术进步会使社会对企业产品和服务的需求发生重大变化。技术进步对某一个产业形成了机遇，可能会对另一个产业形成威胁。塑料、钢材制品业的发展就在一定程度上对一些林业企业，特别是木制品制造业形成了威胁，许多塑料制品、钢铁产品成为木材制品的代用品。此外，竞争对手的技术进步可能使得本企业的产品或服务陈旧过时，也可能使得本企业的产品价格过高，从而失去竞争力。

2.1.3.4 社会文化环境

社会因素包括社会文化、社会习俗、社会道德观念、社会公众的价值观念、职工的工作态度以及人口统计特征等。变化中的社会文化因素影响社会对企业产品或劳务的需要，也能改变企业的经营战略选择。社会文化是人们的价值观、思想、态度、社会行为等的综合体。文化因素强烈地影响着人们的购买决策和企业的经营行为。不同的国家有着不同的主导文化传统，也有着不同的亚文化群、不同的社会习俗和道德观念，从而会影响人们的消费方式和购买偏好，进而影响着企业的经营方式。因此企业必须了解社会行为准则、社会习俗、社会道德观念等文化因素的变化对企业的影响。随着人们受教育水平的提高和对生活质量的更高要求，就会出现各种自发的利益团体，如消费者协会、环境保护组织等。一些利益团体对企业的行为有很大的影响力，甚至对企业的活动有很大的限制作用。

人口环境是社会文化环境的重要组成部分之一，也是对企业经营有较大影响的因素之一。人口环境主要包括人口规模、年龄结构、人口分布、种族结构以及收入分布等因素。其中人口规模直接影响着一个国家或地区市场容量的基数；年龄结构则决定着消费品的种类以及推广方式等企业行为；人口分布在很大程度上影响着企业进入或覆盖市场的成本；种族结构和收入分布则决定着企业经营品种的选择以及市场进入渠道等。所以，企业在生产经营管理中时必须予以足够的重视。

2.1.3.5　自然地理环境

它包括企业所在地的地理位置、周围的山形地势、河流数量及分布、气候特征以及其他等。林业企业生产经营活动受周围自然地理环境影响较大，其中既有有利的一面，也有不利的一面。企业管理者要在深刻认识当地地理特征和气候变化规律的基础上，善于兴利避害、合理运筹、科学组织，以提高林业企业生产经营活动的效率和效益。

2.1.4　产业环境分析

林业企业在日益激烈的市场竞争中，为提高其竞争力需要制定正确的竞争战略，制定竞争战略的本质，在于把企业与其所处的环境联系起来，这种环境的关键方面是参与竞争的某个或某些产业。因此，企业最关心的是其所在产业的竞争状态。所以，在分析完企业所处的宏观环境之后，我们进一步来分析企业经营产品或服务所在的产业环境。产业环境的分析主要包括两个方面，一是产业中竞争的性质和该产业中所具有的潜在利润，二是该产业内部企业之间在经营上的差异以及这些差异与它们战略地位的关系。

2.1.4.1　产业竞争结构分析

按照波特（M. E. Porter）的观点，一个行业中的竞争，远不止在原有竞争对手中进行，而是存在着五种基本的竞争力量，它们是潜在的行业新进入者、替代品的威胁、购买商讨价还价的能力、供应商讨价还价的能力以及现有竞争者之间的竞争。这五种基本的竞争力量的状况及其综合强度，决定着行业的竞争激烈程度，从而决定着行业中获利的最终潜力。在竞争激烈的行业中，不会有一家企业能获得惊人的收益。在竞争相对缓和的行业中，各企业普遍可以获得较高的收益。由于行业中竞争的不断进行，会导致投资收益率下降，直至趋近于竞争的最低收益率。若投资收益率长期处于较低水平，投资者将会把资本投入其他行业，甚至还会引起现有企业停止经营。在相反情况下，就会刺激资本流入和现有竞争者增加投资。所以，行业竞争力量的综合强度还决定资本向本行业的流入程度。这一切最终将决定企业保持高收益的能力。

2.1.4.1.1　行业新加入者的威胁

这种威胁主要是由于新进入者加入该行业（如钢铁行业），会带来生产能力的扩大，带来对市场占有率的要求，这必然引起与现有企业的激烈竞争，使产品价格下跌；另一方面，新加入者要获得资源（如木制品生产中的木材、人造板）进行生产，从而可能使得行业生产成本升高。这两方面都会导致行业的获利能力下降。

新加入者威胁的状况取决于进入障碍和原有企业的反击程度。如果进入障碍高，原有企业激烈反击，潜在的加入者难以进入该行业，加入者的威胁就小。决定进入障碍大小的主要因素有：规模经济、产品差异优势、资金需求、转换成本、销售渠道等。

2.1.4.1.2　现有竞争者之间的竞争程度

现有竞争者之间多采用的竞争手段主要有价格战、广告战、引进产品以及增加对消费者的服务和保修等。竞争的产生是由于一个或多个竞争者感受到了竞争的压力或看到了改善其地位的机会。如果一个企业的竞争行动对其对手有显著影响，就会招致报复或抵制。如果竞争行动和反击行动逐步升级，则行业中所有企业都可能遭受损失，使处境更糟。在如下情况下，现有企业之间的竞争会变得很激烈：有众多或势均力敌的竞争者；行业增长缓慢；行业具有非常高的固定成本或库存成本；行业的产品没有差别或没有行业转换成本；行业中的总体生产规模和能力大幅度提高；竞争者在战略、目标以及组织形式等方面千差万别；行业对企业兴衰至关重要；退出行业障碍很大。

2.1.4.1.3　替代产品的威胁

替代品是指那些与本企业产品具有相同功能或类似功能的产品。当本产业中存在替代品时，生产替代品的企业就给本产业的现有企业形成了一定的竞争压力。替代品的竞争压力越大，对现有企业的威胁就越大。反之亦然。决定替代品压力大小的因素主要有：替代品的盈利能力；替代品生产企业的经营策略；购买者的转换成本等。

2.1.4.1.4　供方的讨价还价能力

供方是指企业从事生产经营活动所需要的各种资源、配件等的供应单位。它们往往通过提高价格或降低质量及服务的手段，向产业链的下游企业施加压力，以此来榨取尽可能多的产业利润。由此可见，供方的讨价还价能力越强，现有产业的盈利空间就相对缩小，反之亦然。决定供方讨价还价能力的因素主要有：供方产业的集中度；交易量的大小；产品差异化程度；转换供方成本的大小；前向一体化的可能性；信息的掌握程度。

2.1.4.1.5　买方的讨价还价能力

作为买方（顾客、用户）必然希望所购产业的产品物美价廉，服务周到，且从产业现有企业之间的竞争中获利。因此，它们总是为压低价格，要求提高产品质量和服务水平而同该产业内的企业讨价还价，使得产业内的企业相互竞争残杀，导致产业利润下降。影响买方讨价还价能力的因素主要有：买方的集中度；买方从本产业购买的产品在其成本买方中所占比重；买方从产业购买产品的标准化程度；转换成本；买方的盈利水平；买方后向一体化的可能性；买方信息的掌握程度。

2.1.4.2　产业内部结构分析

产业竞争结构分析的基点是确定广义的五种竞争力量的来源及强弱，这些力量决定了产业中竞争的性质和该产业中所具有的潜在利润。而产业内部结构分析则是来解释在同一个产业中，企业之间在经营上的差异以及这些差异与它们的战略地位的关系。为此，按照产业内各企业战略地位的差别，将企业划分成不同的战略集团，分析产业内各个战略集团之间的关系，从而进一步认识产业及其竞争的状况。

战略集团是指一个产业内执行同样或类似战略并具有类似战略特征的一组企业。在一个产业中，如果所有的企业都执行着基本相同的战略，则该产业中只有一个战略集团。如果每个企业都奉行着与众不同的战略，则该产业中有多少企业便有多少战略集团。当然，在正常情况下，一个产业中仅有几个战略集团，它们采用着性质根本不同的战略。每个战略集团内的企业数目不等，但战略雷同。在同一战略集团内的企业除了广义的战略方面外，还在许多方面彼此非常相近。它们在类似的战略的影响下，会对外部环境作出类似的反应，采取类似的竞争行动，占有大致相同的市场份额。战略集团之间的竞争激烈程度不仅影响着整体产业的潜在利润，而且在对付潜在的产业进入者、替代产品、供应商和销售商讨价还价能力等方面表现出很大的差异性。一般来说，决定着一个产业中战略集团之间的竞争激烈程度有四个主要因素，即战略集团间的市场相互牵连程度；战略集团数量以及它们的相对规模；战略集团建立的产品差别化；各集团战略的差异。四个因素的共同作用决定了产业中战略集团的竞争激烈程度。最不稳定，即集团间激烈竞争的情况是，产业中存在几个势均力敌的战略集团，各自奉行着全然不同的战略并为争取同一类基本顾客竞争。反之，一般较为稳定的情况是，产业中有少数几个大的战略集团，它们各自为一定规模的顾客而进行竞争，所奉行的战略除少数几个方向外并无差异。

2.2　政企关系分析

明确政府与企业的关系，科学地确定其职责，使企业真正成为独立自主、具有生机和活力的经济实体，是进行政企关系分析的根本目的。

长期以来，我国实行中央高度集中的管理体制，这种以政府集权和主要用行政手段管理企业为特征的高度集中的管理体制，在一段时间里，对于有限财力、物力和人力的集中与配置，也曾起到过一定的积极作用。但是，随着经济体制改革的深入，这种高度集中的管理体制的固有弊端则日益暴露出来。首先，由于政企职责不分，条块分割，企业成了各级政府机构的附属物，林业企业的人财物和供产销活动都由其上级的主管部门决定，企业缺乏应有自主权，其生产经营积极性和创造性难以发挥。同时，由于企业缺乏应有的生产经营自主权，企业则对自己生产经营活动的好坏，也无须负任何责任，造成企业吃国家"大锅饭"现象严重。其次，由于政府管得过多、管得太死，包揽了许多不该管又未能管好的事，这就不可避免地产生官僚主义，而许多本该由政府管的事却又未能管好，严重削弱了政府机构管理经济的应有的职能。

上述所存在的问题早已暴露出来，并且国家也采取了一些措施，以解决这些问题。但是所采取的措施仅仅局限于集权与分权的问题，未能触及企业自主权这一要害的问题，一直也未能跳出原有的框框。因此，政府与企业的关系一直也未能处理好。

政府机构职能的强化，林业企业活力的增强，必须要正确处理好政府与企业的关系，明确各自在经济活动中的地位和职责。

社会主义市场经济条件下的政府职能，是对企业的生产经营活动进行必要的管理、监督、服务，对市场进行宏观调控。政府对企业的监督主要是对其经营行为的监督，保证其照章纳税，并且按照正确的经营方向进行生产经营活动。政府对企业的管理主要是采取财政金融手段或法律手段，而不是主要以行政手段。当然，在一定情况下，行政手段的采取也是十分必要的，如对森林资源的管理必须施以行政手段和法律手段，以约束企业的行为。政府对企业的服务主要表现在建立健全社会保障体系，包括养老保险、失业保险、医疗卫生等，以保障企业改革的顺利进行，保障林区社会的更加稳定。同时，政府要帮助林业企业认真清理"三角债"，以减轻企业负担，加快企业资金的周转。政府机构对市场的宏观调控是其主要的职能，这是增强企业内在动力、发挥企业积极性和创造性的根本之所在。当然，政府对企业的调控仅仅是在市场调节的基础上的第二次调节，企业的行为还主要是靠市场来调节。但是对于林业企业来说，在目前情况下，由于缺少竞争的条件，一下将其推向市场，其发展还是很艰难的，在这种情况下，林业企业的某些活动，还必须依靠政府的宏观调控，以扶持林业企业的发展。

现代林业企业是为了获得经济效益和社会效益，从事林业生产经营活动，享有民事权利和承担民事责任，具有法人资格的经济组织。它并不是政府部门的附属物，它可以根据市场需要和自身条件的可能，独立自主地组织生产经营活动。目前，林业企业虽具有法人资格，但是它并不具有法人财产权，所以明确企业法人财产权利，是使林业企业真正拥有独立自主权的关键。所谓法人财产权是指法人企业对其运营财产所享有的占有、使用、收益和处置的权利。也就是说，法人企业的资产不管是谁投资的，一旦投入企业进行运营，其财产权就归法人企业所有，法人企业有权行使财产权的各项权利，而出资者只享有财产的终极所有权。法人企业有权根据企业生产经营活动的需要，对企业所有资产进行转让、出售、出租、承包、租赁、投资入股等。所以，企业在进行生产经营活动，法人企业拥有对法人财产的收益分配权，即法人企业资产通过有效运营获得收益后，在上缴出资者一部分利税后的余额，形成企业留利由企业自主支配。在具有上述权利的同时，林业企业要负有一定的责任，包括财产运营的风险责任、财产保值增值的责任、破产清偿责任等，这便是在市场经济条件下，林业企业的行为之所在。

因此，在社会主义市场经济条件下，企业已经不再是政府机构的附属物，而成为自主经营、自负盈亏、自我积累、自我发展的商品生产者和经营者。政府与企业的关系成为一种企业遵守法纪、照章纳税，政府进行宏观调控的法律关系。在正确处理政府与企业的关系时，应该转变政府职能，实现政资分开，也就是政府作为管理者的职能与投资者、所有者的职能分开，作为所有者、投资者，国有资产管理部门凭借产权而从企业内部影响企业的生产经营决策。作为管理者，政府有关部门将依据经济的、法律的手段对企业行为进行监督与管理。

政府部门在对企业进行监督和管理的过程中，必须严格按照法律要求进行，对所有企业一视同仁，以维护企业参与竞争的公平性。前面已提到，政府有对市场进行宏观调节的职能，但这种调节是在市场调节的基础上进行的，凡是市场调节能解决的问题，政府不能干预，让市场规律发挥作用，政府只能做那些市场调节办不到的事情，但即使是这样，政府的调节行为也必须严格按照法律要求规范。为了维护经济秩序和市场秩序，政府对经济活动的调节和管理，有时采用了一些行政手段，这也是十分必要的，但是不管采用何种调节手段，都必须按照法律的要求办事。否则，只能使企业间失去平等竞争的基础，使企业行为严重扭曲，也会使社会资源配置状况更加不合理。

在政资分开的基础上，实现政企分开，这是使企业真正成为自主经营、自负盈亏的经济组织的根本，也是实现政府与企业关系正常化的基础。在过去政企不分的体制下，企业完全依靠政府，企业缺乏应有的活力，社会资源配置不合理，生产要素流动困难，使得资源浪费严重，破坏惊人，资源的利用率很低，企业经济效益下降，企业自身对政府的经济调节缺乏刚性，而只能靠政府部门自上而下地进行行政性干预。

在市场经济条件下，通过政府职能的转变，企业内部改革的深化，不断完善企业内部运行机制，使企业具有自我约束与自我发展机制，只有这样，政府与企业之间的关系才能得到正确处理，才能真正实现两者关系的正常化，企业行为才能得到规范，政府的调节也才能有效。同时，在企业成为真正的法人企业，并且作为投资主体和利益主体，具有投资与经营的自我约束力之后，企业的行为还会成为对于政府调节行为不当一种制约。

总之，只有企业作为政府附属物的地位真正转到自主经营、自负盈亏的独立商品生产者和经营者的地位上，企业才能够充满生机和活力；企业才能够得到不断的发展；政府的行为和职能也才能够得到规范和转变；政府的调节措施才能有效，并能避免因政府调节不当而出现新的问题。

2.3　市场环境分析

在明确了政府与企业之间的关系后，林业企业成为独立自主、自主经营、自负盈亏的经济组织，已经将林业企业推向了市场，市场环境的变化对林业企业的发展则起着十分重要的作用。在这种情况下，林业企业如何适应市场环境的变化，则有赖于对市场环境的深入分析。

随着我国经济体制改革的不断深入和社会主义市场经济体制的建立，我国市场已得到了不断的发展。指令性计划产品的品种逐渐减少，不仅消费品而且大部分的生产资料都已进入市场交换，我国商品市场得到了更大的发展。同时，金融市场有所发展。建立了多种金融机构，直接和间接融通资金的活动逐渐得到发展。产权交易市场也相继建立，企业的资产可以进行拍卖、出租、有偿转让。劳务市场开始形成，各地都相继成立了职业介绍所、人才交流中心、人才市场等。此外，随着科技的发展，技术市场也开始形成，技术交易所、技术开发公司、技术咨询公司等遍及全国各地。可以说，经过十几年的改革，我国市场体系基本形成，为企业的发展提供了良好的市场环境。但是各市场具有什么特点，对企业又有何要求，企业如何去适应不同市场环境的变化，弄清这些问题，是企业得以发展的关键。

2.3.1　商品市场分析

商品市场是提高企业适应能力、竞争能力，搞活企业经济、促进企业生产发展的强大动力。它是市场体系中最基本的子系统。所谓商品市场是指实现商品交换关系的总和，是商品交换的场所，它包括消费资料市场和生产资料市场。商品市场具有以下特点：

第一，商品市场是商品交换的场所，是联结商品供给者与需求者的纽带。在商品市场上，存在着许多不同的商品经营者，也有许多需求各异的消费者，并且经营者提供的林产品品种、规格繁多，而需求者对商品的需求也是各异的。商品市场则是实现它们之间联系的桥梁。也就是说，商品生产者只在市场上才能销售自己的产品，实现其商品的价值，而需求者只有在市场上才能选择自己所喜欢又愿意购买的商品。所以通过商品市场，使供需双方联结起来，实现商品所有权的转移，完成商品交换活动，实现各自的利益。

第二，商品交换受价值规律、供求规律的制约。商品的交换必须通过市场，这样才能实现商品的价值，使企业的生产活动顺利进行。但是所交换的商品实现其价值的程度，完全取决于当时市场的供求状况。当市场的供应量大于市场对该产品的需求量时，则该商品在市场上的交换价格就可能低于商品价值。就木材产品来说，一直是我国的紧缺商品，供求矛盾比较突出，但是木材的价格却长期背离其价值，这与上述分析的情况是相矛盾的。这主要因为对木材商品来说，其价格并不是完全由市场决定的，还有一些国家政策的因素在起作用。今后随着木材商品市场体系的不断完善，这种状况会得到根本解决。

第三，商品市场是开放性市场。商品市场是市场体系中最主要的市场，企业经营状况的好坏，主要受商品市场的制约，企业为商品市场的需要而生产，这种需要不仅仅是国内市场的需要，而且也包括国际市场的需要。所以，商品市场是开放性的市场，它要求现代企业不仅要积极开拓国内市场，而且要积极扩展国际市场。

第四，商品市场的竞争异常激烈。商品市场的开放性与市场的竞争是相伴存在的。商品生产者为使自己商品的市场容量不断扩大，在市场竞争中能够站稳脚跟，不断进取，处于领先地位，必须要兼收并蓄，集各家之长，以不断提高完善自己。

商品市场的上述特点，对现代林业企业提出了更高的要求，林业企业要求得生存与发展，就必须采取切实的适应商品市场的特点和市场环境的变化。

商品市场要求现代林业企业经营观念的根本转变。随着林业企业经营机制的转换，林业企业已成为自主经营的经济组织，它独立地面对广阔的市场，这就要求林业企业要彻底改变过去"以生产为中心""皇帝女儿不愁嫁"的经营思想，要树立现代市场营销的新观念，一切为了用户，市场需要什么产品，企业就生产什么产品。同时，企业在为满足市场需要而组织产品生产时，应以提高经济效益为中心，以最少的投入取得最大的产出，努力提高劳动生产率，减少浪费，降低消耗，提高资源利用率，努力降低产品生产成本，提高产品质量，以增强现代林业企业对现代商品市场的适应能力和竞争能力。

商品市场要求林业企业要根据市场的供求状况决定产品的生产。要生产适销对路的产品，搞好市场调查和市场预测，并且根据市场供求的变化适时调整产品结构，使生产的产品能及时销售出去，避免产销脱节，造成生产不足或产品过剩性积压。

值得强调的是，由于目前木材商品市场的不健全，再加上森林资源严重短缺的供给，决定了木材商品生产不能完全由市场供求状况决定，否则，会使森林资源造成更为严重的短缺和林业企业的短期行为。为此，木材商品市场必须有效影响和干预木材生产活动的宏观调控，为木材商品市场的更好运转提供现实的可能性。当然这种宏观调控是指以经济政策、经济法规、计划指导和必要的行政管理等为手段的一种间接的调控，而不是一种直接管理经济的政府主导型宏观调控。

2.3.2 资金市场分析

资金市场是社会主义市场体系中的枢纽，它能够协调市场内部各种元素之间的正确运行，为企业注入必要的资金，并利用资金市场机制调节货币流量，合理引导企业资金流向，搞活企业经济。

所谓资金市场是资金借贷和各种证券交易的场所，是融通资金的场所，是指一定地区内对资金的供给与需求关系。按照期限划分，资金市场可分为短期资金市场和长期资金市场。短期资金市场是指一年限期以内融通资金的市场，包括拆借市场、贴现市场、债券票据等。长期资金市场进行一年以上的有价证券交易，包括国库券、金融债券、公司债券、股票等。按资金市场的功能划分，分为初级市场和二级市场。初级市场的各种证券持有者，只获得使用权，而未获得所有权，不得再在市场上售出，二级市场的债券持有者则具有所有权，并可在市场上进行证券买卖。

资金融通的方式，分为直接融资和间接融资两种。直接融资是资金供应者和需要者不经过中介人而直接融通资金的形式。直接融资可以在企业之间进行，也可以在企业和个人之间进行。间接融资是供求双方间的资金转移通过金融机构来进行，而不是直接协议。金融机构通过银行存款和卖出债券等方式获得资金，再以放款或投资形式贷给资金需求人或购入其所发行的债券。

随着资金市场的建立和不断完善，企业集资、筹资、融资必将向着多元化方向发展，从而有利于企业及时调整生产经营计划，正确引导企业生产经营活动，提高企业资金的使用效果。资金市场的发展，使企业能运用股票、债券等各种金融手段发展多样化的联合投资，给企业和投资者提供自由选择投资场所和投资对象的可能，促进资金在地区间、部门间、企业间的横向流动和集中，有利于提高资金效益。当然对于林业企业的森林资源生产来说，由于其生产周期较长，所以给多渠道筹资带来一些难度。因此，对于森林资源生产，其所需资金主要由国家投入，以扶持林业企业的发展。

2.3.3 劳务市场分析

随着市场经济的发展和劳动管理体制改革的深入，劳务市场在我国得到了较快的发展，这对于促进劳动力的合理流动，使劳动力资源得到合理组合和优化配置，实现劳动者和生产资料的最佳结合，提供了有效的途径。

所谓劳务市场是指劳动者与企业双方按自由选择，通过有组织的直接联系，商谈达成协议，实现劳动力流动的场所。也就是说，劳务市场是为企业和劳动者提供劳动力供求信息和交换的场所。劳务市场的组织形式有集中和分散两种，其中企业面临的劳动市场是以集中的有组织形式为主。如职业介绍所、人才交流会、人才交流中心等。劳务市场具有如下特征：

第一，劳务市场上进行劳动力交流的双方其地位和权利是完全平等的。既体现劳动者择业的自由，又体现企业择优招聘的自主权。

第二，劳务市场的劳动力交流是遵循等量劳动交换的按劳分配原则，而不是调节劳动力供求作用的价值规律。

第三，我国劳务市场是国家宏观调控下有组织的劳务市场。劳动者的自由择业，企业的自由招聘、自由招工，都必须是有计划、有组织地进行，必须遵守国家有关劳动政策、法令和制度。

劳务市场的建立，能够改革企业传统的劳动管理体制，促进劳动者的合理流动，使企业的劳动力资源得到合理组合和最优配置，以提高劳动生产率和企业效益。劳动者择业的自由，可以使劳动者找到适合自己专长、岗位对口、专业对口的工作，可以充分发挥劳动者的专业特长和创造性。对于企业来说，完善的劳务市场体系，可以使企业选择优秀的人才，增强企业的竞争能力。同时，劳务市场的建立，为劳动者的充分就业提供了更宽更广的领域。

但是，发展劳务市场，必须与就业制度、工资制度、福利制度、社会保障制度、住房制度等改革相配套，尤其是工资制度的改革和社会保障制度的建立。因为没有完善的社会保障制度，就业制度的改革就极其困难，劳动力择业的风险就很大，难以实现劳动力的合理流动。而工资制度改革，可以提高职工的生产积极性，并运用工资机制调节劳动力的合理流动。

2.3.4　技术市场分析

随着我国经济体制改革和科技体制改革的深入，技术市场作为统一市场体系的一个组成部分，已得到了广泛的发展。它对于科学技术向现实生产力的转换，促进企业经济的发展，起到了积极的作用。

所谓技术市场是指从事提供技术商品经营活动的领域或场所，包括技术商品交易、技术转让、技术服务、技术咨询、技术培训等的实现形式。

技术作为一种商品，它是一种特殊的非物质形态的产品，这种商品必须在一定的物质条件下通过转化过程才能变为现实生产力。同时，这种商品虽然会因新技术的出现而过时，但它本身不会发生损耗，而且在被淘汰之前可以扩延到各国。正是因为技术商品的这些特点，决定了技术市场有利于一般商品市场的不同特点。

第一，技术市场的经营方式是多种多样的。技术商品的交易方式主要包括成果转让、技术服务、委托研究、联合开发、技术咨询等，其交易的方式是多种多样的。同时，由于技术商品的使用价值的实现需要一个转化过程，因此，技术商品的交易通常是通过签订合同的方式进行，以规定双方应遵守的问题。

第二，技术商品交易价格难以准确确定。技术商品的交易价格，远比一般商品价格复杂得多，它涉及社会效益、风险程度、技术应用范围等因素。所以技术商品的交易价格不能套用一般商品的定价方法，而应根据技术成果应用于生产后所产生的经济效益的大小而定。

第三，技术市场在组织结构上具有多层次、多环节、多渠道的特点。这主要是由参与技术市场交易的单位具有多层次性决定的。

技术市场对企业技术进步具有巨大的促进作用，已成为科技转化为生产力的主渠道。由于林业的一些特点和其弱点，林业技术商品在向现实生产力转化的过程中，还存在一些难点和问题。林业具有多种效益，能创造经济效益的科技成果可以进入市场交换，进行有偿转让，但是对于那些创造生态和社会效益的科技成果，则不能进入技术市场，只能采取经济补偿机制。由于林业生产周期长，所以一些科技成果在短期内很难获得效益，这一方面为技术商品交易价格的确定增加了难度，另一方面也往往使交易价格确定得偏低。这些问题在培育林业技术市场中应加以认真研究。

2.4　企业间关系分析

企业与企业之间的关系，是林业企业外部关系的重要方面，正确处理好企业之间的关系，对于促进企业间协作的发展，提高企业的竞争能力具有十分重要的意义。

2.4.1　企业之间的关系

企业是社会主义市场经济的细胞，社会主义市场经济是建立在公有制为主体的基础之上的，因而这一生产关系的性质决定了企业之间关系的基本性质。企业之间的关系体现在两个方面：

一方面表现在相互协作的关系。主要体现在为了共同的利益在生产经营过程中的相互帮助、共同提高的合作关系。随着市场经济的发展，社会分工日趋细密，每个企业的生产仅是社会再生产的一个环节，要实现社会生产的目的，就必然产生企业之间在分工基础上密切协作。这种协作不仅表现在林业企业之间，而且还表现在林业企业与其行业企业的协作；不仅表现在国有企业间的协作，而且还表现在多种经济成分企业之间的协作。通过相互协作，使本企业得到不断的调整和提高。当然，这种相互协作的实现，必须按照价值规律的要求进行。实行等价交换、互惠互利。因为每个企业都是自负盈亏的商品生产者和经营者，其生产的耗费都要得到价值的补偿，方能使生产正常进行，而且对本企业的经营成果负有经济责任和享有经济利益的权利。因此，在市场经济发展过程中，企业间的协作若不按价值规律办事，不实行等价交换，不坚持互惠互利的原则，甚至一方的获利是以损害对方利益为前提，则这种协作就不会得到巩固和长期的发展，所以，从一定意义上讲，企业间的这种协作关系，也可以说是一种互助互利的关系。

另一方面表现在相互竞争的关系。每一个企业都是一个独立的经济组织，都是自负盈亏、独立经营的商品生产者和经营者，虽说它们的根本利益是一致的，但各自又存在着局部和自身的利益。要实现其经济利益，就必须通过市场竞争获胜而取得，其取得利益的多少，又与其竞争力的强弱有着密切的关系。所以企业间在协作的基础上又存在着互相间的激烈竞争。

企业之间的协作和竞争的关系是对立统一的，是相伴并存的。企业间通过协作可以更好地提高自己的竞争能力，同时，通过市场竞争，企业可以更好地选择自己的合作伙伴。所以，在市场经济条件下，企业之间的关系是协作与竞争的对立统一，企业之间既是合作伙伴，又是竞争对手，两者统一在发展社会主义经济的共同目标和自愿互利的基础上。

2.4.2　企业之间的横向联合

企业之间的横向联合主要体现在双方的相互协作关系上，在目前条件下，企业之间的相互协作主要是通过两种形式实现的，即生产协作和技术协作。

随着我国经济体制改革的深入和科学技术水平的不断提高，生产的专业化分工越来越细，生产的产品种类繁多，结构越来越复杂，需要的零部件越来越多，要制造这些产品，往往需要由许多企业进行一系列的加工，所以生产过程越来越发展成为许多企业结合在一起的社会生产活动。企业分工的越来越细，也使得产品专业化、工艺专业化、零部件专业化、原材料和辅助材料的生产专业化成为现实。企业生产专业化分工的迅速发展，使企业之间的依存性越来越大，要求有必要的生产技术协作与之相适应，于是企业之间的横向经济联合得到了迅速的发展。

这种企业之间的横向协作可以使企业充分利用现有的生产能力，挖掘生产潜力，减少不必要的重复生产和盲目建设，从而减少基本建设投资，形成规模效益。通过企业之间的协作，可以不断提高产品质量，拓宽产品品种，提高企业的竞争能力。也有利于企业采用新技术，加快企业的技术改造和科技进步，提高企业的素质和企业管理水平。

但是，这种协作必须是互惠互利的，遵循等价交换的原则，同时，这种协作也必须是在自愿的基础上和生产实际需要的条件下进行的，防止盲目性和过多的行政干预，要通过协作不断发挥自己的优势，扬长避短，使双方的优势得以共同发挥，起到互补的效应，达到经济效益共同提高之目的，以保持这种协作长久稳定地发展。

随着企业间协作关系的发展，带来了我国企业规模和组织结构的变化，改变了过去那种"大而全""小而全"的分散经营和封闭式生产经营方式，使重复建设、重复生产的现象得以改观。各地区和各部门都建立了许多不同类型的专业性公司，林业企业也通过企业之间的横向经济联合与协作，形成了规模不大的企业群体和企业集团，不同程度地显示出了协作与联合的优势。这种联合形成企业集团，打破了条块分割、地区封锁的限制，并且按照生产技术的内在联系，进行木材的深加工和综合利用，有利于资源的合理开发和有效配置，也有利科技人才的合理流动。

但是在组建企业集团和专业公司的过程中，还存在着一些问题，如在组建专业公司和企业集团时，还存着用行政手段将一些企业强行统到专业公司和企业集团中，还存在一些"翻牌"公司的问题，一些企业集团名义上称企业，实际上还具有政府的职能。这些问题应引起足够的重视。国家应加强宏观的调控，在政策上给以鼓励，从法律上予以保障，使企业之间的协作与联合有章可循，有法可依，使企业间的协作沿着正确的轨道，健康而积极稳妥地向前发展。

2.4.3　企业之间的竞争

企业是独立的经济实体，都有各自的经济利益，为了实现其各自的经济利益，它们之间必然要展开激烈的竞争。但是，这种竞争与资本主义的市场竞争有着本质的区别。

社会主义市场经济中企业之间的竞争体现了其根本利益的一致性，通过竞争促进企业不断提高产品质量，不断改善经营管理，不断降低产品成本，更好地满足市场的需要，促进社会主义经济的发展；同时，这种竞争是在相互协作的基础上进行的，通过相互协作以提高各自的竞争能力，通过竞争选择更佳的合作伙伴，达到优胜劣汰的目的。并且，在社会主义市场经济条件下，企业间的竞争严格限制在商品经济领域内，而且采取合法的经济手段进行竞争。

企业间竞争的发展，达到了鼓励先进、鞭策后进的目的，也打破了企业吃国家"大锅饭"，职工吃企业"大锅饭"的局面，同时，在企业竞争中，也导致了优胜劣汰。

优胜劣汰的结果，必然引起企业之间关系格局的调整，即企业的破产、转让、兼并。在竞争中失败的企业，如果自己既无力改善经营状况来增强企业竞争力，又负债较多难以偿还，则只得依照有关法规寻求有偿转让企业产权，以谋取新的出路。而在竞争中获胜的企业，为进一步扩展其竞争实力，寻求更大的发展，而愿意购买自愿出让的企业。这样经过双方协商同意，依法办理有偿转让企业产权的手续，于是就出现了企业兼并。所以，企业兼并是企业间竞争机制而造成的优胜劣汰的结果，是企业产权向较优企业转移的一种经济现象。如果劣的企业不被淘汰，企业就无经营的压力，也就没有经营的动力，也就缺乏经营的活力，企业素质也就难以提高，经济效益也就没有大的发展。正是由于企业竞争导致优胜劣汰，形成了一种竞争驱动机制，促进社会生产趋向高效益的状态下进行，获得低投入、多产出的良好经济效益。

当然，竞争也并不是万能的，有时也会产生一些不正常的现象，如不公平竞争的问题。有些企业可能因为努力不够而导致竞争的失败，而有些企业由于自身的弱点，缺乏竞争的条件而失败，所以对这些企业要采取保护性措施。另外，企业为了在竞争中能够获胜，可能会采取一些不正当的措施，欺诈竞争对手，所以，应认真贯彻执行《反不正当竞争法》，以避免这种不正当竞争现象的出现。

竞争必然会导致企业的关、停、并、转，导致企业和职工的优胜劣汰。为保护企业和劳动者的利益，应建立健全社会保障体系，以保障企业和劳动者的合法权益。

2.5　林业企业内部环境分析

2.5.1　林业企业内部环境分析的意义

进行企业外部环境的分析，为林业企业生产经营活动分析了有利的机会和不利的威胁，也为林业企业充分利用有利机会创造了宽松的外部环境。但林业企业如何充分利用一些有利机会，发展其生产经营活动，又如何避免一些不利的威胁，减少损失，提高经济效益，则取决于对林业企业内部生产经营条件的分析。只有正确分析企业内部条件，明确企业的基本现状，了解企业的潜力、优势以及存在的问题，才能根据自身的条件去适应外部环境的变化，才能充分利用自身的优势，充分挖掘自身的潜力，正确确定企业的经营方向和经营决策，才能真正实现林业企业的经营目标。企业内部环境或条件是指企业能够加以控制的因素，是企业经营的基础，制定战略和计划的出发点、依据、和条件，是竞争取胜的根本。

不断变动着的外部环境给各企业都带来了潜在的可加以利用的机会。但是，只有具备了能够利用这种机会的内部条件的企业，这种机会才是企业现实的机会。环境赋予的机会使企业已具备的长处得以施展，而企业的短处却限制了它对外部环境中提供机会的利用。不少企业的经验证明，有的企业环境十分有利（如产品畅销，已建立了一定的市场信誉等），但由于关键资源的短缺（如缺乏资金或缺少场地等）而错过了迅速发展的机会，也有的企业环境虽然不利（如有明显竞争优势的进口产品投入市场），但由于它发挥了其独特的长处（如有优良的售后服务力量）而能立于不败之地。因此，系统地分析企业内部条件已成为将企业有限资源最有效地运用于外界环境提供机会的关键，具有十分重要的现实意义。

在进行企业内部条件分析时，主要采用实证分析和规范分析相结合、整体分析与局部分析相结合的办法。企业内部条件的实证性分析在于说明现实中企业内部条件的客观状况，回答企业内部条件是什么的问题，而规范化分析则要说明：企业内部条件是否合理，回答企业内部条件应该是什么的问题。企业是一个整体，因此在进行其内部实力研究时要有整体观念，重视其整体分析，刻画其总体特征。但整体又是由互相关联的局部构成，局部分析将局部从整体中游离出来，进行较为深入细致的研究，因此，局部分析是将整体分析引向深入的、必不可少的途径。

企业内部条件分析的内容主要有：企业素质与企业活力分析，企业经济效益分析，企业的产品市场营销能力分析，企业资源分析，企业组织效能与管理现状分析及其他，内部条件分析。

尽管林业企业都是从事林业生产经营活动的经济组织，但是，由于其所处地理、经营规模、产品品种等的不同，所以其内部条件是千差万别的。因此，就内部条件分析的具体内容也是根据不同企业而分别确定的。下面就林业企业内部条件的主要方面进行分析。

2.5.2　企业自然状况分析

自然状况反映了林业企业的基本现状，体现了林业企业的一些特点和存在的一些问题，也能反映出林业企业的优势和未来发展的潜力。一般情况下，企业自然状况分析的主要内容应包括：地理位置、交通状况、建局（厂）时间、经营面积、森林资源面积与蓄积、年木材生产能力、企业产品品种及生产能力、企业人员数、企业的隶属关系等。

就国有森工企业而言，一般地处比较偏远、交通不变的地区。这一特点表现出林业企业所在地区比较贫困、艰苦，而且信息闭塞，反映了林业企业与一般企业相比，缺少公平竞争的条件。因此，就宏观方面来说，应努力改善林业企业的基本条件，为林业企业创造公平竞争的条件。但就林业企业自身而言，不能等、不能靠，要依靠自身的力量，努力加强基础设施的建设，尤其是信息通信设施的建立，为企业生产经营活动创造良好的信息系统。

林业企业的经营面积比较大、比较分散，这也是与一般的"围墙式"企业所不同的。这一特点一方面说明了林业企业生产经营组织的难度比较大，但从另一方面说，又为林业企业的多种经营战略的实施提供了可能。所以，林业企业在划小核算单位、加强企业内部管理的同时，应实施立体开发、多种经营战略，以达到"以短养长"的目的。

一般来说，林业企业在建设初期木材产量都比较大，产品品种比较单一，但是随着森林资源的逐年减少，木材产量在逐年下调，原来以木材为经济支柱的林业企业，经济发展受到了严重的制约。所以，林业企业应充分利用林区的资源优势，大力发展林产工业和多种经营，变资源优势为经济优势，为林业企业的发展开辟新的经济增长点。

2.5.3 企业资产状况分析

企业资产是企业内部条件的重要方面，也是企业生产经营活动的重要要素，对其数量的多少、产权关系、运营情况等方面的分析，对林业企业的发展是至关重要的。

企业的资产包括固定资产、流动资产和森林资产。在这些财产中，要分析出资者（国家）财产的多少、企业自有财产的多少、营利性资产和非营利性资产有多少，以确定法人企业的权利和责任的大小。

现代林业企业是拥有独立经营自主权的法人企业，按照现代企业制度的要求，在核算企业资产的基础上，必须明确企业法人财产的权利。法人企业拥有对法人财产的收益分配权，即法人企业资产通过有效运营获得收益后，在上缴出资者一部分利税后的余额，形成企业留利由企业自由支配。在具有上述权利的同时，法人企业要负有一定的财产责任，包括财产运营的风险责任、财产保值增值的责任，这主要是指企业的营利性资产而言，而不包括非营利性资产。

森林资产是林业企业进行一切生产经营活动的基础和限制条件，企业现有森林资产的状况，决定了企业木材生产的能力和林产工业发展的潜力。除活立木资源外的其他森林资源（野生动植物资源、矿产资源等）的数量，决定着企业生产发展的深度和广度，以及多种经营项目发展的可能条件和制约条件。因此，在进行森林资产分析时，应清查林区各种资源的状况，可利用的程度和最大利用限度，并找出利用资源的有利条件和不利因素，寻求最有效和充分利用森林资源的途径。

2.5.4 企业产品状况分析

产品是企业生存与发展及其与其他企业在市场上进行竞争的基本条件。因此，企业要做出正确的经营决策，适应市场的需要，就必须认真分析企业的产品状况。

进行产品分析可从产品的市场吸引力和企业的经营实力两方面分析。

产品的市场吸引力包括市场规模、市场成长率或产品利润率等。市场竞争能力（包括竞争强度、价格竞争、成本、产品品质、服务、企业产品的信誉等）、产品获利能力。企业经营实力则包括产品相对市场占有率、生产能力及适应性、技术能力、企业所处的地点优势、销售效率等。在每个项目的分析中，既要分析现实状况，又要预测未来发展，然后对各项进行评分，并做出综合评价。在进行评分时，可按不同项目的重要程度分别给予不同的权利，再加权汇总其总评分，对各种产品做出不同的评价。产品分析表如表2-1所示。

表2-1 产品分析表

产品名称：

分析项目		分析结果			问题	措施
		现状	预测	评分		
市场引力	1. 市场规模 2. 市场成长率或产品寿命 3. 市场竞争能力、竞争强度 　　价格 　　成本 　　产品品质 　　服务 　　信誉 4. 产品获利能力					
经营实力	1. 相对市场占有率 2. 生产能力及适应性 3. 技术能力 4. 企业所处的地理优势 5. 销售效率					
综合评价						

2.5.5 企业财务状况分析

林业企业财务状况分析，主要是分析林业企业生产经营活动的效果。其中主要是分析资金的运用效果和企业的盈亏额。

资金的运用效果主要由资金利润率表示，分析的目的就是要用尽可能少的资金占用，创造尽可能多的利润，使每一份占用发挥最大的作用，并且保证资金运用各环节协调一致，保持良好的特性。从资金运用的角度看，资金可分为固定资金和流动资金，要分别分析它们的运用状况。固定资金占用的数额应尽量减少，在分析流动资金利润率的同时，要分析流动资金的周转次数和周转天数。在一定的生产经营状态下，流动资金的需要量和它的周转速度成反比，流动资金周转次数越多，资金利用效果越好。资金是企业的一种重资源，资金的占用是以支付资金成本为代价的。因此，应努力降低产品成本，以减少资金的占用，努力提高资金的利用效果，提高资金利润率。

企业生产经营效果的好坏，最终反映在企业获利的多少，所以，企业盈利额的分析是财务分析的重要方面。在分析获利多少时，不仅要反映企业获得的利税额的多少，而且还应分析产品获利的结构，以反映企业发展的潜力。

2.5.6　企业素质分析

企业素质是企业履行对国家和社会的责任，完成企业所担负的生产经营任务的基本条件。它关系着企业的生存和发展。因此，正确分析企业素质，反映企业素质的优势和不利因素，寻求提高企业素质的途径，对林业企业的发展是十分重要的。

所谓企业素质是指企业为完成一定的任务而必备的各种要素，各种要素的质量及将各种要素有机地结合在一起的能力的总称。也就是说，企业素质是指企业从事生产经营活动的各种内在因素和能力的总和，它是由企业内部条件所决定的，是企业内部条件的总体反映，当然，企业的外部环境也在影响着企业素质。

企业素质主要包括职工队伍素质、生产技术素质、经营管理素质等因素。

职工队伍素质是企业素质的重要方面，职工队伍素质的高低决定着企业素质的高低。职工队伍素质主要包括：职工队伍（领导干部、经营管理人员、技术人员、生产工人）的思想觉悟水平与职业道德、技术、业务水平，知识结构水平以及健康状况。在职工队伍中领导者的素质对企业的发展是至关重要的，他们是企业生产经营活动的决策者、组织者，他们的政治思想水平、知识结构水平、经营管理能力、处理人际关系的能力，是提高企业整体素质的关键。

生产技术素质是提高企业素质的基础，主要包括企业的科研、设计、工艺等技术力量的能力、质量与水平，企业的机械设备、工艺装备等的先进性、完备性和满足生产经营需要的程度。

经营管理素质是企业素质的主导，它主要指企业经营管理的各项基础工作、经营决策水平和规章制度等。现代企业的经营管理主要体现在基础工作的完备，管理手段、管理方法的现代化上。

企业素质的上述内容是互相联系、相互制约的，只有使各方面相协调和配合，才能提高企业的整体素质。

企业素质可以通过企业能力得到反映，企业能力是企业素质的表现形式，企业素质主要通过企业四种能力得以表现：

（1）企业产品的竞争力。企业是通过自己的产品去参加社会竞争满足环境的要求，因此产品竞争力是企业素质的一个综合反映，产品竞争力主要表现在产品盈利能力和产品适销能力两个方面。

（2）企业管理者的能力。即企业的决策能力、计划能力、组织能力、控制与协调能力以及它们共同依赖的管理基础工作的能力，这些管理能力直接决定了企业人、财、物中的潜力和潜在优势的充分发挥。

（3）企业生产经营能力。企业生产经营过程主要包括产品开发过程、资源输入过程、产品生产过程、产品销售过程、售后服务与信息反馈过程六个过程。这些过程的好坏都是由企业的技术素质、人员素质和管理素质共同决定的，是这三大因素在企业生产经营过程中的综合表现。

（4）企业的基础能力。它包括企业的基础设施对生产的适应能力、设备技术能力、工艺能力、职工文化技术能力、职工劳动能力以及企业职工的团结协作、开拓创新和民主管理能力。

本章小结

林业企业经营环境主要包括外部环境和内部环境（内部条件）两个方面。林业企业经营离不开环境，环境是企业生存的土壤，是企业经济发展的舞台，企业只有适应外部环境的变化，才能得以生存和发展。通过外部环境分析，企业可以很好地明确自身面临的机会与威胁，从而决定企业能够选择做什么，以实现其经营目标。一般而言，企业经营环境分析遵循先外部再内部，先宏观再微观的分析逻辑。

林业企业作为一个开放的社会经济系统与外部环境有着密切的联系。它源源不断地从外部环境输入人力、物资、能源、资金和信息，经过其加工转换，使输入以新的形态转化为产出，源源不断地输出给外部环境。林业企业的外部环境有：第一类外部环境是产业环境，它是企业微观的外部环境。第二类外部环境因素间接地或潜在地对企业发生作用和影响，将这第二类外部环境称为企业的宏观外部环境。现代林业企业外部环境具有不可控性、唯一性、变化性的特点，分析和确认其环境的状况，一是看环境的复杂性；二是看环境的动荡性或稳定性。林业企业宏观外部环境分析包括：政治法律环境、经济环境、技术环境、社会文化环境、自然地理环境分析；微观外部环境分析主要有产业竞争结构分析和产业内部结构分析。在林业企业外部环境因素分析中政企关系分析、市场环境分析和企业之间关系分析非常重要。

不断变动着的外部环境给各企业都带来了潜在的可加以利用的机会。但是，只有具备了能够利用这种机会的内部条件的企业，这种机会才是企业现实的机会。只有正确分析企业内部条件，明确企业的基本现状，了解企业的潜力、优势以及存在的问题，才能根据自身的条件去适应外部环境的变化，才能充分利用自身的优势，充分挖掘自身的潜力，正确确定企业的经营方向和经营决策，才能真正实现林业企业的经营目标。企业内部环境或条件是指企业能够加以控制的因素，是企业经营的基础，制定战略和计划的出发点、依据和条件，是竞争取胜的根本。企业内部条件分析的内容主要有：企业自然状况分析、企业资产状况分析、企业产品状况分析、企业财务状况分析、企业素质分析等等。

复习思考题

1. 正确分析经营环境对林业企业的生存和发展有何影响？
2. 企业外部环境分析主要有几个层面？其分析的主要内容是什么？

3. 企业外部环境的特点是什么？如何进行度量？

4. 如何进行政企关系、市场环境和企业之间关系分析？

5. 企业内部环境分析的目的和作用是什么？

6. 企业内部环境分析内容主要有哪些？如何进行分析？

3 现代林业企业管理原理及应用

管理原理是对管理活动的实质、对管理活动最基本的、普遍性的运动规律的科学表述。管理活动本身是多样的、不断变化的，但管理原理并非因时因地而变，也不是对一时一地管理工作经验的总结，而是大量管理实践所证明的行之有效的普遍真理，它本身具有客观性、概括性、稳定性和系统性。揭示和应用企业管理的基本原理，对于做好林业企业管理工作具有普遍的指导意义。

3.1 管理系统原理

任何社会组织都是由人、财、物、信息等所组成的系统，任何管理都是对系统的管理。管理系统原理所提供的观点和方法广泛渗透到人本管理、动态管理和效益管理原理之中，从某种程度上说，它在管理原理的有机体系中起到统率的作用。

3.1.1 系统的概念

系统，是指由若干彼此有关的、相互依存的部分（亦称要素或子系统）所组成的复杂的、在一定环境中具有特定功能的有机整体。就其本质来说，系统是"过程的复合体"。

在自然界和人类社会中，一切事物都是以系统的形式存在的，任何事物都可以看作是一个系统。系统从组成要素的性质看，可分为自然系统和人工系统。自然系统是自然生成的系统，如生态系统、气象系统、太阳系等；人工系统是人们为达到某种目的而建立的系统，如生产系统、交通系统、商业系统、管理系统、军事预警系统等；还有自然与人工相结合的复合系统、封闭系统和开放系统、总系统和分系统等。

3.1.2 系统的特征

3.1.2.1 集合性

集合性是系统最基本的特征。一个系统是由两个或两个以上的既相互联系又相互区别的要素（子系统）构成的整体。构成系统的子系统称为要素，也就是说，系统是由各个要素结合而成的，这就是系统的集合性。如从不同的角度去分析，可以把一个典型的大中型林业企业视为由不同子系统组成的一个整体系统，通常是由研究开发子系统、生产子系统、销售子系统、生产及生活服务子系统、管理子系统等组成的。这样，就出现了各子系统之间相互关系问题及要素与系统之间的关系问题，这些问题所构成的联系就赋予了系统的集合性特征。

3.1.2.2 层次性

系统各要素之间的相互联系形成了一定的结构，系统的结构表现出不同的层次。每一个系统都可以逐层分解为不同的子系统，包含在系统内的各子系统又是由更下一级的子子系统构成，构成一个系统的子系统和子子系统分别处于不同的地位。系统与子系统是相对而言的，而层次上是客观存在的。

系统的层次性不仅决定了系统是由不同层次的子系统所构成的，而且决定了系统本身又是某个更大系统的一个组成部分（如企业本身就是整个国民经济的一个细胞），同时，还决定了各构成要素在系统中的不同地位；决定了系统中的一些子系统为高层次子系统，而另外一些则为低层次子系统；决定了一些子系统居于支配地位，另一些则居于从属地位。因此各子系统本身的发展就要受到其系统的制约。在一个系统内部，处于同一层次上的各子系统之间的关系则表现为系统内某一子系统的变化会影响另外一些子系统的变化。

3.1.2.3 相关性

系统的相关性，指的是系统内各要素之间相互依存、相互制约、相互影响的关系。构成系统的各个要素虽然是相互区别、相互独立的，但是它们并不是孤立地存在于系统之中的，而是在运动过程中相互联系、相互依存的。系统的相关性一方面表现为子系统同系统之间的关系，即系统的存在和发展是子系统存在和发展的前提，因而各子系统本身的发展就要受到系统的制约。

3.1.3 系统原理的要点

为了实现优化科学管理的目的，在企业管理活动中必须树立系统的观念，根据系统的观念去认识企业管理系统和指导企业管理活动，从企业管理系统的整体出发去处理工作中的各项事务，这就是管理系统原理。它要求在企业管理工作中必须明确：把每项管理工作看作是一个有机联系的整体系统，能够用发展的、联系的观点看待企业管理中的每一个环节、每一个要素、每一个层次，正确处理管理与外部环境的关系，并保证企业管理系统最大限度地保持整体优化状态。

3.1.3.1 整体性原理

整体性原理是企业管理基本原理中最重要的原理，它是指系统要素之间相关关系及要素与系统之间的关系以整体为主进行协调，局部服从整体，使整体效果最优。实际上就是从整体着眼，部分着手，统筹考虑，各方协调，实现系统整体的最优化。

从系统目的的整体性来说，局部与整体存在复杂的联系和交叉效应。大多数情况下，局部与整体是一致的。对局部有利的事，对整体也是有利的，对整体有利的对局部也有利。但有时局部认为是有利的事，从整体上来看并不一定就是有利的，甚至是有害的。有时局部的利越大，整体的弊反而越多。因此，当局部和整体发生矛盾时，要统筹兼顾，既要注意局部利益，又要追求整体利益。

从系统功能的整体性来说，系统的整体功能依赖于要素的相互作用，系统的整体功能不等于各个部分功能的简单相加，而是往往要大于各个部分功能的总和，即"整体大于部分之和"。这里的"大于"，不仅指数量上大，还指在各个部分组成一个系统后，产生了整体的功能，即系统的功能。这种系统整体功能的产生是一种质变，它的功能必然要超过组成系统各要素单独效益的总和。因此，要研究系统要素、结构、功能间的不同组合和排列，使部分与整体达到统一，实现系统整体优化，同时系统要素的功能必须服从系统整体的功能，否则，就要削弱整体功能，从而也就失去了系统功能的作用。

3.1.3.2　开放性原理

系统与环境之间每时每刻都在进行着物质、能量和信息的交流，这就是系统的开放性。开放系统是一个有活力的理想系统，而一个封闭的、不能与环境进行物质、能量、信息交流的系统是没有生命的。封闭系统就是那些不与外界发生物质、能量和信息交换的系统，它不被其他事物所影响，同时，也不对其他事物施加影响。严格地说，完全封闭系统是不能存在的。实际上，不存在一个与外部环境完全没有物质、能量、信息交换的系统。只是为了研究的方便，有时才把某些与外界发生很少联系的系统近似地看成封闭系统。任何有机系统都是耗散结构系统，系统与外界不断交流物质、能量和信息，才能维持其生命。并且，只有当系统从外部获得的能量大于系统内部消耗散失的能量时，系统才能克服熵增而不断发展壮大。所以，对外开放是系统的生命。

3.1.3.3　环境适应性原理

系统不是孤立存在的，它必然要与周围事物发生各种联系。这些与系统发生联系的外部存在的客观世界，就是系统的环境。每个具体系统都有自己的环境，环境是系统存在、变化、发展的必要条件。其实，环境也只不过是一个更高级的大系统。环境的性质和内容发生变化，往往会引起系统的性质和功能发生变化。任何具体的系统，在其演变过程中，都必须具有适应环境变化发展的功能，离开了环境或不能适应环境，系统的存在将成为问题。因此，环境适应性，指的是系统内部的活动要适应外界环境的变化。从一定意义上说，企业管理系统对环境变化的适应能力如何，关系到该系统的生存、稳定和发展，关系到企业管理目标的实现。

系统对环境的适应并不是被动的，而是能动的，那就是改善环境。环境可以施加作用和影响于系统，系统也可施加作用和影响于环境。作为企业管理者在制定决策和计划时，应本着因地制宜的原则，充分利用环境的有利条件，实事求是地做出科学的决策。

3.1.3.4　综合性原理

所谓综合性，就是把系统的各部分、各方面和各种因素联系起来，考察其中的共同性和规律性。任何一个系统都可以看作是以许多要素为特定的目的而组成的综合体，如世界、社会、国家、企业、学校、医院以及大型工程项目几乎都是非常复杂的综合体。

系统的综合性原理的含义包括以下几方面：

（1）系统目标的多样性与综合性。系统最优化目标的确定，是靠从各种复杂的甚至对立的因素中综合的结果。由于大系统涉及一系列的复杂因素，如果对这些因素在分析的基础上能够综合得好，系统目标确定得恰当，各种关系能够协调一致，就能大大发挥系统的效益；反之，如果综合得不好，不适当地忽略了其中的某一个目标或因素，有时会造成极为严重的后果。如环境污染，就是一个易被忽略的目标和因素，处理不当甚至会引起工程的报废。

（2）系统实施方案选择的多样性与综合性。也就是说同一问题，可以有不同的处理方案，为了达到同样一个目标，有各种各样的途径与方法。对方案的多样性，必须进行综合研究，选出满意方案。

（3）系统综合性原理是由综合而创造的。现在一切重大尖端科学技术，无不具有高度的综合性，世界上没有什么新的东西不是通过综合而得到的，如日本松下彩色电视机的 300 多项技术，都是世界各国已有的，但经过综合，生产出的电视机却是世界各国所没有的。正因为任何复杂的系统都是由许多子系统和单元综合而成的，因此，任何复杂的系统又都是可以分解的。系统整体可能看上去十分复杂不可战胜，但如果将其分解到每个子系统和单元就可能变得简单而容易解决。所以，企业管理者既要学会把许多普普通通的东西综合为新的构思、新的产品，创造出新的系统，又要善于把复杂的系统分解为简单的单元去解决。

3.1.4　系统原理在林业企业管理实践中的应用

对于现代林业企业管理来说，系统的观点有着重要的方法论意义。一般表现在：第一，现代林业企业管理要追求成功、追求效益，顺利实现预期的目标，就必须坚持运用系统的原理，对管理系统的整体进行分析，细致地认识和把握。第二，根据系统的观点，在对管理系统整体把握的前提下，还要把管理工作的整体科学地分解为若干组成部分或基本要素，并据此进行明确的分工，使林业企业管理工作专业化、程序化、规范化。

从整体要求出发，制定管理系统的目的和战略措施；根据科学的分解，明确各子系统的目标，进而在合理分工的基础上进行总体的综合，从而保证管理目标的顺利实现。这就是系统原理对企业管理活动的基本要求。在林业企业管理活动中，坚持系统原理就是要求做到以下几点。

3.1.4.1　具有全局观念

拥有全局观念是充分发挥管理系统整体功能，实现整体效应的前提条件。在现代林业企业中，管理工作的规模越来越大，关系越来越复杂，包括的内容越来越多，整体的联系越来越密切。在这种错综复杂的工作中把握整体和全局，恰当地处理好整体与各种管理关系之间的矛盾，正确处理管理系统的整体与部分之间的关系，是对每个管理者的基本要求，也是衡量其能否做好林业企业管理工作的基本标准之一。

3.1.4.2　关注系统结构的状况

系统的结构在林业企业管理系统的整体性能发挥中起着重要的作用。从事现代林业企业管理工作，必须根据其面临的不同环境、不同任务、不同内部条件，适时、恰当地进行结构调整，这是保障林业企业管理系统整体性能优化的重要条件之一。所以，坚持系统的原则，就能够在进行结构调整时，既适应客观环境和管理系统发展的需要，又保持结构的相对稳定性，从而对充分发挥系统的整体性能起到极大的促进作用。

3.1.4.3　处理好管理宽度与管理层次的关系

在具有一定规模的管理组织中，都存在着管理宽度和管理层次的问题。由于管理者本身能力的限制，当他直接管理的下属人员超过一定数量时，就不能对其有效领导，所以，必须通过划分管理层次，逐级进行管理。现代管理需要有合理、适度的管理层次和宽度。同时，还应知道管理宽度和管理层次存在互相制约的关系。

3.2 管理人本原理

人是企业管理活动的主体，也是企业管理的客体。人的积极性、主观能动性和创造性的充分发挥，人的综合素质提高和全面发展，既是有效管理要达成的目的与结果，也是它的基础和前提。研究、运用人本原理已成为现代企业管理科学的一个核心内容。

3.2.1 人本原理的内涵

管理的人本原理，是指各项管理活动都应以调动人的积极性、主观能动性和创造性为根本，追求人的全面发展的一项企业管理原理。这个原理有两层含义：一是在企业管理活动开展过程中要重视人的因素的作用，从人出发，以人为本，通过调动人的积极性、主观能动性和创造性，发挥人的潜能来提高企业管理效率和效益。它表明，现代企业管理的中心问题是人的积极性问题，人是一切活动的原动力，把人的因素放在首位，做好人的工作，是搞好企业管理的根本。应当看到，企业管理作为一种社会活动，它的主体是人。管理对象的各个不同因素、管理的各种手段和管理过程中的各个不同环节，都是也都需要通过人去掌握、执行和推动。管理系统实质上也是人的活动构成的人力系统，再由人力系统使用机械力系统。离开了人，管理活动就失去了存在的根据和动力。因此，重视人的地位、重视人的行为、重视人的潜能发掘和发挥，从以物为中心到以人为中心的管理，正是人本原理首先强调的一层含义。二是在管理主导思想上要明确，人类进步、社会发展、经济活动效率的提高，前提是人的包括意志与品格、智力与体力在内的更为全面的发展。这是管理的人本原理深一层的含义。它表明，现代企业管理对作为管理客体的人的管理，不仅要以人为中心，而且要把人作为真正的人的管理。

上述管理的人本原理所理解的"人"并不是抽象的，而是受历史和社会制约的、具体的人。因为不论是作为管理主体的人，还是作为管理客体的人，都是通过结成一定的社会关系来进行活动的。"人的本质并不是单个人所固有的抽象物。在其现实性上，它是一切社会关系的总和。"揭示这一点，对于正确认识人本原理是极为重要的。

3.2.2 人本原理在林业企业管理实践中的运用

以人为本的管理原理，是经过漫长的管理实践和理论研究才确立起来的。人本原理在林业企业管理实践中得到重视和应用，应突出的表现有以下几个方面。

3.2.2.1 坚持以人本原理作为管理的主导思想

即在管理的全过程各个领域各个层级的管理思想观念上都要明晰，坚持人本原理是现代林业企业管理发展的必然趋势和客观要求，是管理实践发展、管理思想演进的结果；坚持人本原理也是树立正确的管理指导思想，实施科学、有效的管理的前提和动力。

同时，要把坚持人本原理的思想和相应的管理对策渗透到组织的各项具体活动中去，让人本管理思想统率组织的各项工作，使组织成员的积极性得到最大限度的激发，从而使组织的发展拥有现实的、潜在的能力释放的强有力支撑，而被激发起积极性的人又能向着人的全面发展道路迅跑。

3.2.2.2　建立以人为中心的管理模式

简称"人本管理"模式。此模式认为，以人为本的管理实践活动牵涉到组织中各个层次、各个部门、各个环节的所有管理者，具体表现为重视人、了解人、服务人、发展人、凝聚人和用好人。此模式的核心则是尊重人、激发人的热情和潜能，着眼点在于关心人的特有的心理活动、满足人的合理要求，从而进一步调动人的积极性，增大管理效应，使个体的人、群体、组织和社会得以协调统一发展。

3.2.2.3　树立"人力资本"观念，强化"人本投资"

由于对知识价值、人的价值的认可，在管理活动中逐步改变传统管理只把资金、物资设备等作为财富，看成资本的旧观念，而将人才视为比货币资本和自然资源更为宝贵的资本，是创造财富的资本，是使财富得以具有存在价值的智慧资本。

所谓人本投资，是指以提高人的综合素质为根本的投资。人本投资是管理要追求的组织中的人的全面发展的理想目标的一个重要体现。而人本投资在提高技术进步效益、知识经济价值方面尤为重要和明显。在科技进步日新月异的知识经济时代，强化人本投资，建立以提高人的素质为核心的技术进步机制，已成为发展经济、发展企业、增强国力和竞争力的重大战略举措。

3.2.2.4　运用多样化的人本管理形式

人本管理的具体形式既是以人为本管理思想得以贯彻、发展的结果，又有利于人本管理思想因素在组织中的生长与落实。例如，林业企业文化建设、思想教育、工作轮换、工作丰富化、目标管理、信息沟通、终身教育、无缺点运动、人力资源评估、社会推动等都是人本管理运用的具体形式，以知识和智力激励人"更聪明地工作"。

3.3　管理动态原理

在现代企业管理中，由于管理系统及外界环境是不断运动、发展、变化的，因此，现代管理者要实现管理目标，就必须努力适应管理系统及外界环境的运动、发展、变化，实施灵活的动态管理。

3.3.1　管理与动态

企业管理动态原理是建立在对企业管理系统和外界环境运动、发展、变化认识基础之上的。企业管理是对管理系统的管理，而管理系统是动态的，是运动、发展、变化的。

3.3.1.1　企业管理系统的组成要素是动态的

管理系统可分为两部分：一部分是一般管理系统，由管理主体、管理客体和管理手段组成。管理主体是人及以人为核心的组织。管理客体是人（组织）、知识、财、物、信息、时间等。管理手段是人（组织）、信息、法律、政策和物质工具等。在这种管理系统中，人和组织是最活跃的。处于不同社会角色地位和不同的时期，人和组织都是运动、发展、变化的；管理系统的其他要素也是运动、发展、变化的。

另一部分是特殊的管理系统，它是由管理过程的决策、计划、组织、控制和监督等构成的。在这种系统中，决策、计划、组织、控制、监督等也是动态的。

3.3.1.2 管理系统各组成要素之间是相互关联的

无论是特殊的管理系统还是一般的管理系统，各组成要素之间不是各自孤立、毫无联系的，而是相互关联的，即相互联系、相互作用。由于相互关联，因而一个要素的变化必然要引起周围其他要素的变化乃至整个系统的变化，从而形成不同的结构和功能。

3.3.1.3 管理系统的外界环境是动态的

任何管理系统都处在环境之中并为环境所包围，需要与环境进行各种资源的交换和信息传递，其运行和发展要受到环境的影响和制约。所谓环境是指包围、影响和制约管理系统的一切外部境况的总和，是组织生存发展的物质条件的综合体。

管理系统与外界环境之间也不是各自孤立、毫无联系的，而是相互关联的，两者之间通过彼此之间的相互联系、相互作用和互动过程，来影响对方的活动和行为，力求使对方服从自身的需要。

3.3.2 管理动态原理的基本思想

管理动态原理是指现代企业管理者在管理过程中，面对管理系统和外界环境运动、发展变化的情势，在遵循管理的普遍原理的同时，必须使管理工作与环境变化相适应，以实现管理的预定目标。这条原理的实质是现代管理者在管理系统和外界环境运动、发展、变化的情势下，如何调整管理理念、原则、方式、方法，以适应这种运动、发展、变化，达到组织的整体和长远目标，实现组织的稳定和发展。这条原理的核心是如何随机应变，其基本思想如下。

3.3.2.1 必须承认管理系统和外界环境的运动、发展、变化

管理系统和外界环境都是动态的开放系统，时刻保持着双向的物质、能量的交换和信息传递，都有一个历史地产生、演化的过程和机制，每时每刻都在运动、发展、变化，都处在不断地振荡和补偿之中，这是动态原理立足的前提。

3.3.2.2 没有万能的、一成不变的管理理论、原则、方式和方法

管理工作有许多共同性、普遍性问题，搞好管理工作要有普遍的管理理论、原则、方式和方法作指导，以增强管理工作的导向性、主动性，避免盲目性。但是，任何管理理论、原理、原则、方法、方式，都有其适用的对象、范围、领域，都受一定的时间、地点、条件的限制，都不可能是万能的、放之四海而皆准的，也都不可能是一成不变的。一切要随时间、地点、条件的变化而变化。管理系统或外界环境一方变了或同时变了，管理理论、原则、方式、方法等也要变。

外界环境由过去的两霸主宰世界转向多极化，经济由过去的单极化走向全球化、知识化，由此，我们的管理工作也要适应外部环境的变化，不能以不变应万变，而应该是以变应变。

3.3.2.3 动态原理的核心是权宜达变

管理系统和外界环境变了，管理工作一定要变，这是肯定的。问题是怎样变？如何变？现代管理动态原理强调权宜达变。权是权衡、比较、选择；宜是适宜、因地制宜、

因时制宜。这就是说，如果管理系统和外界环境一方或双方都发生了变化，那么管理的理论、原理、原则、方式、方法等就要随之而变。变不是乱变，而是理性地权衡，比较、选择适宜变化了的管理系统和外界环境的管理理论、原理、原则、方式、方法等。

3.3.3 动态原理在林业企业管理实践中的应用

把动态原理应用于林业企业管理实践中，要求现代林业企业管理者做好反馈管理、弹性管理、竞争管理和风险管理。

3.3.3.1 反馈管理

反馈是控制论中的一个极其重要的概念。从信息论的角度出发，反馈就是施控系统把信息（给定信息）输出去，作用于被控对象，然而把作用的结果（真实信息）返送回来，使受控系统的运动不偏离预定目标的操作和过程。

所谓反馈管理就是现代管理者在管理过程中，利用反馈思想，及时地捕捉和反馈管理系统及其外界环境的变动信息，根据管理需要，适时地进行调节，确保管理目标的实现。进行反馈管理要求管理者做到：①研究管理系统及外界环境的运动发展与变化。要了解管理系统及外界环境变化的动力、方向、速度、方式，及时地捕捉和反馈管理系统及外界环境的变动信息，弄清楚外界环境对管理系统的影响和制约作用及管理系统对外界环境的影响和制约应作出什么反应，从而调节管理理论、原则、方式、方法，协调人流、物流、能流、信息流，以实现管理目标。②建立和完善管理系统信息反馈机构，以确保信息反馈。信息反馈不上，管理者难以管理。③建立灵敏的信息接收和加工处理机构，以对反馈信息有灵敏的感受、高效能的分析、综合及准确的判断，及时发现偏差和调节偏差。④建立强有力的决策中心，及时地将决断信息化为决策部门的强有力的行动，适时纠偏、调节，或者正反馈管理，或负反馈管理，或复合反馈管理，以适应不断变化了的情况。

3.3.3.2 弹性原理

弹性管理就是现代林业企业管理者在管理过程中，必须对管理系统及其外界环境变化的不确定性给予事先考虑，对内外变化的可能性及概率做出充分的认识和科学推断，在制定管理决策、计划、策略和建构管理系统及运行等方面，保持充分的弹性，留有充分调节的余地，以确保管理系统的稳定可靠，及时适应管理系统和外界环境可能的变化，有效地实现动态管理。为此，要求现代林业企业管理者在管理中要做到：①在制定林业企业管理决策、确立计划、设定目标等方面，应根据企业管理工作的整体需要和管理系统及外界环境变化的实际情况，保持充分的弹性，留有充分调节的余地，确立适当的管理弹性空间范围和时间界限。②要想方设法增强每个层次管理系统的整体弹性。要提高管理系统的可塑性或整体的适应能力，即使管理系统和外界环境发生重大变故，整个管理系统也能应付自如，保持稳定和发展。③增强局部弹性。任何组织管理在增强管理系统整体弹性的同时，也强调增强局部弹性，任一管理必须在一系列管理环节上保持可调节的弹性，特别是在重要的关键性环节上保持可充分调节的余地。

3.3.3.3 竞争管理

竞争管理就是管理系统在外界环境剧变的情势下，现代林业企业管理者要敢于进入竞争的角斗场，努力为组织创造一个良好的竞争环境，提高组织的竞争力，选择合适的竞争策略，针对决定产生竞争的各种影响力，寻求一个有利的竞争地位，以实现林业企业管理目标。为此，要求管理者做好以下工作：①树立正确的竞争观念。世界是一个剧变、竞争的世界，不管管理者愿意不愿意、高兴不高兴，要使组织生存和发展，就必须使自己的组织参与竞争。否则，组织只能走向衰落。因此，管理者要敢于参与竞争。②创造良好的竞争环境。管理竞争需要有一个良好的组织环境。这个环境是既有内部竞争的动力，又有外部竞争的压力；既容许竞争，又鼓励竞争；政府既要执行"多自由、少干预"政策，又要建立现代林业企业制度，实施市场经济体制；要打破封锁与垄断，反对不正当的竞争行为。同时，要加强组织的协作、横向联系与联合，努力开拓国内市场和国际市场。③提高组织的竞争力。在管理系统和外界环境剧变、竞争日趋激烈的情况下，组织要立于不败之地，一个有远见卓识的现代管理者就必须千方百计地提高组织的竞争力。组织竞争力出自于权力、物力、智力、动力和压力之和，它包括组织生存能力、反馈能力、应变能力、创新能力、生产能力、盈利能力、发展能力、知识能力等。提高组织竞争力就应在上述方面下功夫。对林业企业而言，应以品种新、质量优、价格廉、经营信、服务诚、创新先等来制胜。④选择合适的竞争策略。政策和策略是组织的生命。组织要生存和发展，必须掌握竞争的主动权，就必须运用策略。策略是多种多样的，如对企业而言，有新品种开发策略、质量择优策略、价格控制策略、经营信用策略、服务真诚策略、知识创新策略等。

3.3.3.4　风险管理

现代林业企业管理与风险并存。要贯彻动态原理，就要求管理者实施风险管理。所谓风险管理就是现代管理者必须正视风险的存在，善于识别风险，有效地衡量风险，并通过计划、组织和控制等管理活动，确立风险防范的对策，防止风险损失的发生，削弱风险损失发生的影响程度，以获取最大的利益。实施风险管理要求管理者做好以下工作：①识别风险，把握风险的表现形式。对管理者来说，一旦风险发生，一般风险管理重点之处是识别什么风险：自然风险，经济风险，政治风险，技术风险，等等。对林业企业组织来说，要识别是信用风险，市场风险，经营风险，环境风险，还是行为风险。与此同时，还要把握具体每一种风险的表现形式如何。②衡量风险。任何组织管理都可能遇到风险。一旦发生风险，管理者应该采取有效方法，根据风险损失发生的频率及风险损失严重程度，度量、评估风险对组织实现最终目标的不利影响及其程度，要特别注意度量、评估风险损失的绝对量，组织对可能发生的风险损失的承受能力，风险给组织带来的直接损失、间接损失和有形损失、无形损失，风险损失发生、发展和终结的过程。③确立风险防范的对策。风险管理的基本目的，一是要防止风险损失的发生，削弱风险发生影响的程度，以获取最大的利益；二是支付不可避免的风险损失。

3.4　效益协同原理

企业管理的最终目的就是为了追求某种效益。在实际的生产活动和社会活动中，取得较好的经济效益、社会效益和生态效益，不仅是管理本身的要求，而且也符合经济和社会的发展，符合不断提高人民物质和文化生活水平的要求。因此，认识效益的含义，如何向管理要效益，是影响企业能否实现既定目标的关键，也是不断提高企业管理水平的一种衡量标准。

3.4.1　效益的含义

效益、效果和效率从概念上理解是有其相似之处的，都是衡量结果的名词，但实际上它们是有差别的。效益是指人们从事某种活动所得到的有益的结果。它可用劳动成果与劳动消耗的比值来表示，也可用产出与投入的比例来表示。在人类所从事的活动中，效益表现在各个方面，既包括经济效益，也包括社会效益和生态效益等。

效果，是指由投入经过转换而产出的有用成果。然而，产出的结果中有的是有效的，而有些是无效的。就管理效果来说，在其对经济和社会造成的影响中，也可分为正效果和负效果。就以用发放奖金来激励员工这种做法为例，如果采用平均主义的手段，最终就不能达到奖勤罚懒的目的，反而会使劳动积极性下降。因此，管理效益就是指正的效果。也就是说，管理效益就是要引导人们做正确的事情。

效率，是指单位时间内所取得的效果的数量，反映劳动时间的利用状况。管理效率是实施管理后所得的收益和管理成本之间的比率。管理效率的高低是测评管理者工作绩效的重要标志，也是影响企业能否实现更佳效益的关键。效率的主要目的是以最小的代价将事情做完。

管理的效益原理就是要求树立效益第一的观念，在管理的全过程中，要在每一个环节上讲效率，在管理的每一项具体工作中讲效益。总之，在整个管理系统和管理过程中，要把效益作为管理的根本目的和最终归宿。

3.4.2　效益协同原理

效益是企业管理的根本目的，企业管理就是对效益的不断追求。效益协同原理认为追求效益要遵循以下几点规律。

3.4.2.1　确立以效益为中心的管理观念

管理活动应以效益为第一行为准则和一切工作的出发点。以"生产为中心"的时代已经过去，但这种思想在许多管理者头脑中根深蒂固，盲目追求产值、无视市场需求、为提高用户本不要求的质量指标浪费大量的资源导致成本增加的例子屡见不鲜。美国"铱星"可以为每个消费者提供在地球任何一个角落进行通讯的手机，但高昂的价格使大多数消费者不敢问津，没有用户保有量的"铱星"最终只能以破产而告终。所以，效益才是"硬道理"。

3.4.2.2　效益原理要求经济效益、生态效益与社会效益并重

效益可以从社会、生态和经济不同的角度来考察，即社会效益、生态效益和经济效益。经济效益是效益表现的最直接形态。任何一个企业都是为了追求一定程度上的营利才进行投入产出活动的。所以，我们要明确，追求利润是企业天经地义的使命。另一方面，我们不能无视社会效益和生态效益，即不能为营利忽视环境保护；不能为了经济利益生产假冒伪劣产品，进行不正当竞争；不能私自生产、出售、走私黄、赌、毒产品

等。不顾社会生态效益的行为只能是短期、局部获利，对社会及企业的未来迟早会造成致命的影响。

3.4.2.3 追求短期效益不能无视长期效益

信息时代的企业每时每刻都面临着激烈的竞争，但这种竞争在考验企业爆发力的同时，又要考验企业的持续发展能力。如果企业只满足于眼前的经济效益水平，而忽视技术开发和人员的培训等企业创新必要条件的创造，就会随时有被淘汰的危险。所以企业经营者必须有远见卓识，随时想着明天的发展。只有不断创新，用可持续发展的观点来经营企业，积极进行新产品的开发和所在领域的探索，不断创新，才能保证企业有长期稳定的高效益，才能使企业得到长足的发展。

3.4.3 效益协同原理在林业企业管理实践中的应用

正确运用效益协同原理要以效益为中心展开工作，包括产品开发、成本控制、营销过程中附加服务的开展以及企业公共关系工作的强化。同时，林业企业经营活动必须追求长期与短期、经济与社会生态效益的协同。

首先，林业企业经济效益的发挥必须建立在生态、社会效益发挥的基础之上，达到整体效益的最优。

其次，必须建立健全质量保证体系，建立行之有效的奖罚制度，使产品走向市场有可靠保证。

第三，要加强林业企业经营过程中各项消耗品的控制，鼓励员工增收节支和废物利用。

第四，建立常设性的市场调查机构，以市场为主导开发产品，让技术人员与营销人员定期"碰头"，召开座谈会。

第五，为树立良好的企业形象，要全方位地开展公共关系工作，导入 CIS，对现代林业企业形象加以系统设计。

第六，加强库存和在制品的控制，提高资金的利用率。

总之，效益协同原理在林业企业管理实践中的应用要遵循一个最基本的标准；一切以效益为准绳，综合平衡，让社会效益与经济效益相互促进，局部效益服从整体效益，长远效益高于近期效益。

本章小结

管理原理是对管理活动的实质、对管理活动最基本的、普遍性的运动规律的科学表述。由于社会以及相应的管理实践活动在不断变化发展，人们对其客观规律的主观认识，总是具有一定程度的历史阶段性、相对渐进性，因此，管理原理必然是真理的绝对性与相对性的对立统一。

系统是对事物构成形态的一个抽象概念。系统，是指由若干彼此有关的、相互依存的部分（称要素或子系统）所组成的复杂的、在一定环境中具有特定功能的有机整体。

就其本质来说，系统是"过程的复合体"。系统具有集合性、层次性、相关性等特征。

为了实现优化科学管理的目的，在管理活动中必须树立系统的观点，根据系统的观点去认识管理系统和指导管理活动，从管理系统的整体出发去处理工作中的各项事务，这就是管理系统原理。管理系统原理的要点主要有：整体性原理、开放性原理、环境适应性原理和综合性原理。在林业管理活动中，坚持系统原理就是要求做到具有全局观念、关注系统结构的状况、处理好管理宽度与管理层次的关系。

管理的人本原理，是指各项管理活动都应以调动人的积极性、主观能动性和创造性为根本，追求人的全面发展的一项管理原理。这个原理有两层含义：一是在管理活动开展过程中要重视人的因素的作用，从人出发，以人为本，通过调动人的积极性、主观能动性和创造性，发挥人的潜能来提高管理效率和效益。二是在管理主导思想上要明确，人类进步、社会发展、经济活动效率的提高，前提是人的包括意志与品格、智力与体力在内的更为全面的发展。这是管理的人本原理深一层的含义。人本原理在林业企业管理实践中得到重视和应用，突出的表现有以下几个方面：①坚持以人本原理作为管理的主导思想。②建立以人为中心的管理模式。③树立"人力资本"观念，强化"人本投资"。④运用多样化的人本管理形式。

管理动态原理是指现代管理者在管理过程中，面对管理系统和外界环境运动、发展变化的情势，在遵循管理的普遍原理的同时，必须使管理工作随机应变，以实现管理的预定目标。动态原理应用于林业企业管理实践中，要求现代管理者做好反馈管理、弹性管理、竞争管理和风险管理。

管理的效益协同原理就是要求树立效益第一的观念，在管理的全过程中，要在每一个环节上讲效率，在管理的每一项具体工作中讲效益。效益是管理的根本目的，管理就是对效益的不断追求。效益原理认为追求效益要遵循以下几点规律：①确立以效益为中心的管理观；②效益原理要求经济效益与社会效益并重；③追求短期效益不能无视长期效益。正确运用效益原理要以效益为中心展开工作，包括产品开发、成本控制、营销过程中附加服务的开展以及企业公共关系工作的加强。

复习思考题

1. 管理原理的主要内容是什么？
2. 系统有哪些特征？
3. 在管理活动中如何坚持系统原理？
4. 如何理解动态原理？管理者可从动态原理中得到哪些启示？
5. 如何实现"以人为中心的管理"？
6. 简述管理者应如何追求自身工作的效益。

4 现代林业企业管理的基本方法与手段

4.1 现代林业企业管理的基本方法

方法即是办法，是手段、措施、中间过程的反映，所以管理方法可概括为为实现管理目标而采取的各种手段、措施等做法的总称。目前，林业企业常用的管理方法有行政方法、法律方法、经济方法、教育方法、数学方法和社会心理方法等。

4.1.1 行政方法

所谓行政，是国家行政机关和公务人员为实现国家的政治目的，行使法定职权，处理各种公务的行为和过程。依靠其法定的职权，通过强制性的行政命令直接对被管理者施加影响，并按行政组织系统进行管理的方法称为行政方法。

4.1.1.1 行政方法的特点

行政方法具有如下特点：

（1）政策性。政策是行政方法的根本。管理者应注意党的方针政策的学习，在实际管理工作中按党的政策办事，可避免以感情代替政策、滥用职权等现象的出现，也避免给工作和事业带来损失。

（2）强制性。行政方法一般是通过国家行政权力机构发出命令、指示、规定、指令性计划等，要求被管理者从思想上、行动上、纪律上服从和执行。这种强制性是原则性的，但它同法律上的强制性具有原则不同、制约范围也不同的区别。

（3）权威性。行政管理的成效很大程度上取决于管理者的权威，权威越大，工作就能顺利开展。管理者的权威通常由职位、品质和能力等因素所决定。

（4）稳定性。行政管理系统具有严密的组织机构、统一行动、强有力的调节和控制的特点，对外部干扰具有较强的抵抗作用，因此具有相对的稳定性。

（5）时效性。行政管理的实施可根据对象、目的、时间、地点的不同而变化，因此，这种方法具有一定的时效性，应根据具体的环境条件而适当采用。

（6）垂直性。行政管理是通过行政系统、分层次自上而下进行的，同一层次之间不存在命令或行政关系，只存在联系和协调、协商关系。

4.1.1.2 行政方法的优缺点

行政方法，始终是林业企业管理的主要管理方法之一。该方法具有许多优点：集中统一；便于发挥企业管理职能；是实施其他管理方法的必要手段；具有一定的灵活性和弹性等。

但行政方法也具有相当大的局限性，主要表现在：受管理者的知识能力、道德修养、领导艺术等方面的影响较大；不便于下属积极性、主动性和创造性的发挥；横向沟通困难；不能很好适应现代社会化大生产和市场经济的管理要求。因此该方法一般与其他管理方法配合使用，极少单一采用。

4.1.2 法律方法

企业管理的法律方法是指通过制定和实施法律、法令、制度和具有法规性的文件进行管理的方法。法律方法也是强制性的管理方法，如果说行政方法是"形式"的强制，则法律方法就是内容上的强制，是行政方法进一步的表现。

4.1.2.1 法律方法的基本特征

法律方法的基本特征是：

（1）阶级性。法律是人类阶级社会特有的产物，是统治阶级意志的体现，是经国家制定或认可的并以国家强制力保证实施的行为规范的总和。其目的在于确认、保证和发展对统治阶级有利的社会关系和社会秩序。

（2）强制性。法规一经制定和实施，就得强制执行。这种强制性较之行政管理方法更为严厉。国家制定的法律在国家管辖的领土范围内，在其权力所及的一切地方，具有普遍的约束力。谁违反了法规，谁就要受到应有的惩罚，这种惩罚是靠国家的强制力保证的。

（3）规范性。就是指人们在社会生活中所应遵循的行为规则。法律规范有其特定的结构内容，具体说来，包括假定、处理、制裁三个要素，并且是这三个要素密切结合的整体。假定，是适用法律规范的条件和情况，法律规范所要求或禁止的行为，应当在什么具体的时间、地点以及对什么人才适用。处理，是法律规范中的行为规则本身，指明允许做什么和不准做什么，必须怎样做和不允许怎样做，这是规范性的主要表现。制裁，是指明不遵守法律时将要引起的后果。

（4）稳定性。法律一经制定就不宜经常更改，否则，就有损于法规的严肃性和权威性。

4.1.2.2 法律方法的优点及适应条件

法律方法的主要优点：宜于用来调整企业管理组织中的各种关系，明确各子系统的权力、义务和相互关系，维护管理的相对稳定性和有序发展；将林业企业管理活动纳入法律化、制度化轨道，使人们有章可循，使管理系统自动地有效运转。

法律是促进物质文明和精神文明建设的有力保证。但使用法律方法应具备一定的条件：要有相适应的社会道德舆论水平，否则，会降低法规的效用；要进行法制教育，增强人们的法制观念，树立法规的权威性；要加强法律建设，健全法规体系和法规结构，培训熟悉法规、能严格依法办事的人才。

4.1.3 经济方法

企业管理的经济方法是运用各种经济手段，按照客观经济规律要求，调节各方面的利益关系，调动各种积极因素，推动生产发展，提高工作效率，实现企业管理目标的管理方法。按其管理对象不同，经济方法可分为宏观经济方法和微观经济方法。宏观经济方法主要是通过价格、税收和信贷等手段来调整国家、集体、个人三者利益关系，指导生产、消费，调节外贸、流通和分配，促进国家和地区经济的发展；微观经济方法是指运用工资、奖金和罚款等手段来调动职工的积极性，激励职工不断提高生产技能和劳动生产率，并积极参与经营管理活动的方法。

4.1.3.1　经济方法的特征

经济方法具有如下特征：

（1）规律性。经济活动有其固有的规律，这就要求必须按经济规律办事，否则将会受到经济规律的惩罚。

（2）利益性。各种经济管理措施要符合广大人民群众的利益。

（3）制约性。在宏观管理中，国家运用经济杠杆来制约本系统成员的活动，使之与整个管理活动相协调，共同实现管理目标。

（4）灵活性。不同地区、不同部门、不同企业，在不同时间，可以运用多种不同的经济方法来处理不同的管理问题。

（5）可测度性。各种经济管理方法都离不开经济指标，它们是反映某一方面经济情况的绝对数、相对数或平均数的量，这些一般都是可以度量的。

4.1.3.2　经济方法的优缺点

经济方法的优点是便于分权和加强横向联系，有利于调动下属单位与职工的积极性；缺点是可能会在一定程度上对人们的思想意识产生副作用。因此，必须配合宣传教育，建立相应的法律、法规。

4.1.4　教育方法

企业管理的教育方法是指用思想政治工作的方法来解决各种问题。企业管理首先是对人的管理，人是有思想的，必须依靠思想政治工作改变人的精神面貌，调动人的积极性。

4.1.4.1　教育方法的实质

教育方法的实质是用社会主义精神文明建设来促进和保证企业物质文明的建设。教育方法能收到其他方法所收不到的效果，但说服教育的方法也不是万能的。

4.1.4.2　教育方法的特点

（1）启迪性。在企业管理中使用教育方法重点在于开导、启发人们的自觉性。它不是强迫员工必须如何去做，而是通过教育培训，用道理说服人按照管理者的意图去执行，因而具有启迪性。

（2）全面性。教育方法在实施的过程中，涉及的人员范围非常全面。上至经理（厂长）为首的领导层，下至中级干部、基层干部和全体员工，都需要明确岗位任职资格规定，并据以确定培训需求，因需设教。

（3）权变性。权变性是指教育方法所实施的内容和模式，不是固定不变的。因企业战略、方针、目标的不同，企业管理活动的特点也有所变化。管理者可在总目标的指导下，因时、因地、因事选择不同的教育内容和灵活的方式方法。

（4）参与性。企业采用教育方法的目的在于使员工理解领导者的意图，掌握开拓创新所需要的知识，具备岗位任职所必需的能力，自觉主动地参与企业管理。同时，教育的方法还要求各级管理者，甚至一部分员工本身也承担一些教育培训工作，这实际上也是参与了企业管理。

（5）经常性。教育方法在企业中往往不是追求"立竿见影"的短期效果，而应长期坚持，贯穿于企业管理的全过程。

教育方法最主要的作用在于能使员工通过接受教育提高自身的素质。素质提高了，意识、能力等也就逐渐具备了。但教育的方法往往投资较大，且短时期内的效果不十分显著。因此，要求企业管理者做深入细致和坚持不懈的工作。

4.1.5 数学方法

企业管理的数学方法是指运用数据和有关数学科学知识为工具，对企业生产经营活动进行经济分析。运用数学方法进行定量分析，可使人们对于客观经济规律的质的方面认识深化和精确化。当今电子计算机的应用，为在企业管理中运用数学方法创造了条件，数学方法日益成为企业管理工作中不可缺少的工具。但数学方法对无法定量的事物不起作用，而且它也只是辅助管理的手段，不能代替企业管理工作本身。

4.1.6 社会心理方法

企业管理的社会心理方法是指运用社会心理科学的知识，通过了解集体和个人的社会心理活动特点，按照人们在经济生活中的社会心理活动规律，来搞好企业管理的方法。管理社会心理方法的基本特点是具有很强的针对性，这种方法的实质是满足人们的社会心理需要，以达到调动其积极性的目的。它是思想教育方法的深化与延伸，但不能代替其他管理方法。

上述管理方法只有在实践中有机地结合运用，配合一致，才能取得成效。

4.2 目标管理与网络技术

传统的企业管理方法各具特色，在实际管理工作中，宜配合使用。在我国现实条件下，传统管理方法与下面将要介绍的现代管理方法和管理技术均需密切结合，才能取得良好的效果。

4.2.1 目标管理

目标管理是由美国管理学家彼得·德鲁克在 20 世纪 50 年代中期总结企业管理的实践经验而创立的。

4.2.1.1 目标管理的定义及特点

目标管理是一种以目标为主线的现代企业管理方法。所谓目标管理，就是一个组织中的上级管理者和下级管理者，在一起确定共同的目标，以此为基础，并根据对每一成员所期待的成果，分别规定其主要的职责范围，把应该承担的事项分解到组织中的每一位成员。

目标管理的特点是把以任务为中心的管理方法和以人为中心的管理方法有机地结合

起来，把企业管理的总体目标、部门目标、个人目标有机地结合起来，把管理系统有组织的行政管理和系统各部分乃至个人的自我控制有机地结合起来，使整个企业管理系统行动有方向，任务、职责明确，工作协调有序，管理效能得以充分发挥。

4.2.1.2　目标管理基本思想

（1）将企业的任务转化为目标，企业管理人员通过这些目标对下级进行领导并以此来保证企业总目标的实现。凡是在工作成就和成果直接地、严重地影响企业的生存和繁荣的部门中，目标都是必需的，并且经理取得的成就必须是从企业的目标中引申出来的，他的成果必须用他对企业的目标有多大的贡献来衡量。

（2）目标管理是一种程序，是一个企业中各级管理人员共同来制定的目标，确定彼此的成果责任，并以此项责任作为指导业务和衡量各自贡献的准则。一个管理人员的职务应该以达到企业目标所要完成的工作为依据。如果没有方向一致的分目标来指导每个人的工作，在企业的规模越大、人员越多时，发生冲突和浪费的可能性就越大。

（3）每个企业管理人员或员工的分目标就是企业总目标对他的要求，同时也是这个企业管理人员或员工对企业总目标的贡献。只有每个人的分目标都完成了，企业的总目标才有完成的希望。

（4）企业管理人员和员工是靠目标来管理，以所要达到的目标为依据，进行自我指挥、自我控制，而不是由他的上级来指挥和控制。

（5）企业管理人员对下级进行考核和奖惩也是依据这些分目标。

4.2.1.3　目标管理的基本步骤

实施目标管理的基本步骤是：制定目标；执行目标；目标实施结果的评价。

具体做法如下：

（1）制定目标。企业的主管部门要确定在今后一段时间内，本组织要达到的重要的目标。该目标是初步的，它是在对本组织的状况和可利用的机会进行定性和定量分析的基础上确定的。初步制定的目标还有待于下级把整套可考核的目标制定出来以后，再加以修正。

（2）明确组织的作用。在拟定和实施目标的过程中，应重视预期取得的成果和谁来负责取得这些成果的职责之间的关系；应该使每一目标都有相应的责任承担者，并授予责任承担者相应的权限；而且要决定各部门在业务上的相互关系。

（3）明确下级的目标。上级将有关总目标和确定总目标的前提向下级传达，在此基础上，上级向下级下达目标，将目标层层分解，落到实处，形成系统化的目标体系。目标展开是至关重要的一步，子目标必须按总体目标的内容及要求制定，使各层次、各项目、每个人的目标均衡、衔接，协调一致。

（4）执行目标。目标体系确立后，企业中各层次、各部门的成员为达到分目标，必须从事一定的活动，必须利用一定的资源。为了保证他们能实现目标，必须授予相应的权力，使之有能力调动和利用必要的资源。有了目标，企业成员便会明确努力的方向；有了权力，他们便会产生与权力使用相应的责任心，从而充分发挥自己的判断能力和创造能力，使目标执行活动有效地进行。

（5）目标的调节与控制。目标实施过程中，不可避免地会受到各种条件变化的影响，遇到各种问题，这就需要针对问题的原因，研究对策，定期地对偏离目标的现象予以调节，保证目标的实现。

（6）成果评价。在到达目标完成期限时，对目标完成情况进行评价，以决定奖惩。第一，把记录的实绩和目标作比较，考核目标完成情况。其次，若实绩偏离目标大时，应分析差异的原因。最后，在以上检查分析的基础上为设定下期目标作准备。

4.2.1.4　目标管理的原则

（1）确定好总目标。总目标的确定既要充分考虑组织原有的各种条件，又不能受原有的各种条件的限制，关键是要把握好社会的需要和环境的制约之间的关系。

（2）充分协商。通过充分协商，上下级相互都了解了对方的处境和合作的诚意，使双方有了在彼此理解的基础上达成一致认识的可能。

（3）具体目标先进合理。具体目标先进是指目标应高于一般人所能达到的平均水平，合理是指目标应使大多数人通过努力能够达到的、少数人有可能超过的。

（4）注重集体成果。目标管理应始终把重点放在集体配合和集体成果上，这是企业管理的本质所在。虽然目标管理强调下级自主管理，但管理的本质不可因此而有丝毫的动摇。

4.2.1.5　目标管理的优缺点

4.2.1.5.1　目标管理的优点

（1）能提高管理水平。其原因在于首先目标管理将迫使管理者以最终目标为依据而进行计划工作，而不是单纯以各种任务来安排计划工作。其次，将迫使目标的制定切合实际，资源有保证，明确所要采取的措施和方法，完善组织机构和人员配备。第三，由于制定了明确的指标体系，管理者就能更好地控制，并为控制活动提供明确的标准。

（2）有利于提高组织的协同效应。如果没有明确的、方向一致的、系统化的目标体系来整合各个单位乃至各个工作人员的工作，则极易形成结构刚性、组织僵化和工作混乱。开展目标管理有利于把组织中的各种力量集中在总目标的实现上。

（3）有利于提高组织的应变能力。在目标管理下各级管理人员有了实现其目标所必需的自主权限，就能够对它所面对的环境的各种意料不到的变化，灵活地采取各种措施，从而增强了组织在基层更加自主、灵活这一意义上的应变能力。

（4）提高员工的主动精神。在目标管理活动中，员工不是被动地执行指示和等待指导，而是按既定的目标主动地、想方设法去完成。目标管理将提高员工的参与意识。

4.2.1.5.2　目标管理的缺点

（1）易忽视未包括在目标系统内的工作。在目标管理活动中，目标的明确性将导致那些未包括在目标内的工作容易被忽视。因此，要注意目标的完整性，不要将主要目标漏掉。

（2）有可能使员工只注重个人目标。目标管理在责任上的过分明确和一丝不苟的严格考核，往往会使员工只注意完成自己的目标，而忽视各种工作之间的相互联系。为此，在目标管理中要注意使个人目标和整体目标相结合。

（3）可能导致短期行为。在目标管理中，为便于管理，确定的目标一般是短期的。但若过于强调短期目标，将会损害长期目标的安排。因此，在目标管理中，要处理好短期目标与长期目标的关系。

（4）可能导致组织整体上缺乏灵活性。目标管理要取得成效，就必须保持目标的明确性和肯定性，但是计划是面向未来的，而未来存在着许多可变因素和不确定因素，需要组织保持整体上的灵活性。

（5）强调上下协商可能会影响工作效率。由于可考核的目标难以确定、整体与个体的利益难以一致、同级主管的目标难以平衡等诸多原因，往往会使得上下协调需要漫长的过程，从而影响工作效率。

4.2.2 网络计划技术

网络计划技术是一种统筹安排工程项目和专项生产任务的现代化管理方法。我国常称之为统筹法。此法通过绘制网络图与网络参数计算，找出关键工序与关键路线，并利用时差（机动时间）不断地改善网络计划，求得工期、资源与成本的优化方案，并在方案实施过程中进行有效的控制，确保达到预定的计划目标。

4.2.2.1 绘制网络图的方法

网络图一般分为节点式和箭线式两种，在此主要说明箭线式网络图的绘制。网络图是整个工程项目或产品生产过程各局部活动（作业、工序）内在的逻辑关系的综合描述，也是整个活动时间安排的模拟图，是确定生产周期和计划工序工作的基础资料。

4.2.2.1.1 网络图的组成

网络图是由点（结点）和连接这些点的线（箭线）构成的线路图，如图4-1所示。

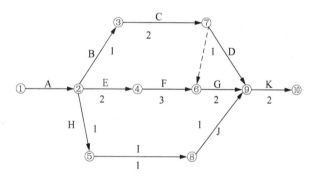

图4-1 网络图

（1）节点：节点（或称事项）用圆圈表示。圆圈内编号称为节点编号。节点表示某一项活动（工序）的开始或完工。节点不消耗资源，也不占据时间和空间，只表示某一项活动的开始或完工的瞬间。最初的节点（只有箭尾连接的节点）表示起始点，最后的节点（只有箭头连接的结点）表示终点。一个网络图只能有一个起点和一个终点，其他节点（既有箭头连接也有箭尾连接的结点）都是中间节点。

（2）箭线：箭线表示活动（作业、工序），用"→"符号表示。活动的范围可大可小，大的可以以设计工作作为一个活动，小的可表示绘制某一个零件的图纸。箭尾表示活动的开始，箭头表示活动完成，箭头的方向表示活动的方向。箭线的长短不表示活动的时间的长短，只表示逻辑的先后关系。箭线两端都必须有节点相连接，箭线上面注明活动的名称，可用大写字母表示或直接写明，也可以用箭线两端节点的编号表示（ij）。箭线下面注明活动的作业时间，或用 TA 等表示，也可以用 T_{ij} 表示。

网络图从起点到终点可以有多条"线路"。各线路的各项活动作业时间之和就是该线路所需要的时间，其中时间最长一条线路称作关键路线。关键路线所需的时间也就是完成整个工程项目所需要的时间。

（3）虚箭线（虚活动）：虚箭线用"…→"符号表示，它不占用时间和资源，为了说明活动之间的先后逻辑关系而虚拟的活动。

（4）路线：路线是网络图中由始点事项出发，沿箭线方向前进，连续不断地到达终点事项为止的一条通道。一个网络图中往往存在多条路线，例如图 4-1 中从始点① 连续不断地走到终点⑩的路线有 4 条，即

A：①→②→③→⑦→⑨→⑩

B：①→②→③→⑦→⑥→⑨→⑩

C：①→②→④→⑥→⑨→⑩

D：①→②→⑤→⑧→⑨→⑩

比较各路线的路长，可以找出一条或几条最长的路线。这种路线被称为关键路线。关键路线上的工序被称为关键工序。关键路线的路长决定了整个计划任务所需的时间。关键路线上各工序完工时间提前或推迟都直接影响着整个活动能否按时完工。确定关键路线，据此合理地安排各种资源，对各工序活动进行进度控制，是利用网络计划技术的主要目的。

4.2.2.1.2　网络图的绘制规则

绘制网络图应遵循下列规则：

（1）箭线方向都应是自左向右的，不允许反向，以保证网络图不出现循环线路。

（2）箭线首尾必须有节点连接。一个网络图有而且只有一个起点和一个终点。

（3）节点必须编号，编号顺序是自左向右，后节点的编号必须大于前节点的编号。

（4）两个节点之间只能有一条箭线连接。若两个节点间需两条或两条以上箭线连接，则可增加节点，用虚拟箭线连接。运用虚拟箭线会给绘制网络图带来方便，但过多将使图形过于复杂。

4.2.2.1.3　绘制网络图的要求

绘制网络图需满足下列要求：

（1）知道某项工程或生产任务的全部活动内容。

（2）知道各项工作或活动的先后次序，不能前后矛盾。

（3）知道或可用期望值求得各项活动的作业时间标准。

4.2.2.2　网络图的时间参数及其计算

4.2.2.2.1　作业时间

是指完成某一项工作或一道工序所需要的时间。作业时间有确定时间和不确定时间之分。不确定时间可用下式计算：

$$作业时间 = \frac{最乐观完工时间 + 4 \times 最可能完工时间 + 最悲观完工时间}{6}$$

4.2.2.2.2 节点时间的计算

节点本身不占用时间，它只表示某项活动应在某一时刻开始或结束。因此，节点时间有最早开始时间和最迟结束时间。

（1）节点最早开始时间。是指一项活动最早开始活结束的时间。用 T_e 表示，其数值记入"□"内，并标在网络图上。网络始点事项的最早开始时间为零，终点事项因无后续作业，它的最早开始时间也是它的结束时间。网络中间事项的最早开始时间的计算可归纳为：前进法、加法、挑最大法。

（2）节点最迟结束时间。是指以本节点为结束的各项活动最迟必须完成的时间。用 T_L 表示，其数值记入"△"内，并标在网络图上。网络终点事项的最迟结束时间等于它的最早开始时间。其他事项的最迟结束时间的计算可归纳为后退法、减法、挑最小法。

4.2.2.2.3 工序时间的计算

工序时间包括：工序最早开始时间、工序最早结束时间、工序最迟开始时间、工序最迟结束时间。有了节点的时间参数，工序时间参数的计算就很简单了。工序时间的计算步骤如下：

（1）工序最早开始时间等于代表该工序的箭尾所触节点的最早开始时间。

（2）工序最早结束时间等于该工序最早开始时间加上该工序的作业时间之和。

（3）工序最迟结束时间等于该工序箭头节点最迟结束时间。

（4）工序最迟开始时间等于该工序最迟结束时间减该工序的作业时间之差。

计算工序最早开始与最早结束时间，应从网络始点事项开始，自左向右，前进加法取大值。计算工序最迟开始与最迟结束时间，应从网络终点事项开始，自右向左，后退减法取小值。

4.2.2.2.4 时差

时差是指某道工序的最迟开始时间与最早开始时间的差数。时差表明某道工序可利用的机动时间的多少。时差的计算公式如下：

$$\text{某项工序（活动）的时差} = \text{该活动最迟结束时间} + \text{该活动最早开始时间} + \text{该活动作业时间}$$

4.2.2.3 网络计划的优化

网络计划的优化，就是通过利用时差，不断地改善网络计划的最初方案，使之获得最佳周期、最低成本和对资源的最有效的利用。逐次优化，时差逐次减少，以至大部或全部消失。然后根据各次优化的结果，作出决策，确定选择的方案。

4.2.2.3.1 时间优化

时间优化，就是在人力、物力等有保证的条件下，寻求最短的生产周期。这对于某些紧急任务是非常重要的，它可以争取时间，提前完工或交货，尽快地发挥投资效益和满足需要。缩短生产周期的措施有：

（1）利用时差，从非关键路线上抽调部分人力、物力支援关键工序，从而缩短关键路线，即向关键路线要时间，向非关键路线要资源。

（2）采用技术措施，压缩工序的作业时间，这是缩短生产周期的根本途径。如进行技术改革，采用新技术、新工艺等。采用技术措施往往会增加费用支出，为此在采用技术措施时既要考虑技术的可能性，又要计算经济的合理性。

（3）采用组织措施，就是在不压缩工序的作业时间的条件下，将工序分解，改变工序的衔接方式，调整网络结构，组织平行交叉作业来缩短生产周期。

采用上述措施来改变网络计划，每改变一次都要重新计算网络时间和关键路线，直到求得最短周期为止。

4.2.2.3.2　时间—成本优化

工程（作业）项目的成本是由直接费用和间接费用两部分组成。直接费用是指与各项作业直接有关的费用，在采取时间优化的技术组织措施来缩短工程周期时，往往要增加直接费用支出，即工程周期愈短，直接费用愈大；间接费用是指管理费用等不与各项活动直接有关但随工程周期变动而变动的费用，工程周期愈短，间接费用愈少。时间—成本优化，就是寻求直接费用与间接费用之和最低时的工程周期。

4.2.2.3.3　时间—资源优化

时间—资源优化，是在人力、设备等资源有一定限度的条件下，寻求最短工程周期或在工期有一定要求的条件下，通过资源平衡求得工期与资源需要的最佳结合。

4.2.2.4　网络计划技术的优点

网络计划技术虽需要大量而烦琐的计算，但利用计算机技术这个问题很容易解决。这种技术之所以被广泛地运用是因为它有一系列的优点。

（1）能清晰地表明整个工程的各个项目的时间顺序和相互关系，并指出完成任务的关键环节和路线。因此，管理者在制定计划时可以统筹安排，全面考虑，又不失重点。在实施过程中，管理者可以进行重点管理。

（2）可对工程的时间进度与资源利用实施优化。在计划实施过程中，管理者调动非关键路线上的人力、物力和财力从事关键作业，进行综合平衡。这既可节省资源又能加快工程进度。

（3）可事先评价达到目标的可能性。该技术指出了计划实施过程中可能发生的困难点，以及这些困难点对整个任务产生的影响，准备好应急措施，从而减少完不成任务的风险。

（4）便于组织与控制。管理者可将工程，特别是复杂的大项目，分成许多支持系统来分别组织实施与控制，这种既化整为零又聚零为整的管理方法，可以达到局部和整体的协调一致。

（5）易于操作，并具有广泛的应用范围，适用于各行各业以及各种任务。

4.3　计算机在林业企业管理中的应用

经济领域是最早应用电子计算机的领域之一，今天，计算机在企业管理中的应用已发展成为管理工作的重要组成部分，它不仅能胜任收集、整理、分析、存储、检索大量经济信息的工作，而且还可以使企业管理过程趋向合理化、科学化，它的功能强、准确性高，人工是无法与之比拟的，既可用于数据处理，又可作为辅助决策的有力工具。

4.3.1　计算机应用于企业管理的发展过程

计算机应用于企业管理，大致经历了以单项数据处理、综合数据处理和系统数据处理等几个发展阶段。

4.3.1.1　单项数据处理阶段

是计算机应用于企业管理的初级阶段，也称电子数据处理阶段，时间是从 20 世纪 50 年代初期到 60 年代中期。这一阶段，由于外部设备、软件及通信技术应用不够普遍，原始数据还是用人工收集，人们一般只是到机房内利用计算机进行数据处理工作。计算机主要是代替人工对局部数据量大、操作方法简单的业务进行处理，例如工资结算、单项汇总、统计报表、职工考勤等。

这一阶段的主要特点是：集中式的成批处理；数据不能共享；单机运行；计算机硬件功能较弱，运算速度慢、存储容量小、输入/输出设备简单；软件方面无操作系统、无文件管理功能。

4.3.1.2　综合数据处理阶段

综合数据处理阶段也称为事务处理阶段，主要从 20 世纪 60 年代中期到 70 年代初期。这个阶段，由于计算机技术和通信技术的发展，一台计算机可以连接若干个终端，构成了计算机网络。企业开始应用计算机来控制某一个管理子系统，进行小规模业务处理，有较独立的数据处理部门。这时的计算机出现了分时系统，即通过程序系统把计算机的工作时间分为许多时间片，分配给各终端用户，当计算机进行分时工作时，计算机按片响应各个用户的要求。这种方式使计算机的利用率大大提高，推动了企业信息管理工作向集中化发展。

综合数据处理阶段的主要特点有：①处理方式以实时操作为主，并能随机地对数据进行存取和处理；②数据以文件方式存储在存储介质上，可以共享和保存；③从单机单用户过渡到网络系统；④硬件方面出现了大容量的磁盘组、小规模集成电路使计算机性能提高，价格下降；⑤软件方面出现了操作系统，具有多用户分时功能、文件管理和一定的数据管理功能。

4.3.1.3　系统数据处理阶段

从 20 世纪 70 年代初期开始，企业管理进入了全面使用计算机阶段，出现了计算机网络信息系统，如管理信息系统（MIS，Management Information System）、决策支持系统（DSS，Decision Support System）、专家系统（ES，Expert System）、计算机集成制造系统（CIMS，Computer Integrated Manufacturing System）等。系统中的设计人员、程序员、操作者中分工更细，人员专业化，系统的应用范围在不断扩大，技术设备和应用方法也趋于完善。在这个阶段中，出现了信息数据库，即计算机把企业生产经营过程中的内外源信息数据，全面地收集存储起来，建立企业数据库。在此基础上，全面地处理企业各项管理业务，向企业各个生产环节和职能部门提供完善的信息，回答管理咨询。有了数据库，就变信息的一用为多用，提高了信息的管理效率。

这一阶段的主要特点是：①处理方式以实时处理为主，可以兼容批处理、远程通信处理等；②数据按一定的结构方式存储在数据库中，数据的冗余度减少，应用程序已完全地独立于数据存储结构之外，使用灵活；③由于计算机网络技术和数据库技术的发展，企业内部各部门、各管理层次联成多级网络，并与外界可以进行联网，交互信息，共享资源；④计算机硬件有了很大发展，可以适应不同应用的需要，而且功能强、性能好、价格下降；⑤软件方面出现了数据库管理系统和网络通信软件，操作系统更适用灵活；⑥处理过程中开发部门和应用部门分开，有独立的计算机管理信息系统及硬件系统；⑦扩充了计算机的应用范围，在企业内部分级网络系统的技术基础上，采用电子数据交换（EDI, Electronic Data Interchange）、电子邮件（E – mail）等，进一步扩大与外界的信息共享和交换。

4.3.2　计算机在林业企业管理中的应用

计算机在林业企业管理中的应用主要表现为在林业企业的生产经营过程中，把由人工从事的工作改由计算机去做，计算机从各个方面辅助林业企业各级管理人员进行高效、适时、优质的管理活动。从而使林业企业各部门更好地发挥企业管理的各种职能，使林业企业的各种资源得到最佳利用。

4.3.2.1　利用计算机进行信息预测

这样的做法不但省时、省力，而且准确、迅速。如林业企业目标利润的预测，社会购买力投向和构成的预测，销售预测，企业库存材料、库存商品保本预测、成本费用预算、林木资源状况、储木场管理等等，如果把这些方面的资料编制成合理的数学模型和计算机程序，输入计算机，就可以及时、准确地得到有用信息。

4.3.2.2　利用计算机对生产和经营过程进行全面质量控制

在林业企业管理过程中，把生产和经营过程各环节的数据输入电脑，就可以经过计算机的运算和控制，输出各工序和营业阶段质量状态的信息，对这些信息及时采取相应的控制措施，就可以保证林业企业产品和经营质量的全面提高。

4.3.2.3　利用计算机进行信息传输和反馈，辅助决策

利用计算机编制计划、统计、财务报表，进行资源统计分析、库存管理、银行存付款管理、工资计算、成本费用的汇集和分配结转以及人事档案管理等。这样，既能够把林业企业内部信息迅速向外界输出，又能把各种有用信息尽快向管理层传递，以供他们决策时使用，提高决策的科学性，减少决策的盲目性，更好地发挥管理职能。

4.3.3　林业企业管理计算机应用的条件

计算机应用于林业企业管理既涉及计算机系统，也涉及企业管理系统以及计算机系统与企业管理系统的融合、衔接和协调的问题。因此，要使计算机在林业企业管理中真正发挥作用，必须具备一定的条件。

4.3.3.1　领导要重视

企业主管部门领导和企业领导充分认识运用计算机辅助林业企业管理的重要意义是问题的关键所在。计算机应用于林业企业管理是从传统管理进入现代化管理必不可少的前提条件，涉及企业的方方面面。因此，林业企业必须花大气力去做，领导在思想上应高度重视，在行动上要亲自抓好组织协调工作。

4.3.3.2 做好林业企业管理的各项基础工作

计算机应用于企业管理是企业管理工作发展到一定水平的客观要求，应建立在科学管理的基础上。只有在合理的管理体制、完善的规章制度、稳定的生产秩序、准确的原始数据的基础上，才能充分发挥计算机系统的效率和作用。管理工作的程序化、标准化及信息形式的规格化是基础工作中与计算机辅助企业管理关系最密切的方面。管理工作程序化是指按照事先确定的科学合理的、规范化的工作流程，执行各项管理工作；管理工作标准化是指在管理工作程序化的基础上，进一步规定各管理部门、各环节、各项管理业务的具体内容、职责范围和工作方法；信息形式的规格化是指同种信息，不管其来源如何，在格式上应相同一致。针对计算机具有对信息输入输出有严格要求的特点，对各类信息规定相应的格式标准，并进行编码处理，既有利于信息的收集和处理，也有利于使用。

4.3.3.3 加强专业队伍建设

计算机应用于林业企业管理是一项全新的工作，必须建立一支专业队伍。这里的专业队伍是指系统设计和操作使用系统的各类人员，而不仅仅指计算机工作人员。经常地对专业人员进行培训，提高其素质，建立一支精通计算机硬件和软件，既懂计算机又懂管理的专业队伍，是保证计算机在林业企业管理中成功运行，真正发挥作用的重要条件。

4.3.3.4 必要的物质条件

建立计算机辅助林业企业管理系统需要投入一定的资金，用于购买计算机、终端设备以及网络通信设备等。林业企业在进行投资决策时，要优先保证建立计算机辅助企业管理系统的资金需要。

本章小结

本章概要介绍了林业企业管理方法的定义、实质及优缺点；详细介绍了目标管理的概念、内容、步骤和使用原则。企业目标管理是把以任务为中心的管理方法和以人为中心的管理方法有机地结合起来把管理总体的目标、部门目标、个人目标有机地结合起来，把管理系统有组织的行政管理和系统各部分乃至个人的自我控制有机地结合起来，使整个管理系统行动有方向，任务、职责明确，工作协调有序，管理效能得以充分发挥。本章对网络计划技术的意义、网络图的绘制方法、网络图时间参数的计算进行详细阐述，并从应用的角度对林业企业如何应用计算机的基本问题进行了说明。

复习思考题

1. 简述常用企业管理方法的定义及其优缺点。
2. 简述目标管理的基本思想、步骤和原则。

3. 简述目标管理的优缺点。

4. 简述网络图的绘制方法。

5. 简述网络图的时间参数及其计算方法。

6. 简述计算机在企业管理中应用的发展过程及每阶段的特点。

7. 简述林业企业在管理中应用计算机的必备条件。

5　现代林业企业制度

我国经济体制改革的目标是建立社会主义市场经济体制，林业企业是市场经济的基本经济组织，确立企业法人主体地位是经济体制改革的根本问题。随着企业改革的不断深入，林业企业内部的深层次矛盾已经暴露出来，所以，深化林业企业改革，必须解决这些深层次矛盾，由放权让利转向企业制度创新，理顺产权关系，建立合理的企业组织形式，加强企业内部管理，进一步解放和发展生产力。

5.1　传统林业企业制度辨析

我国传统的林业企业制度是适应计划经济体制的需要而建立起来的，这种企业制度不重视经济规律，国家对林业企业管得过多、统得过多，林业企业基本没有经营的自主权，成了各级行政机构的附属物。在所有制形式上片面强调"一大二公"，企业资产属全民所有国家经营，国家对企业负有无限连带责任，企业既无权又无责，缺乏生产经营的主动性和创造性。实践证明，这种企业制度与现代市场经济的要求是不相适应的，它并没有达到促进社会分工的合理化、资源配置的优化、生产力发展最大化的目的。相反，却带来了林业企业活力不强、竞争力弱、经济效益下降的被动局面。因此，必须改革传统的林业企业制度，建立与市场相适应的现代林业企业制度。而现代林业企业制度的建立则基于对传统企业深入剖析的基础上。归纳起来，传统林业企业制度所存在的问题主要表现在以下几方面。

5.1.1　产权关系不顺

在传统林业企业制度中，产权关系不顺主要表现在两个方面。一是企业的财产所有权不顺，二是企业财产经营权的不顺。生产资料所有权归全体人民所有，然而全体人民的意志和利益必须通过国家来体现和履行，这就决定了国家成了实际上唯一的财产所有权主体。由于采用高度集中的管理体制，所以行政体制规范了经济体制，而行政体制是一种"金字塔"的分级管理机构，就必然导致国有产权结构只能在各级地方政府和各个行政部门之间分解。从表面上看，各级行政机构都有权管理国家资产，但由于国家是财产所有权的唯一主体，所以尽管资产所有权分散于各个行政机构，但它们却不是资产所有权的主体，因而在这种制度下，谁都是财产的支配者，而谁都不对国有资产负责，造成国有资产的严重流失。对于企业来说，仅拥有资产的使用权，不能占有、支配它，也不享有资产运营所创造的收益，虽然企业名义上是进行独立经济核算的组织，但由于它不拥有资产的所有权，已完全失去了独立的商品生产者和经营者的地位，而成为各级行政机构的附属物。国家既是财产的所有者，又是财产的经营者，国家通过指令性计划向企业下达生产任务，企业生产什么，生产多少，完全由国家规定，生产出的产品由国家包销，企业生产所需的物资和资金，统一由国家有关部门调拨，企业业绩评定的唯一依据，就是其生产任务的完成情况。这样便出现了两种弊端，一是企业为了能超额完成上级下达的生产任务，而向主管部门隐瞒和压低企业的实际生产能力，以便获得比较容易完成的生产计划指标；二是不注重市场需求，不注重产品质量，严重损害了消费者的利益。对于企业来说，由于既无财产的所有权，又无独立的经营权，所以企业对国有资产的运营状况不负任何责任，也无须负任何责任，企业缺乏经营的活力和主动性。因此，产权关系不明晰，企业就无法真正成为自主经营、自负盈亏的商品生产者和经营者。

5.1.2　投资主体单一

林业企业从事商品生产和流通所需的资金，只有国家这一单一的渠道。企业的财产权完全掌握在国家手中。因此，林业企业从实质上来说，由于不具有法人财产权，所以企业不是法人企业，而成为国有独资企业。这种投资主体的单一性，导致了企业资产的呆滞性。国家所投入国有企业的资金，一旦进入企业，资金不但不能抽回，而且也无法流动，难以使国有资产实现保值和增值，这与市场经济的发展是不相适应的。企业投资主体的单一，使企业的财产成为非社会化的、封闭的、自然经济性质的存量财产，再也不能进行买卖和转让，也就不可能产生效益，使资产不断增值。企业资产只有进行不断的流动，才能产生更大的效益，才能实现企业资产的优化组合，而这种流动不仅是实物上的流动，还要实现价值上的流动。

5.1.3　企业财产是靠行政机制来运行的

林业企业内部的财产主要是靠上级的指令、国家的计划来运行的。也就是说，企业的财产是按照行政层次、行政区划、行政主管部门的命令，按照行政权力、行政手段来运行的。因此，这种企业财产的运行机制实质上是一种行政机制。这种机制包括：一是行政层次，也就是企业是中央层次还是地方层次，是中央的听中央，是地方的听地方。二是行政区划，企业属于某个地区，企业资产按区域配制，三是行政主管部门，虽然企业同在一个地区，但主管部门不同，就得听从不同上级主管部门命令才能运行。四是行政权力，也就是企业根据规模可划分为不同的行政级别，而且不同级别的企业，其活动范围也是不同的。五是行政手段，采用指令、审批、批准、红头文件等行政手段来命令经济，企业之间以及企业和主管部门的关系是行政化的关系，是行政垄断。这种运行机制，割断了企业之间的必然联系，不利于企业联合的发展，是造成条块分割、企业竞争力不强的重要原因。

5.1.4　政企职责不分

各级政府部门既是社会资源配置的主体，通过计划分配资源的手段来管理和组织国民经济的运行，同时，又是林业企业的经营主体，企业事无巨细，所有人、财、物权力都在政府，企业实行唯一的经营形式即国有国营。由于政企职责不分，政府具有上述双重职能，当它行使政府职能时，为扶持困难企业，必然将人、财、物资源向这些企业倾斜，不能实现资源的优化配置。另一方面，当政府行使社会职能时，又必然将企业作为行使政府职能的一种手段，把许多社会职责加到企业头上，让企业去办社会，诸如教育、医疗等。这样，不仅不能使林业企业真正成为独立经营的经济实体，相反，更加重了林业企业的负担，使林业企业失去了与其他企业平等竞争的条件。因此，企业的改革、现代林业企业制度的建立，必须以政企职责分工为前提，只有在政企分开的基础上，林业企业才能真正成为市场经营的主体，现代林业企业制度才能真正建立。

5.1.5 企业经营方式的单一化

在传统企业制度下，林业企业采取的是单一的经营方式，即国有国营的方式，该种经营方式虽然对事业性的经营生产比较适应，但对许多生产活动并未充分调动生产者和经营者的积极性。林业企业的生产经营活动具有多样性的特征，各种生产活动的性质有明显的差异，既有直接从事土地经营的营林业和种植业，有养殖业，还有具有工业性质的各种林产品的采集业和加工业。这种多样性的生产经营活动，就要求有多种经营方式与之相适应。同时，由于多样性的林业生产其劳动强度和分散性不一，管理的幅度和资金循环方式上也存在着较大的差异，这也要求林业企业的经营方式不能采取一种模式。实际上，国有国营的经营模式，不但没能最大限度地调动企业和广大员工的积极性，反而造成了其对国家的很大依赖心理。所以，建立现代林业企业制度，必须打破单一经营方式的模式，根据不同生产经营活动的特点，采取相应的经营方式。

5.1.6 分配的平均化

分配的平均化既表现在企业与国家之间，也表现在企业内部的工资分配上。在原有的企业制度中，产权所有者的权利与行政管理和企业管理权是合一的，这样必然造成片面突出所有者权益，而忽视企业积累和企业的发展，企业形成的利润全部上交。这样国家与企业利益分配的不合理，导致了企业资产的过速消耗，企业所创造的利润是以牺牲森林资产为代价的。这种利益分配的不合理，也导致了企业管理上的短期行为，企业无法通过合法经营，积极改善企业管理，获得更多的实际利益。由于上交的利润压力过大，迫使林业企业采取违背林业经营规律的经营模式进行生产经营活动。片面强调国家的利益，生产经营者的利益得不到合理的保障，企业无法依靠正常的经营活动实现自己的利益，结果很难调动企业生产经营的积极性，也很难形成林业企业发展的强大动力。而对于亏损的企业，由于政府补贴，难以调动企业生产经营者的积极性，结果造成了企业吃国家"大锅饭"的现象。在企业内部职工工资的分配上，也是搞"平均主义"，职工干好干坏一个样，干多干少一个样，所以激发不起广大员工的工作热情，只能吃企业的"大锅饭"。

5.1.7 劳动人事用工制度的不合理

主要体现在企业的领导者由国家有关部门任命，任期的短暂加重了其管理上短期行为。考察领导者业绩的主要标准就是完成利润的指标情况，而不管资源的增长情况，领导者能上不能下。这种人事制度，使企业领导很难考虑到林业企业的长远发展，也是与林业企业生产经营活动的特点不相适应的。在企业用工制度上是单一的固定工模式，一且成为正式职工则就进了"保险箱",捧着"铁饭碗",吃企业和国家的"大锅饭",体现不出相互的竞争。这种用工制度,不能满足劳动者自愿选择岗位和工作单位的要求,不能形成人才的合理流动,造成企业机构臃肿、人浮于事、互相扯皮、办事效率低下。

总之,传统的林业企业制度产权关系模糊,不能体现林业企业的法人地位,经营方式、劳动人事用工分配制度等各方面的不合理,又使林业企业发展缓慢。要使林业企业真正成为独立经营的法人企业,使林业企业取得更大的发展,保证国有资产的保值增值,就必须解决这些深层次的问题,进行林业企业制度的创新。

5.2 现代林业企业制度的内涵及特征

5.2.1 现代林业企业制度的内涵

所谓现代林业企业制度是适应社会主义市场经济的要求,以完善的企业法人制度为基础,以有限责任制度为保证,以公司企业为主要形态,以产权明晰、责任明确、政企分开、管理科学为条件的新型企业制度。它是一种体制模式,是一种制度体系,一种微观的经济体制。建立现代林业企业制度,能使企业真正成为面向国内外市场的法人实体和市场竞争主体,并符合社会化大生产的特点,适应社会主义市场经济体制的根本要求。

要建立现代林业企业制度,必须对其内涵有一个全面深入的理解。

现代企业制度特指在我国社会主义市场经济体制下,既具有中国社会主义特色,又具有发达国家现代企业制度的某些特征的企业制度。建立现代企业制度,不能离开我国的国情和林情,也必须适应市场经济的要求、发挥市场对资源配置的作用,确认企业的市场主体地位,也要加强国家宏观调控的力度,通过某些经济杠杆,对市场机制施加影响,避免私有制下市场经济带来的无政府状态和周期性震荡,克服计划经济体制下所带来的效益下降、亏损增加、资产流失等问题。因此,建立现代企业制度,必须把我国过去改革成功的经验与适应市场经济需要的国际惯例结合起来,符合中国的国情,而不能照搬、照抄。同时,建立现代企业制度也必须反映公有制为主体和按劳分配的基本特征,但是可以采取多种实现的形式。

现代企业制度反映的是一种生产关系,与企业生产力的水平、生产设施的现代化不是一一对应的关系。企业制度是关于企业组织、运营、管理一系列行为的规范和制度,它反映的是所有者、经营者、劳动者之间,国家与企业之间,企业与社会之间的关系。因此,不能说企业运用了先进的管理方法、现代的生产设备和生产工艺,就是建立了现代企业制度,只能说明企业的设备、技术或管理是现代化的。

现代企业制度的组织形式是多种多样的,不能追求单一的组织模式。从企业制度发展史看,个人业主制企业、合伙制企业、公司制企业是渐次产生,逐步发展的,其中公司制是现代企业制度最普遍的形式,它是现代社会化大生产的产物,是市场经济发展对企业制度的现实选择,但公司制企业有着特定的内涵和特征,不能说原有企业改称公司,就是建立了现代企业制度。公司制的具体形式又是多种多样的,诸如独资公司、股份有限公司、有限责任公司、无限责任公司，林业企业应根据其生产经营活动的特点，进行公司制改造，选择适宜的企业组织形式。同时，就公司内部而言，可以根据不同生产的不同性质，选择不同的经营方式，诸如承包、租赁、股份等。因此，经营方式与组织形式是不同的概念，不能说企业实行股份制经营就是建立了现代企业制度。

5.2.2 现代林业企业制度的特征

现代林业企业制度，是适应社会主义市场经济要求的，产权明晰、责任明确、政企分开、管理科学的企业制度。它具有以下几个基本特征。

5.2.2.1 产权明晰

现代企业制度是国家终极所有权与企业法人财产权相分离的企业产权制度，法人企业对其运营的财产享有占用、使用、收益和处置的权利，而国家只拥有财产的终极所有权。

5.2.2.2 以公司制为主的企业组织制度

传统的企业制度，是一种单一全民所有制形式的企业组织制度，国家对企业负有无限联带责任，而现代企业制度就是要彻底割断这根"脐带"，消除企业对国家的依赖性。公司制是其主要的组织形式。按照《公司法》的原则，我国国有企业将采取包括国家独资有限公司、国有企业法人持股的有限责任公司和国有资本参股、控股的股份有限公司。林业企业具体采用何种组织形式，应视其在国民经济中的地位、其生产经营活动的特点而确定。

5.2.2.3 以董事会领导下的总经理负责制为主要形式的企业领导制度

随着公司制的实施，董事会领导下的总经理负责制将取代目前实行的局（厂）长负责制的领导制度。据此，企业的组织结构将实行进一步的改革，设立股东会、监事会、董事会和经营班子等分层次的组织结构和权力结构，并明确它们之间的权责关系。不同的权力机构，各司其职，各负其责，相互制约，形成层次分明、逐级负责的领导体系。这一领导制度和按这一领导制度的要求而建立的组织结构，适应了社会化大生产的要求，使林业企业管理更加科学，效率得到不断提高。

5.2.2.4 政企职责分开

现代企业制度是政企职责分开的企业制度。也就是说政府与企业之间的关系体现了一种法律关系，而不是一种附属关系。政府依法管理企业，企业依法经营，不受政府部门的直接干预。政府调控企业的主要手段是财政金融手段或法律手段，但对某些生产经营活动的控制也不排除行政手段。

5.2.2.5 企业独立自主的经营制度

现代企业制度的建立，使企业成了真正独立自主、自负盈亏的经济实体，企业拥有了更多的自主经营的权力，企业可以独立面对市场，成为市场竞争的主体。同时，企业实行自负盈亏，当企业盈利时，终极所有者按规定分享税后利润；当企业亏损时，用法人财产抵补，企业长期亏损，资不抵债时，依照《破产法》实行破产。

5.2.2.6 现代企业制度是一种管理科学的企业制度

现代企业制度除设立了科学的组织结构以外，还表现为一系列管理制度的不断完善和更加科学。首先是企业用工制度实行的是全员劳动合同制，企业与劳动者可以双向选择，内外流动，能进能出，能上能下，增强了企业的活力，提高了劳动者的素质；其次是实行多种分配制度，企业是完全自负盈亏的，企业从事各种生产经营活动都要依法向国家交纳各种税赋，税后利润由企业董事会或其决策机构确定分配办法，除用于企业生产发展的部分外，其余部分按股分红或上交国有投资公司，职工的劳动报酬全部进入产品成本，工资形式、奖金分配办法由企业自主确定，职工之间通过落实内部经济责任制等实行按劳分配；职工向企业的投资，像其他股东一样，取得相应的资产收益。第三，按照财务"两则"的要求，企业财务会计制度要充分反映企业资产负债与经营状况，确保所有者权益。

5.2.3 现代林业企业制度的内容

根据上述现代林业企业制度内涵和基本特征的分析，我们可以归纳出现代林业企业制度所包括的主要内容。

5.2.3.1 现代企业法人制度

企业法人制度是现代企业制度的关键内容，它是使企业真正成为市场经济主体的关键。目前，尽管林业企业具有法人的资格，但是企业却没有真正的法人地位和应有的法人权力。所谓企业法人制度是指确定企业具有民事权利能力和民事行为能力，依法独立享有民事权利和承担民事义务，以盈利为目的的运用生产要素从事商品和劳务生产经营的经济组织。企业法人制度的实质是确认国家拥有财产的所有权，企业拥有独立的法人财产权，并据此享有民事权利，承担民事责任。

企业国有资产属全民所有，即国家所有，国务院代表国家行使财产所有权。确定企业法人制度，重要的是确立企业法人财产权，实行出资者所有权与法人财产权的分离。出资者所有权在一定条件下表现为出资者拥有股权，即以股东的身份依法享有资产受益、选择管理者、参与重大决策以及转让股权等权力。出资者不能对法人财产中属于自己的部分进行支配，只能运用股东权力影响企业行为，而不能直接干预企业的经营活动。法人财产权表现为企业依法享有法人财产的占用、使用、收益和处置权，以独立的财产对自己的经营活动负责。

完善企业法人制度，使国有资产产权更加清晰。一方面，国家掌握财产所有权，保证了财产的公有制性质，避免国有资产流失；另一方面，通过法人财产权的确立，企业真正成为自主经营、自负盈亏、自我发展、自我约束的商品生产者和经营者，塑造了企业市场主体的地位。同时，加强了在国家宏观调控下市场对资源配置的作用，使国有资产得到保值和不断增值。

5.2.3.2 现代企业组织制度

现代企业组织制度的核心内容是确定企业的组织形式。在过去我们区分企业组织形式的类型时，是按照企业的所有制性质划分。市场经济条件下，在建立现代企业制度时，企业组织形式是按照财产的组织形式和所承担的法律责任来划分的。按照这一分类的方法，企业组织形式大致可分为以下几种：①独资企业，或称为个体企业。这种企业是个人出资兴办的，业主自己直接经营，业主享有企业的全部经营所得，同时对企业债务负完全责任，出现资不抵债时业主用自己的财产来抵偿。这种企业业主对企业负无限责任。②合伙企业。是由两个或两个以上的个人联合经营的企业，合伙人按契约规定的比例相应地分享收益，承担责任，合伙人既是出资者，同时也都参与经营管理。合伙企业内部经营虽然有了相互的制约，但它与个体企业一样，都是集所有权与经营权于一身，企业没有独立的法人资格。所以，以上两种企业都是自然人企业，出资者承担无限责任。③国有企业。它是由国家单独投资兴办的企业，国家独自享有企业的经营收益，并独资承担责任。这种组织形式具有政府管理的行政隶属性、企业自主经营的相对性、企业职能的多维性和经济责任的有限性等特点，虽说企业具有法人资格，但它并不是独立经营的实体，因此，这种组织形式也不符合现代企业制度的要求。④公司企业。公司企业是指由两个以上的出资者出资，按照一定的法律程序组建以盈利为主要目的的经济组织。公司制企业是目前世界上许多国家普遍采用的企业组织形式，也是一种比较理想的企业组织形式，它具有两个比较突出的特点，一是公司制企业是法人，它拥有法人地位和法人产权以及法人的一系列行为权利；二是公司承担有限责任，即出资者对公司以自己的出资额为限负有限责任，公司对债务以法人财产为限承担有限责任。

5.2.3.3　现代企业管理制度

随着国家财税体制、金融体制、投资和计划体制等宏观体制改革的深入，企业微观层次的改革也要与之相适应。科学的企业管理制度已成为现代企业制度的重要内容，建立科学的企业管理制度，应从制约企业发展的一些关键环节入手，主要包括企业劳动人事分配制度、企业财务会计制度和企业组织机构的设置等问题。

（1）现代企业用工制度。现代企业依法享有劳动用工的自主权，劳动者依法享有择业的自主权，企业和劳动者之间的用工关系是在双方平等自愿的基础上，通过鉴定劳动合同的方式实现的，并以合同方式明确和保障双方的合法权益。形成企业与劳动者双向选择、合理流动的就业机制。企业实行全员劳动合同制的劳动用工制度，进一步提高劳动者的积极性。

（2）现代人事管理制度。在企业各级领导者的选拔上，引入竞争机制，通过考试、评定等方法择优选拔领导者。打破干部与工人的界限，形成一种能上能下、能进能出的用人制度，将进一步提高领导者的素质，加强其生产经营的责任感。

（3）现代企业分配制度。现代企业充分享有工资分配的自主权，经营者和员工的基本工资由劳动力市场供求关系、企业劳动生产率增长情况以及企业的经营状况决定。经营者的收入与国有资产的保值增值及企业利润相关联，员工的收入根据其劳动技能和实际劳动成果来确定，进一步贯彻按劳分配的原则，充分激发劳动者的工作热情，发挥工资分配的激励作用。同时，各种补贴及其他福利性收入全部纳入工资，从而实现员工收入的货币化和规范化管理。

（4）现代企业财务会计制度。随着财务"两则"的实施和企业财会工作与国际惯例接轨，现代企业已实行新的财务会计制度。这种新的财务会计制度已改变了按不同所有制、组织形式、经营方式分别确定企业财务会计制度的做法，强化了企业内部财务管理，完善了企业内部审计制度，形成了强有力的审计监督机制。

（5）企业机构的设置。企业机构设置是按照现代企业制度的要求，根据生产经营活动的特点和市场经济发展的要求，根据职责明确、结构合理、人员精干、提高工效的原则，由企业自主决定的。

总之，现代林业企业制度包括的内容是广泛的，它涉及林业企业内外的各个方面，因此，建立现代林业企业制度是一项复杂的系统工程，不能急于求成，一蹴而就，也不能"单打一"，要进行综合性配套改革，只有这样，才能真正实现企业制度的创新，实现建立社会主义市场经济体制的总体目标。

5.2.4　建立现代林业企业制度的意义

林业企业目前改革的重点是企业制度的创新，建立林业现代企业制度对于林业企业的振兴，乃至整个国民经济的发展，都具有十分重要的意义。

5.2.4.1　建立现代企业制度，能使产权明晰，真正塑造林业企业市场主体地位

过去的企业改革，仅是在分权的范围上做文章，没有触及产权关系这一深层次问题。所以，造成企业与政府的关系不明确，企业没有相应的财产权，企业只是整个国民经济这个大企业中的一个车间，无法进入市场成为市场竞争的主体。而建立现代企业制度的核心是确立企业独立的法人财产权。因此，现代林业企业制度的建立，使资产所有权与法人财产权相分离，作为国有资产所有者的代表，政府只能在企业外部分享其经营收益，或转让其终极所有权，而不能对企业的生产经营活动进行直接干预，企业资产的终极所有者以出资额为限承担有限经济责任。所以，现代林业企业制度的建立，使林业企业真正做到了自主经营、自负盈亏，林业企业真正成为市场竞争的主体，能够按照市场规律去组织企业的生产经营活动，去发挥市场对企业资源进行有效配置的作用。

5.2.4.2　建立现代企业制度，有利于促进政府职能的转变

现代企业制度的建立，通过资产所有权与法人财产权的分离，使企业真正成为自主经营的经济实体，其主要职责就是按照效益最大化的原则，有效地组织生产经营活动，而原有所承担的大量社会职能则分离出去。原来作为企业生产经营活动直接管理者的政府，从大量的日常事务性管理工作中解脱出来，主要抓宏观经济的调控和对市场的引导。这样，促使政府职能发生了根本的转变，主要表现在：第一，促使政府的社会行政管理职能与经济管理职能划分开，使政府不再直接管理微观经济，而转向对宏观经济的调控；第二，促使政府进行全面的机构改革，建立起适应社会主义市场经济体制要求的功能齐全、结构合理、运转灵活、工效提高的行政管理体制；第三，促使政府职能从政府的管理方法向科学化、规范化、标准化、法制化方向转变。

5.2.4.3　建立现代企业制度，能够促进宏观调控的进行，进一步搞活国有林业企业

企业是国民经济的细胞，是国民经济宏观调控的着眼点和对象，国民经济宏观调控主要是运用经济手段作用于市场，通过市场引导企业，促进企业的发展，实现对企业的宏观调控。但是，这一宏观调控的实现，是以企业能对市场信息独立地做出反应为前提条件的。在计划经济体制下，企业不能成为市场的主体，对市场信息不能迅速做出反应，因此就实现不了这种调控。而建立现代林业企业制度，使林业企业成为真正独立的经济实体和市场竞争主体，企业能够对市场信息及时做出反应，适应市场规律的要求。这样，宏观调控作用于市场所形成的市场信息，就能够得到企业的反应，实现宏观经济

调控的目的。同时，由于企业成为市场竞争的主体，能够根据市场规律，有效组织企业生产经营活动，采取有效的方式促进各项资源的有效配置，在市场竞争中实现产权的合理流动和重组，从而从根本上解决国有林业企业活力不足的问题。

5.2.4.4　建立现代林业企业制度，有利于国有森林资源资产管理体制的改革，促使国有森林资源资产的保值增值

建立现代林业企业制度，实现了政府的社会经济管理职能和国有资产所有者分开，建立了独立的国有森林资源资产管理体制，强化了国有森林资源资产的管理。另外，建立现代企业制度，进行公司制改造，公司实行董事会领导下的总经理负责制，政府有关部门派出代表对公司的国有资产管理进行有效的监督，确保国有资产的保值增值。政府职能的转变，也改变了过去政府直接管理企业经营活动的状况，改变了过去职责不清、国有森林资源资产严重流失的现状。因此，现代企业制度的建立，通过政府部门对国有资产的有效监督和企业内部管理的加强保证了国有资产的保值和增值。

总之，现代林业企业制度的建立，标志着企业改革的深入，也是一次产权制度上的根本革命，对林业企业来说是一次彻底的、根本性的改造，它对于我国社会主义市场经济体制的建立，对于推动国有林业企业和整个国民经济的发展，将起到巨大的作用。

5.3　现代林业企业制度的建立

建立现代林业企业制度是一项十分复杂的系统工程，是林业企业改革的方向，不是一朝一夕就可以建成的。要建立起产权明晰、权责明确、政企分开、管理科学的现代林业企业制度，必须认真探索、大胆尝试、创造条件、逐步推进。而且，林业企业是一个综合性的经济组织，包含着性质各异的生产经营活动，其生产条件、使用的资产、对经营成果的评价等也存在着很大的差异。所以，不可能建立一种统一的企业制度模式，应分别适应不同规模、不同条件、不同性质的生产经营活动，建立不同的现代企业制度。

5.3.1　企业组织形式

企业组织形式的选择是建立现代企业制度的一个重要问题，组织形式是否适当，直接关系到企业经济的运行。企业的组织形式是多种多样的，各种组织形式具有不同的特点、优缺点和不同的适应条件。因此，应根据林业企业的经营特点和其在国民经济中的地位，选择恰当的企业组织形式。

根据上述指导思想，林业企业选择"公司制"是比较理想的组织形式，而且根据林业企业（国有森工局）的性质，宜采用有限责任公司。公司制的企业，是由投资者出资按照法律规定的程序和要求进行登记注册，具有自己确定的经营场所和名称，具有一定的组织机构，享有独立经营的财产并能以自己的名义独立承担民事义务，享受经济权利和承担经济责任的独立法人。投资者一旦将资产投入企业运营，便形成法人企业财产。对于这些资产、资本，投资者只享有终极所有权，表现为投资者对企业拥有股权。投资者只能以股东的身份对股权享有处置权、选举权、资产受益权等，而不能随意直接支配企业资产，也不能随意抽回资本，以保证法人企业运营资本的完整性。

公司制企业在资产运营过程中实行有限责任制度，即资产所有者只以其投入企业运营的资产金额为限，对企业经济运行后果负有限责任，企业破产时，与投资者未注入本企业的其他财产无关，使国家不再背亏损企业的包袱。当然企业对其下属各单位及全体员工也负有限责任。这样，既能划清资产所有者、法人财产所有者、经营者、生产者的关系，又能将他们紧密地结合起来，彻底割断国家与企业、企业与个人之间的无限连带关系，使企业形成较为灵活的运行机制。

林业企业生产经营的主体，即营林生产和木材采运生产，可采取独资公司的组织形式，而林业企业的其他产业可采取多种组织形式。如第三产业可采取国有民营的形式，而林产工业、多种经营等可采取股份公司的形式。所以，应根据林业企业生产经营的不同特性，选择不同的企业组织形式。

5.3.2 企业内部管理体制及其运作关系

林业企业实行公司制组织形式，原有的直线职能制的组织机构已不适应这一变化，难以保证其有效地运转。采取公司制的组织形式后，企业内部按不同专业性质设立各个专业分公司或子公司，进行专业化管理。企业的组织机构采取事业部制。根据各专业公司与有限责任公司生产性质的密切程度，一部分专业公司构成总公司的主体，而另一些专业公司试行剥离的办法，不同程度地逐步走上社会化的道路，实行独立经营。公司所采用的领导制度是董事会领导下的总经理负责制，其最高权力机构是董事会。

各专业公司或子公司，根据其生产经营活动的性质设置相应的组织机构，并成立管理委员会。公司经理在总经理的领导下，组织本公司的日常生产经营活动，对总公司董事会和职工负责。

根据各专业公司的性质和其在林业企业生产经营过程的重要程度，总经理对其实行不同的管理方式。

为加强营林生产和森林资源资产的管理，以及木材采运和流通的控制，总公司对这些分公司应采取直接管理的方式，而子公司之间的经济往来以模拟产品交换形式进行内部阶段式结算。

为适应市场经济的要求，本着划小核算单位、自主经营、独立核算、自负盈亏的原则，总公司将其所属的其他子公司，如林产工业、物资、机械修造、建筑、多种经营等分公司，实行剥离经营，使其成为独立经营的实体，这些子公司实行自主经营、独立核算，对总公司投入的资产进行保值和不断增值。

总公司对各专业公司负有限责任，各专业公司的职工收益将完全取决于该公司的经营效果、所取得的经济效益状况。

5.3.3 公司内部产权制度

公司内部产权制度，是指林业公司内部以产权为依托，对财产关系进行合理有效地组合、调节、安排的制度。它不同于公司与国家之间的财产关系，但与公司和国家之间的产权制度存在着密切的联系。内部产权制度是处理公司法人与公司内部二级法人、公司内部自然人企业与自然人本身的财产方面的权利义务关系。

公司内部产权制度的设计，应使内部产权关系清晰，保证所有者、经营者和公司员工个人的合法权益，保证森林资产的完整，实现资产的保值和增值。

公司内部产权制度设计，必须首先正确确认产权主体。林业企业的全部财产归国家所有，但目前林业企业中，部分资产不归国有，如集体经济部分，其产权应归集体所有。对于企业内部各经营单位，如果产权形式单一，则可以明确其全部财产归国家、集体或个人所有；如果产权构成比较复杂，则可以按照股份制的形式分配股权。对于外部产权主体是各级政府国有资产管理部门或上级主管部门，其内部产权主体只能是总公司。其次是进行内部产权收益的正确核定，以划清所有者与经营者的经济关系和享有收益分配的权利大小。对于林业企业而言，其产权收益能力的大小主要取决于其所处的经营阶段和产业产品结构因素，因此，必须按照不同时期和不同阶段以及不同的产品分别核定企业内部产权收益的能力，避免对企业造成沉重的负担。森林资源资产是企业资产的主要组成部分，为避免其损失，应由总公司直接管理，并委托各实际经营单位经营，实行收支两条线，确保森林资源资产的保值和增值。

5.3.4 公司经营方式的确定

林业企业是一个拥有各项性质不同的生产经营活动的综合单位，正是由于多样性的生产经营活动，则要求必须有多种经营方式与之相适应。同时，多样性的林业生产活动由于劳动强度、分散程度、管理幅度和资金循环方式上存在着较大的差异，也要求采取多种经营方式。因此，有限责任公司应积极探索多种经营方式，打破过去单一的国有国营的旧格局，对不同性质的生产经营活动采取不同的经营方式。对于营林生产、木材采运生产主要应实行费用承包制经营，而对于林产工业、多种经营生产实行独立经营，可采取租赁、股份制等形式，对于其他的一些经营项目，可采取国有民营等方式。

对于承包制经营，过去林业企业已实行了一段时间，但在承包的过程中，将营林生产和木材生产统一承包，经济关系不清，同时承包基数过高，导致利润不能完成，或虽能完成指标，但森林资源损失严重，出现了包盈不包亏、短期经营行为等问题。因此，在采用这一经营方式时，应降低承包基数，理顺木材生产和营林生产的关系，使这一经营方式继续得到完善。

租赁经营是在不改变产权归属的前提下，将财产的使用权、经营权在规定时期内转让给承租者使用和经营。租赁可以是按产品对象或生产过程的不同阶段进行分块租赁，也可以是将全部资产进行租赁，要视不同条件而定。在实行这一形式时，必须进行正确的资产评估，以合理确定所收取的租金。

股份制是目前在林业企业中实行比较多的一种经营形式，它是将闲散在不同所有者手中的生产要素，集中起来统一使用，按股分红的一种经营方式。在实行股份制时，应选择生产经营活动范围明确，有完整的供产销过程，资本金较小的项目进行。例如商业、饮食、服务以及一些林产工业和多种经营项目等。

5.3.5 公司内部运行制度

建立现代林业企业制度将触及企业深层次的问题，尤其是对林业企业而言，改革传统的企业制度，其深刻程度无异于"脱胎换骨"，它涉及企业各个方面。现代林业企业制度能否建立，在很大程度上取决于企业自我改造的能力，也就是说，建立现代林业企业制度要求深化企业内部改革，加强企业管理，改革企业内部运行制度，以提高企业的素质和竞争能力。

企业内部运行制度是指在一定的组织框架下，维持企业既有活力，又有约束的运行的规则体系，它主要包括劳动、人事、分配制度和财务制度。

建立现代企业制度，要求积极推进企业内部的劳动、人事、分配制度的改革，打破"铁饭碗"和"大锅饭"，充分调动干部职工的生产经营积极性。引入竞争机制和风险机制，打破干部与工人的界限，形成一种"能者上、庸者下"的人事竞争机制，加强和完善内部经营责任制。打破固定工制的用工形式，实行全员劳动合同制，形成一种人才合理流动的双向选择机制。在劳动分配上要真正贯彻按劳分配的原则，不搞分配上的"大锅饭"，分配要向生产一线、艰苦岗位和科技岗位倾斜，要对取得明显经济效益的人员和单位给予奖励，充分调动经营者和生产者的积极性。

5.4 建立现代林业企业制度所需的配套改革

建立现代林业企业制度就是要使企业真正摆脱传统企业制度的束缚，真正成为自主经营、自负盈亏的市场竞争主体。这不仅是微观经济基础的根本性改造，而且是涉及宏观经济体制的一次全面、深刻的改革。现代林业企业制度的建立，仅靠企业内部的改革是不行的，必须进行宏观经济管理体系、市场体系、社会保障体系等方面的综合性配套改革。

5.4.1 积极推进政府职能的转换，理顺政府与企业之间的关系

我国经济成分还是以公有制为主体，但是公有制企业不一定非得由政府直接经营管理，否则，只能窒息企业的生机和活力。为此，必须积极推进政府职能的转变，政府应由管理微观经济为主转向对宏观经济的管理，把赋予企业的经营管理权真正放给企业，使企业真正成为独立经营的经济实体。政府管理经济的职能应由直接管理转向间接的调控。政府对企业的管理具有不可替代的作用，也有不可推诿的责任，但这种管理并不是直接的管理，而是通过对市场的调控来实现对企业经济活动的管理。政府的经济目标应从经济增长为主转变为经济秩序为主。国民经济中长期计划是必要的，但应是粗线条的弹性计划管理，经济的增长，最终还是要靠企业来实现，政府的任务最主要的就是为企业创造出良好的经济秩序。

要实现这种职能的真正转变，必须按照"精简机构、缩减人员、提高效率"的原则，尽快进行政府机构的改革，去掉不必要的机构，兼并重复设置的机构，大幅度精减人员，杜绝官僚主义和办事拖拉、相互推诿、无人负责的现象，提高办事效率。通过经济的、法律的和必要的行政手段，实现政府对企业的宏观调控，真正发挥政府部门应有的作用。

5.4.2 大力培育市场，建立完善的市场体系，为企业改革创造良好的市场环境

企业改革需要一个完善的市场环境，单一的商品市场不可能很好地发挥市场机制的作用。不仅要加快消费品市场和生产资料市场的建设，更应加快建立和培育资金、劳务、技术、信息等生产要素市场。在现代企业制度建立的过程中，应重点完善统一的金融市场体系，尽快培育和完善产权交易市场，同时为促进劳动用工制度的改革，建立起完善的劳动市场是十分必要的。在进行市场体系培育的过程中，要理顺价格关系，使价格能够灵敏反应市场供求关系的变化，各行业内部和行业之间的产品比价关系基本合理，体现产品的真正价值。同时，要加强各类市场的管理，以法律、法规的形式规范各类市场的经营交易规则、程序以及商品的质量标准，并建立相应的市场管理、协调及监督组织，以维护和保证正常的市场秩序。

总之，现代企业制度的建立，使企业成为市场竞争的主体，要保证企业间的正常、公平竞争，保证企业的发展，必须创造一个完善的、统一的、有秩序的市场环境。

5.4.3 积极推进财税体制的改革

现代企业制度的建立，要求宏观经济体制改革配套进行，其中财税体制的改革是一个重要方面。进行财税体制改革其主要目的就是要理顺国家与企业之间及中央与地方之间的关系，形成合理的利益结构，以增强企业活力，消除条块分割、地区封锁，为加快现代企业制度的建立创造良好的外部环境。

按照新税制的要求，财税改革要为企业公平竞争、深化内部改革、促进企业的发展创造良好的条件。为此，必须按照统一纳税、公平税负、简化税制、合理分权、规范分配方式的基本原则，明确和理顺国家与企业间的财产关系，实行税利分流，使税种、税率准确合理。同时，对于不同的企业要公平税负，统一税种和税率，使不同企业之间进行公平竞争。另外，国家的财税政策要积极引导企业进行产业、产品结构的优化，实现企业资源的合理配置和生产要素的合理流动，以促进企业持续稳定的发展。税种和税率的确定要体现国家和企业利益分配的合理，要有利于调动各级积极性，更要有利于企业自我发展能力的不断提高。

林业是国民经济的一个重要行业和特殊部门，为维持林业企业的发展，在财税改革中应对林业企业采取优惠的税收政策。例如，为鼓励企业大力发展林产工业，促进森林资源的综合利用，对于利用"三剩"和次小薪材为原料进行的综合利用产品的生产，应免税或采取即征即退的优惠政策。总之，税制改革应为林业企业创造优惠的政策，为林业企业的改革与发展创造公平的竞争环境。

5.4.4 建立完善的社会保障制度

我国现行的社会保障制度是与"低工资、高就业、铁饭碗"的劳动人事制度相辅相成的。这种保障制度存在着严重的弊端，主要表现在：第一，社会保障中的平均主义。其表现是公民只享受权益，不缴纳费用，不承担直接义务，人人有份，使公民产生了对政府和企业的依赖，吃"大锅饭"现象严重。同时，对保障费用的使用与个人切

身利益无关，浪费现象严重。第二，社会保障职能的企业化。也就是说社会公民必须是企业的职工才能享受诸如劳动保险、医疗卫生保险等社会保障权益，因此，使企业的社会负担过重，而且不同行业、不同企业的这种负担又不尽相同，造成了企业之间竞争的不合理、不公平。所以，建立完善、合理的社会保障制度，是建立现代林业企业制度的前提，也是目前影响林业企业改革不断深入的一个比较突出的现实问题。

建立现代企业制度，要进行企业组织机构的改革，要促进企业劳动人事制度的根本变化，这必然会造成暂时的或长期的职工失业现象，而且林业生产条件的艰苦，也会造成一些意外事故时常发生，退休职工的逐年增加，也会造成企业负担越来越重，也会使现代林业企业制度因社会阻力过大而难以真正建立。所以必须按照公平和效率兼顾的基本原则，改革现行社会保障制度，建立完善的社会保障制度。

5.4.5 建立和完善各类中介机构，在企业与市场、企业与国家之间建立起联系的纽带

现代林业企业制度的建立，涉及资产评估、产权交易、产权划分、劳动制度改革等，为此，必须建立起各类中介组织，以满足企业制度创新的要求。要建立非政府的会计事务所、律师事务所、审计事务所、资产评估机构、人才交流中心、职业介绍所、仲裁机构等为企业和政府服务的中介组织，要确立其无限连带责任制度，保证其公正、准确、科学与合理。同时，也要建立和完善代表不同利益的各类协会和社会团体，通过一定渠道和方式协调行业发展，向政府反映不同利益阶层的要求。国家要加强对这些部门成立的审批和管理，严格其资格审查和定期的考评，以保证这些机构能公正地开展工作，促使企业制度的创新建立在科学的基础上。

5.4.6 建立完善的法制环境，使现代企业制度正常运转

现代林业企业制度的建立涉及各方面的问题，要保证这些改革的正常运行，必须制定和不断完善有关的法律，以做到有法可依、有章可循。这些法律包括市场主体的法律，如公司法、劳动法等；市场秩序的法律，如反不正当竞争法、票据法等；宏观调控方面的法律，如税法、国有资产监管法等；社会保障的法律，如社会保障法等；还有一些经济法规等。目前，有一些法律已颁布实施，对企业的改革起到了一定的促进作用。但也存在一些问题，如有法不依、执法不严等。所以，应不断完善各种法律，加强执法的力度，加强司法部门的建设，提高执法人员的素质和执法监督水平，保护公平竞争，打击一切不法行为，为现代林业企业制度的建立创造良好的法律环境，使企业能够在良好的法制环境中生存和发展。

本章小结

传统林业企业制度是建立在计划经济体制基础上的，不适应市场经济体制的要求，林业企业的发展，必须进行企业制度的创新，建立现代林业企业制度。现代林业企业制度是适应市场经济要求、产权清晰、权责明确、政企分开、管理科学的企业制度。现代

林业企业制度包括的内容非常广泛，其主要内容包括：现代企业法人制度、现代企业组织制度、现代企业管理制度等。林业企业是一个综合性组织，各项生产经营活动又具有不同性质，因此，建立现代企业制度必须根据不同条件，在企业组织形式、内部管理体制、内部产权制度、经营方式、内部运行机制等方面进行合理确定。同时，建立现代林业企业制度也必须进行多方面的配套改革。

复习思考题

1. 什么是现代林业企业制度？有何特征？
2. 论述现代林业企业制度包括的主要内容。
3. 何为现代企业法人制度？
4. 现代企业财产组织形式有哪些？各自的特点是什么？
5. 建立现代林业企业制度需进行哪些配套改革措施？

6　现代林业企业组织管理

任何企业都是靠在市场交换中获得的盈余而生存与发展的。这种盈余的获得与企业的各项经营资源有着密切关系，人、财、物、信息等都是企业的主要经营资源。而这些资源只有按照企业经营战略的要求组织起来，形成整体优势，才能在与市场环境的交换过程中收支相抵后带来盈余。未组织化的、未形成整体力量的资源是起不到这样的作用的。在企业所有组织管理活动中，对人的组织管理是最为重要的。财力资源、物力资源或完美的业务计划，都必须通过人、依靠人才能发挥作用。因此，企业的组织管理最本质的方面是进行各项活动的分工与协调，以调动和发挥人的积极性，将人与各种经营资源有效结合起来，形成具有特定功能的系统力量，实现企业经营的目标。

6.1　现代林业企业组织管理的基本问题

林业企业为了实现协调其生产经营活动的功能，就需要一定的组织，企业组织包括企业的组织形式（此问题在第一章中已论述）、企业内部组织结构以及其他组织管理问题。

6.1.1　林业企业分工与协作

现代林业企业是一个由各要素、各部门、各环节所组成的统一复杂系统，要使企业的各个部门、各个环节能够按照企业的经营目标有条不紊地开展工作，使企业的各项生产经营活动顺利进行，就必须进行科学合理的分工与协作。分工与协作即委派下属分别从事专门的工作，确定明确的职责范围和沟通协调的方法，把林业企业设计成为一个具有系统性的整体结构。

林业企业生产经营活动多样且性质不同，要使各项活动顺利进行，就必须根据各人的特点和具体活动的要求进行明确的分工，分工可以大幅度地提高生产效率，也正是由于有了科学的分工，各项活动才能顺利实现。分工与协调总是伴随在一起的，有了分工，还必须确定和调整各项专业工作之间的关系。相互之间必须配合起来，协调一致地行动。

林业企业组织管理的实质是科学分工与合理协调各项活动，而这一套分工和协调的基本框架，是通过组织结构确定的。通过组织结构，即可把分工的范围、程度、相互之间的协调配合关系、各自的任务和职责等用部门和层次的方式确定下来。

6.1.2　林业企业激励系统

在明确了分工和协作关系后，接下来的问题是如何调动各方面积极性，也就是激发人们为组织提供有益贡献的工作热情，实现组织的各项目标。这就意味着管理者不仅要根据企业活动的需要和个人素质与能力的差异，将不同的人安排在不同的工作岗位上，为他们规定不同的职责和任务，还要分析他们的行为特点和需求，创造并维持一种良好的工作环境，以调动他们的积极性，改变和引导他们的行为。所谓激励是指影响人们的内在需求或动机，从而加强、引导和维持行为的活动或过程。

可以用来激励的手段是多种多样的，而且也是因人而异的，但最基本的是物质激励，这是满足人们基本生活需求的手段。但仅靠物质激励其作用还是非常有限的，还要设法满足员工的工作需要、事业追求、感情交流、自我价值实现等多方面的需要。所有这些，都以个人的需求和动机为基础。企业管理者必须把这些能满足个人各种需求的因素综合起来，形成一个有效的激励系统，才能真正起到调动员工积极性的作用。

6.1.3 林业企业的计划与控制

在进行了科学分工、密切协作、建立有效的激励系统后，有效的组织管理还需有计划和控制系统。在一个组织中，计划主要是解决生产经营活动的全面安排和部署问题，如先干什么，后干什么，各项活动之间的比例和要求，将来如何发展等方面的问题。计划工作是企业组织管理活动的基础，是组织内不同部门、不同成员行动的依据。有了计划的安排和部署以后，在计划实施过程中，由于各种条件的变化，实际的执行结果与计划目标可能会产生一定的差距，为了使这一差距尽可能缩小，在计划实施过程中就需要有效的控制。控制的目的一是督促、检查，保证计划的贯彻实施；二是发现计划与实际的差距时及时做出调整，避免工作失误。

在林业企业组织管理工作中，计划和控制解决的是日常企业活动的全面安排、落实和实现问题。它与分工协作系统、激励系统结合起来，构成企业组织管理的基本手段，目的在于实现团队化的协作劳动。

6.1.4 林业企业的人员配置与领导

人员配置是指企业中用人和培养人的问题，林业企业在生产经营过程中，在进行了分工与合理协作的基础上，应根据下列要求合理配置人员，以达到人力资源的最佳使用效果。

（1）正确认识员工的特点，有利于发挥每个员工的技术专长，根据工作岗位的要求，做到所配备的人员能工种对路、等级相适、各尽其能。

（2）要使每个员工都有足够的工作量，做到负荷充分、任务饱满、各尽其力。

（3）要使每个员工都有明确的岗位，并建立相应的岗位责任制，做到责任分明、分工清晰、各尽其职。

上述诸系统的运作，需要通过组织管理的管理职能完成，通过企业管理者的指挥和协调，完成企业的目标。在企业管理者实施领导职能的过程中，应根据不同的环境、不同的个体，采取适宜的领导方式。

综上所述，林业企业组织管理的基本问题，包括了分工与协作以及在此基础上的组织结构设置、有效的激励、计划与控制工作以及人员的合理配置和有效领导，这些都是林业企业组织管理的重要手段。

6.2 现代林业企业组织结构

6.2.1 组织结构在林业企业生产经营活动中的作用

6.2.1.1 组织结构的含义

所谓组织结构是指组织内部分工协作的基本形式或框架。组织结构的功能就在于为分工协作提供一个基本框架。通过合理的分工，能够明确各自的职责和权限，通过密切的协作，使各方面信息得以有效沟通，从而促进林业企业管理水平的提高和企业各项生产经营活动的顺利进行。

6.2.1.2 组织结构的功能

组织结构在现代林业企业系统中占有十分重要的地位，是企业系统的核心子系统，其他子系统诸如生产、销售等均受其指挥、协调和控制。所以组织结构在现代林业企业生产经营活动中起着极其重要的作用，主要表现在：

（1）在处理企业与外部环境的关系上起协调作用。企业的组织结构是企业的领导核心，通过这一组织体系，使林业企业与外部环境（企业、国家、市场、消费者）之间的关系得以协调，使林业企业的生产经营活动既符合国家的有关法令，又符合市场的需求，并且使企业与出资人、企业与企业、企业与消费者之间的利益关系得以正确处理。这种企业与外部环境的关系协调，既要使企业适应环境，满足外部环境的要求，又要积极创造条件，不断地改善环境，使企业在市场竞争中求得生存和发展。

（2）对林业企业内部各部门、各环节起协调作用。组织结构是企业系统的核心子系统，它对其他各子系统具有协调、监督和控制的作用。通过确定合理的管理层次和管理幅度，设置合理的职能部门，能够使企业内部各部门、各环节都纳入这一核心子系统的控制之下，通过组织结构的有效运转，达到各部门、各环节的有机联系，以实现企业的经营目标。

（3）对林业企业的生产经营活动起决策作用。企业的组织结构是企业的决策和指挥系统，根据企业外部环境和内部条件，确定企业的经营目标，制定企业的发展战略、经营策略和经营计划及其实施方案，为企业指明奋斗的方向，提供行动的纲领。

（4）合理的组织结构，有利于林业企业制度的创新。建立现代林业企业制度，就是要使产权明晰、权责分明、政企分开、管理科学。其中要达到管理科学之目的，建立科学的组织结构是保证。所以，要建立现代林业企业制度，就必须对企业现有的组织结构进行调整和完善。

总之，组织结构在现代林业企业中起着十分重要的作用，它是企业实现经营目标的基本保证，是提高企业管理效率的前提，是企业生存和发展的基础。企业必须根据内外条件的变化，设置科学合理的组织结构，以提高管理效率，促进企业的发展。

6.2.2 传统林业企业组织结构评析

我国林业企业的组织结构长期沿用了 20 世纪 50 年代初期的直线职能制的形式，属于传统的企业管理组织形式。20 世纪 50 年代后，林业企业组织结构进行了一些改革和完善，强调了集体领导，强化了生产指挥系统。同时，也强调了党在林业企业中的领导地位与职工参与企业管理等。改革开放以来特别是进入 90 年代以来，随着经济管理体制改革的深入，林业企业组织结构也进行了一定的改革。一些企业以系统论的观点为指导，以市场需求为导向，加强企业经营管理为重点，精简机构和人员，使林业企业组织结构形式发生了根本变化，我国林业企业管理水平有了引人注目的进步。但是，我们也应该看到，我国林业企业组织机构虽然在形式上发生了一些变化，在实质上还没有更大的突破，林业企业管理水平与国内外先进管理水平还有一定的差距。

我国林业企业目前的组织机构形式主要存在以下问题。

6.2.2.1　管理部门林立、机构臃肿

这主要源于多年来受制于上级主管部门的"职能上下对口"的要求而形成的，在许多管理业务上，林业企业不仅在组织的上层，而且在林场或车间都有类似的职能部门，导致企业管理机构较臃肿。

6.2.2.2　副职过多、层次重叠

在一些企业一个正职配有七八名副职甚至更多，再加上企业的"三总师"、政工系统的正、副书记、工会主席等，在林业企业形成了一个庞大的领导班子，层次较多，影响了工作效率。

6.2.2.3　职责划分不清、业务关系杂乱

一些企业业务没按企业生产经营特点划分，分得又过细，造成业务关系较乱，互相"踢皮球"等推诿现象较严重，影响了管理效率。

6.2.2.4　森林资源管理职能较弱

在森林资源经营型企业中，更多地注重生产职能，而森林资源管理部门仅作为企业的一个职能部门，且其职责的行使又受制于其他职能的发挥，造成了森林资源管理的弱化。

6.2.2.5　企业横向部门的协调较弱

林业企业组织的重心在于机构的设置和职权关系的理顺，信息联系多是纵向的单向联系及斜向交叉的业务指导关系，而已被证明为组织协调运行必不可少的横向联系则较差。

这些问题的存在，使得林业企业对环境的适应性较差、管理效率较低、活力不强。因此，必须根据未来环境的变化，进行林业企业组织结构的根本变革。

6.2.3　设置组织结构的原则

设置合理的组织结构是现代林业企业实行有效管理的前提。企业组织结构的合理化，应遵循以下原则。

6.2.3.1　正确处理权限关系的原则

现代林业企业是由诸多子系统所组成的一个有机整体，每一个子系统都要做出各种决策，而且不同子系统之间的决策必须相互协调，方能使企业经营目标得以实现。在所有决策都由最高指挥者一人做出的条件下，决策之间的协调是非常容易的。但是这种决

策方式却不适合于林业企业复杂生产经营活动的要求,因为这样会降低组织效率,而且指挥者也不是全能型的领导者。所以,管理者就必须将决策权限下放给下级,让其分担决策的责任。但问题的关键在于:决策权下放到哪一级,下放的程度如何把握。

正确处理决策的权限关系,是设置组织结构必须遵循的一个原则,要正确处理这一关系,必须做到集权与分权相结合。集权是指将决策权限尽量集中于组织上层,分权则是将决策权限分散于组织下层,集权与分权是相辅相成的,两者缺一不可。企业是一个有机的整体,要使指挥有效,实现企业的经营目标,就必须将关系到企业全局的主要权力集中在组织的上层,以保证整个企业的生产经营活动协调一致。但是林业企业内部又存在生产的分工且各项活动性质各异,要使企业经营目标得以实现,关键在于调动各部门的积极性,所以又必须将生产经营活动的决策权力下放给基层,问题是这个下放的程度如何把握。这当然与企业规模的大小,生产经营活动内容的多少,企业外部环境的特点和管理者的素质有着密切的关系。

总之,集权与分权各有利弊,企业在设置组织结构时,一定要根据各种因素,合理确定集权与分权的程度,做到集权与分权的有机结合。

6.2.3.2　解决好有效管理跨度与管理层次关系的原则

设置组织结构应很好地解决管理跨度和管理层次的问题。所谓管理跨度(又称管理幅度)是指上级直接有效领导下级的平均人数。在组织结构中,扩大管理跨度可以减少管理者的人数,但也会带来一系列问题,诸如监督和控制弱化等;而缩小管理跨度,尽管有利于组织协调,但也会带来管理人员过多、管理成本增大等问题。那么究竟管理跨度多大合适,国内外的研究虽然提出一些具体标准,如 4 ~ 8 人,8 ~ 15 人等,但数据各异。事实上,不可能给管理跨度规定一个理论上的数字,因为不同企业工作性质和内容、管理者的能力、控制手段、管理体制等都是不同的,所以,管理跨度的大小必须根据上述具体条件而具体确定。

由于管理跨度的有限性导致了管理层次的产生。如果缩小管理幅度,就会增加管理层次,反之,扩大管理跨度,就会减少管理层次。究竟一个企业管理层次以几个为宜,这也要具体企业具体确定,一般而言,大型企业和品种较多的企业及生产技术较复杂的联合企业,管理层次可以多些,反之,则管理层次可以少些。

6.2.3.3　合理分工、明确责任、加强信息沟通的原则

现代林业企业是一个有机的整体,各项管理业务之间存在相互制约、相互促进的密切联系。为此,企业组织结构中的各层次、各部门应根据企业的具体情况,从各项管理职能的业务性质出发,明确各管理职能之间的合理分工,划清职责权限范围。在合理分工的基础上,各级组织结构之间以及每一级所属的各个部门之间,都要有良好的协调关系,即加强企业组织的横向和纵向的协调。一般来说,纵向的信息沟通要容易一些,因为它们之间存在着领导与被领导的关系,而横向即各部门之间的沟通和协调将变得困难一些。因为在严格遵循分层传递路线的情况下,各部门之间的沟通和协调必须通过各自的管理者进行,而他们又无权直接协商,于是又不得不求助于他们的共同上级,这样一来,部门间的信息沟通和协调就变得极其复杂和困难,不仅信息传递易失真、费时间,而且会使管理者的信息传递负荷过重,影响其对重大问题的决策。为此,在组织结构中

可设一专门进行信息沟通的综合部门，或在每一部门中配备承担横向沟通和协商任务的联络员，以加强各部门之间的横向信息沟通，提高管理效率。

6.2.3.4 精简机构、提高办事效率的原则

现代林业企业组织结构的设置，是为实现企业的经营目标服务的，因此，组织结构应力求精干、高效、节约。

林业企业的经营目标是全体员工在一定时期共同活动所要达到的目标，它规定着企业生产经营活动的基准和方向，涉及企业的各个方面。因此，组织结构的设置应体现林业企业生产经营活动的需要，要因事设职，因职配人，精简机构，力求组织结构的精干和提高管理效率。同时，组织结构的设立要注意管理费用的节约，这就要精简机构，减少管理人员。

6.2.3.5 便于发扬民主的原则

实行民主管理，不仅有利于建立良好的人际关系，充分发挥职工的主动性和积极性，而且也是促使企业领导决策正确，并保证其顺利实施的重要方面。因此，在设置企业的组织结构时，要为发扬民主提供组织保障，探寻适当的组织形式。

6.2.4 设置组织结构应考虑的因素

设置合理的组织结构是就一定条件而言的，一旦这些条件发生变化，原先比较合理的组织结构就可能变得不合理、不科学。因此，林业企业设置组织结构不能离开一定的具体条件，也就是说企业设置组织结构必须考虑有关的制约因素，归纳起来，设置组织结构应主要考虑如下因素。

6.2.4.1 行业特点

不同行业其生产经营活动的性质是不同的，因此所设置的组织结构必须反映行业特点。林业企业（森工企业）是以森林资源为生产经营对象的企业，森林资源是林业企业的生存基础，因此在设置组织结构时，一定要反映出森林资源管理的基础作用和重要地位。森林资源管理要独立于生产之外，在组织结构中要独成体系，以加强森林资源的有效控制，保证森林资源生态效益的发挥和可持续经营利用。

6.2.4.2 企业规模

企业规模是制约组织结构的又一重要因素。一般来说，企业规模小，管理工作量小，所设置的组织结构由于管理层次少而相对来说比较简单；企业规模大，管理工作量大，在组织结构中管理层次也多，设置的职能部门也多，各机构间的规模和复杂程度是随着企业规模的扩大而相应增长的。

6.2.4.3 生产技术复杂程度

现代林业企业的生产经营活动都是运用了复杂的技术，而且生产技术总是在不断变化的。生产技术的复杂程度不仅对组织的成员素质提出了较高的要求，而且也制约着组织结构的其他各个方面，技术复杂程度决定着组织的分工和作业的专业化程度，进而决定着组织的部门大小及其构成、管理层次多少、管理跨度大小、管理人员比例、技术人员比例、生产经营活动特点等一系列因素，造成组织结构方面的很大差异。

6.2.4.4　宏观经济管理体制

国家经济管理体制是制约企业组织结构设置的又一不可忽视的因素。在以行政手段为主的管理体制下，强调企业组织结构与政府行政组织结构的上下对口，带来了部门的重叠、机构臃肿、办事效率低下等一系列弊端。随着经济管理体制的改革，企业经营机制的转换，企业成为独立的经济实体，并拥有了组织结构设置和调整的自主权。其组织结构的设计将面向市场，以提高效率为目标。

6.2.4.5　企业管理水平

企业管理水平，尤其是领导者素质的高低，将直接影响着企业组织结构的设置。若企业管理水平以及领导者素质比较高，此时可扩大管理幅度，下放经营权力，反之，则要减少管理幅度，从而造成组织结构的差异。

6.2.4.6　环境的变化

企业面临的环境特点，对组织结构中权限的划分和组织结构的稳定性有较大的影响。如果企业面临的环境复杂多变，有较大的不确定性，此时应适当下放权限，给予基层更多的随机处理权，以增强其应变能力。如果企业面临的环境是稳定的，对生产经营的影响不太显著，则可以把管理权较多地集中在上层领导手中，设置比较稳定的组织结构，实行秩序化、规范化管理。所以，任何一种组织结构都离不开一定的外部环境，只有那种与外部环境变化保持动态对应的组织结构，才可能成为有效的组织结构。

总之，设置组织结构应很好地考虑上述有关因素，并根据有关因素的变化，及时进行组织结构的适当调整，以保持组织结构的合理与科学。

6.2.5　现代林业企业组织结构的选择

客观地说，欲设计一种适合各种企业的理想的组织机构形式是非常困难的，因为每个企业所依托的环境、经营战略、技术特点和管理体制等都是不同的。即使是针对某一特定的企业，也难以设计出满足各种要求的组织形式，因为有许多要求实际上是相互矛盾的。企业组织机构的形式有多种，每种形式具有不同的特点，并且其适应的条件也不同。只有在分析了各种组织结构的特点及适应条件后，才能根据林业企业的具体情况，做出组织机构形式的合理选择。

6.2.5.1　U型结构

这是一种依职能而构建的组织结构，它强调信息的纵向联系。其基本特点主要是按照职能的不同把企业组织划分为若干部门，如生产部、销售部、财务部等，而每一部门均由企业最高领导者直接管理，它属于一种高度集权的组织结构。主要适用于中小型企业及单一产品生产经营的企业，具有反应灵活、控制有效、管理成本较低等优点。但另一方面该形式的组织结构很难保证决策的准确性，不仅除了企业最高决策者的决断可能出现偏差外，还在于管理者由于各自负责一个部门的工作，从而带来为平衡各部门的关系而牺牲企业整体利益甚至放弃长期目标的不良倾向。

6.2.5.2　M型结构

随着企业规模的增大、市场变化的加快，U型结构已不适应这一变化，于是产生了M型结构。这种结构是一种分权式的结构，即在总公司之下按产品类型或地域等标准划分多个事业部或分公司,这些事业部或分公司具有相对独立的自主权,是独立的利润中心。该结构主要适用于产品品种多样化以及市场变化较快的大型企业。

事业部组织是现代林业企业组织结构模式的主要类型,它分为两种类型。

(1)传统型事业部结构。它建立在直线职能制结构基础上,其各事业部内部结构仍按职能制原则来设置,属于一种有多个直线职能制结构重叠而形成的结构。

(2)现代型事业部结构。它建立在项目小组基础上,该结构对于部分行业,尤其是具有产品开发功能的企业,在进行并行工程时较为有效。项目小组不同于矩阵型流动小组,它是一种稳定的组织结构,不随某项任务的完成而解散。项目小组具有团结合作、发挥协同优势、缩短产品研制与生产交货时间等优点,可提高企业快速应变的能力。

6.2.5.3　H型结构

这是一种较事业部制更为彻底的分权结构,其特点是:母公司与子公司不是行政上的隶属关系而是资产上的联结关系;子公司具有法人资格,能自主经营、独立核算、自负盈亏、独立承担民事责任。该结构与事业部制相比具有降低母公司经营风险,使子公司具有较强的责任感与积极性等优点。但也存在母公司对子公司不能直接进行行政控制及母、子公司双重纳税等不足。该结构适用于跨行业多角化经营的大型集团化企业。

6.2.5.4　N型结构

即网络型结构,它是一个有众多独立的小规模生产经营单位组成的彼此紧密纵横联系的网络。随着信息社会的到来及人们需求层次的提高,以往那种U型及M型结构带来的缺乏人情味的官僚制式的结构已趋过时,由一些小型企业开始并为大公司效仿的横向网状组织结构纷纷出现,显示了强大的生命力,代表着未来组织结构的发展方向。

总之,随着林业企业环境的变化,沿用多年的按职能分工、条块分割、金字塔形的层级结构已不适应现代动态环境和经营的变化,未来的组织结构将向着管理层次少、职能部门精、同一层次的管理组织之间相互平等、横向联系密切的"网络型结构"发展,使企业组织结构尽可能"扁""瘦",以提高应变能力和管理效率。在林业企业内部,权力将进一步下放,并划小核算单位,实行层层的经济责任制等,这些都是企业组织结构的变革。

6.3　现代林业企业组织发展

6.3.1　现代林业企业组织发展趋势

随着市场竞争的加剧,现代林业企业要生存、求发展,就必须对现有的组织形式中不适应环境变化的方面进行变革,建立起与外界的广泛联系,以谋求共同的发展。未来现代林业企业组织发展将表现出两个极端的趋势。

6.3.1.1　林业企业集团化发展趋势

20世纪90年代至今,世界进入了强强联合的时代。为了应付更大规模的竞争,世界各国的企业都纷纷走联合、兼并之路,并且向着全球化的联合方向发展。如日本三井物产与美国道格拉斯飞机制造公司、贝尔直升机制造公司进行合作,并与美国第三大电子计算机生产企业龙尼西生产公司进行合作。三菱商事与本企业集团的三菱重工、三菱电机、三菱汽车一起，与德国最大企业集团戴姆勒—奔驰公司联合。其方向都是强调"集团经营""分权网络型经营""全球化、统一化经营"。总之，合作、联合之势头愈来愈烈，有人预测进入 21 世纪后，在任何领域坚持单枪匹马作战的企业都将面临被淘汰的危险。因此孤军奋战的企业将会越来越少，联合作战将是未来竞争中的主要形式。

现代林业企业为了应对竞争、发挥更广泛的整体效益，也必将向着集团化的方向发展。如目前成立的"四大森工集团"以及森林资源经营企业与加工企业的联合等。所谓现代林业企业向集团型企业发展是指通过企业之间的联合、合并、协作等方式对企业进行重新组合，形成一个有机的企业联合体，并形成新的生产经营能力的行为。其主要特点表现在以下方面：

（1）林业企业与外界的联系更加广泛。随着全社会办林业的发展，现代林业企业与外界的联系将更加紧密，表现出全方位、多主体、多层次的特征。林业企业集团成员企业中既有国有企业，又有集体企业；既有城市企业，又由乡镇或村办企业；既有本地企业，又有外地企业，甚至国外企业。

（2）集团化的形式多种多样。现代林业企业发展根据具体情况，将采用多种形式。从经济关系的密切程度上有紧密型、半紧密型、松散型；从功能上有生产型、销售型、生产经营型、生产科研型；从产品经济技术联系上有产品辐射型、项目配套型、技术开发型等。

（3）集团企业采用灵活的管理体制。由于集团企业形式多样，所以对不同类型的集团企业将采取不同的管理体制。在紧密型集团企业，将更多地强调"统"，即实现资产、经营的一体化；对半紧密型集团企业，只能部分地"统"，主要是统一主导产品的生产经营计划、技术质量标准、主要原材料供应、新主导产品开发等；对松散型集团企业则不强调"统"。

从发展趋势来看，林业企业集团化企业正向着规模扩大化、资产股份化、科研与生产一体化、经营多角化、结构规范化方向发展。根据目前实际，我国林业企业走集团化发展道路，应在壮大集团核心、强化联结纽带、规范运作等方面下功夫。

6.3.1.2 林业企业专业化发展趋势

随着科学技术的飞速发展和消费者需求的个性化，越来越多的产品将转向多品种、小批量的生产，这就使得未来企业组织的发展走向另一个极端——专业化、微型化。目前很多大企业在扩大规模的同时，又想方设法缩小核算单位，进行企业重组，使得大企业内部又出现了众多的"小公司"。如 IBM 公司为了应付小型电脑公司的竞争，将公司分散成若干小公司，以小对小，调动各小公司的主观能动性，公司总部对这些小公司的考核仅限于与公司总部利益直接相关的指标。微型化企业同过去的那种"小而全"的小企业有着本质的区别，微型化企业是指在现代科学技术条件下知识、技术高度集聚、专业化程度高、企业规模相对小的企业。

微型化企业具有集团化企业所不具备的优势：一是能够适应外部环境与市场的急剧变化；二是企业小利于技术创新；三是企业小使得权责明确；四是微型企业社会化、专业化程度高。

林业企业通过以下方式可形成专业化、微型化企业：

（1）在目前的企业集团（大企业）内部划小核算单位，形成一个相对独立的经济单位，实行自主经营、自负盈亏，这是一种由大划小的方式。

（2）进行产品生产的扩散，组织大批微型企业进行协作配套从而扶持和发展出一批专业化的微型企业。

（3）进行森工企业的分制，即将生产经营活动性质不同的营林与林产品加工利用活动分开，形成专业化较强的企业。

（4）大力发展非公有制林业，形成一批经营灵活的专业化林业企业。

6.3.2 现代林业企业组织发展形态

伴随着现代林业企业组织发展的"两极"趋势，适应增强现代林业企业活力的要求，其组织形态也将呈现出多样化、特色化的态势。

6.3.2.1 现代林业企业组织将向着柔性化发展

林业企业未来所面对的环境更加复杂多变，为了从容应付这一压力，现代林业企业组织形态应该是灵活性与多样性的统一，这就是一种柔性化的组织。这种柔性化主要体现在：集权与分权的统一、稳定性与动态性的统一、机械式组织与有机式组织的统一。集权与分权的统一，一方面要保持一定的松散、分权，使组织具备快速反应的创造能力，另一方面需要有严格的集中管理，以保持战略的内聚力，管理相互联系的单元，减少决策与行动上的时间延滞。稳定性与动态性的统一就是在组织内建立一个稳定的依靠点，以此确定宽广的边界，在边界内适时进行变革。机械式组织与有机式组织的统一，就是在管理组织内建立一些任务小组，用来完成某种特定的、明确规定的复杂任务。

6.3.2.2 现代林业企业向着信息型组织发展

随着现代技术的发展和劳动者专业化知识化水平的提高，现代林业企业组织势必以信息为中心，组织结构也将由传统的控制型向信息型转变。信息型组织具有的特点：一是组织有清楚而简单的目标，并使之转化为每一成员的具体行动；二是每一成员都负有信息交流的责任；三是组织的纵横信息沟通顺畅。这种信息型组织其组织结构更加扁平化，企业中的每一个成员都是专业领域的专家，整个组织是一种学习型的组织。因此，这种组织具有较强的反应能力和团体作战能力。

6.3.2.3 现代林业企业向着战略联盟组织模式发展

战略联盟组织模式是不同的企业为了达到某一目的而通过契约形成的联合体，它是一种企业之间的暂时性组织模式。所加盟的各企业都是具有某种核心能力的组织，这样他们可以充分发挥自己的竞争优势，共同开发一种或几种产品，并迅速把共同开发的产品推向市场。所加盟的各个企业共同分担所有的成本费用，共同享有开发产品所研制的高新技术。

战略联盟组织的运行依赖于一系列组织规则，一般来说，其运行规则分为三个层次：一是构建动态联盟的、宏观的法规性文件、章程等；二是规定和明确动态联盟各专门业务应符合的标准规范和通行惯例等；三是与具体产品（业务）项目相关的协议和合同文本。

6.3.2.4 现代林业企业向着内部市场化发展

企业内部市场化是把企业看成一个有各业务活动组成的系统,各业务内容在企业内部进行外部市场上一样的买、卖、开发产品和劳务,使企业能迅速而又有效地适应外部市场的变化。这种组织模式打破了传统上企业高层管理部门只对企业内部的各业务单位的工作业绩进行控制,但对他们如何使用资源完成目标不加限制的做法,而把企业内部的每一个单位都看作是一个小型的、分立的公司,使他们能够自己管理自己的事,从事企业内部或外部的交易,而企业高层管理部门只考核其整体利益。

6.4 国有森工企业组织重构

我国的国有森工企业在过去的 20 余年里,历经了"扩权让利""实行经济责任制""建立现代企业制度"等一系列改革措施,走过了与一般国有工业企业改革基本相似的路径,但效果甚微。国有森工企业目前仍面临重重矛盾和困难,究其根本原因,我们认为国有森工企业是集营林、采运、林产品加工于一体的综合性企业,而这些生产内容在产出目标、产品性质等方面具有很大差异,很容易出现企业经济目标与产出生态效益目标的矛盾。国有森工企业作为企业即应按市场组织生产,同时作为森林资源经营者理应为社会提供生态效益。事实证明,国有森工企业长期以来处于两难的境地,也就是国有森工企业虽是企业却不能完全按市场组织生产,是提供生态效益的公益部门却又要有生产经济效益的责任。因此国有森工企业迫切需要彻底的组织整合和改造,急需制度和组织的创新,这样才能从根本上消除目前发展中存在的制度障碍。

6.4.1 国有森工企业组织重构的基本含义

所谓组织重构是指打破目前国有森工企业内部现存的营林与林产品加工生产的关系,依据营林业和林产品加工业的不同特点,分别建立各自适合的运行机制和管理模式,从而形成营林与林产品加工业之间有效的经济制约关系的一种新的组织模式。

组织重构的基点在于:国有林区的营林业成为国有经济在林业经营上的主要投向,营林业将建立起以国家投入、经营为主的多种经营形式并存的基本格局;林产品加工业将全面推向市场,按市场经济规律进行生产经营,国家资本将逐步退出此领域;对于木材采运生产则实行招标、承包的方式,国家不再进行这方面企业的投资与经营。

6.4.2 国有森工企业组织重构的基本特征

与现有的国有森工企业组织相比,重构后具有以下特征:

6.4.2.1 营林生产与林产品加工生产间的关系发生重大改变

这是重构的最基本特征,也是重构所要解决的主要问题。目前国有林区营林与林产品加工业间的关系源于国有森工企业这种组织形式。国有森工企业是我国国有林区林业经营的基本组织,它是由从事木材采运生产为主,逐渐演化、发展而成的林业综合性企业,在这类企业中,由于历史的原因,营林与林产品加工生产间的关系实质上是一种行政管制下的联结方式,具体表现在:营林生产一直没能实现独立的经济核算,只是作为企业生产的三大阶段之一，营林业一直是处于经济上让利于后续生产（采运生产和木材加工生产），行政上依附于后续生产的被动位置。这种关系的后果是，营林生产成果难以实现真正的社会认可，没有建立并实行完善的林价制度和森林市场；林产品加工生产也无法实现自主的面对市场进行生产经营决策。随着林业经济体制以及国有企业改革的不断深入，尤其是"天保工程"的实施，国有林区林业经营中的这种矛盾更加显性化。营林与林产品加工分制（以下简称分制）的一个基本目标就是重塑国有林经营中营林与林产品加工的关系。通过建立国有林区科学的营林业运行机制和林产品加工业运行机制，实现这两类既有联系又有区别的生产分别建立起应有的经营制度，彻底改变原有的行政联结方式。营林生产与林产品加工生产将成为不同的生产组织单位，政府允许并鼓励其在市场经济原则下，建立经济联合体以及其他形式的经济合作关系，但这已和国有森工企业内部它们原有的生产联系发生了根本性的变化。

6.4.2.2 营林生产成为独立核算的生产项目，具有独立的生产经营组织形式，并成为国家经营林业的主体

国有森工企业组织重构后，营林生产不再是其他生产的附属，而成为具有独立自主经营能力，进行独立经济核算的生产经营单位，要建立一套适合营林生产特点及再生产循环特点和市场经济框架要求的营林生产运行机制和管理体制。而且，分制后国家资本将主要投向国有林区国有森林资源的培育、管护和生产经营，即营林上，从根本上实现了国家经营林业内容的重大转变，由过去以经营木材采运、林产品加工为主，转向对营林生产的投入、经营和管理为主。这不仅符合森林资源培育业的经营目标以及社会对林业生态需求的要求，也符合国有经济总体改革趋势的要求。

6.4.2.3 林产品加工业将全面推向市场，按市场经济规律配置资源和组织生产

林产品加工业与营林生产关联度较大的本质在于营林生产为其提供原料，而单就林产品加工生产经营、再生产循环以及运作管理本身而言，完全可以等同于一般工业企业生产活动，同时一些非国有林产品加工企业的良好经营现状都足以说明其走向市场的必要性和可行性。在此领域原有的国有资本将视具体情况通过股份制、租赁、拍卖等形式逐步推出该领域。在这种框架下，在该类企业建立现代企业制度变成为一种必然也是可行的选择。

6.4.2.4 原有国有森工企业框架下的经营制度将逐渐消失，新型的林业生产组织形式将取而代之

国有森工企业组织重构后，现在的国有森工企业并不是被一分为二，成为两个各自独立的企业或单位，而是要进行全方位的改组、再造，成为符合分制要求的营林生产经营单位或林产品加工企业。作为具有特定意义和内涵的国有森工企业将成为国有林业经营的历史。木材采运生产作为林业生产的中间环节，随着国有林业产出功能的战略转移，国家更不适宜对木材采运生产进行投资、经营，木材采运生产也要寻求更广泛的市场组织形式。同时分制后不可否认地会出现在市场经济原则指导下的营林与营林、营林与林产品加工等多种生产经营内容以及不同所有制的联合经营体，但这将与原国有森工企业有本质差别和完全不同的经济意义。

6.4.3 国有森工企业组织重构的必要性

国有森工企业组织重构实质是对目前国有林区营林与林产品加工业一体化经营组织形式的改革，目的是解决经营体制不顺问题。它可以成为国有森工企业进一步改革的突破口和基点，通过进行国有林区营林与林产品加工利用分制，形成全新的森林资源经营机制和真正面向市场的林产品加工业运作机制。从近期来看，有利于保证"天保工程"的有效实施；有利于使林产品加工企业真正走向市场，成为独立自主、自负盈亏的决策主体。营林与林产品加工利用的分制，对于林产品加工利用生产企业而言，便意味着独立于森林资源培育之外，再不像在一个企业主体内那样受森林资源发挥生态效益的制约，而影响其产出规模，它可以根据市场供求情况决策生产结构和规模。使其真正走向市场，由此才能探索建立林产品加工企业的现代企业制度，使现代企业制度真正在林业企业实现；有利于通过市场竞争、优胜劣汰、强强联合达到林业企业规模经济。从长远来看，有利于有效发挥国有经济在林业发展中的主导作用，充分实现国有林业在国家生态建设和环境保护方面的重要基础作用，营林业与加工业分制，改变了过去营林业附属于加工业的不合理状况，使营林业成为独立的生产单位，这样一方面使营林业按新的机制运营，有利于国有森林资源的保护与扩大，提高和改善森林资源的质量，从而可以更好地维护和改善我国的生态环境；另一方面通过加工业的改制和合理的布局，可以更好地发挥其龙头带动作用，带动营林业及区域相关产业的发展，从而使我国国有林区林业生态、经济、社会协调发展，从而最终实现国有林区林业的可持续发展。

6.4.4 国有森工企业组织重构的总体设计

营林与林产品加工分制要在现有国有森工企业改组的基础上逐步实现，其基本路径是国有营林单位要依托现在的国有森工企业建制；而林产工业则逐步从国有经济中剥离，全面推向市场。

森林资源经营单位从事的主要生产经营内容是天然林管护经营，人工林的造林、培育、管护经营，以及森林资源系统中非林木资源的开发利用。应根据其生产经营目标的不同建立有差别的经营机制，在国家投入为主的前提下，形成多元化的投资与经营体系。

作为林产品加工企业应逐步实现从国有经济中剥离，并成为社会化的产业，从根本上打破林业部门在此领域经营上的垄断格局，坚决按市场经济原则动员并实现资源的合理、高效配置，为国有林区林产工业的振兴奠定制度基础。

对目前国有森工企业中营林与林产品加工分制的实质是建立新型的国有林业以及国有林区林业经营制度。分制不仅适应我国国有林经营战略体目标的要求，而且也顺应国有经济战略调整、"抓大放小"以及进一步改革的总趋势，在国有森工企业改革处于十分艰难又特别重要的时刻，分制将成为其改革的重要突破口。当然分制的实现尚需进行更深入的理论探讨和实践总结，但无论如何，我们认为对于我国国有林业的振兴，这无疑是一个科学而有效的选择。

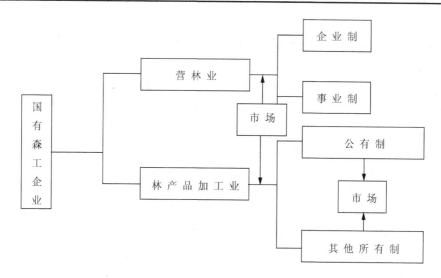

图 6-1　国有森工企业组织重构的基本框架图

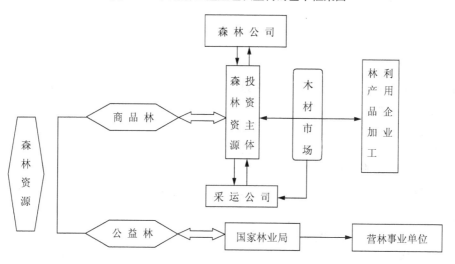

图 6-2　森林资源经营运行机制示意图

本章小结

　　现代林业企业的组织管理最本质的是进行各项活动的分工与协调，以调动和发挥人的积极性，将人与各种经营资源有效结合起来，形成具有特定功能的系统力量，实现企业经营的目标。在有效分工与协调的基础上，科学设置企业组织结构，建立有效的激励系统，做好计划与控制工作以及进行人员的合理配置和有效领导，这些都是林业企业组织管理的重要手段。

　　组织结构是组织内部分工协作的基本形式或框架，其功能就在于为分工协作提供一个基本框架。通过合理的分工，能够明确各自的职责和权限，通过密切的协作，使各方面信息得以有效沟通，从而促进林业企业管理水平的提高和企业各项生产经营活动的顺利进行。现代林业企业组织结构的设置，必须考虑一定的因素并遵循一定的原则，根据不同类型组织结构的特点和林业企业的具体条件做出科学的选择。

由于林业企业内外环境的变化，现代林业企业在发展过程中必然要进行不断的变革，以提高企业组织的效率和对环境的适应能力。现代林业企业组织将向着集团化和专业化方向发展，企业组织形态也将从刚到柔，从传统的金字塔形态走向柔性化、信息化、联合化、市场化。

国有森工企业是我国林业发展的主体，目前国有森工企业内部现存的营林与林产品加工生产的关系，已影响到其更快的发展，必须依据营林业和林产品加工业的不同特点，对现行国有森工企业进行组织重构，将性质不同的营林生产与林产品加工生产分立，分别建立各自适合的运行机制和管理模式，从而形成营林与林产品加工业之间有效的经济制约关系的一种新的组织模式。

复习思考题

1. 如何理解企业组织管理的实质是进行生产经营各项活动的分工与协调？

2. 什么是企业组织结构？在企业生产经营过程中起何作用？

3. 企业设置组织结构应遵循哪些原则并考虑哪些因素？

4. 现代企业组织结构有哪些类型？各有何优缺点？其适应条件是什么？

5. 结合目前林业企业组织结构所存在的问题，说明现代林业企业组织结构的选择。

6. 分析现代林业企业组织发展趋势及组织形态的变化。分析林业企业组织变化的原因。

7. 未来国有森工企业组织如何变化？

8. 现代林业企业组织既需要变革，又需要稳定，那么应如何处理好变革与稳定的关系？

7 现代林业企业经营战略

随着社会主义市场经济体制的确立，林业企业经营环境更加复杂多变，市场竞争更为激烈，企业面临着更为严峻的挑战。确保企业长期稳定的生存和发展是每一经营者的共同追求。为此，林业企业经营者必须具有战略眼光，对现代林业企业所处环境做出准确的分析和判断，制定正确的战略目标和对策，较好地解决企业发展过程中带有全局性、长远性和根本性的大问题，掌握市场竞争和企业发展的主动权，使企业处于竞争的优势地位。本章将着重介绍企业经营战略的主要内容及制定的过程。

7.1 企业经营战略概述

7.1.1 企业经营战略的含义、特征和作用

7.1.1.1 企业经营战略的含义

战略一词来源于军事术语，指通过对战争双方的分析和判断而做出的全局性的筹划和指导。战略引入经济领域则是指综合考虑影响经济发展的各种因素和条件，从全局出发，确立经济发展目标、重点、步骤及重大措施的部署。而企业经营战略，则是指在对企业外部环境和内部条件的分析预测基础上，为求得企业生存和发展而做出的通盘的长远的谋划。它是企业战略思想的集中体现，是确定规划的基础。

7.1.1.2 企业经营战略的特征

（1）全局性。企业的经营战略是以企业全局为对象，根据企业总体发展需要而制定的，它规定了企业总体行动，追求企业发展的总体效果，因而企业经营战略具有综合性和系统性。

（2）长远性。企业经营战略着眼于未来，是对企业长远的（一般五年以上）生存和发展做出统盘规划，而那些着眼于眼前、解决局部问题的方法则是战术。

（3）抗争性。企业经营战略一方面要面对复杂多变的环境确定对策；另一方面要制定在激烈的竞争中抗衡或战胜竞争对手的行动方案，以便取得竞争优势，确保自身的生存和发展。

（4）纲领性。企业经营战略规定的是企业总体的长远的发展目标、发展方向、发展重点及所采取的基本行动方针、重大措施和基本步骤，这些都是原则性、概括性的规定，具有行动纲领的意义，在经过分解落实后，才能变为具体的行动计划。

（5）风险性。企业经营战略从企业当前情况出发，对未来的行动做出预计和决策，而未来企业外部环境是不断发展变化的，具有很大的随机性。这必然影响和冲击着业已确定的经营战略，企业经营战略将面临一定的风险和威胁。

7.1.1.3　企业经营战略的重要性

（1）有利于实现企业的经营目标。企业经营战略的制定，既要确定在较长时期内企业的经营目标，又要制定实现目标的重大措施和基本步骤，它有利于统一职工的思想和行动，集中职工的智慧，调动职工积极性，确保目标的顺利实现。

（2）有利于提高企业竞争力。市场经济是竞争经济，企业要在激烈的竞争中战胜竞争对手，必须制定正确的与竞争对手抗衡的行动方案，实现企业内部资源的优化配置，提高企业内部各要素的素质，增强企业竞争力。

（3）有利于提高企业经营管理水平。企业经营战略是经营管理成败之关键，经营战略目标的实现，依赖着企业不断加强管理，同时它又促使企业管理水平全面提高。

7.1.2　企业经营战略的内容

按逻辑顺序，企业经营战略的内容由四个方面构成。

7.1.2.1　战略思想

这是企业经营战略的基本点，是指导企业进行经营战略决策的行动准则。没有正确的战略思想，就不可能有正确战略决策。经营战略思想由制定和实施经营战略的基本思路和观念构成，如系统化思想，居安思危思想，竞争思想，创新思想，出奇制胜思想等。企业经营战略思想正确与否，取决于企业领导者是否具有远见卓识、创新发展的战略头脑。企业经营战略思想的具体化，就形成企业的战略方针、战略目标和战略重点，因而它贯穿企业全部经营战略之中，是企业经营战略的灵魂。

7.1.2.2　战略目标

战略目标是企业经营所需获得的预期成果，是制定经营战略决策的依据。企业确定了经营战略目标，也就确定了企业发展方向、经营范围、经营规模和经营成果。

战略目标是企业经营战略的基本构成内容。它指明了企业的努力方向，战略目标正确与否及水平高低，直接影响到企业生产经营活动的成败。企业战略目标的制定，要立足于企业全局性、长远性的发展。正确分析企业的外部环境和内部条件的现状及其发展变化，摸清企业的实力、优势、弱点和存在的问题，在此基础上，预测企业未来经营风险，并进行科学论证和可行性分析之后，最终确定目标。

7.1.2.2.1　制定企业战略目标的要求

第一，目标层次清晰。战略目标有轻重主次之分，要注意突出关键目标。各部门、各单位要围绕总目标制定出本部门的目标，形成总目标—中间目标—具体目标的目标体系，便于各部门、各环节的衔接和协调。

第二，目标明确、具体。它要求：首先，战略目标是单义，不是多义的，便于统一人们的思想和行为；其次，实现目标的责任者是可以确定的；第三，实现目标的约束条件是明确的；最后，战略目标尽可能量化，以便衡量和评价。

第三，目标要切实可行。战略目标要有客观依据，建立在对企业内外环境和条件的调查研究和综合分析基础之上。要防止超出企业实际，追求高目标而进行的冒险和蛮干，目标的实施应有资金、物资、技术、管理等为可靠保障。

第四，目标具有应变性。战略目标关系到企业的生存和发展，一方面，要保持它的相对稳定性，目标一旦确定，不宜随意更改；另一方面，目标应具有应变性，当主客观条件发生了重大变化或根本性变化时，应对已做出的战略目标做出必要的修改或调整。

第五，目标要具有激励作用。企业战略目标应是积极的，具有一定的激励作用和富有挑战性，能起到鼓舞和激励的作用。

7.1.2.2.2　企业的战略目标的构成

（1）总目标。它是企业全局性、纲领性、长期性的目标，决定着企业长期发展的方向、速度和规模。例如某企业的总目标规定五年后产品进入国际市场，市场占有率、销售额、利润水平三项指标在国际市场生产同类产品的企业中取得领先地位，在国际市场上建立稳定的立足点。一般地，一个企业的经营战略总目标包括：①对社会贡献目标，体现在为社会提供的价值和使用价值上，具体包括企业提供的产品品种、产量、质量、上缴税金、降低消耗、保护环境等方面。②市场目标，主要是市场面和市场占有率目标。③发展目标，如提高质量，开发新产品、新技术，开发人才和市场，降低成本，提高效益等方面。④利益目标，直接表现为利润总额和利润率。

（2）分目标。分目标是总目标的具体化，是总目标得以实现的基础和保证，分目标通过行动计划去实现。企业在不同的发展阶段，有不同的战略目标。就其性质而言，包括成长性目标，稳定性目标和竞争性目标。

第一，成长性目标，反映企业发展、经营能力提高的目标，可用销售额及其增长率、利润额及其增长率、资产总额、生产能力等来表现。

第二，稳定性目标，表示企业经营安全状况的目标，反映稳定性的指标有经营安全率、利润率和企业的支付能力等。

第三，竞争性目标，这是说明企业竞争实力的目标，主要用市场占有率来反映。此外，产品质量、价格、服务及企业信誉也是其重要方面。

7.1.2.3　战略方针

战略方针是为实现战略目标而制定的行为规范和政策性决策。没有正确的战略方针，战略目标难以实现。在企业发展的不同时期，企业的战略方针不同，企业不同时期的战略方针体现了企业的战略重点，是一定时期企业活动的行动纲领。

战略方针的确定要进行可行性分析和研究，主要考虑：①环境制约的风险和机会；②企业的优势和劣势；③企业经营能力和经营方式（如单一经营与多角化经营，企业联合等）。

7.1.2.4　战略规划

它是为实施企业经营战略而制定的影响企业全局和未来的重要措施和基本步骤。是战略目标的具体化，是战略方针的措施化。它既是企业经营战略的一个重要组成部分，又是指导战略实施的纲领性文件。

战略规划是围绕战略目标的实现，对筹集、使用、配置实现战略目标的各种资源的决策过程。一般具有以下特征：①突出企业本身资源和技术与外界机会相结合，现实的机会利用和潜在的风险预防相结合；②整个行动过程由企业最高层实施领导和控制；③具有长期性；④着眼于总体的概括性的谋划。

一个企业的战略规划一般要涉及以下四个基本方面：

第一，战略规划的范围和目标。它规定了企业活动领域和应达到的目标。

第二，应变措施或方案。它要对不断变化的外部环境及时做出反应，制定正确的策略，力求取得竞争优势。

第三，配置资源。根据战略目标和战略重点的要求合理配置资源。

第四，协同企业行为。将企业目标、企业资源和竞争优势有机结合，形成最佳的协同作用，形成企业整体的强有力的战略力量。

与上述四个方面相适应，企业战略规划的具体内容包括目的、手段、投入的资源要素、日程安排、实施组织、预期效果等。

企业战略规划的制定一般可分为以下几个基本步骤：①调查研究明确企业任务和战略构想；②制定战略目标，包括总目标和分目标；③确定战略方针；④制定规划，包括制订行动计划，配置所需资源，制定财务预算和应变规划等。

7.1.3　企业经营战略体系

企业的战略不是单一的，而是由不同层次、不同方面的战略构成的，即由总体战略和各经营领域战略、各方面的职能战略构成。它们之间互相配合、互相制约，形成了有机的整体，使企业各方面的工作都能置于总体战略的指导之下。这是企业进行战略管理的一项基本内容，是实现战略目标，引导企业走向成功的必要条件。

与企业的组织结构相适应，经营战略也划分为一定的层次。有企业一级的总体战略，也有分部门一级的总体战略。对一个企业来说，仅有总体战略是不够的，还必须有与各级组织的各种职能相适应的职能战略。在企业不同层次的总体战略之间、在每个层次的各种职能战略之间，以及各层次的总体战略与各种职能战略之间，都存在着互相联系、互相配合、互相制约的关系。它们之间形成了一个不可分割的战略体系。

7.1.3.1　总体战略

总体战略是企业中某一层次战略体系的整体与核心。它奠定了该层次战略体系的基础，具有统帅全局的作用。它的最大特点是具有全局性与综合性。它是制定该层次职能战略的依据。

企业内之所以需要有各层次的总体战略，是因为企业中存在着许多进行独立核算、具有相对独立经济利益的单位，如企业下属的分公司、分厂等，它们作为具有独立经济利益的组织，必然要为自己的生存与发展进行谋划，那么它就需要制定总体战略。

企业某一层次的总体战略，一方面必须与上一层次的总体战略相协调，它是上一级总体战略的具体化和展开，它必须保证上一级总体战略目标的实现。另一方面，它本身又具有相对的独立性，能够根据自身条件制定本层次的战略目标和措施。

对于企业的总体战略，从不同的角度，采用不同的标准有以下几种分类。

7.1.3.1.1　依照距离战略起点的程度分

（1）发展型战略。这是一种使企业在现有的战略基础水平上向更高一级的目标发展的战略。它引导企业不断开发新的产品，开拓新的市场，采用新的生产方式和管理方式，以提高企业的竞争实力，使企业由小到大，由弱到强，不断发展壮大。发展型战略是众多企业广泛采用的战略。按照发展的方向和范围的不同，发展型战略又具体分为几种不同的战略：集中型发展战略、横向一体化发展战略、纵向一体化发展战略、同心多样化发展战略和复合多样化发展战略等。

（2）紧缩型战略，又称退却型战略。它是指企业从现有的战略基础水平上往后收缩和撤退，且偏离战略起点较大的战略。它常在经济不景气、财政收缩、市场销售疲软等情况下使用。紧缩型战略具体又分为：适应性紧缩战略、失败性紧缩战略和调整性紧缩战略等。

（3）稳定型战略，又称防御型战略。它是指限于经营环境和内部条件，企业在战略期内所期望达到的经营状况基本保持在战略起点的范围和水平的战略。这种战略风险比较小，但使企业在激烈的市场竞争中有被击败的可能。稳定型战略具体又分为：无增战略、微增战略、阻击式防御战略和反击式防御战略等。

7.1.3.1.2 依据企业制定战略时主客观条件的结合程度不同分

（1）保守型战略。这种战略所确定的战略目标和对策水平低于企业的潜在能力，保险系数过大，不利于充分发挥企业的潜力。

（2）风险型战略。这种战略所确定的战略目标和对策水平往往超过了企业的实际水平，在与竞争者的抗争中风险较大，但此种战略一旦获得成功，可以给企业带来巨大的风险利益。

7.1.3.1.3 根据战略确定的中心不同分

（1）低成本战略。这是企业为了成为行业中低成本生产者，以期在竞争中居于有利地位而采取的一种战略。它的核心是使企业的产品成本比竞争对手低，即在追求产量规模经济效益基础上降低成本。

（2）重点战略。这是指企业集中其全部力量专门生产某种产品，以满足某个市场需要的战略。此种战略基于这样的考虑：企业与其在一个大市场中占有很小的市场份额，不如在一个小市场中获得较大的占有率。这种战略便于实现专业化，有利于提高效率、降低成本，但风险较大。一旦市场需求发生变化，企业将陷入困境。

（3）差异化战略。这是指企业凭借技术与管理措施使本企业的产品在性能、质量以及广告宣传、推销活动等方面与众不同，胜过竞争对手的战略。实行这种战略需要在产品设计、工艺技术、宣传、销售等方面充分发挥创造性。

7.1.3.2 职能战略

职能战略是指为了保证总体战略的实现，运用研究、开发、生产、销售、技术、财务、组织、人事等方面的职能，使企业的生产经营活动更加有效地适应外部环境而制定的战略。它是总体战略按上述专门职能的落实和具体化。它比总体战略更清晰、更详细地表达了企业的战略目标、任务和措施等。一般来说，企业的总体战略都要通过具体的职能战略来实现。职能战略的特点是，它既受总体战略的制约，又必须保证总体战略的实现。一个企业的职能战略往往有许多种，如市场经营战略、研究开发战略、技术战略、投资战略等。职能战略的制定，能够使总体战略更加具体，更加精确，更加有利于在企业中的实施。

7.2 林业企业经营战略制定的原则、过程

7.2.1 林业企业经营战略制定的原则

在林业企业经营过程中，到底有哪些客观规律在发生作用，这些客观规律是如何相互联系结成一个整体并发挥着怎样的作用，这是一个尚待深入研究的课题。

企业战略经营有二重性。它包括两个方面：组织技术方面和社会经济方面。一切经营活动，都有它一定的组织形式和方法技术，又都包含一定的社会经济内容。前者取决于具体的经营过程及其外部环境的特点，取决于建立在社会化机器大生产基础上的市场经济发展的要求，而后者则取决于占统治地位的生产关系。企业战略经营作为一种包括组织、技术、社会、经济等多种因素的复杂的系统，有它自身发展的规律性。据此，林业企业经营战略制定应遵循以下基本原则。

7.2.1.1 必须正确反映社会主义经济规律的要求

林业企业的经营战略，首先是一种经济活动，必须严格按照客观经济规律办事，正确反映社会主义经济规律体系的要求。

7.2.1.1.1 林业企业经营战略必须正确反映社会主义市场经济下供求规律的要求

社会主义市场经济的基本特点是：市场在国家宏观调控下对资源配置起基础性作用。在社会主义市场经济下，企业生产经营的一切资源，都必须集中用于满足市场的需求，为市场增加有效的供给。也就是说，企业必须在产品品种、性能、质量、数量等各个方面，符合市场的需要；必须根据市场需要不断更新自己的产品和服务，提高对市场的适应能力；必须对市场需求进行科学的预测，并制定相应战略与规划。实践证明，跟满足市场需要脱节的企业是会衰退和灭亡的。

7.2.1.1.2 林业企业经营战略必须正确反映社会主义市场经济下价值规律的要求，贯彻执行精益求精、提高效率的原则

商品交换是在等价、互利的基础上进行的。企业只能在尊重价值规律的前提下，通过不断地革新技术、改善经营管理，亦即提高各项生产工作的效率，来实现自己的目标。价值规律的客观要求，通过优胜劣汰的市场竞争机制而演化成一种外部的强制力量。整个企业经营系统，从最高层次的战略抉择、部门层次的管理活动，到执行层次的具体操作，都必须从行业竞争结构的现状及其发展的趋势出发，在"如何生产经营"这个重要问题上，围绕以更低的成本产销更多更受顾客欢迎的商品，随时注意建立和发展相对的竞争优势，使自己立于不败之地。

7.2.1.1.3 林业企业经营战略必须正确反映社会主义市场经济下分配规律的要求，贯彻执行统筹安排、全面兼顾的物质利益原则

物质利益是人们进行经济活动的最终目的。在企业经营过程中，企业同国家、同其他企业、同所在社区、同企业股份持有者、同企业职工之间，存在着千丝万缕、错综复杂的联系，其中经常涉及经济利益这个敏感的问题。正确贯彻社会主义市场经济下的物质利益原则，统筹兼顾企业资本增值、经营者和职工生活改善、履行社会责任这几方面

的关系，解决好"为谁生产经营"这个重要问题，有利于充分调动各方面的积极性，为实现企业战略经营的目标增加动力、减少阻力。

7.2.1.2 林业企业战略经营必须正确反映管理组织发展规律的要求

企业经营战略是一种由许多人协力进行的有组织的活动，因此必须正确反映管理组织发展的客观规律及其要求。

（1）林业企业经营的组织结构，要与企业生产经营活动的目标、特点、情况和发展的趋势相适应。企业经营的组织结构及其内部权责划分的目的，应该是要建立起一个基本的轮廓，使企业目标可以继续不断地以协调而有效的方式来实现。

（2）林业企业经营的有效性，取决于经营信息的客观性。这种客观性反映在三个方面：一是质的方面，即经营过程中发生的信息，应该是客观现实的正确反映，应能最大限度地摆脱曲解和排除对它理解上的差异；二是量的方面，即不同层次上不同部门的管理机关对必要的足够的信息有一个客观的需要标准。背离这个标准将会导致信息不足、信息过剩或者在名义上的信息过剩条件下真正需要的和真实的信息的缺乏；三是结构方面，即经营过程中直接的信息和反馈的信息应该相互适应。也就是说，一定数量和内容的指令信息引起相应机构或个人同样数量和内容的反馈信息；反之，生产经营上一定数量和内容的信息也可引起一定数量和内容的指令信息。

（3）经营管理的集中。表现在两个方面：某个环节上或者全部管理机关中工作人员的努力，集中于解决主要的（主导的）任务；同类性质的经营管理业务集中于管理机关的一个部门，全部必需的经营管理活动按专业分工分别集中于相应的管理部门，没有不必要的或无人负责的工作，各单位和个人负责的工作相互之间没有不适当的重复。

（4）经营管理过程的连续性、比例性和节奏性。经营管理过程的连续性意味着在研究某个问题的过程中，管理人员或管理部门的工作没有间断，文件、命令等的传递和贯彻执行中停滞的时间最少。经营管理过程的比例性表现在各管理部门所完成的工作的内容和总量要与这些工作专门化的规模精确地相互适应，同时辅助性和服务性的子系统（信息系统、监督保证系统、计算和组织技术设备）的能力要与工作部门的需要相适应。经营管理过程的节奏性意味着在相等的时间时隔内完成必要的工作量和许多经营管理局部过程定期的不断重复。节奏性是由在不同的部门和工作者之间以及在时间上均匀地安排工作来保证的。

7.2.1.3 林业企业经营战略必须正确反映人的社会心理和社会行为发展规律的要求

经营是人的活动。企业是由人组成的社会系统，林业企业经营战略应该正确地反映人在社会系统中活动的规律的要求。

社会系统管理的特点在于，这里是一个人或一群人（领导者或管理机关）作用于另一个人或一群人（下级组织）以便保证企业经营达到预定的目的。

同人—机系统不同，在经营管理中，管理的主体和客体都是具有主观能动性的人。因为经营管理主要是同人打交道，所以人、集体和社会集团的利益和要求，对经营管理发挥功能与实现目标会发生巨大的影响。因为人、集体并不是消极被动地对待管理的作用，他们具有意志和意识，具有自己特殊的利益和需要，具有自己对事物的理解，他们既可能接受和遵从经营管理指令，也可能不接受或不按领导者所要求的尺度来接受。在这方面存在着许多信息障碍，妨碍了管理者与被管理者之间行动的一致。因此，同人一机系统相比，经营管理具有很大的不确定性。

（1）对人的管理意味着对人施加一定的影响，使其举止行为适合于社会、集体的要求，在个人、集体和社会的利益、状况和发展之间建立最佳的结合。为此，领导者应当按照人的行为的规律，即按照影响人的行为的要素，来对其施加影响。

人的行为的要素系统的全部环节是彼此相互联系、相互作用的。其中，第一位的、决定性的作用属于社会环境，它不仅是形成需要的首要来源，而且是满足需要的条件。需要是从人与环境相互作用之中产生的，是环境作用于人的产物。这样，环境产生需要，需要产生出以一定利益、愿望、意图、欲望、目的等形式表现出来的个人意识特点。意识引起动机，动机引出决定。在决定之后紧接着是行动，行动则指向环境、改变环境，同时也改变个人自身。因为改变了的环境会产生新的需要，新的需要又会产生新的意识。在人的行为要素系统中，每个环节不仅作用于下一环节，而且作用于原因，作用于它的产生者。

人的需要是人的行为的基本因素，同时也是对人的管理的杠杆。领导者通过指示和刺激，通过价值—规范的调节，通过创造特定的工作形势和环境，通过在集体中形成广泛的社会心理气氛等途径，从社会（环境）和个人两方面努力培养健康合理的需要，并同有害的需要做斗争，把个人行为纳入社会利益同他个人利益正确结合的轨道。

（2）在林业企业中，每个职工不仅是被管理者，同时也是管理者。吸引广大职工参加企业经营管理，是办好社会主义林业企业的基本原则之一。

职工群众参与经营管理决策的积极性的高低，取决于明确规定的参与决策的程度；取决于决策本身的重要程度，以及采取和执行决策与职工群众切身利害关系的程度；取决于职工群众的专业水平，职工群众与领导的关系以及职工群众相互之间的关系；取决于对决议执行的监督和职工群众参与这种监督的程度；取决于集体中的创造气氛。

总之，林业企业经营战略是一种涉及企业内外许多单位和人员的物质利益的，涉及政治、经济、组织、技术、社会、文化等许多复杂因素的，关系重大的活动。这中间有许多地方对我们来说，还是一个未知的领域。需要认真探索，从中引出固有的规律，作为我们行动的向导。

7.2.2　林业企业经营战略制定的过程

制定战略是一个复杂的过程，它是从企业外部环境和内部条件出发，寻求组织目标和实现目标的方法、措施，进而制定具体计划，从而制定出正确有效的经营战略。战略制定过程的主要内容是：战略环境分析，明确战略目标、战略选择，确定战略管理职责划分等。

7.2.2.1　战略环境分析

企业经营战略的确定和实施过程，实质上是企业战略目标不断与战略环境实现动态平衡的过程。战略环境因素对企业来说，大多是不可控的，而且复杂多变。制定企业经营战略，必须对战略环境进行分析，包括对间接环境和直接的市场环境分析，以准确掌握战略环境动态和规律，探寻企业未来发展的机会和风险，为制定战略提供可靠依据。

7.2.2.2 明确战略目标

战略目标是企业战略的核心，是战略思想的具体化，是制定战略对策的依据。战略目标的确定，要从企业外部环境、内部条件和企业发展要求出发，力求科学合理，切实可行。

7.2.2.3 战略选择

确定企业战略目标后，应进一步明确采取什么措施、方法和途径去实现既定目标。其内容有：①确定企业经营领域；②寻找企业在竞争领域的优势；③确定战略方案。这是基于对自身状况、市场和竞争对手的综合分析而选择企业的战略对策和战略措施等，以保证战略目标的实现；④评价和优选战略方案。其评价和优选的标准主要有市场占有率、企业成长率、投资报酬率、经营安全率等。

7.2.2.4 战略管理职责划分

企业战略的制定和实施是一项长期而复杂的工作，需要各级管理人员协作配合，因而必须明确各管理部门和管理人员的职责，遵照企业战略和企业管理职能的层次性。企业各层次的战略管理应由相应层次的管理部门和管理人员负责。

（1）企业战略。由企业最高管理层负责，一般是制定涉及全局的总体战略。

（2）经营战略。由企业每一具体经营单位（如分公司、分厂等）负责制定和实施，是涉及各经营单位全局的总体战略。

（3）职能战略。由各经营单位内中层经理及其所属管理人员来负责。

（4）运营战略。由各经营战略内基层经理及其所属管理人员来负责。

各级管理部门和管理人员在制定和实施战略过程中，按其各自的管理职能，主要做好如下几项工作：

（1）根据上一层制定的目标，分解落实目标；

（2）制定各自管理层的行动规划；

（3）合理调配资源，协同管理行为，确保各自职能范围的目标和企业战略总目标的实现；

（4）反馈情报，修正企业战略。

7.3 现代林业企业经营战略的制定

7.3.1 制定经营战略的指导思想

以森林资源培育为基础，以林产品加工为主导，以多种经营为新的经济增长点，以转换企业经营机制、建立林业现代企业制度为保障，保证经济效益和生态效益的协同发挥。

7.3.1.1 加强现有林的管理，积极更新造林，增加森林资源的数量，巩固森林资源培育业的基础地位

森林资源是林业再生产的基础，森林资源的规模决定着林业再生产的规模，因此，森林资源的培育对林业企业的发展具有战略意义，林业企业经营战略必须突出森林资源

的基础地位。

现有森林资源是林业企业发展的基础，要加强管护，防止森林火灾、病虫害和人为破坏而造成的森林资源损坏。同时，对现有林要合理利用，根据森林资源的可供量决定其利用量。

更新造林是扩大森林资源的重要途径，但过去由于种种原因，致使造林质量差、保存率较低。林业企业应采取多渠道筹资、多种方式经营，走内涵发展道路，确保森林资源的不断扩大。

7.3.1.2 加强森林资源的综合利用，大力发展林产工业，使其成为林业企业经济发展的支柱

随着林业企业可采资源的减少，林产工业有了一定的发展，逐渐成为林业企业发展的主导产业。但是林业企业在发展林产工业的过程中，也存在着不少的问题，如重复建厂、盲目上马、产品不能达标达产、产品对市场的应变能力差等。要使林产工业真正成为林业经济发展的支柱产业，必须进行合理的战略规划，合理布局，科学地确定其发展规模。

7.3.1.3 综合开发林区资源，大力发展多种经营

林业企业有着丰富的资源，包括林木资源、其他植物资源、微生物资源、野生动物资源、矿产资源、水资源和景观资源等，许多资源具有开发利用价值。林业企业不能把眼睛只盯在木材上，而使很多有价值的资源浪费掉。要在发展林木资源的基础上，结合开发各种资源，大力发展多种经营，这是缓解木材生产矛盾、解决青年待业、增加职工收入、繁荣林区经济的重要途径。

7.3.1.4 实行森林资源的分类经营，确保生态效益和经济效益的协同发展

林业企业不仅要创造更多的经济效益，而且还要创造生态效益。而这二者之间往往会产生一定的矛盾，要解决这一矛盾，使经济效益和生态效益得到协同发展，就必须对森林资源进行科学的区划，实行分类经营，将不同培育方向的森林资源同有效的培育方式结合起来。

7.3.2 林业企业经营战略重点

合理确定林业企业发展的战略重点，有助于明确林业企业的主要任务和发展关键，以指导林业企业的各项生产经营活动。不同企业有着不同的条件，其发展的战略重点也有所不同。但是，就一般而言，林业企业发展的战略重点应放在森林资源的培育、林产工业和多种经营的发展上。

7.3.2.1 加强以人工造林、速生丰产林基地建设和中幼龄林抚育为重点的森林资源建设

森林资源培育始终是林业企业发展的战略重点。由于多年的过量采伐，林业企业更新欠账比较多，这仅靠天然更新很难实现森林资源的不断扩大，必须靠人工造林。加强速生丰产林基地建设，可以用较少的土地获得较多的林产品，缩短林木生长周期，为林产工业的发展提供足够的原材料。中幼龄林是林业企业发展的后备资源，其数量与质量状况直接影响到林业企业未来的发展，所以，应加快中幼龄林的抚育力度，加速林分的生长速度，使其尽快进入主伐利用，实现森林资源的尽早接续，以缓解林业企业资源危机的状况。

7.3.2.2 加强森林资源管理，合理确定木材产量

建立完善的森林资源管理体系，使森林资源管理独成体系，严格控制森林资源的过量消耗。要按照森林资源的可持续发展的要求，合理确定木材产量，并逐渐下调木材产量，争取用最短的时间使木材产量下调到位。

7.3.2.3 加强森林资源的定向培育，加快林产工业的发展

大力发展以纸和人造板为主的林产工业是林业企业发展的又一战略重点。要按照市场需要搞森林资源的定向培育，缩短生产周期，以满足林产工业迅速发展的需要。发展林产工业要合理布局，进行可行性论证，按照市场需求组织产品生产，不断提高产品质量，以取得较高的经济效益。

7.3.2.4 综合开发林区资源，大力发展多种经营生产

林业企业有着丰富的资源，加快林区资源的开发利用，发展多种经营生产，可以在短期内获得较大的经济效益。同时，发展多种经营可以为林业企业扩大就业门路，增加企业职工的收入，繁荣林区经济，满足职工消费的需求，并且使森林资源得以休养生息。

7.3.2.5 依靠科技，重视人才

林业企业生产力水平的落后，归根到底是林业科技水平的落后，林业企业发展过程中遇到的许多问题，都必须依靠科学技术研究来解决，所以，必须就制约林业企业发展的"瓶颈"问题组织研究和攻关，开发新技术，并使科技成果迅速转化为生产力。依靠科技，从根本上讲是依靠科技人才。要不断地培养人才，更应善于发挥科技人员的作用。

7.3.2.6 大力发展外向型经济

林业企业的发展离不开与其他行业、企业的联合，要依靠它们的资金、技术等优势，发展林区经济。要"立足森林、走出山门"，利用自己的优势，发展拳头产品，积极参与国际、国内市场竞争，并且利用自己的优势，在激烈的市场竞争中求得生存和发展。

林业企业要以名、特、优产品为核心，进入国际市场经营；要以经营较好的外贸公司为主体，组成国际经营、代理的实体，以扩大市场经营范围，开发产品加工的精度和深度；要以同行业为联合体形成松散型的行业集团，集中财力，通过开发或引进，促进技术进步，指导和推动行业集团内企业或产品的对外发展。

本章小结

战略一词来源于军事术语，指通过对战争双方的分析和判断而做出的全局性的筹划和指导。战略引入经济领域则是指综合考虑影响经济发展的各种因素和条件，从全局出发，确立经济发展目标、重点、步骤及重大措施的部署。而林业企业经营战略，则是指

在对企业外部环境和内部条件的分析预测基础上，为求得企业生存和发展而做出的通盘的长远的谋划。它是企业战略思想的集中体现，是确定规划的基础。

企业经营战略具有明显的特征，包括全局性、长远性、抗争性、纲领性和风险性。它的主要内容有战略思想、战略目标、战略方针和战略规划。

企业的战略不是单一的，而是由不同层次、不同方面的战略构成的企业经营战略体系，即由总体战略和各经营领域战略、各方面的职能战略构成。它们之间互相配合、互相制约，形成了有机的整体，使企业各方面的工作都能置于总体战略的指导之下。

制定战略是一个复杂的过程，它是根据经营战略制定的原则，从企业外部环境和内部条件出发，寻求组织目标和实现目标的方法、措施，进而制定具体计划，没有对战略制定过程的有效管理，就难以制定出正确有效的经营战略。战略制定过程的主要内容是：战略环境分析，明确战略目标、战略选择，确定战略管理职责划分等。

林业企业应根据环境的变化，以及社会对林业的需要，制定科学合理的经营战略。

复习思考题

1. 什么是经营战略？对企业有何必要性？
2. 经营战略包括哪些内容？
3. 试述企业经营战略体系的构成。
4. 如何制定企业的经营战略？
5. 林业企业为什么要进行经营战略的调整？
6. 论述林业企业的经营战略。

8 现代林业企业森林资源管理

8.1 现代林业企业森林资源概述

8.1.1 林业企业森林资源的含义及构成

森林资源是林业企业进行生产经营活动的物质基础，而森林资源是陆地森林系统内一切被人们所认识和可利用的资源总称。它包括森林、散生木（竹）、林地以及林区内其他植物、动物、微生物和森林环境等多种资源。所以，现代林业企业森林资源可以概括为是林业企业所属的森林系统内一切被人们所认识和可利用的资源，包括林地资源、林木资源及其他自然资源，如水、矿产、野生动植物等多种资源。森林资源是林业企业生存与发展的物质基础，加强森林资源管理，为可持续发展提供优质、充足的资源，是林业企业资源管理活动的重要内容。

林业企业森林资源是以林木资源为主体，以林地资源为基础，以其他自然资源（水、矿产、野生动植物等）为重要组成部分的综合资源系统。

根据第五次（1994～1998年）全国森林资源清查统计资料，目前我国林业用地面积26 329.5万 hm^2，其中森林面积15 894.1万 hm^2，居世界第五位，但人均占有量仅有0.128 hm^2，约为世界人均占有量的1/5。森林覆盖率为16.55%，约相当于世界森林覆盖率的60%。全国活立木总蓄积量为124.9亿 m^3，其中森林蓄积量112.7亿 m^3，居世界第七位，但人均森林蓄积量为9 m^3，只有世界人均蓄积量72 m^3 的1/8。

虽然同第四次（1989～1993年）全国森林资源清查相比，全国森林面积与蓄积都有了较大增长，但是森林资源分布不均、森林质量不高、林龄结构不合理、有林地面积逆转严重、单位面积蓄积量持续下降等问题依然存在。因此，加强森林资源管理，实现森林资源的可持续经营，是现代林业企业的重要使命。

8.1.2 林业企业森林资源的特点

8.1.2.1 以林木资源为主体的综合性

林业企业的森林资源是由多种资源有机构成的综合资源系统，但它是以林木资源为主体的，其他各项资源，除其中无机物资源外，都是依附于林木资源的存在而存在的。因此，在管理林业企业的资源时，必须以管理林木资源为主，综合管理多种资源，既不能单一管理林木资源，也不能不分主次地管理各种资源。

8.1.2.2 分布的广袤性

林业企业森林资源的地域分布极为广阔，高山、丘陵、平原、沿海、河流两岸、道路两旁、城市、乡村都有不同分布，不仅面积大，而且呈现出明显的地域差异性。此外，大片林区森林资源又多分布于人烟稀少、交通不便、经济不发达的边远山区。这就客观上给林业企业森林资源管理带来了很大的复杂性和艰巨性。

8.1.2.3 多效性和公益性的外在性

林业企业的森林资源具有多种效益，不仅能直接发挥经济效益，而且能发挥巨大的公益效益。因此，经营林业企业的资源必须使多种效益协同发挥。林业企业资源的公益效益具有外在性，林业企业资源管理的好坏会给社会带来公益或公害。这一外在公益性特点决定了必须由国家和社会给予补偿。

8.1.2.4 林业企业森林资源的多元弹性

从现实看，林业企业森林资源经营比其他行业粗放得多，但若想真正科学地经营好林业企业的资源却又比其他行业难得多。这主要是由森林资源的多元弹性所决定的。

（1）时间弹性。经营林业企业森林资源的各个环节在时间上有很大的伸缩性，所以，选择最好的经营时机困难很大。

（2）空间弹性。林业企业森林资源的分布、生产经营和各项作业并没有非常严格的空间界限。

（3）成熟弹性。林业企业森林资源中的各种生物资源具有明显的不同成熟期。就林木资源而言，不同树种林木成熟期也大不相同，同种林木成熟期也不严格。

（4）生产的单向弹性。和其他行业不同，林业企业资源的许多生产，特别是林木生产具有单向弹性。比如，林木生产是一个渐进的累积过程，林木采伐利用却不需要多少时间很快就会完成。而生长量的回升却要经过相当长的时期，但是一旦采伐，即刻降为零。这种单向弹性决定了不搞好恰当的调节，林业企业森林资源的永续经营利用就难以实现。

（5）结构弹性。林业企业森林资源是由以林木资源为主体的多种资源构成的，就林木资源而言，其林种、树种、林龄等的结构也是各不相同的，而且在多种因素和条件的作用下，其结构都处在不断变化之中，要在特定条件下确定合理的结构是相当困难的。这种结构弹性给经营森林资源带来了很大的复杂性和艰巨性。

（6）效用交叉弹性。林业企业森林资源具有多功能、多效益，不同时间、不同空间、不同种类，其效益各异，且互相渗透、互相影响和制约。这种效用交叉弹性意味着要取得最大的综合效用，必须进行难度很大的科学优化。

林业企业森林资源的上述多元弹性客观上决定了经营林业企业森林资源的各项活动都有很大的选择性。经营者工作的核心就是恰当地选择、调控这些弹性。然而要做出明智的选择是相当困难的，必须从具体实际出发进行科学的决策，这不但需要有高深知识和管理水平，而且也需要有能按客观情况变化而灵活选择、调控林业企业森林资源多元弹性的能力。

8.1.3 林业企业森林资源管理的含义

林业企业森林资源管理是指以森林资源为对象，根据《森林法》及有关法规的规定，在科学的管理原则指导下，为达到增加和提高森林资源的数量和质量，充分发挥森林资源多效益的目的，而对林业企业森林资源的培育、保护及合理经营利用等活动所进行计划、组织、协调和控制等工作的总称。它是林业企业管理特有的重要的组成部分。林业企业森林资源管理的内容很广，从管理对象看，不仅包括林地资源和林木资源管理，还包括森林动植物资源、水资源和森林环境内的地下资源管理；从管理业务范围看，包括对林业企业森林资源经营利用活动的计划、组织、资源调查、规划设计、林业企业资源数据管理以及监督控制工作等。同时，林业有关部门在林业企业生产经营上，对林业企业森林资源所采用的行政的、法律的、经济的管理手段也是在林业企业森林资源管理原则指导下的必要手段。

8.1.4 林业企业森林资源管理的任务和意义

8.1.4.1 林业企业森林资源管理的任务

（1）加强宣传教育，提高人们对林业企业资源的正确认识，这是林业企业森林资源管理的重要基础工作。经常性和普遍性的宣传和教育对提高全社会的保护意识和增加广大民众对林业企业森林资源保护的参与程度是十分重要的。

（2）在清楚掌握林业企业森林资源（土地资源、林木资源、其他资源）情况的基础上，加强林业企业森林资源的资产化管理，科学地做好林业企业森林资源经营与利用方面的管理。要掌握林业企业森林资源的情况，就要全面地掌握森林资源的数量和质量及其消长变化，做好森林资源统计与档案管理工作，这是基础。只有在这个基础上，才能按照科学的规律对林业企业的森林资源进行更好的管理，使林业企业的森林资源越管越好，越管越多，越管越合理。

（3）建立林业企业森林资源经营管理监督体系，切实做好林业企业森林资源经营管理监督工作。林业企业森林资源监督与控制的组织体系，是林业企业森林资源管理的重要手段，是使林业企业森林资源合理经营利用，使林业生产走上良性循环道路的重要保证。

8.1.4.2 林业企业森林资源管理的意义

目前，林业企业的可采林木资源越来越少，而丰富的其他资源又未得到充分利用，许多林业企业仍无法摆脱经济危困，严重制约了林业企业的发展。原因是多方面的，但长期对森林资源认识的片面性及管理措施的不得力，则是出现这一局面的重要原因。所以，加强林业企业森林资源管理，对于林业企业的生存和发展，起着十分重要的作用。

8.1.4.2.1 加强森林资源管理是林业企业发展的需要

现代林业企业的发展过程，就是对林业企业的资源进行全面的科学经营、合理开发、有效利用的过程。森林资源是林业企业发展的基础，只有加强林业企业森林资源管理，才能够保证林业企业森林资源的持续增长，才能够使林业企业在坚实的资源基础上得到持久的发展。

8.1.4.2.2 加强森林资源合理经营利用，能促使林业产业结构更加合理

森林资源经营利用管理是林业企业资源管理的重要内容，加强林业企业森林资源的合理经营利用，能够促进营林生产的发展，使林业企业森林资源得到快速增长。同时，对非木材资源的合理开发利用，能促进多种经营业的发展，减轻木材生产的压力，使森林资源得以休养生息。另外，林业企业森林资源的扩大，使林产工业有充足的原材料供

应，也为林产工业的发展起到了重要的促进作用。总之，加强林业企业森林资源的管理，合理经营利用森林资源，为林业企业产业结构的优化提供了可能。

8.1.4.2.3　加强林业企业资源管理是维护生态平衡的需要

森林资源具有多种效益，它在维护生态平衡方面所起的作用是难以估量的。过去，由于林业企业只重视林业企业森林资源的经济效益，忽视对其的科学管理，结果生态平衡失调严重，为林业企业生产和人民生活造成了重大损失。

8.1.4.2.4　加强森林资源管理，能使国有森林资源资产保值增值

林业企业森林资源是国有资产，只有加强林业企业森林资源管理，理顺管理的体系，明确各方面的职责，才能够做到林业企业森林资源的合理经营，限制过量采伐和乱砍滥伐，保证森林资源资产的保值，并通过不断地更新和抚育，加强合理经营，做到森林资源资产的不断增值。

总之，林业企业森林资源管理是林业企业管理的重要内容，森林资源对林业企业生存与发展的重要基础作用，以及目前林业企业所面临的现实问题，都充分表明了加强林业企业森林资源管理的重要意义。

8.2　林地资源管理

土地是林业企业最基本的生产资料，林地的减少，意味着林业企业资源的绝对减少。所以，加强林地管理是十分必要的，它关系到林业企业的总体发展规模。加强林地管理，对于保护林地所有者和经营者的合法权益，改善生态环境，充分合理利用土地资源，加速林业企业发展具有十分重要的意义。

8.2.1　林地资源的含义及特点

8.2.1.1　林地资源的含义

按我国《森林法》的规定，林地是包括郁闭度 0.2 以上的乔木林地以及竹林、灌木林地、疏林地、采伐迹地、火烧迹地、未成林造林地、苗圃地和县级以上人民政府规划的宜林地。

8.2.1.2　林地资源的特点

8.2.1.2.1　林地资源的有限性

林地资源在一个地区、一个国家以至地球上总是有限的，可作为资产的林地更为有限。随着人口的增长，工业的发达，城市的扩大及人类对环境质量要求的提高，林地的资源就更显有限。

8.2.1.2.2　林地资源的差异性

林地的差异性极大，除了其本身内在的生产潜力差异外（即立地质量等级），它还存在着地力等级的差异。林地的这些差异，要比农地大得多，林地的差异，给林地资源的评估也带来了许多困难。

8.2.1.2.3　林地资源的固定性

林地资源也和所有的土地资源一样，它的位置是固定在地球的某一地理坐标上，无

论是买进还是卖出，林地资产都不可能移动。因而附属于该位置的温度、湿度、光照、降雨等均有一定的状态，它们构成了土地的自然地理位置，也在影响土地的生产潜力。

8.2.1.2.4 林地资源的易变性

林业企业林地范围的界定是人们根据土地的植被、用途参照有关政策和法规界定的，因而是人为规定的。随着林地上植被的变化，林地很容易变为其他资产。如毁林开荒，把林地变为农用地，修建房屋变为房地产。另外，随着道路的修建，经营水平的提高，土地的结构与性质的改良，林地的地力等级、立地质量等级的提高，经济效益上升，一些非资产的林地转化为林地资产。

8.2.1.2.5 林地资源的依附性

林地资源是基础性资源，它的资产是通过在其上生长的植被来确定的。传统上的林地价值几乎完全是以现实林地上林分的转换值作为依据的。

8.2.2 林地资源管理的任务和内容

8.2.2.1 林地资源管理的任务

全面贯彻执行《森林法》和《土地管理法》，通过林地立法，维护林地所有制，制止或约束林地的各种侵犯行为，保护林地所有者、经营者的合法权益，理顺或调整林地关系。遵循林地利用的客观规律，合理经营利用土地，提高林地生产力。

8.2.2.2 林地资源管理的内容

林地资源管理包括以下几项主要内容：林地资源经营利用计划管理；林地资源的经营利用管理；林地资源的数据管理；林地资源管理的监督。

8.2.3 林地资源管理

8.2.3.1 林地资源经营利用计划管理

林地利用计划管理，就是对林地开发、利用、整治、保护等活动所进行的统筹安排、综合平衡和计划分配等工作。

8.2.3.1.1 林地开发计划

林地开发是人类通过一定的手段，扩大对林地的有效利用范围，使一切能利用的林地全部得到合理的利用，使林地的生产力和利用率得到充分的发挥。林地开发的对象主要包括：采伐迹地、火烧迹地、宜林荒山荒地和沙荒地；滩涂地、闲散土地；采矿采石废弃地；低产林改造地等。林地开发计划应在对可开发土地资源调查、评价的基础上进行，并合理确定具体的时间、地点、面积等。

8.2.3.1.2 林地利用计划

林地利用计划包括长期计划、中期计划和年度计划。长期计划亦即林地利用的总体规划，是在较长期限内，对林地利用的战略性规划，属于国土规划范畴，一般按行政区划可分为全国、省、县三个规划层次。林业企业林地利用总体规划，包括在森林经营方案之中，一般规划期为 10 年。总体规划对林地利用结构、林地利用方向和限制条件，以及实施规划方案的措施等做出具体部署。林地利用的中期计划是内容较细的计划，它是林地利用总体规划的分步实施计划，一般计划期在 5 年左右。林地利用的年度计划是对中期计划做出的分年度具体任务安排，其内容更为详细、具体。其主要指标包括：林业生产用地面积、林业建设用地面积、林地整治和改造面积、发展农副牧渔业和林特产品及矿藏开发用地面积、森林游憩利用开发建设用地面积、林业居民住宅建设用地面积、非林业建设用地面积等。

8.2.3.2 林地资源的经营利用管理

林地资源经营利用管理主要是管理占用林地，占用林地主要是其他组织或个人因生产建设需要依法占用林业企业的林地，使林地使用权长期或临时发生变化的一种林地使用方式。占用林地的最大特点是林地所有权不变，仍属国有，但使用权发生变化。根据占用者的情况不同，可分为拨用林地、临时占用林地、乡村建设占用林地、外资企业建设占用林地等种类。

拨用林地是指国有单位依法使用国有林业企业林地，其法律后果是林地所有权不变，而使用权由依法占用林地的单位享有。拨用国有林地，一般会使林地性质发生改变，使林木资源遭到破坏。为此，应建立林地有偿占用制度，占用林地单位要支付林地占用税、林地使用费、林地补偿费、林木补偿费、森林恢复费等。林业企业本身修筑直接为林业生产服务的道路和工程设施所占用林地，因使用权未发生变化，故不属于占用林地这一范畴。但修建永久性房屋、挖鱼塘等非林业生产工程占地以及改变林地用途、改变经营方向则属于占用林地性质。

临时占用林地，一般占用林地时间较短，林地的所有权、使用权一般不发生变化，但多发生林木采伐的后果。所以，对临时占用林地应严格控制，防止临时占用变为永久占用。

外资企业建设占用林地，以投资对象不同，可分为合资企业占用、合作企业占用和独资企业占用三类。林地的所有权虽不改变，但林地使用权发生改变。一般情况下，林地性质及林种均发生变化，林木均被采伐，所以，应收取占用林地单位有关税费。

对于林地占用，不管是何种形式，也不管是何组织，都必须按法定程序履行申请、审批、签订协议、办理权属变更登记和换证手续，不得乱占滥用。土地管理部门和林业有关部门，应严格审批手续，并对林地的占用严格管理，防止滥占多占林地现象的发生，确保国有林业企业的合法权益。同时，有关部门应建立统一的林地有偿占用制度，防止无偿占用、使用林地。

8.2.3.3 林地资源的数据管理

林地资源的数据管理主要是林地地籍管理。地籍是指反映土地的位置、数量、质量、权属、地类等基本状况的簿籍，也称土地的户籍。林地地籍管理是为掌握林地自然和经济状说明及确定林地权属而进行的林地调查、登记发证、统计和评价等工作的总称。林地地籍管理的对象是林地，其管理的核心是林地权属。加强林地地籍管理，对于及时掌握林地数量、质量的动态变化规律，明确林地权属，正确处理林地关系，合理经营利用林地有着十分重要的作用。

8.2.3.3.1 林地地籍调查

地籍调查是林地地籍管理的基础性工作和必要的先决条件。地籍调查是对林地分布状况、数量、权属、立地类型、土壤、气候、水文等的调查，据此编制成地籍簿册和图件，为林地管理提供基础资料。地籍调查的方法可根据不同的目的和要求，采用详查、普查和抽查等方法。

8.2.3.3.2 林地登记发证

林地登记发证是林地所有权、使用权的登记和核发权属证书。这项工作是国家用以确认林地所有者和使用者拥有林地所有权和使用权的一项法律程序，也是保证林地所有权和使用权不受侵犯，保护林地合理有效利用的监督措施，是消除林地权属紊乱、违法占用林地的法律武器。

林地登记发证包括初始登记发证和变更登记两类。目前，除林地界线不清、权属有争议的林地外，林业企业都已进行了初始登记。以后随着时间和空间的变化而发生的权属、地类变更而进行的登记，即林地的变更登记，都要按法定程序向发证机关申请，办理林地权属变更登记手续并更换证书。

8.2.3.3.3 林地统计

林地统计是利用数字和图面资料系统记载整理、分析和反映林地占用和使用动态情况的工作。林地统计工作一般分为资料收集和筛选、分类和编目、归档、补充调查、数据更新、编写林地统计文件、上报、审核等过程。全面掌握林地资源的情况，为林业企业生产经营提供准确的资料，这样可以为林业企业的林地管理提供可靠的决策依据。

8.2.3.3.4 林地评价

林地评价是在立地类型和土壤调查的基础上对林地生产力的经济价值进行评估，并在此基础上确定林地等级的工作。它的成果是进行土地利用规划、合理利用林地的科学依据，也是确定林地价格、课税和有偿使用收费标准的依据。

8.2.3.4 林地资源管理的监督

林地资源监督与控制的组织体系，是林地资源管理的重要手段，是使林地资源合理经营利用的重要保证。长期以来人们在处理林地的经营与利用的关系问题上，总是不太令人满意，这有人们认识水平不高的问题，也有缺乏一个行之有效的、具有权威的并能充分发挥其监督、控制效能的组织体系的问题。那种由消耗部门对林地资源进行监督的做法是很难发挥应有作用的。

为充分发挥林地资源的监督与控制职能，应当建立一个符合林地资源发展需要的组织体系，而且要建立一整套比较完善的经营管理监督制度。

8.3 林木资源管理

8.3.1 林木资源的含义、分类及特点

8.3.1.1 林木资源的含义

林木资源是林业企业森林资源的重要的组成部分，是其生物资源的主体。林木资源也称立木资源，一般来讲，它是指在林地上尚未被伐倒的立木（包括死的和活的），即活立木和枯立木的总称。

8.3.1.2　林木资源的分类

林木资源分类是实行分类管理的基础。它可按不同标志分类。

按权属分，可分为国有林、集体林、个人私有林、外资企业所有林、各种形式的合作林，如国家与集体合作林、国家与外资企业合作林等。

按功能和用途分，可分为防护林、用材林、薪炭林、经济林和特种用途林。这是我国传统的分类方法，在森林调查、资源统计中广为采用。

按商品属性分，可分为商品林和非商品林。商品林是以生产商品为主要目的的林木，包括用材林、经济林和薪炭林。其中用材林还可按经营强度分为常规经营林和集约经营林，即通常所说的速生丰产林，或称工业人工林。非商品林是以发挥森林公益效益为主要目的的森林。由于其产品（效益）在市场上尚不能销售，价值无法补偿，不具备商品属性，故称其为非商品林。

按起源分，有天然林和人工林，以下还可分为萌生林和实生林。

按发育阶段分，一般分为幼龄林、中龄林和成过熟林。

根据需要还可按其他标志分类。

不同种类的林木有不同的经营目的、要求和功能，这在客观上要求采用不同的林学技术和不同的管理方法。

8.3.1.3　林木资源的特点

林木资源是林业企业资源的主体，林木资源的特殊性决定和影响着整个林业企业森林资源系统的特殊本质。林木资源主要有如下几个特点：

（1）有条件的更新性。林木采伐后，基本不可能自身再生，而只能在一定条件下另行更新，开始另一个生产过程。因此，必须投入相当的人、财、物力，确保林木足够的更新量，才能实现永续经营利用。

（2）自然力主导性。在林木生产过程中，自然力独立地起着主导作用，而且作用的时间相当长，因此，林业企业森林资源的经营，既要重视人力的作用，更要重视发挥自然力的作用，使两者有效结合。

（3）群体性。林木资源都生长在一定群落之中，每一株林木都与周围其他林木息息相关，共同构成森林环境，它影响环境并受环境影响。正是这种群体性，才使林业企业资源具有巨大的生态功能。

（4）生产的长期性和高风险性。林木资源生产周期很长，而且在长时间的生长过程中，要受到自然的和人为的因素破坏，使经营林木资源吸引投资的竞争力很弱且具有很大的经营风险。

（5）"储量"和"产量"的稳态巨差性。林木生产的"产量"即生长量是在远比它大的"储量"即蓄积量的基础上生产的。"储量"和"产量"两者间存在着巨大的差额，而且这种巨差不可能大幅度缩小，相对而言是稳态的。

（6）两重经济性。生产过程中的林木，既是生产的"产品"，又是生产该"产品"的"工厂"。

（7）定位性。林木生产（即营林生产）不同于其他产业，不仅"工厂"不可移动，而且"产品"也是定位的。

8.3.2 林木资源管理的任务和内容

8.3.2.1 林木资源管理的任务

全面贯彻执行《森林法》，通过法律维护林木所有权，制止或约束滥用林木的各种行为，保护林木所有者、经营者合法权益，理顺或调整各种关系。遵循林木保护和利用的客观规律，合理经营利用林木，提高林木使用效率。

8.3.2.2 林木资源管理的内容

林木资源管理包括以下几项主要内容：林木资源经营利用规划、林木资源的经营利用管理、林木资源的数据管理、林价管理、林木资源管理的监督。

8.3.3 林木资源管理

林木资源是林业企业资源的主体，林木资源的数量和质量状况决定着林业企业的发展状况，也决定着林业企业其他各业的发展状况，所以加强林木资源管理更具有重大的意义。所谓林木资源的管理，是对林木资源经营利用全部活动，包括更新造林、林木资源抚育、采伐利用及森林保护活动的管理。

8.3.3.1 林木资源经营利用规划

林木资源经营利用规划是林业企业资源经营利用的重要组成部分，它是根据林业企业的经营方针和指导思想，对林木资源的经营利用活动所做出的科学安排。它是林业企业合理地经营利用、恢复和扩大林木资源，充分发挥其多种效益的具有长期性、指导性的文件。其主要内容包括以下方面：

8.3.3.1.1 林木资源经营规划

林木资源经营规划是林木资源经营利用规划的核心部分，其合理的程度和规划的执行情况，直接影响到其他各个方面。因此，根据有关调查资料，科学合理地编制林木资源经营规划，对林木资源的持续发展，具有重要意义。

（1）更新、造林规划。包括的主要内容有：采伐迹地、火烧迹地、林中空地的更新面积和更新方式，宜林荒山荒地的造林面积和方式，以及更新造林的年限，更新造林树种及其比重，造林密度及有关技术措施，有关工作量预测算及费用预算。另外，还包括母树林、种子园以及苗圃的设计等。

（2）林木资源抚育规划。分别各经营区、经营类型，按龄级、郁闭度统计现有需要进行各类抚育的林分面积、抚育间隔期、各类抚育的采伐强度和技术要求。

（3）林分改造规划。包括改造的对象和方法、应采取的技术措施和引进的目的树种，改造的年限及顺序，年度改造面积、可得采伐蓄积量和出材量等。

8.3.3.1.2 林木资源采伐利用规划

采伐利用规划应严格按照林木资源的许可能力和采伐限额而编制，主要规定林业企业各林场林分确定的主伐年龄，采伐蓄积量、主伐方式、各经营区的主伐顺序、伐区生产方式以及伐区位置等。

8.3.3.1.3 林木资源保护规划

森林病虫害、火灾及人为破坏是森林资源的大敌，本着"预防为主、积极消灭灾害"的指导方针，编制森林资源保护规划，对于保护森林资源，保证森林资源的持续增长，具有十分重大的意义。因此，应积极做好宣传、教育，建立必要的森林资源保护体系，配备精干、高效的森林保护队伍，并对其进行专业培训，保证足够的经费，使森林资源保护活动顺利开展，使森林资源灾害减少到最低限度。

8.3.3.2　林木资源的经营利用管理

8.3.3.2.1　更新造林管理

更新造林是林木资源不断扩大的前提，也是林木资源经营利用的基础。因此，应加强更新造林管理，保证更新造林质量。

（1）更新造林作业设计。作业设计是进行更新造林的技术依据，应根据营林规划具体确定作业年度内的更新造林方式、树种结构、更新造林的密度、技术措施、更新造林工作量以及劳动、资金的投入。

（2）更新造林的检查验收。这是更新造林管理的主要内容，每年要对当年更新的小班检查更新质量，包括更新面积、整地质量。更新保存率的检查是在更新3年后进行，为评定更新的等级提供依据。应根据不同的更新方式，就更新成活率、保存率等指标进行真实的检查。

（3）更新造林质量评定。由森林资源管理部门对采伐更新单位的森林更新质量进行评定，核发更新验收的合格证，没有完成森林更新造林任务的单位或个人，视情节轻重，按照《森林法》的有关规定，分别处以停发采伐许可证、经济处罚或行政处分。在进行更新质量评定时，应根据《森林采伐更新管理办法》的规定，分别不同的更新方式，对更新质量做出切合实际的评定。

8.3.3.2.2　林木采伐管理

林木采伐管理是林业企业资源管理的重要内容，对林木采伐进行管理，其中心任务是实行限额采伐，凭证采伐制度，做到林木资源的合理采伐，持续利用。

（1）采伐限额管理。采伐限额是各种采伐消耗林木总蓄积量的最大限量。限额采伐是国家动用法律手段严格控制林木采伐的一种制度，在这一制度下，林业企业的林木采伐必须按年度采伐限额进行采伐，不得突破。

进行采伐限额管理，主要应做好如下两方面的工作：第一，采伐限额的制定。林业主管部门应根据用材林消耗量低于生长量和合理经营的原则，在进行充分细致的林木资源调查的基础上，科学测算林业企业的林木采伐限额，并经国家批准后实施。采伐限额每五年制定一次，采伐限额一经确定，必须严格执行，任何单位或个人不准超限额采伐，否则，应追究法律责任。第二，实行凭证采伐、凭证运输。凭证采伐是林木采伐单位或个人根据林木采伐限额，向林业主管部门申请采伐许可证，经审查核准并发放许可证后，方可进行采伐。采伐许可证规定林木采伐地点、采伐面积、采伐种类、采伐方式、采伐蓄积量、出材量、更新方式、更新树种、完成更新时间、采伐期限等内容，它是规范林木采伐行为，保证限额采伐的一种有效管理制度。实行凭证采伐制度，要严格申请审批程序，林业企业在办理林木采伐许可证时，必须提交林权证书、主管部门核定的年度木材生产计划、伐区调查设计文件、上年度伐区作业质量和更新合格验收证明、林业主管部门在验收核实后统一发放林木采伐许可证，并对林业企业的采伐、销售和运输总量进行控制监督。为确保采伐限额的执行，在实行凭证采伐制度的同时，还必须实行凭证运输制度。凡从林区运出的木材，必须持有林业主管部门发放的木材运输证。林木资源管理部门要定期对木材生产单位的年采伐量、年销售量、年运输量（三总量）进行检查。

（2）伐区拨交和验收。国有林业企业年度木材生产所用伐区，由其发证机关根据上级批准的设计文件、采伐许可证和木材生产任务，每年拨交下年度的伐区，并实行"采一号、集一号、清一号、净一号、验一号、开一号"的办法，采伐限额未经拨交的伐区不得擅自作业，否则以乱砍滥伐论处，采伐单位在拨交的伐区上实施采伐作业之后，林木资源管理部门要对伐区进行检查验收，并发给伐区验收合格证，作为领取和发放林木采伐许可证和对采伐者进行奖惩的依据。

伐区作业检查验收在数量方面的内容，主要有不同树种、径级的实际消耗林木蓄积、出材量、经济材出材率和采伐蓄积利用率。在质量方面的验收内容包括：采伐方式合理性、采伐量、伐区清理的质量和资源利用情况。

伐区作业检查验收工作，由基层采伐单位在伐区作业结束前五天提出申请，由森林资源管理部门会同有关部门共同完成。检查工作不仅要看书面文件，还要到现场察看。伐区作业质量状况的评定，通常采用综合评分法。伐区检查验收工作，关系到各方面的切身利益，也关系到森林资源的经营利用状况，所以，要求检查验收人员要有高度的责任感，认真负责不谋私利，使检查验收结果准确无误，并能及时正确处理各种质量问题。

8.3.3.3　林木资源数据管理

数据管理是林木资源管理的重要基础工作，做好数据管理，建立资源档案制度，及时掌握林木资源变化情况，为林木资源的合理经营利用提供依据。

8.3.3.3.1　林木资源档案管理

林木资源档案管理是指对森林资源档案建立、保管、数据更新以及利用活动的管理，它是林木资源管理的一个重要方面。

林木资源档案是记载和反映林木资源变化情况、林木资源经营利用情况及科学研究等内容，具有保存价值并按一定的档案制度整理归档的技术经济文件资料，包括图表、文字材料等。林木资源档案能全面、及时、准确地反映林木资源的变化情况，为林木资源经营利用提供决策依据。所以，加强林木资源档案管理有着十分重要的作用。

林木资源档案管理中心任务，就是及时、准确、全面地收集各种具有保存和利用价值的技术资料，并对档案资料按规定进行科学分类，系统排列和基本编目，加强档案资料的保管，保护档案资料的完整和完全，有效地利用档案资料。

（1）林木资源档案的建立。建立林木资源档案，是一项技术性很强的工作，为此，必须按照林业主管部门的规定和一定的程序建立森林资源档案。林业企业林木资源档案建立的步骤如下：①收集和筛选。在建档之初，要广泛收集属于建档对象的资料，这些资料主要包括：近期规划设计调查（二类调查）成果；造林、更新调查设计资料；各种专业调查资料；固定样地及标准地资料；林业区划、规划、森林经营方案、总体设计等资料；各种作业设计资料；历年森林资源变化资料；各种经验总结或专题调查研究报告；有关山林权的文件和资料；其他有关图表、文字、数据资料等。收集到这些资料后首先要对资料的准确性进行核实，有些还要进行补充调查，然后，按照国家林业局规定对各种资料进行筛选，将具有保存价值的资料列入森林资源档案。②分类和编目。经筛选的资料进行整理分类，分类以后进行编目，以保证资料归档的顺利进行。③归档。将有关资料整理、装订，按不同的项目和要求放入档案柜内，并采取必要措施确保档案的完整和安全。

（2）档案的数据更新。林木资源是个动态系统，由于林木经营利用活动不断进行，本身的自然生长和枯损，各种灾害的发生以及林地权属变更等，使其处于不断变化之中，为保持林木资源档案数据的时效性，必须建立完善的数据更新系统。要依据各类作业，更新造林，森林灾害等资料，及时进行林木档案的更新，以保证林木档案的可靠性和时效性。

（3）林木档案的利用与保管。林木档案是珍贵的历史和现实资料，对于林业企业生产经营活动有着重要的意义。因此，要加强对林木档案的保管，配备专门的人员，落实岗位责任制，注意防火、防潮、防虫蛀、保密，并且采取先进的管理方法，如计算机管理系统等，对档案资料进行科学分类，以便查找和有效利用。

8.3.3.3.2 林木资源统计管理

林木资源统计是林木资源管理的重要组成部分，是全面掌握林木资源数量、质量状况及其动态的基本手段，从而为制定正确的企业发展规划和经营措施，提供准确的依据。林木资源统计期为一年，统计年报由统计表和统计分析报告组成。

由于林业企业面积大、林木资源分布广、受各种因素影响大，所以要做好林木资源统计工作，为林业企业生产经营提供准确的资料，必须建立健全组织机构和林木资源统计制度，配备得力的人员；建立固定的标准样地，定期做好林木生长量、消耗量的观测和调查；做好原始记录与数据审核工作；建立健全林木资源档案，做好资料的积累和更新工作。

8.3.3.4 林价管理

8.3.3.4.1 林价的含义及实施林价制度的意义

林价属于商品经济范畴，是森林价值的货币表现，凝结在森林实体内的社会必要劳动量。由于森林具有多种效益，所以广义的林价不仅包括了林木资源的价值，还包括了其他动植物资源的价值以及森林生态效益的价值。从狭义上讲，林价是指凝结在活立木中的社会必要劳动量，是活立木价格的货币表现。因此我们所讲的内容是指狭义上的林价。

总之，林价制度的实施是营林生产商品化的根本标志，是林木资源资产化管理的基础，是理顺林业企业内部经济关系的基础和必要条件，是促进林业企业生产发展的一项根本性措施。

8.3.3.4.2 林价的构成及计算方法

林价的构成也是指林价中各个因素及其在林价中所占的比重。林价总的说来是由营林生产成本、税金和利润构成的。

营林生产成本是林价构成中最基本的因素，也是林价中占比重最大的部分。关于利润因素，利润是社会主义物质积累的再分配，营林生产部门成为一个独立的实体后，必然要获取利润以支付营林生产所承担的机构经费、企业管理费、营业外开支与政府性支出，以维持其再生产活动的顺利进行。根据营林业生产的特点和资金运行情况，营林生产的有机构成比较低，因此，按照成本利润率计算营林生产利润比较符合实际情况。关于税金因素，营林生产独立后，它与木材生产等部门的关系变成了经济关系，其获得的林价收入，理应交纳税金，以体现林价的完整性。但是，考虑到营林生产的特点，可适当采取减免税收的优惠政策。

林价的计算方法目前有两种：正算法和倒算法。正算法是按照商品价值构成的理论，结合林木价值构成的特点，以"成本＋税金＋利润"的模式计算林价。倒算法是按照木材市场价格、采运成本和合理利润来确定，即从木材的市场平均价格中，扣除税金、木材采运生产的平均成本及其合理的利润来计算林价的一种方法。倒算法计算比较简单、操作性较强，但采用此法所计算的林价可能会使营林生产消耗得不到完全补偿。

上述两种方法各有优缺点，为使企业营林生产耗费得以补偿，在林价的实际进行中，可将上述两方法结合使用，发挥各自不同的优势。

8.3.3.4.3 林价运行的管理

目前，在我国还没有统一的林价制度，为了达到实施林价制度的目的，保证林价的正常运行，必须建立完整的林价管理体系。首先，要组织起一个有效的林价管理机构，林价管理机构是一个由森林资源控制、林价征收、协调等机构所组成的一个综合系统；其次，是为保证林价制度的正常运行，必须建立健全有效的制度；再次，要建立起一整套完整的林价管理程序，包括林价设计、林价审批、立木林价拨交、林价的财务核算；最后，要采取有效的管理手段和管理方法，把林价制度切实地贯彻好。

8.3.3.5 林木资源管理的监督

林木资源监督与控制的组织体系，是林木资源管理的重要手段，是使林木资源合理经营利用，使林业生产走上良性循环道路的重要保证。

长期以来人们在处理林木资源经营与利用的关系上，采取了种种措施，但结果是林木资源是越来越少了，不能令人满意，究其原因，一方面它同社会生产力水平、社会经济水平有关。集中表现在人们认识水平不高，急功近利而造成的。另一方面也是由于缺乏一个行之有效的、具有权威的并能充分发挥其监督、控制效能的组织体系而造成的。

林木资源是属于国家的、全民族的财富。它与人们生活环境、国家面貌关系甚大。这就要求林木资源监督与控制部门，必须从国家、全民族的利益出发，排除任何干扰，做好监督与控制工作。那种由消耗资源的部门进行对林木资源的监督与控制，是很难发挥应有作用的。

林木资源监督与控制包括林木资源消耗方面的监督与控制，林木资源更新、造林方面的监督与控制等。为充分发挥林木资源监督与控制职能，应当建立一个符合林木资源生产发展需要的组织体系履行其职责。根据《森林法实施细则》建立一套比较完善的经营管理监督制度，如有偿使用资源制度、资源税费征收制度、封山育林制度、营林生产活动对外发包制度、森林资源档案管理制度、林业特别会计制度等，这些对于维护林木资源合理经营与利用也是必要的。

8.4 其他自然资源管理

我国的森林中各种资源相当丰富，由于我国林区长期单一的木材生产结构，这种资源优势并未变成产业优势和经济优势，到了20世纪80年代后随着林区的林木资源的日益减少，各林业企业才开始注意开发其他资源，但多是以集体或个体组织为主，既缺乏统一规划，又比较分散，没能形成大的产业。结果多是以初级产品为主，没有形成拳头产品，同时也造成了资源、环境的破坏。即使是目前在国有林区所建立的一些非林非木资源加工企业，也由于资源供应不足，规模结构不合理等原因，处于亏损或效益甚微状态。所以林业企业要想摆脱经济危困，加强其他自然资源的开发和利用管理是非常重要的。

8.4.1 森林动植物资源的管理

8.4.1.1 森林动植物资源概述

森林动植物资源是林业企业资源的重要组成部分，其中有许多是国家重点保护的珍贵资源。国有林区具有丰富的动植物资源，如黑龙江省国有林区所辖范围内就有野生动物460种，野生高等植物2 200多种。森林植物和森林动物都是生物，其生息和繁衍要求有特定的环境，环境受到破坏，它们就无法生存。它们所需的环境就是森林，所以要管好森林动植物资源就要首先管理好森林。

8.4.1.2 森林动植物资源的保护和利用

森林动植物管理是对森林动植物保护、发展和利用活动的计划、组织和控制。它的基本任务是处理好保护、发展和利用关系，以维护生态平衡。保护、发展和利用是对立的统一。保护、发展是为了利用，不利用就失去了保护和发展的意义。保护和发展是利用的前提，只利用不保护、不发展，经济无可利用，造成生态不平衡。加强森林动植物管理，对拯救濒危物种，发展珍贵物种，保护生物多样性，维护生态平衡，繁荣林区经济，增加国家财富，开展科学研究和对外合作交流，丰富人民群众的物质和文化生活都有重要意义。森林动植物管理，必须贯彻加强保护，积极驯养繁殖，合理开发利用的方针，突出重点，实行分类分级保护和管理，依靠科学，严肃法制，着重抓好保护和利用活动和管理。

8.4.1.2.1 森林动植物的保护

森林动植物保护，是指对列入保护对象的动植物及其生存环境的保护，其目的是使保护对象繁衍永续，不断发展，造福于人民。

（1）保护对象及其分级。在我国，列入保护对象的一般是属于珍贵、濒危的以及有益的或有重要经济、科学研究价值的野生动植物，并根据其本身的性质和重要程度，划分保护等级。我国对野生动物的保护，分为国家重点保护、国家保护、地方重点保护和地方保护四大类，每一类又分为若干级。国家重点保护的野生动物，是珍贵、濒危的野生动物，分为两个级别，其名录由国务院野生动物行政主管部门制定，报国务院批准公布。

我国野生植物的保护，分为国家保护和地方保护，其下又分为若干级。国家保护的是珍稀濒危的野生植物。

（2）保护措施。

第一，做好野生动植物资源调查和科学研究工作，掌握其蕴藏量和繁衍规律，为政府和企业制定保护和利用法令、政策和措施提供科学依据。

第二，制定野生动植物保护和利用的法律和法规，具体规定保护对象及其保护级别，禁止和允许猎捕、采挖、出售、收购、进出口的物种、地点、时期、使用工具和方法，保护的责任部门以及违犯规定的法律责任、奖惩办法等。

第三，建立执法体系，严格监督检查有关保护野生动植物法律、法规和条例的执行情况，对各种违法行为绳之以法。

第四，保护生存环境。森林动植物的生存环境是森林，森林破坏了，它们就难以生存。因此，要保护森林动植物，首先就要保护森林，不断培育和扩大森林。然而，森林毕竟是要采伐的，采伐就是对森林环境的一种破坏，至少使其发生变化，对于珍稀濒危的动植物保护是不利的，甚至是不可能的。因此，在国家和地方重点保护的野生动植物主要生息繁衍地区建立森林和野生动物类型自然保护区是完全必要的。

8.4.1.2.2 森林动植物的利用

森林动植物利用管理，是指对森林动植物猎捕、采挖以及人工驯养繁殖等活动的管理。按国家规定，可以猎捕的动物和采挖的植物，是指不属于国家保护的野生动植物。国家保护的动植物，因科学研究、驯养繁殖、展览或其他特殊情况需要猎捕和采挖时，须经相应政府野生动植物主管部门批准，并取得特许证后，方可进行。对国家允许猎捕的动物和采挖的植物，在利用时，必须遵守猎采量低于增值量的原则，并按有关规定和要求进行。

（1）有计划利用。必须根据野生动植物生息繁衍的规律要求，用计划严格控制猎捕和采挖的数量、时期、地点和方法，严禁在自然保护区、禁猎采区、禁猎采期以及用禁用工具和方法猎捕、采挖野生动植物。

（2）凭证利用。凡是猎捕和采挖野生动植物的单位和个人，必须到有关政府主管部门依法办理许可证，无证者任何单位和个人均无权从事猎捕和采挖活动。凭证利用，是使猎捕和采挖活动置于被控状态，防止乱捕滥猎，乱采滥挖，破坏资源及其生存环境行为发生的有效措施。

（3）有偿利用。森林动植物是人民的财富，归国家所有，不能无偿猎捕和采挖。猎捕者和采挖者必须根据国家及各级政府的规定，按猎捕动物和采挖植物的种类和数量缴纳资源保护费，用做森林动植物保护管理基金。

（4）积极驯养和繁殖。人工驯养和繁殖珍稀、濒危和有重要经济价值的森林动植物，有利于物种繁衍永续，也有利于繁荣经济，增加财富，取得经济效益。因此，它是森林动植物利用的重要方面，应积极提倡。为使这一活动健康发展，应加强对驯养繁殖技术的科学研究及其成果的推广工作。

8.4.2　森林水资源的管理

8.4.2.1　森林水资源概述

森林水资源包括水面资源和地下水资源，虽然它们是无生命的，但由于森林的涵养水源功能作用，它们不仅是变化的，而且是可循环的。它们再生产过程的驱动主要来自于生产要素投入，培育森林资源。其再生产过程及环节与林木资源再生产过程及环节相交织。

8.4.2.2　森林水资源的保护、开发和利用

森林水资源的保护、开发和利用要依据《森林法》《水法》《环境保护法》等有关法规。森林水资源的管理中首先要以保护为前提，遵循开发与保护相结合的原则，在利用森林水资源时重点保护好森林生态环境；其次，森林水资源和保护、开发和利用应以森林资源为基础，其开发和利用规模必须与森林资源的承载能力相适应；第三，要因地制宜，发挥自身优势，合理开发和利用；最后，统一布局，统筹安排保护、开发和利用项目，做好宏观控制。

8.4.3　森林矿产资源的管理

森林矿产资源的开发和利用要做到以下几个方面：

（1）森林矿产资源的开发和利用必须以不破坏林业企业范围内森林资源的生态、社会及经济功能为前提，实现资源、环境、经济的可持续发展。

（2）森林矿产资源的开发和利用基本上属于是加工利用性质的活动，它与林业企业所承担的资源培育工作是不同的性质，所以在组织形式上应采用不同于森林资源培育的方式来进行其生产经营活动。

（3）森林矿产资源所有权归国家所有，其经营利用要保证所有者的权益不受侵犯，但应按照所有权与经营权相分离的原则，按照有关法律法规，合理界定管护者的责任和权力，并向所有者交纳资源使用费，同时矿产资源的经营要与林木资源的管护配套进行，其使用权要随林木资源一起流转。

（4）合理开发和利用森林矿产资源目的是变资源优势为经济优势，但要保证森林资源的保值增值，这才能保证更好地开发和利用森林矿产资源。

8.4.4　森林景观资源的管理

8.4.4.1　森林景观资源概述

森林景观是以一定的森林群落为主，与相关的气候、土壤、地貌、生物等各种成分所形成的一种综合体，并能够表现为客观世界的特定形象信息，反映到人的主观世界中来，为人们所观看、欣赏、游览。

森林景观资源是以森林资源及森林生态环境资源为主体、其他自然景观为依托、人文景观为陪衬的、对旅游者能产生吸引力的各种物质的因素，主要包括森林自然景观资源（林景、山景、水景、古树名木、奇花异草、珍稀动植物）、森林生态环境资源、森林人文景观资源（文物古迹、民族风情、地方文化、艺术传统）三大类。其载体主要

有：森林公园、风景林场、植物园、生态公园、森林游乐区，以森林为依托的野营地、森林浴场、自然保护区或类似的旅游区等。

森林景观资源有下面几个特点：可持续性；自然景观与人文景观紧密的结合性；珍稀野生动植物品种多样性；开发价值多功能性；广泛的适应性。

森林景观资源可以具体分为自然景观资源类、生态环境类、人文旅游资源类。

8.4.4.2 森林景观资源的保护、开发和利用

在保护、开发和利用森林景观资源时，要把握几个原则：首先是主题性，就是在保护、开发和利用一处森林景观资源时，要抓住其主要特点，这样才能合理、有效地利用资源；其次是多样性，任何森林景观资源都有主要景观和次要景观，主要景观突出主题特色，次要景观起衬托主景的作用，各景观要素之间合理配置，相互补充、相互衬托，才能具有特殊的吸引力和感染力；第三是协调性，森林景观资源的保护、开发和利用涉及方面很多，哪个环节出问题都会影响效益，因而整体协调性是十分重要的；最后是适应性，森林景观资源和保护并不是与外界隔绝地保护，它与外界有着千丝万缕的联系，其表现主要在经济上和政治上，适当的开发，会促进当地经济的繁荣，反之，超规模的开发，就会破坏当地经济结构，影响经济的发展。

森林景观资源的保护、开发和利用要依据《森林法》《环境保护法》《森林公园管理办法》等有关法规，此外，还有许多专业法规，如《水法》《自然保护区条例》《森林防火条例》《噪声法》等也是依据。森林景观资源的管理首先要以保护为前提，遵循开发与保护相结合的原则，在利用森林景观资源的同时，重点保护好森林的生态环境；其次，森林景观资源的保护、开发和利用应以森林资源为基础，以资源市场为导向，其开发和利用规模必须与森林资源的承载能力和市场容量相适应；再次，要突出森林景观资源的保健等多种功能，因地制宜，发挥自身优势，合理开发和利用，形成独特的风格和地方特色；最后，统一布局，统筹安排保护、开发和利用项目，做好宏观控制。

本章小结

林业企业森林资源是以林木资源为主体，以林地资源为基础，以其他自然资源（水、矿产、野生动植物等）为重要组成部分的综合资源系统。林业企业森林资源管理是指以森林资源为对象，根据《森林法》及有关法规的规定，在科学的管理原则指导下，为达到增加和提高森林资源的数量和质量，充分发挥森林资源多效益的目的，而对林业企业森林资源的培育、保护及合理经营利用等活动所进行计划、组织、协调和控制等工作的总称。它是林业企业管理特有的重要组成部分。林业企业资源管理的内容很广，从管理对象看，不仅包括林地资源和林木资源管理，还包括森林动植物资源、水资源、森林矿产资源及森林景观资源管理。

复习思考题

1. 什么是林业企业资源？有何特点？
2. 什么是林业企业资源管理？其任务有哪些？
3. 什么是林地资源？有何特点？
4. 林地资源管理包括的内容有哪些？
5. 什么是林木资源？有何特点？
6. 林木资源管理的内容有哪些？
7. 结合实际谈谈林业企业的其他自然资源应如何管理。

9 林业企业生产过程的组织

林业企业同其他企业一样，都有其生产过程，但林业企业产品的生产过程有与一般企业生产过程不同的特点。因此，本章将着重说明林业企业生产过程及其组成的基本内容，营林生产过程的组织特点与要求，木材采运生产过程的组织形式及内容，林产工业生产过程的组织类型和基本要求等。

9.1 生产过程组织概述

9.1.1 生产过程及其类型

9.1.1.1 产品生产过程的概念

产品的生产过程，一般是指企业从准备生产某种产品起，直到本企业把该产品生产出来为止所经历的全部过程，或完成劳务的全过程。产品生产过程是人们劳动过程和自然过程的有机结合，在产品生产过程中，劳动过程占主要地位。劳动过程，就是劳动者利用劳动资料，按照一定的步骤与方法，直接或间接地作用于劳动对象，改变其形状、结构、性质或位置的过程，如木制家具的加工过程；自然过程，是指在某种情况下，产品生产过程的进行还要借助自然力的作用，如铸件的时效过程、油漆的干燥过程、林木的自然生长过程等。

林业企业的产品生产过程，由于产品种类、生产工具和方法，以及生产条件的不同，使生产过程具有多种多样的性质，有农业性质的产品生产过程，如营林生产过程；有采掘业性质的产品生产过程，如木材采运生产过程；还有加工工业性质的产品生产过程，如木材加工、林产化学加工的生产过程。因此，在研究林业企业生产过程时，就要对上述表现出不同特点的生产过程分别加以叙述。

9.1.1.2 产品生产过程的类型

行业不同，其产品结构和工艺特点也不同，因而产品生产过程的类型也就各有不同。就林业企业生产过程而言，其基本形式有如下三种。

9.1.1.2.1 流程式生产过程

流程式生产过程，是指原材料由企业的一端投入生产，按顺序经过连续的加工，最后成为产品。这种流程式还可以进一步分为综合流程式和分解流程式两种。综合流程式生产过程是将各种不同的半成品集合起来形成一种产品的生产过程；分解流程式是将原料分解为各种产品的生产过程，如林产化工生产过程、采运生产过程多属此种形式的生产过程。

9.1.1.2.2 加工装配式生产过程

加工装配式生产过程是指先将原材料加工成零部件，最后将各零部件总装成产品。

如某些木制家具的生产过程就采用这种形式。

9.1.1.2.3　多级式产品生产过程

多级式产品生产过程是指原材料投入生产过程之后，经过一定的生产阶段生产出产品，而这种产品既可直接销售，也可以再加工形成一种新的产品，这种多层次生产产品的过程就是多级式产品生产过程。如林业局的贮木加工厂的产品生产过程就是这种形式。

9.1.2　生产过程的组成

不论是哪一类形式的生产过程，从其所经过各个阶段而对产品出产所起的不同作用来看，林业企业的生产过程的组成一般具有如下内容。

9.1.2.1　生产技术准备过程

生产技术准备过程，是指在产品生产前所进行的各项技术准备工作的过程。林业企业技术准备过程包括：在营林生产方面的技术准备有更新造林的资源准备，造林前的调查设计，苗木准备等；木材采运生产方面的技术准备有伐区资源准备，伐区调查设计以及准备作业的施工等；林产工业方面的技术准备有新产品设计，工艺设计，工艺准备等一系列的技术文件准备和施工。

9.1.2.2　基本生产过程

基本生产过程是指直接对劳动对象进行加工而制成产品的过程，即产品的加工过程。林业企业的基本生产过程一般包括：营林生产过程，即直接培育森林资源的过程；木材采伐运输生产过程，即直接运用机械设备等手段采伐和运输木材的生产过程；木材加工生产过程，即直接用机械或化学的方法将原木加工成各种产品的过程；木材采伐和加工剩余物的加工利用过程，即直接用机械或化学处理的方法将木材采伐和加工剩余物制成各种产品的过程等。上述四项基本生产过程中，营林生产过程是基础，是最为重要的阶段。因此，必须在实际工作中予以加强，真正树立"以营林为基础"的指导思想。

9.1.2.3　辅助生产过程

辅助生产过程是指为了保证基本生产过程正常进行所从事的各种辅助生产活动的过程，如机械设备和工具的维修，运材线路的维修，所需动力的生产和供应等。

9.1.2.4　生产服务过程

生产服务过程是指为基本生产和辅助生产所进行的各种生产服务活动的过程。如原材料、燃料、外购件和工具的供应、保管和运输、检验等过程都属于生产服务过程。

9.1.2.5　多种经营生产过程

多种经营生产过程是指从事多种资源（通常为非林非木资源）经营利用的生产活动过程，如动植物的培育养殖过程。多种经营生产过程，由于其生产的多样性和复杂性，因此具有多种特点。

上述的五种生产过程中，基本生产过程占主导地位，其他生产过程都围绕着基本生产过程来进行。所以，重点要研究基本生产过程。当然，也应该看到，林业企业的基本生产过程的内容也在发生变化，特别是多种经营生产的增加，使林业企业的基本生产过程发生转移，因此，对于不同时期，不同企业来说则有不同内容的基本生产过程。

9.1.3 基本生产过程的结构和组织生产过程的原则

9.1.3.1 基本生产过程的结构

基本生产过程总是由若干个生产阶段组成。如木材采运生产过程是由伐区生产阶段、运输生产阶段和贮木生产阶段组成的。

生产阶段是指由时间和空间联系比较密切的若干个工序构成的、比较完整的产品生产部分过程。工序则是指在一个工作地上由一个或一组工人，在不变更劳动工具的条件下，对劳动对象进行连续加工，并可以进行工作数量统计的部分生产活动。工序是生产过程的基本环节，同时也是技术检验、编制作业计划、作业统计、制定定额和核算劳动者报酬的基本单位。

林业企业产品生产过程的工序按其作用的不同通常可分为：①工艺工序，即直接改变劳动对象的几何形状、规格、化学性质和物理性质的工序，又称加工工序，如胶合板生产过程中的原木截断、木段热处理、剥皮、旋切、剪切等。②运输工序，即在产品生产过程中，专门从事劳动对象空间转移的工序，也称搬运工序，如木材采运生产过程中的集材、运材等。③保管工序，即在产品的生产过程中，进行半成品和成品储存、保管的工序，如木材采运生产中的中楞、贮木场的贮木等。④检验工序，即在产品生产过程中，对原材料、半成品和成品的质量进行检验的工序，如贮木场造材时的分等与检验等。

工序的划分要取决于劳动对象的技术要求和加工方法等，同时，不同工序的作用程度也不同。如运输工序是木材采运生产的主要工序，工艺工序是木材加工生产的主体，保管工序在营林生产中占有重要的位置。

9.1.3.2 生产过程组织的原则

通过生产过程的组织工作，从生产过程中取得良好的效果，实际上就是要使整个生产过程的各个环节相互衔接，协调配合，保证人力、物力、空间、时间都能得到充分合理的利用。为此，生产过程的组织工作必须符合下列原则。

9.1.3.2.1 生产过程的比例性

生产过程的比例性是指企业各种生产活动过程之间，各生产阶段、各工序之间，在生产能力上要保持一定的比例关系。也即是各个生产环节的工人人数、设备数量及生产效率，都必须相互协调。比例性是保证生产顺利进行的前提，有利于充分利用企业设备、人力和资金等。

为保持生产过程的比例性，在生产工艺设计时，就要处理好生产过程各环节、各种机器设备、各工种工人在数量上和生产能力方面的比例关系。在日常生产管理工作中，要注意计划性，采取有效措施，克服薄弱环节，力求各环节保持应有的比例。但是，也应看到，由于生产技术改进、产品品种、产量、劳动对象构成的变化以及工人技术熟练程度的提高等因素的出现，某些生产环节的生产能力总会发生变化，从而改变原有比例关系。因此，应采取措施，及时调整，建立新的比例关系，以适应新情况下的生产要求。

9.1.3.2.2　生产过程的连续性

生产过程的连续性是指劳动对象在产品生产过程中的各阶段、各工序之间始终处于运动状态，不发生或少发生停歇与等待现象。

保持和提高生产过程的连续性，可以缩短生产周期，减少在制品数量，加速流动资金的周转，有利于设备的充分利用和提高劳动效率。生产过程的连续性同生产技术水平、生产工艺布置以及管理水平有关。在生产工艺设计、生产技术采用时，应力求提高机械化和自动化水平，以实现生产过程的连续性。当然，加强生产管理，采用先进的生产组织形式，做好生产过程中各个环节的有关工作，对保持连续性也是有益的。

9.1.3.2.3　生产过程的节奏性

生产过程的节奏性是指要求生产过程的各生产阶段，各工序在相同的时间间隔内，生产同量或等量递增的产品，并要求如此不断地重复。生产过程的节奏性，表现在产品的投入、生产和出产三个方面的等时和等量的要求。产品出产的等时和等量则是主要的一环。只有生产产品的每个工作地、每道工序都能按照节奏要求进行生产，才能构成整个产品生产过程的节奏性。

生产过程的节奏性是保证企业按时、按质、按量地生产产品，均衡地完成计划任务，不断提高企业经济效益的重要条件，也是企业安全生产，保持企业正常秩序的保证。

9.1.3.2.4　生产过程的适应性

生产过程的适应性是指生产过程的组织在市场出现变化时能及时有效地组织生产。当然，适应能力较强的生产过程，也要保持比例性、连续性和节奏性。

9.2　营林生产过程的组织

营林生产过程是林业生产的基本生产过程，它具有与木材采运、加工生产过程不同的特点和组织要求。

9.2.1　营林生产过程的特点

营林生产过程的特点主要表现在四个方面：①土地是营林生产的主要手段。营林生产利用土地培育出林木产品及副产品，这是营林生产的重要特点。所以，营林生产离不开土地。为此，必须加强土地的利用和管理，提高土地的利用率。②自然力独立起作用。营林生产的对象是林木，而林木的生长则与自然力的作用是分不开的。因此，林木的生产过程是自然力作用于林木生长的过程，这一特点是营林生产区别于其他生产的重要特点。③营林生产过程周期长。营林生产的对象，从播种到成材需要十几年甚至几十年，这样长的生产周期，是其他任何生产所没有的。④营林生产的季节性。林木同其他植物生长一样，具有季节性，这就需要按照林木生长的特点来组织营林生产。

9.2.2　营林生产过程的划分

营林生产是培育林木的生产，因此，也可以说，营林生产的主要产品，是具有一定使用价值的林木资源。因而，实现这一生产的过程，就是营林的生产过程。如果按照林木自然生长过程的林龄标志来划分，营林生产过程一般可分为三个阶段：①更新造林阶段，即从采种育苗开始（企业自行采种育苗时），或从更新造林前整地开始（种子、苗木由其他企业供应时）到幼林郁闭成林为止的过程，包括直播、苗木定植及未郁闭前的幼林抚育等活动。②成林抚育阶段，即从幼林郁闭开始到林木成熟为止，包括成林抚育及其他各种经营活动。③成熟林经营阶段，即从林木成熟开始到主伐结束验收为止，包括伐区资源拨交、验收等活动。

9.2.3　营林生产过程组织的要求

根据营林生产的特点，营林生产过程的组织应符合以下要求：①充分利用地力。林木的生长与土地的构成要素和物候条件有关，不同的土地具有不同的地利和生长环境。因此，要实行科学造林，即要适地适树，细致整地，培育良种壮苗，合理密植，建造速生丰产林，实行定向培育等，提高林木的生长量，从而提高经济效益。②充分发挥林木自然生长力的作用。林木在生长的不同阶段，自然力作用的发挥是不同的，为此，就要根据林木生长不同阶段的特点，适时采取适当措施，组织营林生产活动，使林木生长收到良好的效果。③根据营林生产周期长的特点，加强森林保护和管理。由于营林生产过程周期很长，并且林木在生长过程中会遇到很多问题，如病害、虫害、火灾等，所以，森林保护与管理在整个营林生产组织过程中占有重要位置。为此，要合理进行森林的区划，进行必要的林道建设，建立必要的管护机构，强化森保措施，使森林资源达到生成量最高的状态。④根据营林生产季节性的特点，运用合理的生产组织形式进行营林生产活动，要不失时机地进行营林生产。

9.2.4　营林作业制度管理

9.2.4.1　营林作业制度的概念

营林作业制度是指营林生产活动规范化的技术组织措施体系，是从林木种子、苗木培育、整地造林、森林抚育一直到森林主伐更新等一整套营林作业规程和有关质量检验办法，是营林生产活动经验的总结，也是林学理论在营林生产中的运用。营林生产活动的开展，除了组织生产力这个组织因素外，还有两个方面：一是营林生产的直接因素，如种子、土壤、水分以及光和热等，另一方面则是森林培育的各种技术要素，如种子处理方法、整地造林技术等。这些技术措施对营林生产来说都是十分重要的。只要根据不同条件，选择的技术办法适当，都会取得良好效益。如果说在自然资源既定的条件下，能否认真实施营林作业的各种技术规程和制度，则是十分重要的。"三分造七分管"的含义，实质上是指能否坚持营林作业制度的管理问题。

9.2.4.2　营林作业制度的基本内容

林业企业的现行营林作业制度，是这个企业一定历史和营林科学技术发展水平的产物。它的内容不仅受自然因素的制约，而且还受林业科学技术水平及其普及程度的限制。林木生长周期长，自然因素与人为因素的合理组合不易掌握。因此，制定一套切合每个企业实际的营林作业制度是困难的，但是在现代林业科技水平和一般条件下制定营林作业技术规程制度还是具备条件的。营林作业制度具体内容有：

（1）良种制度。包括母树林的选择、采种及种子检验处理等一整套种子工作制度。

（2）育苗技术规程。包括苗圃地的选择、土壤管理、施肥、播种、移植、插条与嫁接育苗、田间管理、灾害防除、苗木调查和出圃、苗圃档案等。

（3）更新造林技术规程。包括造林地的整地措施、更新造林方式、更新造林密度规定、植苗方法、幼林抚育管理制度等。

（4）森林抚育技术规程。包括根据森林不同状况和不同要求对森林采取一定抚育措施的一套制度，如为解决树种间竞争，保证目的树种不受其他乔灌木压抑，而进行透光抚育，为保留木创造适宜的营养空间，促其生长而采取生长抚育等。

（5）森林主伐更新制度。不同地区不同林分有关主伐年龄的规定、有关伐区拨交制度、采伐方式及采伐迹地清理检查验收制度。

（6）森林保护制度。包括护林防火、防止病虫害以及封山育林制度等。

9.3　木材采运生产过程的组织

木材采运生产过程就是从采运生产准备作业开始到产品产出为止的全过程。木材采运生产具有露天作业、作业区面积大、活动范围广、地形复杂、移动性大、运输条件各异、林木本身技术条件差别很大等特点。因此在进行木材采运生产过程的组织时，就要充分研究和依据这些特点，以使采运生产能满足经济合理的要求。

9.3.1　木材采运生产工艺过程的类型

9.3.1.1　工艺过程的概念

工艺过程，就是按照产品加工的不同工艺顺序组成的一系列基本工序的总称。这里的工艺则是指劳动者对劳动对象加工的方法。木材采运工艺过程是指根据所采用的采、集、运方法及科学的顺序所组成的采伐运输一系列基本工序的总称。木材采运工艺过程是木材采运生产过程的主要部分，是木材产品形成的重要方面。不同的工艺过程，其组织方式也是各异的。因此，需要根据工艺过程来认真选择工艺组织。

9.3.1.2　工艺过程的类型

木材采运生产的工艺过程，由于采用的集运材方式不同，可以区分为不同的类型。在目前生产中通常采用的工艺类型有以下几种。

9.3.1.2.1　原木集材原木运材

采用这种工艺过程类型时，打枝、造材工序先于集材，并在采伐地点进行。这种工艺比较适合于畜力、滑道、索道集材。其缺点是伐区作业人员多，造材条件欠佳，效率较低，质量差。

9.3.1.2.2　原条集材、山场原条造材、原木运材

采用这种工艺过程类型时，打枝作业在采伐地点，造材作业在装车场上进行。这种工艺适合于中间楞场的汽车运材，但伐区作业人员仍然较多，虽然造材条件较前者为好，然而要求有较大的楞场。

9.3.1.2.3　原条集运材

这种工艺过程是当前我国东北林区广泛采用的一种类型。打枝作业在采伐地点，造材是在贮木场进行。它改善了造材工作条件，有利于资源的合理利用，但要求伐区地势比较平缓，运材道路等级高。因此这种类型不适于山形陡峭、地势起伏较大的地区。

除上述三种类型外，还有：伐倒木集材原木运材、伐倒木集材原条运材、伐倒木集运材等。这几种形式目前在采运生产中不常见，但可以采用，在运用时，要充分考虑它们对技术经济条件和自然条件的要求，以便合理地组织生产过程。

9.3.2　木材采运生产过程的主要组织形式

木材采运生产受自然因素影响很大，在组织生产时，要充分考虑如何适应自然条件的问题。根据这种情况，木材采运生产的一般组织形式有以下几种。

9.3.2.1　常年作业

常年作业是指木材采运生产过程的全部生产活动，在全年内不间断地进行。这种组织形式是根据均衡生产的要求，在一年的四个季节里都安排生产任务，但不排除某些季节某些生产作业集中进行的情况，一般说，采伐往往集中在某个季节，而运输则在全年均衡进行。常年作业的优点是：生产周期短，占用资金少，生产比较均衡，设备利用率高，人员比较固定等；其缺点是：伐区生产，夏季作业劳动消费量大，设备效率低，地表破坏比较严重，妨碍森林更新，有时还损失一定的木材。这种组织形式适合于机械化水平高，地区气候比较干燥，生产规模比较大的企业。

9.3.2.2　季节作业

季节作业是指木材采运生产过程中的某些生产活动，随着季节的不同而转移。这种生产组织形式主要是利用季节的有利条件进行生产。它的优点是：充分利用适合某项生产活动的季节，减轻地表破坏，便于把营林生产和木材采运生产结合起来。其缺点是：生产不均衡，增加重复作业；专用设备和人员的作用不能常年充分发挥；生产任务的集中给管理工作带来相当大的困难。

9.3.2.3　流水作业

流水作业是流水线生产形式在采运生产中的体现。是在采运生产过程中，木材产品像流水一样均衡地进行生产。这种作业形式既可在常年作业生产中采用，也可在季节性生产中采用。但是，采用这种生产组织形式时，要充分注意其适用条件。一般说，组织流水作业生产必须具备这样一些条件：在森林资源方面，作业面积要大，单位面积出材量多，每木材积较大，地位级高，地势平缓，一定时期内气候变化不大等；在采伐方式方面，要采用皆伐；在机械设备方面，要求配备足够数量和类型的机械设备，并且要有足够后备机械等。流水作业形式，在其组织的过程中，需要采取一定的步骤和方法。

9.3.3　木材采运生产周期

生产周期是指产品在生产过程中，从劳动对象进入生产领域时起，经过各道工序生产加工直到成为成品为止所经历的全部时间。实际上，产品的生产周期，并不都是纯生产作业时间，其中有停歇和等待时间，因此构成生产周期的时间有两个：一个是作业时间，即人的劳动影响劳动对象的时间总和；另一个是停歇（或等待）时间，即人的劳动没有影响劳动对象的时间总和。停歇（等待）时间有的是自然力作用的时间，有的则属于等待、闲置等无效时间。作业时间、停歇时间在生产周期中所占的比重，就是生产周期结构。产品的生产周期长短影响着产品与在产品的数量，影响着资金的周转。因此，要尽量缩短生产周期。缩短生产周期的主要途径，就在于改进生产技术，组织合理的生产工艺，采用先进的生产组织形式，改善劳动组织以及制定合理的工作制度，尽量缩短停歇时间等。

木材采运的生产周期就是从立木采伐开始到原木归楞缴库为止所经历的全部时间。但采运生产的对象是立木，由于技术条件不同，加之自然地形条件及其他条件的差异，一棵原木产品所经历的时间则有所不同，这样按一棵原木产品形成经过的时间来确定生产周期，既不科学也很困难。因此，木材采运生产周期往往按照一定条件下、一定批量的木材产品所经历的时间来计算。在采运生产周期内同样存在着作业时间和停歇时间，为使采运生产周期更合理，就要注意采用合理的生产组织形式，改进采运生产技术，改善劳动组织，缩短生产过程中停歇等待时间。

9.3.4　伐区开发顺序的确定及作业区的安排

伐区开发顺序及作业区的确定，是木材采运生产组织的起始环节。合理安排伐区开发和作业区的生产顺序，是充分利用自然条件、提高生产效率、减少费用、合理经营森林资源的重要措施。

每个企业每个林场所辖范围内的森林资源都有着不同的特点，这给伐区开发顺序及作业区的安排带来了很大的困难。如果伐区开发顺序及作业区的安排不合理，一方面容易造成作业区经常转移，生产设施调运频繁，增加修建费，提高成本；另一方面逐年生产计划难以达到平衡，忽高忽低，使基层动力设备的配备不能做到相对的稳定，而且也会给企业长期经营带来困难。

9.3.4.1　伐区开发顺序的确定

伐区开发顺序应当在企业全面规划、合理布局的基础上，结合基层单位森林资源具体条件，进行统筹安排。合理的开发顺序，应该考虑下列基本要求：

（1）每个伐区的开发顺序，应充分发挥运输系统的运输效能，使回头作业及生产设施的折转费都降到最低限度。

（2）每个伐区的开发顺序，应基本上符合森林资源先后成熟的自然规律，使开发的伐区森林资源，适应年计划产量和材种需求的平衡。

根据不同的森林资源条件，伐区开发顺序一般可分别采取下列几种形式加以确定：

（1）逐片开发，顺序推进。即由森林资源的一侧开始，逐渐向另一侧推进，这种形式对于森林资源分布在并排的几条沟内的情况较为合适。它能使生产比较集中，而且占用的投资也少。

（2）远近结合，分段经营。把大面积的森林资源按照分布状况，分成数段，按照远近结合的原则安排顺序。但运输的主要线路必须在开始时一次修完。这种形式主要适合于分布几条长距离深沟的资源，作业工队可按沟系定点作业，有利于木材生产和森林经营，这种做法也可以使逐年的生产计划和费用接近平衡，但在开始时需要的设备和投资较多。

符合这种条件的森林资源，也有"由近及远"或"由远及近"两种形式，不过这两种形式对合理经营来说都是不太理想的。

（3）全面铺开，广设网点。即对企业所辖的森林资源，按照分布系统，在很短时间内把运输线路和作业网点都同时建立起来，实行全面铺开，全面经营。这种形式对于森林资源实行集约经营，对于生产布局及森林资源管理都是较为有利的。但对木材生产来说，容易形成点多、面广，一次投资大。

不论采用哪种形式，都应当从长期经营考虑，把森林采伐与森林培育结合起来。但对目前不少伐区开发顺序已经形成的情况，应该加以研究，采取措施予以调整。

9.3.4.2 作业区的安排

作业区是木材生产过程中的具体作业场所，也称生产点。合理安排作业区的生产顺序，是充分利用自然条件，提高生产效率，保证工序衔接等的重要环节之一。

（1）作业区的分布，应在已定的伐区开发顺序之内。凡是同一顺序系统以内的资源，都应按照先后作业顺序设点经营，并按其森林资源具体情况，主伐、抚育、改造同时进行，一次经营完毕，避免对同一系统的资源反复进行"回头作业"。

（2）作业区的安排，应尽量照顾原有运输系统和充分利用现有运输设施。每个作业区的安排应使生产任务与该段运输线路的运输能力相适应。既要便于运输作业，又便于作业区结束后的设备转移。

（3）作业区的先后顺序，应根据伐区生产工艺类型和作业季节进行安排。通常把地势干燥、单位面积出材量较高、集材距离较近的伐区划为夏季作业。对于地势低湿、单位面积出材量较少、集材距离较远和集材线路工程量较大的伐区划为冬季作业较为适宜。

（4）每个作业伐区面积的大小和出材量的多少，应与作业季节和生产能力相适宜。组织生产过程中，应避免剩"半截伐区"现象，在陡坡、长坡、面积较大、一次经营不完的作业区，设伐区时应按照"先山上后山下"的原则进行作业，防止山下更新了，还上山搞木材生产，影响前期更新。

（5）确定作业区的位置，应在伐区开发顺序的基础上，按照"以线定点，以点定道，以道定号，点线道相结合"的原则进行确定，即是根据运材支岔线确定装车场，根据装车场确定采伐主道，并按其分布情况确定采伐小号。使装车场适中，便于集运材，而且照顾到集材距离及采伐小号道网分布合理。当然对于集材距离与运材线路的长短问题，需经济论证确定为好。

9.4 林产工业生产过程的组织

林产工业的生产是以木材及其他林产品作为原料，经过连续加工，最后形成产品的。它比较接近于一般加工工业的生产，所以进行林产工业生产过程组织时，可以借鉴加工工业的一些方法。但也应看到，林产工业的生产过程也有一些特殊性，如由于原料的技术条件的一致性较差，从而在生产过程中需频繁调整加工方法，以便稳定生产条件；由于某些产品的工艺过程具有确定性，所以在组织生产过程时出现和使用固定模式等。

9.4.1 生产类型

生产类型是影响林产品加工生产过程组织的重要因素。因此，对生产类型作进一步探讨。

9.4.1.1 生产类型及其划分

生产类型就是按照生产过程的专业化程度所进行的分类，它综合反映着生产技术和组织上的主要特点。此处所称的专业化程度是指工作地进行同种工作的重复程度。它是区分生产类型的基本标志。根据这个标志，可将林产品加工生产划分成大量生产、批量生产和单件生产。

9.4.1.2 不同生产类型的特点

不同的生产类型表现出不同的特点：①大量生产的特点有：产品产量大而品种少，工作地长期完成同种产品的加工工作，专业化程度较高，产品生产周期短等。②批量生产的特点有：产品品种较多，而每一种产品的生产加工是成批进行的，生产一批产品的间隔时间对不同产品品种来说也不相等，专业化程度比前一种低，产品的数量也较前一种为小。根据生产的稳定性、重复性和工作地专业化程度，成批生产又可分为大批生产、中批生产和小批生产。大批生产的特点接近于大量生产，一般又称大量大批生产，小批生产的特点接近于单件生产，一般又称单件小批生产。③单件生产的特点有：产品品种繁多，每种产品的产量很少，有的产品一次生产后不再重复生产，有的产品虽然重复生产，但不定期、不稳定，单件生产的专业化程度低。

9.4.1.3 生产类型的选择

不同生产类型对企业技术经济各方面都有明显的影响，因此，企业必须要选择适合于本企业情况的生产类型。在选择生产类型时应注意考虑以下几个因素：

（1）社会需求的情况。社会需求决定着企业产品的品种和数量，企业应根据所确定的品种和数量来具体选取生产类型。

（2）技术水平和设备情况。技术水平越高，机械设备越先进，专业化程度越高，在社会需求大量存在的条件下，就越适于组织大量生产，反之则只能选择成批生产或单件生产类型。

（3）企业的财力状况。大量生产，机械化、自动化程度高，要求一次性投资大，相反，投资量会减少。当然，一般地说来，投资大，见效快，效益高；投资少，效益差，这就需要认真进行技术经济分析，选择合理的生产类型。

（4）产品的生产加工特性。对于一些林产品来说，有的适于单件生产，有的适于批量生产，有的适于大量生产。因此，应根据产品生产加工特性去选择类型。

总之，在生产实践中，生产类型的选择要受到各种因素的制约，因而要通过综合的认真的分析来选择适合企业实际情况的生产类型。

9.4.2 生产过程的空间组织

生产过程的空间组织，是指研究企业内部各生产阶段生产单位的设置问题。即车间、工段、班组如何设置才能符合生产过程连续性、协调性和经济性的要求的问题。一般说来，有三种组织形式。

9.4.2.1 工艺专业化形式

工艺专业化形式也叫工艺原则，就是按照生产过程的各个工艺阶段的工艺特点来设置工艺专业化的生产单位。在工艺专业化的生产单位内，集中着同类型的生产设备和同工种的工人。每一个生产单位只完成企业产品生产过程中的部分工艺阶段或部分工序的加工任务。在这样的生产单位里，工艺方法是相同的，而加工对象是不同的。这种专业化形式不能单独出产产品。其优点是：对产品品种有较强的适应性，便于进行专业化的技术管理，易于提高工人的技术水平，可以充分利用设备和生产面积，有利于减少设备投资费用。缺点是：运输线路长，生产周期长，资金占用增加，管理工作复杂。

9.4.2.2 对象专业化形式

对象专业化形式也称产品专业化形式，就是把加工对象的全部或大部分工艺过程集中在一个生产单位里，组成以产品、部件为对象的专业化生产单位。在对象专业化的生产单位里，集中着为制造某种产品所需要的各种不同类型的生产设备和不同工种的工人，对相同产品进行不同工艺方法的加工，其工艺过程是封闭的，能独立出产品。这种专业化形式的优点是：可以缩短产品在生产过程中的运输线路和时间，节约运输费用；能缩短生产周期，减少资金占用；便于采用先进的生产组织形式，如组织流水生产、自动线生产等；简化了协作关系，便于管理。缺点是：适应产品品种变化能力差，投资费用大，设备利用率低，若某种设备发生故障则会影响整个生产线上的生产。

9.4.2.3 混合形式

混合形式是综合了工艺专业化形式和对象专业化形式的优点所构成的介于它们之间的一种形式。这种形式在林产品加工的企业里应用较多。在一个企业里，有些生产单位可能是按工艺专业化形式布置，有些生产单位可能按对象专业化形式布置。这种专业化形式集中了工艺专业化和对象专业化的优点、摈弃了两者的缺点，应用上比较灵活，效果也比较好。

对上述三种专业化形式，究竟选用哪一种，这要从企业的具体条件出发，全面分析，比较三种形式在具体条件下的利弊和经济效益，并考虑当前生产和长远发展的需要，然后予以确定。

9.4.3 生产过程的时间组织

生产过程的时间组织，主要是研究劳动对象在生产过程中各个生产单位、各道工序之间的结合与衔接方式。其目的就在于提高产品在生产过程中的连续性。缩短产品的生产周期。研究生产过程时间组织的基本方法就是劳动对象在各工艺工序之间的移动方式。劳动对象在工序之间的移动方式与加工产品的数量有关。如果某种产品只生产一件，那么就只能在一道工序上加工完了之后，再把在制品送向下一道工序。如果同一产品数量大，并可批量加工，则可采用三种不同的移动方式。

9.4.3.1　顺序移动方式

顺序移动方式是指一批加工对象，全部在上道工序加工完成以后，才转入下道工序进行加工。加工对象在各道工序之间是整批移动的，如图 9－1 所示。

工序号	单件加工时间/min	时间 /min									
		20	40	60	80	100	120	140	160	180	200
1	5										
2	15										
3	10										
4	20										
生产周期					T						

图 9－1　顺序移动方式

根据图示可得出顺序移动方式情况下生产周期的计算公式：

$$T_s = n \sum_{i=1}^{m} t_i$$

式中：T_s—— 一批加工对象顺序移动方式的生产周期；

　　　　n—— 该批加工对象的数量；

　　　　m—— 加工的工序数；

　　　　t_i—— 第 i 道工序单件加工的时间。

利用上式可计算图 9－1 所示的生产周期。

$$T_s = 4 \times (5 + 15 + 10 + 20) = 200(\min)$$

顺序移动方式的主要优点是：管理工作简单，成批顺序移动，便于组织；加工对象集中加工、运送，减少了设备调整时间和运输工作量，设备连续加工不停顿，提高了工效。其缺点是：大多数加工对象有等待加工和等待运输的时间，生产周期长，资金周转慢，经济效益差。

9.4.3.2　平行移动方式

平行移动方式是指每个加工对象（或每个运输批量），在一道工序上加工完毕之后，立即转入下一道工序进行加工。加工对象在各道工序之间是逐个（或逐小批）移动的，如图 9－2 所示。

根据图示可得出平行移动方式情况下的计算公式：

$$T_p = \sum_{i=1}^{m} t_i (n-1) t_长$$

式中 $t_长$ 指的是工艺工序中单件加工时间最长的工序。利用上式可计算图 9－2 所示的生产周期：

$$T_p = (5 + 15 + 10 + 20) + (4 - 1) \times 20 = 110(\min)$$

平行移动方式的优点是：生产周期短。其缺点是：运输工作量大；工人和设备的工

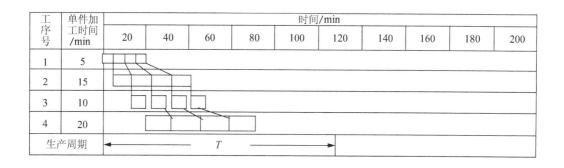

图 9-2 平行移动方式

作时间不能充分利用，存在加工对象等待加工和机器设备等待加工的问题。

9.4.3.3 平行顺序移动方式

平行顺序移动方式是平行移动和顺序移动方式的结合。就是一批加工对象在某工序上尚未全部加工完毕，就将已加工好的一部分加工对象转到下道工序加工，并使下道工序能连续地全部加工完该批加工对象。平行顺序移动方式的特点是：在工序间的移动上采用了平行移动的方式，在加工上采用顺序移动的加工方式。如图 9-3 所示。

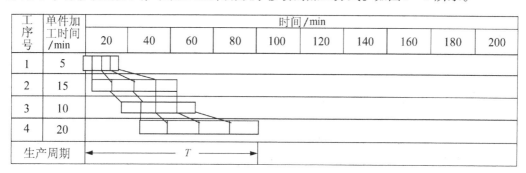

图 9-3 平行顺序移动方式

根据图示可得出平行顺序移动方式情况下的生产周期计算公式：

$$T_{ps} = n \sum_{i=1}^{m} t_i - (n-1) \sum t_{较短}$$

式中 $t_{较短}$ 是指加工工序中上下两道工序中单件加工时间较短的一个。利用上述公式可计算图 9-3 所示的生产周期：

$$T_{ps} = 4 \times (5 + 15 + 10 + 20) - (4-1)(5 + 10 + 10) = 125(\text{min})$$

平行顺序移动方式，克服了平行移动方式的缺点，把分散的空闲时间集中起来进行利用，使工人和设备有较充分的负荷；同时，缩短了顺序移动方式下的生产周期，加速了资金周转。平行顺序移动对工序单件加工时间不等的生产过程来说是较为合适的。

企业在选择时间组织形式时，要根据各种移动方式的不同特点，结合本企业的实际情况和具体的生产条件，特别是要注意考虑一些具体因素，诸如：生产品种和产量，生产单位的专业化形式，加工对象的重量和工序作业量，设备调整的难易程度等，以选择符合实际情况的、最好的移动方式。

9.4.4　流水生产组织

9.4.4.1　流水生产的基本形式

劳动对象按照规定的工艺过程顺序地通过各个工作地，并按照一定的生产速度（节拍），连续不断地进行加工和生产产品的一种生产组织形式。它的主要特点是：工作地专业化程度高，每个工作地上只固定完成一道或几道工序，工艺过程是封闭的，设备按工艺过程顺序排列；生产节奏性强，生产过程连续程度高，劳动对象在工序间采用平行或平行顺序移动方式；各道工序的加工时间相等或成简单的倍比关系。组织流水生产可以提高生产过程的连续性、协调性和均衡性，便于采用先进工艺和高效率的技术装备，提高工作操作的熟练程度和劳动生产率，缩短生产周期，减少在制品数量，加速资金周转，降低产品成本等。

按流水生产特点组织的生产线叫流水线。流水线的形式可以按照不同标志进行分类。

（1）按生产对象移动方式可以分为固定流水线和移动流水线。固定流水线是生产对象固定不动，而生产工人和工具沿着顺序排列的生产对象移动，主要用于不便运输的大型制品的生产。移动流水线是产品对象移动，工作与设备固定，生产对象经过全部工作地后变成成品。多数流水线都采用这种形式。

（2）按流水线上生产对象的数目分为单一对象流水线和多对象流水线。当流水线上只固定地生产一种产品时，称为单一对象流水线；当流水线上生产两种或两种以上产品时，称为多对象流水线。多对象流水线按其生产对象的轮换方式不同又分为可变流水线和成组流水线，可变流水线是轮番集中生产固定在流水线上的几种制品，当变换生产对象时，流水线需要进行调整。成组流水线是固定在流水线上的几种制品，同时或顺序地进行生产，在变换生产对象时不需要重新调整设备。

（3）按生产过程的连续性程度可分为连续流水线和间断流水线。在连续流水线上生产的制品，加工是连续不断进行的，工序间没有停歇现象。间断流水线上加工的制品，工序间有等待停歇现象。

（4）按流水线的节奏性分为强制节拍流水线、自由节拍流水线和粗略节拍流水线。强制节拍流水线要求严格地按规定的节拍来进行生产。自由节拍流水线不要求严格按节拍生产制品，节拍主要靠工作熟练操作来保证。粗略节拍流水线只要求流水线每经过一个合理的时间间隔，生产等量的制品，而每道工序并不按平均节拍生产。

组织流水生产需要具备一定条件，才能取得良好的经济效益，其主要的条件是：

（1）产品品种稳定，而且是长期大量需要的产品。

（2）产品结构与工艺具有一定的稳定性；结构的工艺性比较好，符合流水生产工艺的要求，如能分解成可单独进行加工、装配与试验的零部件；有良好的互换性等。

9.4.4.2　单一对象流水线的组织设计

（1）确定流水线的形式、节拍和节奏。流水线的形式取决于制品的年产量和劳动量、制品的结构、工艺的稳定性等因素，因此需要进行综合分析后加以确定。节拍是指流水线上连续出产相同两件制品（产品、部件或零件）之间的间隔时间。节拍的计算公式为：

$$节拍 = \frac{计划期有效工作时间}{计划期产量}$$

如果节拍很小，加工对象体积也小，不便于按件运输，而需按运送批量来运输时，要计算节奏。

$$节奏 = 节拍 \times 运输批量$$

（2）进行工序同期化及设备（工作地）数量计算。工序同期化是使流水线各工序的单件加工时间等于节拍的倍数：

$$某工序的设备（工作地）数 = \frac{工序单件时间定额}{节拍}$$

计算结果如果不是整数时，小数部分应进位为整数。

在设计装配流水线时，工序同期化与工作地数的确定往往是同时进行的，如将装配工作分成时间很短的工步，在合并工步为工序时，进行工序同期化工作，使工序时间尽量与节拍相等，但不超过节拍，这样，合并工步结果得到的工序数，即为流水线的工作地数（每道工序一个工作地）。

（3）计算工序的设备负荷率和流水线平均设备负荷率。

$$工序的设备负荷率 = \frac{计算的工作地数}{实取的工作地数}$$

$$流水线平均设备负荷率 = \frac{各工序计算的工作地数总和}{各工序实取的工作地数总和}$$

流水线平均设备负荷率以不低于75%为宜。

（4）确定流水线的工人人数。流水线工人人数根据工作地数、工作班次、多机床看管及兼职情况来确定。

（5）选用运输装置。流水线上采用的运输装置可以用传送带、传送链、滚道、滑道及各种运输车辆等，根据产品形状、尺寸、重量及流水线的种类来选择合适的运输工具。在连续流水线上应采用机械化的运输装置，如传送带。间断流水线在选用运输工具时，需考虑在制品的储存问题。当运输装置采用传送带时，要确定传送带的长度和速度。传送带长度可按下列公式计算：

$$L = 2(L_1 + L_2) + L_3$$

式中：L—— 传送带长度；

L_1—— 工作地长度之和；

L_2—— 工作地间距离之和；

L_3—— 传送带两头所需要的增加长度。

传送带速度可用下式计算：

$$U = \frac{I}{r}$$

式中：U—— 传送带速度；

I—— 相邻两工作地的中心距；

r—— 节拍。

（6）流水线的平面布置。平面布置要保证操作方便、运输线路短及有效的利用生产面积等。

流水线的形状有直线形、山字形、S 形、O 形、L 形、U 形等。

本章小结

本章针对林业企业生产经营的特点对林业企业生产过程的组织进行了阐述，重点介绍了营林生产过程的特点和组织要求，木材采运生产过程的组织，木材加工生产过程的空间组织和时间组织，以及现代普遍采用的流水生产组织。

复习思考题

1. 林业企业生产过程由哪几方面组成？
2. 营林生产具有什么特点和要求？
3. 木材采运生产的主要组织形式是什么？
4. 生产过程的空间形式有哪几种？
5. 生产过程中加工对象的移动方式有哪些方式？

10 现代林业企业计划管理

10.1 林业企业计划管理概述

10.1.1 林业企业计划管理及其意义

计划是林业企业管理的重要职能，是指为执行经营决策而对未来行动进行规划、安排和组织实施等一系列的管理活动。它是企业各项管理活动的起点，也是各项管理活动的终点——实现计划目标。计划管理贯穿于企业各部门和各方面工作之中，是一项全面性、综合性管理工作。所谓计划管理，即根据国家、社会对企业的要求，在企业经营环境分析的基础上，为实现企业经营目标，对企业一切生产经营活动制定切实可行的全面计划，并拟定行之有效的措施保证其顺利完成，以便达到较高的生产效率，获得尽可能大的经济效益而进行的管理活动。

现代林业企业的计划管理是全面的计划管理，不仅企业有计划，企业内部各部门、各基层单位、每个岗位都应当有各自的计划目标、具体指标和保证完成计划的措施，各部门、各基层单位的计划指标是根据企业计划指标逐级分解下达的，应服从全企业计划的要求，保证全企业计划的实现；林业企业计划管理，要对企业生产经营活动全过程的每个环节都实行计划管理；企业的全体员工都参与企业的计划管理工作。加强计划管理，对于满足社会需求，保证企业预期目标的实现，提高经济效益具有重要作用。

（1）计划工作是社会化大生产的要求。社会化大生产，其内部劳动分工较细，协作密切，生产过程具有高度的比例性和连续性，对外有着广泛和密切的联系。为此，要求有一个统一的计划对企业生产经营活动各个方面、各个环节及相互关系做出有机结合的安排，使企业的生产经营过程顺利协调地进行，因而使企业的各种资源得到充分利用，提高经济效益，实现预定的经营目标。

（2）计划是执行决策的重要手段。企业的决策，主要是对重大问题做出定性和定量的决定，决策的实施，还必须有具体编制行动计划，安排人力、物力和财力，搞好综合平衡，并制定切实的保证措施付诸行动。实践证明，一个好的决策，要是没有好的实施计划，就很难实现。

（3）计划是企业谋求生存和发展的需要。林业企业是自主经营、自负盈亏的商品生产者和经营者，因此，企业必须对经营成果承担责任，对盈亏负责。同时，企业为在竞争中使自己处于有利地位，就必须具有适应能力和应变能力。因此，通过计划管理以实现企业的经营目标。

（4）实行计划管理是企业合理配置和利用资源，取得最大经济效益的重要手段。现代林业企业生产经营的目的是既要满足社会主义基本经济规律的要求，又要不断提高自身经济效益。为此，企业必须搞好挖潜工作。企业通过计划工作，不仅能以较少的资源取得较大的经济效益，而且还会促使企业在增产增收、保值增值中得到发展。

（5）计划工作是实行经济责任制的要求。经济责任制是责权利的结合，其中责任是核心。经济责任主要包括两个内容：一是计划指标；二是工作要求。为此，实行经济责任制就要求加强计划工作，合理确定计划、指标及相应的工作要求，以明确各个环节和有关职能部门的经济责任，并通过计划执行情况的检查与分析，掌握经济责任履行情况，发现问题，采取措施。因此，企业计划部门通过计划工作来落实经济责任制，具有重要作用。

10.1.2 林业企业计划的种类

林业企业计划种类多种多样，对综合性的林业企业来说，一般有下列计划：

（1）按计划期限分为长期经营计划、中期经营计划和短期经营计划。一般情况，长期计划其计划期在 5 年以上，指企业长远发展计划；中期计划 2~5 年，指企业近期发展计划，短期计划是年度内的计划，指企业业务活动计划。

（2）按产业性质分为营林计划、采运计划、林产品加工计划、其他多种经营生产项目计划。

（3）按计划对象分为综合经营计划和单项经营计划。综合计划就是各个单项计划联系在一起构成一个整体，是各单项计划的综合反映，单项计划是为了解决某一个方面的问题，某一个专题而制定的计划，如生产销售计划、劳动工资计划、物资供应计划、成本计划、财务计划、技术组织措施计划等。

（4）按计划的内容分为经营计划和生产作业计划。经营计划是企业为了适应环境变化，提高企业素质，增强企业实力而制定的计划。经营计划是一个综合性计划，各项计划将形成一个有机的计划体系。生产作业计划是企业经营计划的具体执行计划，用来指导企业日常生产活动。

（5）按计划单位分为企业计划、车间（林场、森铁处、汽车队）计划、工段（工队）计划和班组计划等。

（6）按计划的性质分为战略计划和战术计划。战略计划是确定企业未来发展的规划，对企业发展起关键作用的计划，中长期计划属于战略计划，战术计划是战略计划的具体化，是保证战略计划实现的计划，短期计划属于战术计划。

10.2 林业企业综合计划

林业企业综合计划也称为林业企业经营计划，它是指导林业企业全体职工未来行动的纲领，也是企业经营战略的具体落实。企业的一切生产经营活动，只有在经营计划指导下进行，才能达到预期的目标。林业经营计划，是根据市场的需要和国家现行的林业政策、方针，企业内部条件和外部环境的变化，对企业生产经营活动实行的全面计划管理，为实现预期经营目标和提高企业经济效益而制定的综合性计划。

10.2.1　林业企业经营计划的内容及其任务

10.2.1.1　林业企业经营计划的内容

林业企业经营计划的内容与计划期有关。计划期限有长有短，即长期经营计划和年度经营计划。一般来说，经营计划应以长期为主，因为现代经营重点在于未来。对于综合性林业企业来说，应包括以下内容：

（1）营林经营计划。主要包括计划期企业森林资源数量（面积和蓄积）和质量应达到的水平，现有森林资源开发、利用、保护和经营的方案，计划期成过熟林采伐量，中幼龄林的抚育面积和低价林改造的面积，更新造林林种、树种结构的安排，计划期更新造林的规模和质量要求，种子园的建设和种苗生产的数量和质量等。

（2）木材采运经营计划。根据森林经营利用规划确定的计划期林木蓄积、采伐量和木材产量及质量，生产布局和后期林场的建设，作业方式和生产工艺的改革，新技术的应用和设备的更新，计划期各项技术经济指标应达到的水平等。

（3）木材加工和综合利用经营计划。主要有新产品开发和产品结构的安排，计划期产品产量和质量要求，新技术的应用和设备更新的安排，木材的综合利用程度，其他技术经济指标应达到的水平等。

（4）多种经营计划。包括计划期要发展的种植业、采集业、饲养业和加工业的生产项目，各种产品的年产量和质量，各项技术经济指标应达到的水平等。

（5）道路网计划。包括计划期末道路网密度应达到的水平，各种应修建的森林铁路和汽车公路及地点和数量，以及建设次序的安排等。

（6）基本建设计划。包括企业在计划期进行的基本建设工程项目，性质，期限，投资及其来源，土建施工工作量和设备购置数量，新增的生产能力，基本建设投资效果指标应达到的水平等。

（7）科学研究计划。包括科研队伍建设，科学研究课题，负责单位及人员、预期效果、所需经费及完成期限等。

（8）职工培训计划。主要包括企业各级各类人员在文化、科学和专业知识以及业务技术水平上应达到的要求，培训的人数和方式及时间安排等。

（9）职工福利提高计划。包括计划期职工平均工资的增长，住宅建设，公共福利设施的发展，劳动条件的改善，技术保安和劳动保险等。

（10）社会发展计划。主要是林区经济结构的调整安排，知识青年就业，文化教育，医疗卫生和商业的发展安排以及社会治安等。

（11）其他计划。如辅助生产计划等。

10.2.1.2　林业企业经营计划的任务

林业企业经营计划的任务，是在国家宏观调控指导下，根据市场的需要和企业本身的条件及经营目标，通过计划的编制、执行和控制，把企业生产经营活动和外部环境联系起来，并把各项工作科学地组织起来，使其生产经营活动能适应市场变化的要求而协调发展，为社会提供尽可能多的适销对路的产品，创造最大的经济效益和生态效益。

10.2.2 林业企业经营计划的编制、执行与控制

10.2.2.1 企业经营计划编制程序与方法

计划编制是计划工作的首要环节，计划是否先进可靠，能否对生产经营活动起指导作用，决定于编制计划的质量。因此，应采取科学的方法进行编制。

编制计划需要进行大量的调查研究，收集依据资料，这一工作的质量在很大程度上决定着经营计划的科学性。为此，在计划编制前必须做好该项工作。

10.2.2.1.1 编制经营计划的主要依据

(1) 党和国家有关林业生产建设的方针、政策。

(2) 国民经济发展和社会发展对林业的要求和上级对企业的要求。

(3) 企业外部环境及其发展变化的预测。

(4) 企业内部条件及发展变化的预测。

编制经营计划是林业企业一项重要工作，要认真地做好各种调查研究、分析，核算、综合平衡等工作，以保证经营计划的科学性。

10.2.2.1.2 计划编制程序

企业经营计划无论是长期的，还是短期的，都要根据国家宏观调控的要求和企业经营决策的要求，一般经过以下程序进行编制：

(1) 准备阶段。主要是深入调查研究，其主要目的是通过外部环境和企业内部条件的分析，摸清市场为企业提供的机会和威胁及企业自身的优势和劣势。

(2) 统筹安排，全面确定计划的具体目标阶段。统筹安排就是要全面考虑各个目标、各种条件之间的相互联系和相互制约的关系以及当前与长远的关系。在确定每个目标时，同时要考虑对相关目标的影响，并正确处理当前与长远的关系。通过统筹安排，确定各项具体目标，这是计划编制的关键一步。

(3) 综合平衡，确定计划草案阶段。这是计划编制的最后阶段，主要是进行具体落实。在向企业内部单位、各环节具体落实过程中，会出现一些新的问题，广大职工也会提出一些建议。因此，综合平衡过程是深入发动群众、暴露问题，解决问题和落实计划的过程。平衡的内容包括各个计划目标的平衡、社会需要与企业生产能力的平衡、生产任务与设备能力的平衡、生产任务与物资供应的平衡、生产任务与森林资源的平衡、财务收支的平衡等。综合平衡的结果应保证达到经营目标的要求。

10.2.2.1.3 确定计划指标的方法

(1) 平均发展速度法。

所谓平均发展速度法，就是以某一经济现象最近若干年的平均发展速度作为主要依据，同时考虑计划期可能的变化，来确定计划期的指标。其步骤如下：①依据历年的统计资料，计算指标的平均发展速度。②根据计划期的条件，确定计划期的发展速度。若条件无变化，可把以前的平均发展速度作为计划期的发展速度。若计划期企业内外条件发生变化，则需把以前的平均发展速度进行调整后再作为计划期的发展速度。③根据确定的计划期发展速度，确定计划期的指标。公式如下：

$$Q = L \times V$$

式中：Q—— 计划期计划指标；

　　L—— 上期指标水平；

　　V—— 计划期发展速度。

（2）分析计算法。

采用这种方法，首先，要分析指标和构成要素之间的关系，根据它们之间的关系列出数学计算公式。其次，分析研究各构成要素在计划期可能发生的变化和可能达到的水平。最后，根据建立的公式和构成要素在计划期可能达到的水平，计算计划指标。

（3）平衡法。

它是根据指标之间的平衡关系来确定计划指标的一种方法。前面已指出，企业的各项指标之间存在着一定的平衡关系，在某些指标已定的情况下，就可确定其平衡的另一指标。例如，已知产品外销量为 180 000 m^3，内销量为 20 000 m^3，期初库存量为1 000 m^3,期末库存量为 2 000 m^3，则：

$$计划期产品产量 = 180\ 000 + 20\ 000 + 2\ 000 - 1\ 000 = 201\ 000（m^3）$$

10.2.2.2　计划的执行

编制计划仅仅是计划工作的开始，更重要的大量工作是组织计划的实现，也就是执行计划。

10.2.2.2.1　层层落实计划

落实计划工作可以同推行目标管理、经济责任制和经济核算结合来进行。将企业的计划指标分解到每个生产单位、科室，再由生产单位、科室分解到所属工段、班组（以及科室下属单位），班组再分解到每个人，层层下达落实。分解下达的计划指标，既是各单位、各岗位的经济责任，又是经济核算的依据。这样就能保证企业计划指标有明确的负责人去组织实现。

10.2.2.2.2　正确地落实作业计划

在组织实现企业经营计划指标过程中，要按照计划指标的要求，结合实际情况，确定企业及各环节的作业计划及各方面的具体任务和要求。同时，要建立和加强有效的日常调度工作，以促使各环节实现各方面的具体任务和要求，并检查其完成情况。另外，还要特别注意原定的技术组织措施的实现情况，督促各环节要按期完成，如果有的措施尚未保证预期效果或不能保证完成计划指标时，则要及时采取新的措施。

10.2.2.3　计划的控制

按照一定标准，对于企业内部各单位的生产经营活动进行控制，是保证实现企业计划指标，达到预期目的的有效手段。

计划控制的标准，主要有各种定额、限额、加工对象的技术标准以及各单位部门岗位的计划指标等。

计划控制分事前控制和事后控制。所谓事前控制是在生产经营活动发生之前按标准实行控制。事前控制能防止浪费和损失，是保证完成计划的好办法。事后控制是在生产经营活动发生之后，检查实际情况并与标准进行对比，发现差异，分析原因，采取措施加以处理。这种控制能起到总结经验，巩固成绩，采取措施，克服缺点，也能起到保证完成计划指标的作用。

10.2.2.4　经营计划的调整

计划的调整是一种正常现象，特别是对长期经营计划，因为经营中不肯定因素多，外部环境变化也多，时间又比较长，所以对计划进行调整是不可避免的。做好计划调整工作能起到指导生产作用。

计划调整有被动调整和主动调整。被动调整损失较大，有时形成事后追认，完全失去计划指导作用。主动调整损失小，甚至带来更好的经济效益。为此，应当力争主动，计划调整应有计划地进行。计划调整的内容，可以从调整个别措施、策略、进度、项目、方针直至调整计划目标。这就是说，有小调整，中调整，大调整直到制定新的经营计划。当然，调整内容越多，工作量也越大，这种调整常属于损失较大的被动调整。有计划地主动调整有两种办法。一是滚动计划法，二是启用备用计划法。

10.3　林业企业年度生产计划

10.3.1　企业年度生产计划作用及其编制原则

10.3.1.1　企业年度生产计划及作用

企业年度生产计划是对企业的生产活动，在未来一年时间里，将在一种什么样的生产条件下进行，做出的全面事先认识，预定出生产活动应达到的目标成果，并设计出实现目标成果时需要对各阶段、各环节的生产条件做出调整的方案。可见，企业年度生产计划是企业对计划期里的生产活动所做出的预先认识过程和主观安排。它是指导企业生产活动的纲领性文件。

林业企业生产活动不是孤立进行的，和其他一些活动有着密切联系，如与财务活动、技术活动、销售活动、物资供应活动、劳动力调配活动、设备配备管理活动、新产品开发活动等都有一定的联系。作为企业全面综合性的年度计划，包括了各个单项专业计划，生产计划只是其中的一个组成部分。为了保证各专项计划之间的协调平衡，在制定生产计划时，必须注意与各专项计划之间的关系，只有摆正这一关系，才能有助于计划编制的正确、准确。

（1）年度生产计划能动地指导企业生产活动。用年度生产计划去指导企业生产活动，是人类主动地去认识客观世界并能动地去改造客观世界的极其重要的特有行为，是一种有目的的行动；使管理者在从事管理活动时，始终保持一个清醒的头脑，按照事先的安排进行合理组织，从而保证生产过程中各环节之间的衔接平衡，保证生产活动顺利进行。同时年度生产计划是对计划年度里的各阶段、各环节的生产条件作了预测和调查，并设计了调整方案，实施的结果必然使生产活动各要素之间有效地结合。这样的生产活动既能满足产品数量上的要求，也能满足产品质量上的要求，具有良好的生产秩序，最大限度地减少由于生产活动的盲目性所造成的消耗和浪费，使企业生产活动收到更好的效果。

（2）制订年度生产计划是建设兴旺发达新林区的重要工作环节。合理的年度生产计划，是对企业各种条件作了全面分析认识之后制定的，既考虑到企业经济发展需要，又注意到计划是否科学合理，既承认实际条件的现状，又看到生产条件的发展变化，把企业内外条件结合起来，把近期、长期发展结合起来。因此，合理的年度生产计划能充分发挥企业的生产能力，不断挖掘内部潜力，使各项生产要素、各种资源得到有效利用。分散、减轻企业全部经济压力集中在单一生产项目上，逐步引导企业走上良性循环道路，使企业的林木资源越采越多、越采越好，各项事业均得到发展，改变林区落后的面貌，成为兴旺发达的新林区。

（3）年度生产计划是组织社会化大生产的必要手段。综合性的林业企业均是规模较大的社会化大生产，各种生产项目多、环节多、分工细、生产过程比较复杂，从作物栽培到加工利用，各阶段生产活动性质差异大，衔接难度大。在这样复杂的社会化大生产面前，如果没有一个生产计划作为必要的组织手段，把各项目之间、环节之间、各单位之间连接起来，林业企业的生产活动就很难正常进行。

（4）年度生产计划是生产管理的核心。生产管理中的各项工作，都受到生产计划的制约。生产管理中的技术准备，物资供应，劳动力安排，设备运用，都必须依据生产计划确定的各项生产指标进行组织，生产进行中实行的控制也是以生产计划作为衡量标准，可见生产管理中的各种管理活动不能脱离开生产计划确定的目标，否则，就失去了生产管理中各种管理活动的实际意义。

10.3.1.2　企业年度生产计划编制原则

年度计划编制原则是：①产销平衡，产销衔接的原则。②生产要素优化配置的原则。③与其他各项计划协调平衡的原则。④生产计划必须从资源实际情况出发兼顾销售的原则。⑤采用先进、适用生产技术的原则。⑥从现实生产条件出发，考虑生产条件变化的原则。⑦实现经济效益目标的原则。

10.3.2　林业企业产品生产能力

10.3.2.1　企业产品生产能力的概念与分类

企业产品生产能力是指企业在一定时期内，能够直接参与生产活动的物质条件，在规定的技术组织条件正常发挥作用的情况下，所能生产的最大产品数量，通常是用年最大产品数量表示。

企业产品生产能力虽然是用产品数量表示的，但是它与企业的实际产量并不是同一内涵，与计划产量也不一样，应把企业产品生产能力和产量区别开来，不能混为一谈。

为了对企业产品生产能力进行更深一步的认识，应根据不同的要求、目的加以不同的分类。

10.3.2.1.1　按用途分类

（1）设计生产能力。是指新建企业或进行技术改造或扩建的企业，在设计任务书和技术文件中规定的生产能力，是根据设计的产品方案，按照设计的技术组织条件所确定的各种定额数据计算出来的生产能力。企业建成后经过一段熟悉和掌握技术的过程后才能达到设计能力。它的用途是确定企业的生产规模，安排基本建设项目计划，编制企业的长远规划或对企业采取重大的技术措施时，作为参考依据。

（2）查定生产能力。在没有设计生产能力资料或者设计的产品方案发生变化，设计的技术组织条件发生了重大变化，原有的设计生产能力已经不能反映企业的实际生产水平时，这时需要由上级主管部门重新组织调查和核定生产能力。查定时应以企业现有的技术组织条件为基础，并考虑到企业在查定时期内可能采取的各种技术组织措施产生的效果，进行计算获得查定能力。由于它是重新查定的能力，可以起到设计能力的作用。

（3）计划生产能力。是指计划期内可能实现的生产能力。它是以企业现有的生产条件，结合计划年度内实施的各种技术组织措施的效果通过计算取得的。它是编制年度生产计划和确定生产计划指标或编制季度作业计划的依据。

10.3.2.1.2 按生产能力构成分类

（1）综合生产能力。在概念中已指出了企业生产能力的综合性，它是指企业内各生产环节、各生产部门、各项生产条件能力的综合。这种生产能力的综合，需要和生产过程组织形式结合起来确定，不能简单而笼统地强调依据企业内最薄弱的环节生产能力确定，或者把各生产部门的生产能力简单地相加。正确的综合只能依据企业具体的生产组织形式来确定。

（2）单项生产能力。它是从综合生产能力构成要素方面进行分析说明的，即是指设备生产能力、资源生产能力、物资供应保证能力、某一工种劳动能力以及其他某一方面具备的生产能力。

（3）阶段生产能力。是指生产过程当中的某一生产阶段或某一工艺过程所具备的生产能力，如木材采运生产伐区阶段生产能力、运材阶段生产能力、贮木场阶段生产能力。

（4）工序生产能力。是指生产过程中各工序所具备的能力，如胶合板生产过程中的原木切段、蒸煮、扒皮、单板旋切等各工序所具备的生产能力。从这里不难看出，工序生产能力绝不是单机生产能力。

10.3.2.2 影响企业产品生产能力的因素

影响企业产品生产能力的因素是多方面的，生产活动越复杂，影响的因素和影响的程度可能就越多、越大。概括起来有以下几方面：

（1）生产者。在产品生产过程中人是生产活动的主体，是影响生产能力的最根本因素。在简单生产的情况下表现甚为明显，以手工劳动为主的时候，产品数量的多少、质量好坏，主要取决于生产者的操作技术和效率。在机械化、自动化程度很高的情况下，虽然不直接取决于劳动者的操作，但产品的数量和质量能否得到保证，还仍然受到生产者的智能、操作、调节生产设备的技能和技术水平的影响。生产者在生产过程中，既是一种动力，又是智能控制中心和主体。所以生产者本身的素质（健康水平、劳动态度、技术业务水平和操作熟练程度等）、数量都直接影响企业产品的生产能力。另外，与生产者有关的劳动组织形式、企业管理体制、经济政策等，对产品生产能力也都有很大的影响。

（2）生产设备工具。生产设备、工具是影响企业产品生产能力的一种直接因素。人们进行生产活动主要是靠生产设备、工具去改变劳动对象，形成目的产品，这是主要的一种生产手段。随着科学技术的发展，设备、工具的功能不断增强，在生产过程中所起的作用越来越大。可以预见，随着电子计算机的出现，生产设备，工具在生产过程中代替人所起的作用将会有新的发展和突破，代替或局部代替人的智能作用。不难看出，生产设备、工具是一项关键因素，其数量、使用性能、技术状态、配套性、效率大小、利用时间长短等都会直接影响产品生产能力。

对于林业企业来说，运输道路是决定生产能力的重要方面，是一种必要的建筑物。对营林生产和木材生产影响极大，它亦属于生产设备、工具。然而生产中运输距离越长越不利于生产能力的提高，衡量运输道路数量多少，是否有利于在生产中发挥更大的作用，应当从道路的通过能力，结合道路网密度去分析说明，而不能只是简单地以长短而论。

（3）产品及劳动对象。合格的产成品是生产活动最终所要获得的物质成果，生产中的各种活动都在围绕着它的形成而进行。制作产品的难易程度影响着生产能力的形成，产品品种越多越是如此。

另外，形成产品所采用的原材料即劳动对象的情况，同样是个重要因素。劳动对象是否易于加工，决定了生产效率的高低，影响着生产能力的大小，如树木种子、苗木、中幼龄林的情况，影响着营林不同阶段的生产能力；伐区林木的单株材积、单位面积蓄积量、树种构成等情况，影响着木材的生产能力；原木的等级、材种、材长、径级等情况，影响着制材生产能力等。

（4）自然地理条件。营林生产、采运生产都是在大自然环境里进行的，直接受到自然地理条件的限制。土壤、气候影响林木生长和营林生产活动的进行；山地走向、坡度、季节因素、河流分布与流量等，均影响木材生产活动。林区的某些加工企业，其规模、生产能力有时也要受到自然地理条件的限制。

（5）技术条件。即技术因素，尽管在生产者和生产设备中已包含有技术这一因素，但是我们还是把技术条件单独列为一个因素加以强调。十分明显，生产技术方法越高明，工艺过程组织得越合理，产品的数量、质量就越能得到保证。

10.3.3　年度生产计划指标的确定

10.3.3.1　生产计划的主要指标

在生产计划中所要确定的指标，首先是分生产项目，然后确定各项目的产品品种、质量、产量、产值等几项主要指标。它们各有自己的经济内涵和作用，从不同的方面反映着企业在计划期里的生产活动和要求。

（1）产品品种指标。它是产品分类到一定详细程度的表示，根据需要可以按不同的分类标志对产品做出各种分类。通常所指的产品品种是从产品的物质属性、经济用途上的差别所做的分类，品种的基本内涵是对同一种类产品进一步详细分类时，划分出的产品品名。品种指标规定了企业在计划期内应生产的产品品名和品种数。它反映了企业在品种方面满足社会需要的程度，也反映了企业生产专业化情况。按计划品种组织生产对保证生产、生活需要有重要作用，如营林生产中的"林种"，木材生产中的"材种"，都属于品种性的指标。

（2）产品质量指标。它是指企业在计划期内生产的各种产品应达到的质量水平。在生产计划里设立的反映生产质量情况的指标中，既有反映产品本身质量的指标，也有反映生产活动过程中工作质量的指标，如等级原木反映了产品本身质量状况，伐区合格率、更新造林合格率，反映的就是工作质量状况。

不同企业生产活动特点不同，表示质量的指标也不同。在林业企业生产中，品种本身就能反映出一定的质量情况。质量指标是反映产品或生产活动能否被社会承认、能否适合市场需要的一个重要指标，它综合地反映了企业的技术水平和管理水平。

（3）产品产量指标。它是企业在计划期内应生产的可供销售和自用的合格产品（包括可供出售的合格半成品）实物数量和工业性劳务数量。分别品种的实物数量表现，当品种很多时，主要产品数量是产量指标的重要组成部分，是企业生产方向的代表，是企业计划期内的主要生产任务，如林业企业仍是木材产品占据主要地位。产量指标是表示企业生产成果的重要指标，是企业进行产销平衡、分配任务、组织日常生产的重要依据，同时也是进行物资平衡工作的依据。

（4）产值指标。它是用货币形式综合反映企业各种产品生产总成果的指标，它有三种表现形式：商品产值、总产值、净产值。

各项生产计划指标都不是孤立存在的，编制生产计划时应注意它们之间的密切联系，即先确定品种、产量、质量各项指标，然后据以计算产值指标。

（5）各生产阶段工作量。以上四种指标只是反映生产活动最终成果——产成品方面的指标。林业企业中的营林、采运生产活动的阶段性比较明显。为了使生产计划能更好地反映实际、指导生产活动，在制定林业企业生产计划时，需要计算各生产阶段的工作量，其中包括了森林资源消耗和各环节上的在制品结存量计划。

10.3.3.2　年度生产计划编制依据、过程

10.3.3.2.1　生产计划编制依据

编制生产计划，确定各项指标以及对生产活动做出基本安排，需要周密细致地考虑多方面的情况，搜集有关方面的依据资料：①国家有关的方针、政策，文件资料；②上级下达的指令性任务及指导性计划指标；③企业的长期发展计划；④国内外市场需求情况调查、预测资料；⑤生产需要的各种物资供应情况；⑥产品销售数量、价格及其库存数量资料；⑦工艺技术资料及各种定额资料；⑧上期生产计划执行情况；⑨设备数量、状态、检修情况方面的资料；⑩劳动组织调整及劳动力调配方面的资料；⑪企业资源状况资料；⑫外协生产安排等有关资料；⑬其他条件方面的资料。

10.3.3.2.2　生产计划编制过程

实行以销定产的林业企业，编制生产计划要和安排产品销售计划结合进行，并以销售计划为依据，从计划上体现和保证产销衔接。

编制生产计划的主要步骤，可以概括为以下几步：

（1）调查研究，收集资料。在调查研究、收集有关资料时，要注意学习和研究国家有关的方针政策，认真总结上期计划过程中的经验和教训，研究在生产计划中贯彻企业经营计划的具体措施。

（2）统筹安排，提出初步的生产计划指标。进行统筹安排，提出初步的生产计划指标，应着眼于更好地满足市场需要，提高企业的经济效益。统筹安排主要指以下几个方面：产量指标的优选和确定；产品出产进度的合理安排；各个产品品种的合理搭配；

总指标分解为各个分厂和车间的生产指标等。这些指标相互联系、互相制约，在落实时需要统筹安排，全面考虑。

（3）综合平衡，确定生产计划指标。综合平衡，确定生产计划指标是编制生产计划的重要步骤。这一步要将需要和可能结合起来，将提出的初步生产计划指标和各方面的条件进行平衡，使生产指标得到落实。

报请上级主管部门批准或备案，最后确定生产指标经过反复的核算与平衡，最后编制出产品产量计划和产值计划。

以上所讲的生产计划编制过程，是就其编制活动本身内在顺序而言的。而编制生产计划活动又是一个上下结合、反复协商的过程。上级主管部门从整体出发，对企业的生产计划有一定要求，而各企业生产条件不同，各有具体情况，企业生产计划又必须反映本企业的具体实际条件。两者常常出现差距和不一致的方面，为使两者能更好地协调起来，编制生产计划的过程，又多采用"两上""两下"的编制程序。

10.3.3.3　生产计划指标确定的量化分析

编制生产计划除了调查研究，搜集资料，搞好定性分析，编写逻辑性强、层次清楚、语言简练、能很好说明问题的文字资料外，重要的是科学合理地确定出各项量化指标。在各项生产计划指标中，产值指标是依据品种、质量、产量各项指标换算出来的，因此在量化过程中，主要是采取适当的方法优化确定品种、质量、产量各项指标。

10.3.3.3.1　品种指标的确定

木材采运生产中的品种指标，是指原木、小规格材、薪炭材，以及原木中的不同材种、不同规格而言的。尽管它们都有本身的质量标准规定，但是木材采运生产不同于一般加工业生产。一般加工业生产用同一原料可以生产出各种品种的产品。但是木材采运生产的品种指标，在很大程度上取决于林木资源的客观质量状况，不完全由人的主观愿望所决定。如：腐朽的、短小的林木，无论生产者怎样努力，也不可能生产出自然的车辆材或造船材。因此，木材采运生产计划中的品种指标，可由以下几种方法确定：①经验法，根据历年的统计资料，经过分析加以确定；②根据伐区资源调查资料确定；③实验法，在同类型的林分资源中选择样地实验。

营林生产中的品种指标是指树种、纯林、混交林等各林种而言的。确定时必须考虑地理位置、立地条件，根据林学方面的要求，生态环境的要求，结合长期经济需求预测情况，在有选择的条件下，再结合企业的实际可能加以确定。

在木材加工生产中，应以供应的加工原木出材情况为依据，尽量加工价值高的材种。而在品种较多的木器加工生产中，具有较大的品种选择性。确定品种时，依各产品的评价为基础，通常采用销售利润分析法加以选择。

在其他多种经营产品生产中，要依市场需求为依据，考虑经济效益和企业各种资源利用效益的最大化，结合企业的实力来确定。

10.3.3.3.2　质量指标的确定

质量指标是产品适用性、使用功能的反映。无论营林、采运、林木产品加工等生产，提高质量必将增加劳动消耗。质量水平过高或过低，即功能过剩或不足，均是不合理的表现，都不能使企业获得满意的收益，适当的质量水平对企业才有利。确定营林、采运、林木产品加工生产的质量指标，均可以应用质量费用曲线的原理作指导，适当确定质量等级。林业企业的众多多种经营产品质量指标常以自然资源和市场需求来确定。

10.3.3.3.3 产量指标的确定

（1）营林各生产阶段的主要数量指标。编制生产计划确定产量指标时，营林产量指标不是确定几十年后、上百年后培育出的林木资源是多少，而是确定计划期营林生产各阶段需要完成的工作量。

第一，林木种子采集、收购量。此计划期生产的种子是为下一个计划期用种所做的准备，所以，

某种树种种子生产量 =（下一计划期直播用种量 + 下一计划苗圃育苗用种量）× 保险系数 + 需要补充储备量

第二，成苗出产量，即

$$Q_{成苗} = S_{成苗} \cdot V_{苗} \cdot J$$

式中：$Q_{成苗}$——某树种合格成苗产量；

$S_{成苗}$——达到成苗年限的该树种育苗面积；

$V_{苗}$——单位面积产苗量；

J——苗木合格率。

第三，计划期育苗面积，即

$$S_{育} = \frac{S_{更造} \cdot V_{需}}{1 - K_{损}} \cdot \frac{1}{V_{苗}}$$

式中：$S_{育}$——某树种育苗面积；

$S_{更造}$——相应计划年度该树种更新造林植苗面积；

$V_{需}$——植苗单位面积需苗量；

$K_{损}$——出圃后合格苗木损失率；

$V_{苗}$——单位面积合格成苗产量。

第四，更新造林面积。这里所讲更新面积是指以人工更新为主的更新面积，主要包括以下一些迹地面积：

A. 上年主伐迹地人工更新面积，北方寒冷地区，需要提前整地才能更新时，主要是指上年前三个季度的主伐迹地。择伐迹地需要考虑实际保留的郁闭度而定。

B. 已往更新林地需要重造面积。

C. 计划年度应补更新欠账面积。

D. 林分改造应更新面积。

E. 林中空地、火烧迹地的更新面积。

F. 造林面积。计划年度造林面积为

$$计划年度造林面积 = \frac{适宜荒山荒地面积 + 以往造林地重造面积}{完成造林面积}$$

第五，幼林抚育面积，包括以下几种：

抚育实际面积 = 当年更造幼林面积 + 去年更造幼林面积 + 前年更造幼林面积

抚育作业面积 $= \sum$ 各年更新造林面积×抚育次数

第六，成林抚育面积。依据林种、林龄、林相、立地条件、资源经营状况，确定成林抚育的种类和内容。

$$成林抚育面积 = \frac{中幼龄面积}{抚育间隔期}$$

成林抚育出材量 = 成林抚育面积×单位面积蓄积×抚育强度×出材率

第七，林分改造面积，即

$$林分改造面积 = \frac{需改造的低价林分面积}{计划改造面积}$$

林分改造出材量 = 计划期林分改造面积×单位面积蓄积×出材率

（2）采运、林木产品加工产量指标分析，主要有：第一，量本利方法的应用。任何一种产品生产时，都有其确定的工艺过程要求，需要具备必要的生产条件，如厂房、设备、工具、电力、原料、劳动力等，在一定的产量范围内，所需的某些物质条件的数量是不变的。因此，对成本构成成分进行分析后，得到两种成分：一是不随产量变动而变动的固定成本，二是随产量变动而变动的可变成本。由于固定成本的存在，当生产数量少时，单位产品成本负担就要加重；产品数量多时，单位产品成本负担就会减弱。当产品价格确定时，总会有那样一个产量点，使销售价格等于单位成本，或者说使销售收入等于该产量点时的总成本，此时盈亏是平衡的。如果产量低于盈亏平衡点时的数量，生产结果必然是亏损。所以编制生产计划确定一种产品产量指标时，应找到这种产品盈亏平衡点时的产量，计划指标不得低于这一产量，以保证生产的营利性。第二，线性规划方法的应用。在相同生产条件限制下，进行多品种生产时，为取得最佳的生产结果，不能只凭经验作直观判断，也不能只凭某一种有利因素或不利因素的限制，简单地确定各种产品产量。需要全面计算各种限制条件，借助现代化的计量方法，如线性规划方法，确定各种产品产量，使企业取得最好的经济效果。

10.3.4　生产任务的安排与落实

各项生产计划指标确定后，只是就企业整体确定了计划年度的生产任务。如何去完成，由谁来承担，怎样才能顺利实现企业产品与社会的交换过程，还需要对各项生产指标在企业内部进一步地从时间方面、空间方面（即在各生产单位之间）进行统筹安排和落实。

10.3.4.1　生产任务安排与落实的作用

（1）使各生产单位明确计划期内的任务和经济责任，使计划任务进一步在时间上、空间上、责任人方面得到落实和保证。

（2）有利于各生产单位提前做好各项生产准备工作，有利于各生产环节的衔接，使生产顺利进行。

（3）保证产销衔接，为做好销售工作提供良好条件。

（4）为合理组织生产，更有针对性地调动人力、物力、财力提供有效的依据，有利于计划的执行和检查，提高企业的经济效益。

（5）有利于资源的开发利用，对企业搞好长期经营有重要作用。

10.3.4.2 生产任务安排与落实的依据

由于林业企业生产特点所决定，产品生产进度的时间安排，生产任务的生产单位落实，都必须依不可改变的客观环境，或在短期内难以改变的生产条件作为考虑问题的出发点。

林业企业的主要生产安排，首先是以客观自然地理环境为依据。例如，东北地区，冬季就是木材生产的有利季节，夏季则是淡季，裸露岩石地，显然对营林生产任务安排是极为困难的。组织生产必须充分利用有利的自然条件，以取得更好的经济效果。其次，要以各生产单位的资源状况和生产设施条件为依据，如道路情况，这是最基本的物质基础。这些条件是无法在不同单位之间做空间调动的，所以应以伐区调查资料，工艺设计资料，生产能力核定资料等作为根据，对生产任务进行安排和落实。再次，应根据企业已签订的销售合同所规定的产品数量、品种、质量规格、交货期等项要求为依据，保证生产能够兑现合同。第四，有条件时，各生产单位均应分别承担生产任务，避免过量集中。

10.3.4.3 产品生产进度安排

营林生产是对林木进行栽培管理活动，具有较强的时间季节性要求。大面积的植树造林工作，只能集中在春季解冻后的较短时间里进行，基本不允许错过季节延误时间。任务量特别集中，不能按平时营林工人数及正常工作量那样去安排生产进度。一般情况都是动员全部力量，在应时季节内突击完成。其他一些抚育活动也都具有较明显的季节性，生产进度只能抓住应时季节去完成。灵活性较大的整地活动，可以在生产任务安排中进行机动调整。

木材生产进度安排亦受季节性影响。基本有两种安排方式：季节性生产和常年性生产，即使常年生产也不否定有利季节与不利季节的差别，因此安排生产进度时要有明显的区别。但在不同生产季节里，生产进度基本适合平均分配法。季节性生产，平均单位时间产量分配曲线呈倒八字形，如图 10-1 所示；累计产量分配曲线呈台阶形，如图 10-2 所示；常年生产时，平均单位时间产量分配曲线示意图呈容器形，如图 10-3 所示；累计产量分配曲线呈折线形，如图 10-4 所示。

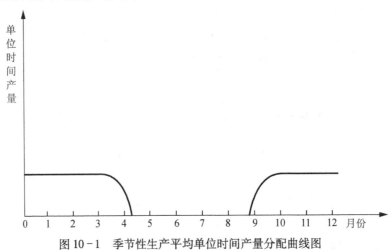

图 10-1　季节性生产平均单位时间产量分配曲线图

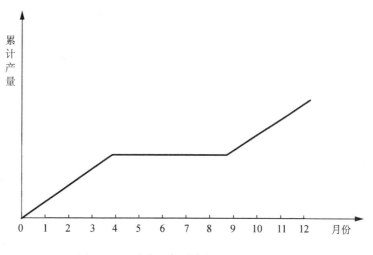

图 10-2 季节生产累计产量分配曲线图

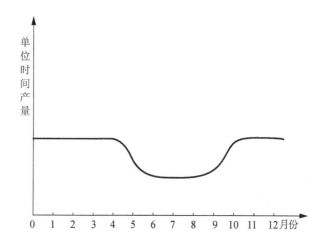

图 10-3 常年生产平均单位时间产量分配曲线图

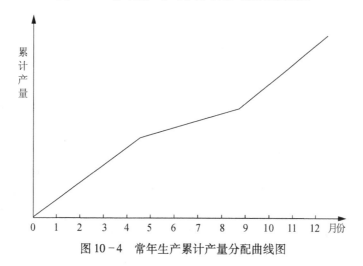

图 10-4 常年生产累计产量分配曲线图

林木产品加工生产的进度安排，类似于其他加工型企业。

10.3.4.4　生产单位生产任务的安排

各生产单位生产任务的安排要能保证整个企业生产计划的实现，即把采、集、运、卸、造、归各项工作分配给各林场、森铁处或汽运队、贮木场，使山上、山下的生产相互衔接。缩短产品从山上到山下的生产时间，减少流动资金的占用。充分利用各生产单位的生产能力，提高经济效益。

生产任务的分配，首先对基本生产任务作分配，然后再对辅助生产活动任务进行分配。分配时应区分生产过程组织的专业化形式。在对象专业化的生产组织形式下，生产任务分配方法简单。根据生产单位的生产能力、生产任务的具体要求、产品的专业分工情况，对任务进行落实。例如：加工生产中的锯材生产、人造板生产、木材采运生产中的山上各林场生产，均属于这种类型。

在工艺专业化的生产组织形式下，对各生产单位进行任务分配时，重要的是解决好前后生产单位之间在产品数量、完成期限、产品配套方面的平衡衔接。一般按"逆工艺顺序法"进行任务分配。木材采运生产，山上伐区—汽运队—贮木场的生产组织，就是工艺专业化的形式。

10.4　林业企业生产作业计划

10.4.1　生产作业计划的一般性质、特点

生产作业计划是一种短时间内的计划，是对年度生产计划的具体执行计划。由于客观环境和生产条件的变化，存在着偶然性和随机性，年度生产计划不可能对全年内每个具体时间生产条件变化及其变化程度做出准确预见，所以难以对全年各时期生产活动的全部细节做出详尽安排，只能对全年生产活动的大指标做出基本安排。另外企业生产经营活动也不可能是一劳永逸的，因此企业必须根据各个时期的临时情况，编制指导具体活动的计划。可以看出，作业计划是年度生产计划的延续、细化和补充，是指导企业日常生产活动，保证生产秩序，不断提高企业管理水平，顺利完成生产任务不可缺少的管理环节。作业计划同其他长远规划和年度生产计划相比具有明显的特点。

（1）计划期跨越时间范围较小。年度生产计划，计划期限是一年，最短的时间单位也是分季度确定生产任务，只是确定企业总的生产进度指标，并没有月份内的具体生产活动安排。生产作业计划则是对月份，月份内的旬（或周）、日，甚至每个轮班的生产任务、作业活动做出详细布置。

（2）计划内容更为明确具体。年度计划只是把任务分配给各生产单位，尚没有进一步详细规定班组、工队不同时期的任务。作业计划则对生产单位所属的采伐工队、作业班组、包车组、卸车造材台、轮班工组，乃至个人的短时间生产任务做出明确规定，如作业地点、作业方法、出产时间、出产数量、作业要求等，以便具体行动。

（3）作业计划更突出时间性。时间较长的计划，主要是从时间总量出发，依据各项制约条件，确定各项计划指标欲实现的总量及发展速度，把任务量分配给各生产单

位。而作业计划突出强调的是各种产品投入、产出的具体时间要求、工艺过程中各环节之间的具体衔接、所需生产条件，如设备、劳力、工具、资金、其他材料的配置时间等，作业计划更突出了生产活动的时间性。

10.4.2　生产作业计划工作的程序

生产作业计划工作是一项内容丰富，而且比较复杂的工作。从大的过程上划分；可以划为两大部分内容，编制生产作业计划和实施生产作业计划两部分。仅就编制生产作业计划这部分内容，具体讲应包括以下程序：

10.4.2.1　收集有关资料

这是编制作业计划的依据，编制过程实质上是对各种有关资料进行加工、处理、运用的过程。作业计划能否正确指导实践，关键在于所依据的资料是否齐全、可靠，运用的是否科学合理。

10.4.2.2　选择作业计划单位

作业计划单位不是指劳动组织上的哪个生产单位，是指计划时给各生产单位规定生产任务时采用的计划产品单位（或工作量单位）。选用计划单位的实质，是决定企业各级管理部门在编制作业计划、组织指挥生产时粗细程度的分工。企业应根据产品结构、生产工艺特点、生产组织形式、生产类型等加以考虑，正确采用作业计划单位。

10.4.2.3　制定期量标准

期量标准是正确编制作业计划不可缺少的依据内容，是企业为科学地组织生产在期限上和数量上所做出的标准数据规定，也叫做作业计划标准。

不同性质的生产活动，对期和量的要求及其表现形式是截然不同的，如采伐、运输、加工生产，各有不同的期量要求和形式。即使性质相同的生产活动，不同生产类型时，采用的期量标准也不相同，加工性质的大量生产类型、成批生产类型、单件小批生产类型，均有各自形式的期量标准。

10.4.2.4　确定编制分工和编制方法

编制分工，企业的各个组成部分、各管理层次、各子系统或整体系统与子系统之间，在完成生产任务的过程中，各自发挥的功能是有不同要求的。在编制生产作业计划时，应做出恰当的分工，正确处理企业同各生产单位或基层生产组织之间的集权、分权关系。编制分工一般应该是，某管理层次提出本层次的总体目标，以及为实现这一目标对下一直接指挥层次提出基本要求，其他各层次都以此类推，负责应进行的编制工作。不论哪一个管理层次，在编制生产作业计划时，都必须首先考虑生产组织形式和生产类型，然后才能决定采取的基本编制方法。当下属各生产单位是以对象原则化建立起来的时候，应根据生产计划中提出的生产进度和生产任务量的要求，按各生产单位承担的产品分工、生产条件和生产能力，把数量任务按时间方面的要求分配给各生产单位。当下属各生产单位是按工艺原则化建立起来的时候，编制作业计划时，应根据产品生产过程中各工艺阶段之间或工序之间在时间上和数量上的衔接关系，分别为生产单位确定各时间段的生产任务。

10.4.2.5 进行能力上的平衡

虽然编制年度生产计划时，对生产能力已经作了重点的核算，但是在编制作业计划时这种平衡仍旧是一项十分重要的内容。因为作业计划要具体安排人力、物力的直接行动，把观念上的指标变成实物，如果没有现实平衡作保证，将难以兑现这种转变过程。企业各项生产作业条件都是动态变化的，编制作业计划时，必须根据作业期的具体情况，采用适当的方法进行任务与能力之间或任务与某项生产条件之间的平衡。当发现不符合要求时，及时采取有效措施加以调整，保证作业计划的落实。

10.4.2.6 编制计划及时下达

作业计划就是要在短时间内明确行动目标，做好行动的条件准备，完成作业计划要求的全部活动。所以对于作业计划必须及时编制及时下达，没有任何拖延的余地，尤其是日计划。

编制生产作业计划应满足的要求是：应能全面地落实年度生产计划；充分考虑各生产单位的特点；使作业计划具有实现的可能性；使作业计划能取得良好的经济效益。

10.4.3 营林、采运生产作业计划

各林业企业生产活动都是综合性的，各类生产活动性质明显不同，编制生产作业计划时，需要采用不同的方法。营林、采运两项生产活动是林业企业生产活动的主题，林业生产活动的特点也主要集中在这两项活动上，对其作业计划编制情况作简要介绍。

10.4.3.1 营林生产作业计划

（1）各项作业活动在时间上的衔接与要求。营林生产是对林木进行培育的一种种植业，在林木长时间的生长过程里，自然过程作用的时间占主要部分，而各项生产活动直接作用林地林木的时间并不占主要部分。虽然营林生产工艺过程的各项活动，如采种、育苗、整地、移植、幼林抚育、成林抚育等，是按先后顺序进行的，但它们并不是短时间内的连续过程，两项活动之间都有较长的自然过程时间。这样在安排营林生产作业计划时，前后活动在时间上的衔接具有较大的灵活性。但是，由于种植业特点所决定，营林生产的各项作业活动在一年四季的什么时间里进行，表现出了强烈的季节性要求。编制作业计划时，必须以生物规律要求为依据，把各项活动安排在适当的季节里。营林生产各项作业的时间安排，可编制一个作业时间标准指示图表，根据指示图表做出基本月份安排。不同作业内容，安排在不同的季节、月份里。但是，即使是同一作业内容，也还有林种、林龄、作业目的的区别，以及每年季节的变化都存在着时间差，提前或错后几天的可能。作业单位在安排旬或周计划时应根据实际情况加以调整。

（2）生产任务数量分配，作业单位和作业现场的落实。营林生产接触的基本对象是土地和林木，编制生产作业计划、分配生产任务、落实作业单位时，根本的依据是作业单位经营管理区域内是否有需要作业的现场和合适的作业现场。

同时必须考虑的因素有：年度生产计划中确定的任务量；生物规律允许作业时间与作业计划期的数量关系；具备客观作业条件的作业单位数；各作业单位的作业条件、作业能力。

分配方法可以有两种：

①简单分配法。

采用这种分配方法，分配给各作业单位的任务量可使用下面的计算公式：

$$M_i = \frac{M}{N \cdot n} \cdot k_i$$

式中：M_i——分配给某作业单位的任务量；

　　　M——年度生产计划中的任务量；

　　　N——一年中允许作业的计划期个数；

　　　n——作业单位个数；

　　　k_i——该作业单位分配任务调整系数。

在具备条件综合考虑时，应取该作业单位的作业能力计算调整系数。简单考虑时，取作业内容计算调整系数，或取某一单项基本作业条件计算调整系数。调整系数应是：

$$k_i = 具体作业单位的作业能力 \div 各作业单位平均作业能力$$

采用某项作业内容或单项基本作业条件计算调整系数时，以此类推。

②利用现代化的数学方法。

利用现代化的数学方法分配作业任务时，是把生产活动目的、任务、各项作业条件以及各作业单位对各项作业条件的消耗状况统筹考虑进去，把作业任务在各单位之间做科学地分配，使完成同样的作业任务量付出的经济代价最小。具体做法是，在各项作业条件的允许范围内，建立适当的数学模型，求解出最佳的分配方案。数学模型为：

$$\min Z = x_1 c_1 + x_2 c_2 + \cdots + x_n c_n$$
$$x_1 + x_2 + \cdots + x_n = X$$
$$x_1 a_1 + x_2 a_2 + \cdots + x_n a_n \leqslant S$$
$$x_1 b_1 + x_2 b_2 + \cdots + x_n b_n \leqslant R$$
$$\cdots$$
$$x_1 m_1 + x_2 m_2 + \cdots + x_n m_n \leqslant D$$
$$x_i \leqslant Q_i$$
$$x_1, x_2, \cdots, x_n \geqslant 0$$

式中：Z——计划期完成作业任务总量的成本；

　　　X——计划期作业任务总量；

　　　x_i——分配给某作业单位的作业任务量；

　　　c_i——计划期某作业单位完成单位任务量成本；

　　　a_i——某作业单位完成单位任务量需要的设备台时数（或某种工具）；

　　　S——计划期企业可利用的设备台时数；

　　　b_i——某作业单位完成单位任务量需要的某一工种工日数；

　　　R——计划期企业可工作的某工种工日总数；

　　　m_i——某作业单位完成单位任务量需要的动力（或燃料）数；

　　　D——计划期企业可供作业利用的动力总数；

　　　Q_i——某作业单位客观条件上允许的作业量。

　　上述模型是企业的各作业单位分配作业任务时使用的，是在设备、劳动力、动力等各项作业条件能够在各作业单位之间流动的条件下建立的。如果某项作业条件已在各单位固定，不宜在短时间内进行流动时，模型还应相应地增加约束条件。假如设备已在各单位固定，暂不调动，这时模型应增加一组约束：

$$x_i a_i \leqslant S_i$$

$$\sum_{i-1}^{n} S_i = S$$

　　上述约束中，S_i 为各作业单位已固定的设备台时数。如果其他作业条件也不能流动，模型中增加的约束条件，以此类推。

10.4.3.2　采运生产作业计划

　　采运生产不同于营林生产，采运生产各环节作业的对象，是同一计划期的同一劳动对象。生产过程是同一劳动对象在各工序中的传递，因此，生产过程对产品在工序间的数量衔接、时间衔接要求严格。只有这样才能保证生产过程的连续性和协调性。企业在编制生产作业计划时，必须掌握各阶段应完成的工作量，以及把各阶段的工作量分配落实到有关的生产单位。

　　（1）作业计划期各阶段工作量的制定。采运生产，它既可以组织常年生产，也可以组织季节生产。即使常年生产也不排斥在有利的季节多完成一些生产任务。确定各作业计划期应完成的作业总量时，可依据下式计算求得：

$$M_i = \frac{M}{N} \times k_{ji}$$

式中：M_i—— 第 i 期应完成的生产任务总量；

　　　　M—— 年度生产计划中生产任务总量；

　　　　N—— 年度内作业计划期数；

　　　　k_{ji}—— 第 i 期季度因素任务分配调整系数。

　　k_{ji} 应满足 $\sum_{i=1}^{N} \dfrac{k_{ji}}{N} = 1$ 的要求。

　　当 M_i 确定下来以后，可按照反工艺顺序，计算各阶段的工作量。由于采用不同的工艺过程，一些生产活动将在不同的生产阶段里完成。这里仅以原条集、运材的工艺过程为例说明各阶段工作量的确定。采运生产的最后一道工序是最终贮木场的原木归楞工作，其工作量可按下式计算求得：

$$\begin{matrix} 贮木场原木 \\ 归楞工作量 \end{matrix} = \begin{matrix} 计划期应完成的 \\ 木材生产任务量 \end{matrix} - \begin{matrix} 联路装车 \\ 木材数量 \end{matrix} - \begin{matrix} 途中拨交 \\ 木材数量 \end{matrix} - \begin{matrix} 直接拨给本企业 \\ 加工厂的木材数量 \end{matrix}$$

　　归楞工作的上一道工序是选材工作，其工作量可按下式计算求得：

$$选材工作量 = 计划期应完成木材生产任务总量 - 途中拨交数量$$

　　选材工作的上一道工序是造材，凡是造出的原木都要经过选材才能归楞或拨交，因此：

$$造材工作量 = 选材工作量$$

　　在没有原条贮存环节的情况下，造材的上一道工序是卸车。造材、卸车之间只有在选材台上存放少量原条的可能性，对于月作业计划或周作业计划，造材台上存有少量原条的可能性可以忽略不计。造材、卸车是同一数量的作业对象，只是造材量是以原木计算的，卸车量要以原条计算，所以，它们之间要用原条造材出材率加以换算。

$$卸车工作量 = 造材工作量 \div 原条造材出材率$$

如果考虑其他一些因素，在造材和卸车之间设有原条贮存环节，这时造材前的工作应是原条搬运，其工作量为：

$$原条搬运到造材台工作量 = 造材工作量 \div 原条造材出材率$$

这时卸车的工作量是：

$$卸车工作量 = 原条搬运工作量 + 作业计划期末原条贮存量 - 作业计划期初原条贮存量$$

运材工作量是以抵达最终贮木场接收数量为准，所以：

$$运材工作量 = 卸车工作量$$

运材工作之前，必是装车。在这里，从山上伐区将木材运到最终贮木场，没有中间倒运过程，直接由山上装车场运到贮木场。这时装车的工作量为

$$装车工作量 = 运材工作量 + 途中拨交数量 + 在途数量 + 掉道材的数量$$

如果中间没有倒运过程，应另换算倒运各环节的工作量。

装车之前的工作是集材，考虑到装车场可能有原条贮存的情况，因此，集材的工作量为：

$$集材工作量 = 装车工作量 + 装车场期末贮存量 - 装车场期初贮存量$$

在集材与打枝两项工作之间，既考虑到生产连续性的需要，也考虑到安全的需要。在它们之间应有一定的在产品结存。打枝作业工作量，即可根据集材数量、山上原条结存数量的变化来求得。

$$打枝工作量 = 集材工作量 + 作业计划期末山上原条结存量 - \\ 作业计划期初山上原条结存量$$

根据同样的道理，推算打枝上道工序——伐木作业工作量。

$$伐木作业工作量 = 打枝工作量 + 作业计划期末山上伐倒木结存量 - \\ 作业计划期初山上伐倒木结存量$$

打枝后的原条材积与伐倒木的材积严格来讲是稍有差别的，在这里把它们看作近似相等，以原条形态计算，不影响计划工作。

本章小结

计划管理贯穿于企业各部门和各方面工作之中，是一项全面性、综合性管理工作。所谓计划管理，即根据国家、社会对企业的要求，在企业经营环境分析的基础上，为实现企业经营目标，对企业一切生产经营活动制定切实可行的全面计划，并拟定行之有效的措施保证其顺利完成，以便达到较高的生产效率，获得尽可能大的经济效益而进行的管理活动。现代林业企业的计划管理是全面的计划管理，它在企业经营管理中具有重要的作用。

　　林业企业综合计划也称为林业企业经营计划，它是指导林业企业全体职工未来行动的纲领，也是企业经营战略的具体落实。林业企业经营计划有其自身的内容。编制企业经营计划必须掌握可靠的资料，遵循正确的程序和选择适宜的方法，并进行认真实施和有效控制。

　　林业企业年度生产计划及作用是指导企业生产活动的纲领性文件，生产计划是生产管理的核心。企业年度经营生产计划是年度生产计划编制的主要依据，林业企业产品生产能力的确定是生产计划的重要因素，年度生产计划指标的确定是关键。

　　生产作业计划是一种短时间内的计划，是对年度生产计划的具体执行计划。在其内容、编制方法等方面生产作业计划有着自身的特点。营林生产作业计划和采运生产作业计划是具有林业企业特色的生产作业计划。

复习思考题

　　1. 如何理解林业企业的计划管理？其重要意义是什么？

　　2. 林业企业经营计划、年度生产计划和生产作业计划三者之间有何关系？各自的作用是什么？

　　3. 林业企业经营计划、年度生产计划和生产作业计划在编制上有何不同？

　　4. 如何理解企业产品生产能力？影响企业产品生产能力的因素有哪些？

　　5. 年度生产计划的主要指标有哪些？如何确定？

　　6. 营林、采运生产作业计划有何特点？

　　7. 简述在企业计划管理中，计划执行和控制的重要性。

11 现代林业企业生产调度与生产控制

生产调度工作是现代林业企业管理工作的重要组成部分，企业拟定的计划方案和确定的生产经营目标，一般是通过调度工作去组织实施的。调度工作将运用组织、指挥、控制手段，去实现计划和生产管理目的。生产控制是重要的约束手段，对于保证现代林业企业生产活动达到某种预定的目标具有重要意义。

11.1 林业企业生产调度工作

林业企业拟定的各项生产经营活动计划，反映了生产者和管理者对企业生产经营活动的设想，这种设想只是人们对物质世界的认识，只有生产实践活动才是在创造实实在在的物质世界。生产调度工作就是把计划转变为物质过程中一种必要形式。无论企业规模大小，在组织生产活动过程中，都不能不利用调度这一形式。任何一个明智的管理者，都应重视对调度活动的研究，充分发挥它的作用。

11.1.1 生产调度工作的任务与内容

11.1.1.1 生产调度工作的任务

生产调度工作是企业生产统一指挥系统中的重要组成部分，各级生产调度工作都具有协助该层次行政领导指挥生产的职能，直接对生产过程进行组织。生产调度的任务主要包括以下方面：

（1）认真贯彻落实党和国家及有关部门的方针、政策，贯彻企业领导组织生产的主旨意图，调动职工的积极性，保证各项任务的按时完成。

（2）按作业计划的规定和要求，及时向基层生产单位下达任务，对生产经营活动进行有效的指挥和监督。

（3）随时掌握生产动态信息，收集、处理各种生产信息，及时向领导汇报生产情况。

（4）积极预防和处理生产中的事故和失调现象，保证良好的生产秩序，不断提高生产效率和企业经济效益。

11.1.1.2 生产调度工作的内容

为完成上述任务，生产调度日常需要进行大量的、深入细致的工作。主要的工作内容如下：

（1）根据生产作业计划组织日常生产作业活动，经常检查和协调各生产阶段、各工序的活动，逐日逐班地检查作业计划执行情况，抓好关键产品和关键环节的管理，解决生产中出现的各类问题。

（2）根据投产的时间要求，抓好准备作业的施工进度和质量，督促、协调有关部门做好生产服务工作，尤其是对于搬迁作业区的生产活动，更要抓好旧号清理和新号开发的衔接工作。

（3）根据生产需要，合理调整劳动组织，调配劳动力，保证技术等级、工种之间同实际需要的协调配合。

（4）检查设备利用与运转情况，进行必要的配属调整；设备发生故障后迅速组织力量 抢修，尽快恢复生产。掌握物资供应情况，督促有关部门做好贮备和供应，严防待料停工现象发生。

（5）进行日常的调度统计分析工作，掌握生产信息，找出生产薄弱环节和不利因素，及时采取措施加以消除。

（6）抓好生产调度会议，通过调度会议讨论生产中的重要问题，协调各生产单位之间协作联系，下达调度令，明确合作中的各自责任。

11.1.2 生产调度工作的原则

为使调度工作能充分发挥组织控制的作用，做好调度工作应遵循以下原则：

（1）计划性原则。林业企业生产调度必须以生产计划为依据，生产调度的灵活性必须服从计划的原则性，要围绕完成生产任务来开展生产调度业务。同时，调度人员要不断总结经验，协调计划人员提高生产计划的编制质量。

（2）集中统一性原则。尽管林业企业各级组织都设立调度机构，但必须遵循集中统一的原则，以协调各部门的生产经营活动，保证林业企业整体计划的完成。

（3）预防性原则。生产调度要以预防为主，这就要求调度人员在从事调度工作之前，认真做好各项准备活动，预防不协调现象的发生。在进行调度工作过程中，要采取各种措施以防各种问题的发生。

（4）及时性原则。处理生产经营活动中的各种不协调问题是调度工作的一项主要任务，只有处理及时，才能够使生产活动顺利进行。

（5）客观性原则。生产调度工作应根据客观事实进行安排，根据生产过程中出现的现实问题进行处理，切忌主观臆断。

（6）群众性原则。广大员工是各项生产经营活动的主体，要充分发挥员工的智慧，做好企业生产调度工作。

11.1.3 生产调度工作制度

生产调度工作除遵循正确的原则指导工作外，还应建立合理的制度对调度活动进行制约，保证生产调度系统的有效运行。根据调度工作的性质和特点，应建立以下几项工作制度。

11.1.3.1 调度值班制度

企业生产活动常常昼夜不停地进行，其中某些岗位、某些环节非白班的作业时间占有很大比例，不能忽视这部分生产过程和生产成果。对任何生产活动或过程都不能放任自流，要把全部生产过程管理起来。因此，必须建立调度值班制度，以随时掌握和处理生产过程中发生的种种问题，同时，也通过值班调度及时向下传达和贯彻执行企业领导关于生产方面的指示和决定。

值班调度必须记好值班记录，交换班时要严格按照交接班制度规定的内容，当面交接清楚、各负其责。

11.1.3.2　调度工作会议制度

召开生产调度工作会议，是研究解决生产中出现的各种问题的有效形式之一。会前应做有充分准备，深入调查研究，列出会议要集中讨论解决的生产问题以及预备方案，不开无准备会议。会议重点是讨论准备解决的议题，同时要广泛听取与会人员的各种意见和建议，提出新问题。对于讨论的各项重要生产问题，都应作出决议，不能议而不决。每次生产调度会都要做出明确的会议纪要。调度会议的决策就是命令，有关单位必须认真执行，并汇报执行情况。对于生产调度会上无法解决的问题，整理后向主管领导汇报。

11.1.3.3　调度工作的报告制度

各级生产调度人员要定期地向本单位生产领导者和上级生产调度部门汇报生产情况，一般以报表的形式结合其他信息手段逐级报告。除定期报告外，调度人员还应经常地把生产中的主要问题和工作情况，向有关领导汇报。一方面领导掌握情况，另一方面也可以及时取得领导的支持，做好调度工作。

11.1.4　生产调度的组织机构

现代化生产必须有强有力的生产调度系统，企业、车间（林场）、工段（班组）以及有关生产部门都要建立生产调度组织。企业有负责生产的主管领导或总调度长主管，由生产科执行这方面业务；车间（林场）在车间主任（场长）领导下设车间调度组；工段一般可由工段长兼任；在劳动、工具、机修、供应、运输等部门也要设立专业性质的调度组织。这样在企业形成一个上下贯穿、左右协调、集中统一的生产调度系统，建立起科学合理的企业生产调度工作机构。生产调度工作机构是做好调度工作不可缺少的组织保证。调度的组织机构是企业统一的生产指挥系统的主线，应根据企业规模、组织结构、管理水平，确定三级调度网或两级调度网，并设有总调度长、副调度长，配备若干名调度员，分工负责各方面的调度工作。各基层生产单位，相应设立调度机构或调度人员，负责本单位的调度工作。

11.1.5　生产调度工作的工具设备

生产调度人员要随时掌握生产情况，及时获得各种生产信息，作为组织指挥生产的基本依据。为提高调度工作的质量和效率，企业各级生产调度部门都应配备必要的技术设备，作为保证工作顺利开展的物质手段，并要随着科学技术的进步，不断更新设备，逐步实现生产调度的现代化。目前使用的技术装备主要有以下几种。

11.1.5.1　通信设备

林业企业生产作业分散，直接现场指挥有一定困难，配备远距离的通信设备十分必要。林业企业都有调度专用的有线电话机和无线电话机，形成调度通讯网。这是调度用以召开电话会议、发布调度命令、报道生产情况等的最常用的基本工具。

11.1.5.2　文件处理与传送装置

　　这类装置主要有复印机、传真机、Internet 网等，用来处理文件、文字资料、传递文件报表等。

11.1.5.3　工业电视

　　装备企业内部的闭路电视系统，通过电视屏幕了解生产现场的情况。再配上通话装置可以及时传递信息和发布调度命令，如同现场指挥一样，这样有助于提高指挥效能和效率。但目前工业电视还有一定的局限性，只适于生产环境比较集中的情况。

11.1.5.4　电子计算机系统

　　电子计算机应用的范围越来越广泛，世界各国普遍在管理领域开发应用。我国很多企业正在建立以电子计算机为主要手段的管理信息系统。它能大大提高信息传递与处理速度，协助调度人员做出正确的决策，科学地指挥生产。

11.1.6　生产调度的业务方法

　　调度系统的工作机构和技术设备，是组织手段和物质手段方面的保证，虽然说是完全必要的，但是决定调度工作科学性和工作效果的本质因素，还是调度工作所采用的技术业务方法。在指挥生产、利用生产条件方面，经常使用的业务方法有以下主要方面。

11.1.6.1　追踪监督法

　　从生产作业任务下达开始，调度工作便要紧紧抓住生产环节的衔接、产品进度、生产过程的连续性、均衡性进行监督，随时观察掌握生产动态，并对生产情况进行分析。每天上班要抓出勤，查劳力和设备的出勤；中间要抓进度，查完成的生产数量和预计完成计划的可能性；下班要抓总结，查计划的完成情况，查生产的有利因素和不利因素。每日每班均应做出统计分析，对失衡的作业活动进行调整，对各项生产力因素的使用进行调度安排。班班如此，直到计划实现为止。

11.1.6.2　调度图表法

　　使用专用图表，简明表达事物状态，是调度人员处理业务的有力工具之一。调度工作要充分利用各种图表形式为管理服务。如各种调度统计表、均衡生产控制图、生产进度显示图、生产指示图等。这是调度工作最常用的方法，它能简明反映出计划与实际执行情况是否一致及差距。

11.1.6.3　调度分析法

　　林业企业生产影响因素多、复杂、不易掌握，不进行深入分析就无法解释生产现象的因果关系，也无从制定实现计划的措施。只有通过正确地分析，才能找出当时影响生产的因素有哪些，影响程度多大，分清主次，抓住关键，才能有针对性地制定有效措施，合理组织生产。只有通过分析，才能掌握生产变化趋势，才有指挥生产的主动权。因此搞好调度分析对于加强生产管理具有重要意义。

　　调度分析的内容既要全面，又要突出重点，分析的重点应视生产具体情况而定。分析方法应综合运用比较分析法、对比分析法、因素分析法等，对生产经营活动既要做全面的综合分析，也要对主要的、个别的问题作专题分析。从时间过程上，既要作短时间的日常分析，也要进行未来的趋势分析。

11.1.6.4 优化方法

随着管理科学的发展，各种现代化管理技术方法在企业管理中得到了广泛的应用，如成组技术、网络计划技术、看板管理等。调度工作对生产分配和生产安排是否得当，直接影响生产消耗多少和生产成果大小。因此，调度工作应克服粗放的做法，采用先进的优化方法，使各项生产条件得到充分利用，降低消耗、提高经济效益。

11.1.6.4.1 匈牙利分配任务法

在调度工作分配任务时，常会遇到把几项任务同时分配给几个工组（或几台设备）去完成，每个工组都有能力完成不同任务，但不同工组完成不同任务时，效率不同，消耗也不同。分配任务时总是希望完成的工作量最多，而消耗量最小。匈牙利分配任务法就是解决这种分配问题的一种优化方法。现以例题说明这一方法的应用。

例如，资料如表 11-1，怎样在工组之间分配任务，才能使完成各项作业的总成本最低。

表 11-1 待分配任务表

单位成本 工组 \ 任务	抚育人工林	抚育天然林	刨 穴	打 带
1	6	7	5	8
2	6	8	12	7
3	13	16	12	10
4	12	14	10	8

匈牙利分配法的步骤如下：

（1）列出成本矩阵，进行行约简。各行减本行中最小数。

$$\begin{bmatrix} 6 & 7 & 5 & 8 \\ 6 & 8 & 12 & 7 \\ 13 & 16 & 12 & 10 \\ 12 & 14 & 10 & 8 \end{bmatrix} \begin{matrix} -5 \\ -6 \\ -10 \\ -8 \end{matrix} \Rightarrow \begin{bmatrix} 1 & 2 & 0 & 3 \\ 0 & 2 & 6 & 1 \\ 3 & 6 & 2 & 0 \\ 4 & 6 & 2 & 0 \end{bmatrix}$$

新矩阵表明每个工组担任不同任务时多用的成本。

（2）进行列约简，各列减本列中最小数。

$$\begin{bmatrix} 1 & 2 & 0 & 3 \\ 0 & 2 & 6 & 1 \\ 3 & 6 & 2 & 0 \\ 4 & 6 & 2 & 0 \end{bmatrix} \Rightarrow \begin{bmatrix} 1 & 0 & 0 & 3 \\ 0 & 0 & 6 & 1 \\ 3 & 4 & 2 & 0 \\ 4 & 4 & 2 & 0 \end{bmatrix}$$
$$\quad -0 \quad -2 \quad -0 \quad -0$$

（3）检验是否可以取得优化分配方案。用最少的直线条数覆盖所有的"0"元素，如果直线条数与矩阵阶数相等，即可进行分配。否则，在覆盖线的交点处，加上没有被覆盖的元素中的最小值，而没有被覆盖的元素则减去这个最小值，其他元素不变。这样变换后得一新矩阵，再用最少的直线条数覆盖所有的"0"元素。直到直线条数与矩阵阶数相等时，便可进行任务分配。

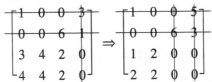

　　（4）任务分配。"0"元素表示工组进行该项作业最有利，所以最先从某一行或某一列唯一的"0"处开始分配，确定工组对应的作业后，便把已确定的工组和任务划掉，继续寻找分配对象。当行列式中遇到多个"0"时，可以从任一位置确定，直到分配完毕。本例分配最终结果如表11－2所示。

表11－2　最终分配结果

工组	1	2	3	4	合计
作业	抚育天然林	抚育人工林	打带	刨穴	
成本	7	6	10	10	33

11.1.6.4.2　约翰逊—别尔曼加工排序法

　　生产多种产品需要经过多道工序，怎样合理安排产品加工顺序，才能使生产多种产品的总消耗时间最短。

　　（1）多种产品经过两道工序生产。

　　例：现有 A，B，C，D，E，F 六种产品均需经过 I，Ⅱ 两道工序加工，在各工序上需要的加工时间如表11－3所示。怎样安排产品生产顺序才能使生产时间最短？最短时间为多少？

表11－3　各产品在 I、Ⅱ工序上加工时间表

加工时间 \ 工序 \ 产品	A	B	C	D	E	F
I	5	1	8	5	3	4
Ⅱ	7	2	2	4	7	4

　　具体安排方法是：

　　在所有的加工时间中找最小值，最小值如果在第一道工序里，对应的产品安排在最前面加工；否则，最小值如果在第二道工序里，对应的产品应安排在最后加工。确定完一种产品的加工顺序后，以同样的方法再继续确定剩余产品的加工顺序。以此类推，一直把最后一个产品的加工顺序确定下来为止。本例题的加工顺序是 B－E－F－A－D－C。

　　求最短的总加工时间：计算过程如表11－4所示。

表 11 - 4　最优时间计算表

工序 \ 产品加工顺序	B	E	F	A	D	C
I	1^1	3^4	4^8	5^{13}	5^{18}	8^{26}
II	2^3	7^{11}	4^{15}	7^{22}	4^{26}	2^{28}

完成六种产品的最短加工时间为 28 个单位。

（2）多种产品经过三道以上工序生产。

可采用以下方法安排：

求各产品的斜度指标：$a_i = \sum [k - (m + 1)/2] p_{ik}$　　$k = 1,2,3,\cdots,n$

式中：m——工序数；

　　　　p_{ik}——产品 I 在 k 工序上的加工时间。

按照各产品的 a_i 值递减的顺序排列各产品，可以得到最有利加工顺序。

例：现有四种产品经过三道工序加工，各单件加工时间如表 11 - 5 所示。确定最优加工顺序并计算最短加工时间。

表 11 - 5　四种产品在各工序上加工时间表

i	1	2	3	4
P_{i1}	1	2	6	3
P_{i2}	8	4	2	9
P_{i3}	4	5	8	2

求解过程：计算

$$a_i = \sum [k - (m + 1)/2] p_{ik}$$
$$= \sum [k - (3 + 1)/2] p_{ik}$$
$$= - p_{i1} + p_{i3} \quad (k = 1,2,3)$$

则：$a_1 = 3, a_2 = 3, a_3 = 2, a_4 = -1$

按 a_i 递减的顺序排列四种产品的加工顺序如下：1 - 2 - 3 - 4 或 2 - 1 - 3 - 4

按上例同样的方法计算最短加工时间为 28 个单位。

11.1.6.4.3　效率比法

在用多种设备生产多种产品时，不同设备生产不同产品效率不同，各种产品具有一定的比例，在确定的时间里怎样分配设备任务能够得到最多的配套产品，复杂的情况下可以运用线性规划的方法解决。在较简单的情况下，可应用效率比法解决。现有资料如表 11 - 6 所示。

表 11 - 6　设备数量与加工产品的效率情况

设备型号	设备数量	每台设备的生产效率	
		横　梁	顺　边
木工机床 A	10	100 件/台班	50 件/台班
木工机床 B	8	120 件/台班	80 件/台班
木工机床 C	5	180 件/台班	150 件/台班

产品配套需要 3 个横梁、2 个顺边。分配任务后希望在确定的时间内得到配套产品数量最多。

（1）计算生产两种产品的效率比，即：

A 机床：$\dfrac{100}{50} = 2$

B 机床：$\dfrac{120}{80} = 1.5$

C 机床：$\dfrac{180}{150} = 1.2$

（2）以效率比最大的机床生产横梁，以效率比最小的机床生产顺边，效率比居中者作产品配套调整用。即用机床 A 生产横梁，用机床 C 生产顺边。

（3）列数学模型

令：x 台 B 机床生产横梁，$(8 - x)$ 台 B 机床生产顺边，必有下式成立：

$$\frac{10 \times 100 + 120x}{5 \times 150 + (8 - x) \cdot 80} = \frac{3}{2}$$

求解结果是 $x = 4.52$（台）。实际应用时，小数部分可以换算成台时进行分配。

11.2　生产控制概述

11.2.1　生产控制的概念及其实现的条件

11.2.1.1　生产控制的概念

控制是人类特有的行为，人类活动的最大特点是具有目的性和意识性。为使事物运动过程按照预定的方向进行，要采取一定的保证措施。这种使事物按照预定的方向进行而对其运动进行干扰的行为就是控制。它存在于各种领域的活动中，应用极为广泛。人们对不同领域的控制有不同的描述。这里讲的生产控制，是经济管理领域中的一种控制。林业企业的各项计划都是生产活动发生之前制定的，尽管制定计划是充分考虑了现有的生产能力和各种条件，但计划在实施过程中由于随机因素和外部环境中不可控制因素的存在，使实际情况和计划要求的时间、数量、质量之间可能产生差异。必须进行及时检查对比，分析原因，采取调整和纠正措施等，这一系列工作就是生产控制。

11.2.1.2 生产控制实现的条件

生产控制活动是复杂的系统过程，它的实现必须具备如下条件：

（1）控制标准。标准就是生产计划和生产作业计划。没有标准就无法衡量实际情况是否发生偏离，生产计划规定的产品出产期、零部件投入出产计划、车间生产作业计划等，都是实行生产控制的标准。

（2）控制信息。控制离不开信息，只有取得实际生产进度偏离计划的信息，才知道两者发生了不一致。因此，准确取得实际生产情况的信息，是实施有效控制的基础。

（3）检查分析。是检查实际情况与控制标准之间的偏离情况。

（4）拟定和实施控制措施（含控制工具）。采取纠正偏差的行动。

11.2.2 生产控制的重要意义

进行生产控制的重要意义在于提高生产管理的有效性，实现预定的目标；企业生产出的产品在质量、数量、价格和交货期上使用户满意；使企业内部劳动生产率得到提高，节省材料消耗，促进资金周转，降低管理费用和成本，从而提高企业的经济效益；生产控制是完成生产计划和作业计划的重要手段；生产控制是保证工作方向，提高工作效率的重要手段。

11.2.3 生产控制程序

对于生产控制而言，一般包括三个阶段：测量比较、控制决策、实施执行。但目前的实际情况是林业企业的控制意识淡薄，认识也是模糊不清的，生产计划中控制目标的指标数和标准值也都不齐全，所以也可以把制定标准作为其基本程序之一。

（1）制定计划目标、任务，建立控制标准。建立的控制标准应当具有一定的稳定性、适应性、可计量性，以便有利于使用。控制标准亦应是多层次、多形式的，以满足不同控制方面的需要。它应包括实物数量方面的标准、质量标准、货币方面标准、综合性标准、时间标准等。

（2）测量比较。以生产统计手段获取系统的输出值，与预定的控制标准作对比分析，发现其偏差。

（3）控制决策。根据产生偏差的原因，提出用于纠偏的措施方案。

（4）实施执行。将制定的纠偏方案具体应用于实践。

生产控制程序可用图 11－1 表示。

11.2.4 林业企业生产控制类型及特点

11.2.4.1 生产控制类型

生产控制的类型是多方面的，可根据不同的目的进行不同的划分。比较常见的可从以下三方面进行划分，如表 11－7 所示。

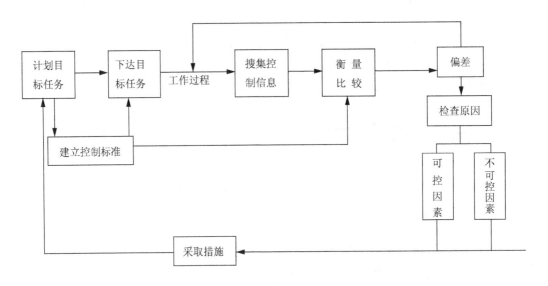

图 11-1　生产控制程序示意图

表 11-7　生产控制类型划分表

划分依据	生产控制类别
按控制对象的主要阶段划分	生产前控制 生产过程控制 生产成果控制
按控制主体划分	自动控制 人为控制
按控制方式划分	前馈控制 反馈控制

11.2.4.2　林业企业生产控制的特点

生产过程是一项十分复杂的运动过程，要比单一的机械运动复杂得多。而林业企业的情况更为特殊，无论是在生产要素构成上还是在工艺过程上，都比一般加工业生产过程要复杂得多。对这样的运动过程进行控制，不是简单的初级控制所能完成的。林业企业的生产控制具有其特殊性，具体表现在以下几方面：

（1）控制的目标多，性质差异大。尤其是森工企业生产经营活动内容多种多样，而且各项活动的性质不同、实现的目标各异，生产控制难度增加。

（2）信息难于准确掌握，而且反馈和响应速度慢。森林资源经营企业经营领域广阔，且分布于崇山峻岭之中，为信息的准确掌握和生产过程的有效控制带来了很大的难度。

（3）生产现场面积大、分散、复杂，不可控因素多，难于采用自动化控制技术，控制主体只能由人来充当。

以上一些特点表明，林业企业生产控制要达到高度科学化的程度，还需要做长期的、大量的研究工作。

11.2.5　生产控制的要求

生产控制是一项极其重要的管理手段，为使生产控制充分发挥作用，满足管理上的要求，生产控制应满足以下几点要求：

（1）生产控制应有系统性。

（2）生产控制应有重点。

（3）生产控制应该具有客观性和适当的弹性。

（4）生产控制应具有经济性。

（5）生产控制应具有有效的纠偏措施。

11.3　林业企业生产前控制

这是按阶段划分的一种控制，控制的对象是林业企业生产前的准备过程，控制的内容包括各项准备活动。

它是生产控制的重要组成部分。林业企业生产前的控制活动，对于创造良好的生产开端，保证生产过程的顺利进行，具有决定性的意义。生产前的各项准备活动，只有达到了控制标准，才能满足正式生产的要求，否则正式生产条件的建立也就失去了保证，将给未来的生产遗留下先天性的缺欠。因此，生产控制必须首先做好生产前的控制工作。林业企业（尤其是森工企业）生产前的准备工作量大、面广、内容多。这个阶段内的控制，主要应该是更新造林前的生产控制、伐区工艺设计控制、准备作业施工控制、作业计划控制以及生产前的其他准备事项控制。

11.3.1　更新造林前的生产控制

林业企业更新造林前所作的准备工作主要有种子生产、苗木生产、造林地选择、整地等活动。

11.3.1.1　更新造林地作业设计控制

更新造林地设计包括外业和内业两项工作。外业主要是对各种迹地、宜林荒山荒地的选择、作业班及小班的划分、进行边界测量、确定面积以及对各项营林生产自然因素进行调查，如土地类型、立地条件、植被及更新频度等。内业要设计出更新造林地面积、具体地点、更新造林方式方法、具体树种选择、造林密度、整地方式、各种作业用工量、材料及设施消耗、费用等。对各项活动进行控制时，一般严格按各种定额及有关规程规定进行。

11.3.1.2　整地作业的控制

这是更新造林前的一项具体活动，林木成活及保存数量与该项工作有着直接关系。因此，应主要对整地方式、割带宽度、方向、穴状规格、质量、密度等进行控制。

11.3.2 木材生产伐区工艺设计控制

伐区生产是木材采运生产的首要环节。伐区既是木材生产的作业场所，又是资源的出产地；既是木材生产基地，又是营林长期经营的区域，而且也是进行多种经营、综合利用的原料基地。伐区的经营不仅仅是对现有地表资源的利用，而且几十年后还要在这里循环作业、长期利用。因此，它既关系到目前的生产，又关系到长远的利益。对于这样一个关系重大的生产作业活动进行必要的控制，就显得格外重要。如果忽视了这一点，出现失控或控制能力薄弱，都将是管理上的失误和失败，严重的潜在性危机就会从这里开始。

伐区工艺设计包括，伐区概况说明、面积、蓄积、林分组成、各种出材量、立地条件等；规定了采伐方式和更新方式、采伐强度、各项作业的基本工作量，机械、工具类型和数量，劳动组织和生产人数，以及集材方式、装车方式、集材道和装车场的分布等。伐区工艺设计是组织伐区生产、编制作业计划的重要依据文件。对这些文件的质量、科学性、正确程度加以控制，是特别重要的。

对伐区工艺设计进行控制，只能适合于前馈控制方式。在控制时，应分别伐区调查和工艺设计两个阶段作不同的控制。

11.3.2.1 伐区调查控制

伐区调查是确定伐区的一项重要基础工作，伐区确定的合理与否，直接与伐区调查的质量、精度、方法有关。伐区调查的主要目的就是确定木材蓄积、林木生长状况，以确定木材生产量及合理的主伐方式。对伐区调查的控制主要按照《伐区工艺设计规程》中的规定，对实际调查结果进行检查，并就一些小班进行复查，以确保调查的真实性和可靠性。在实际控制时，应考虑以下几点：调查技术力量方面的控制、对采用的调查方法控制、对调查精度控制。

11.3.2.2 工艺设计的控制

工艺设计的成果是木材生产施工的合法依据，伐区位置、采伐面积、采伐强度、采伐方式，以及集材、运材等环节的生产，都是通过工艺设计而确定的。因此，应对工艺设计进行严格地控制。要检查设计出的方案是否经过了多方案的技术经济比较、优选之后确定的，设计过程是否科学合理，计算公式是否正确，计算依据是否充分可靠，文件内容是否完整等。对主要的设计项目应重点控制。

（1）采伐方式的控制。以《森林采伐更新规程》中的规定为控制标准，把现场检查与室内抽查结合起来，抽查若干个小班，判定设计的采伐方式是否合理。

（2）采伐强度的控制。做法同采伐方式。

（3）集材方式的控制。针对集材手段特点、作业条件、任务量、生产方式等，评价其设计的合理性。

（4）装车场的选设：装车是伐区生产的最后一道工序，是集材与运材的衔接点。装车场的选设，既涉及运材岔线的延伸，又关系到集材距离的远近。而道路的修建费、集运材生产费用在木材生产成本中占有较大比重。为降低生产成本，伐区工艺设计时，必须把住这一关，加强控制。对装车场设计进行控制，除现场检查分析地理条件是否合理，装车能力、贮存能力是否满足连续生产需要和合理贮存外，还应通过定量计算公式的验算，验证装车场位置选设的是否合理。

（5）集材道布设。布设位置及走向，只能依现场条件分析，不便用公式表达。按《伐区工艺设计规程》中的规定，抽查若干条主、支道，进行检查控制。

除对以上几个主要设计项目检查控制外，亦应对其他设计内容作相应的检查控制。

11.3.3　准备作业施工控制

这是生产前的重要准备活动，木材生产前的准备作业施工量很大，修路、架桥、安装或架设集材、装车设备、修筑房屋、平整场地等，尤其是在山上施工困难多、消耗也大。这些工程项目能否适用，直接关系到今后生产能否安全正常进行。

从生产控制角度来看，重要的是施工质量、作业时间、工程项目位置、施工顺序、施工进度、施工费用等。按照施工图纸上的构造、技术要求，严格控制施工过程中的质量，绝不能只靠竣工时的验收来把关。检查中还要注意有无改线、串位的地方。从时间上要控制施工开工和结束时间，一定要和正式生产开始时间衔接起来。工程项目不正式验收，不能投产。

11.3.4　生产前的其他准备活动控制

林业企业生产除现场条件的准备外，还有其他各项准备，也是十分重要的。包括设备调配、检修，配件、低耗品供应，燃料、动力供应，人员调配、劳动组织调整等各项准备。虽然由于这些准备工作内容的性质不同，所要控制的方面也不同，但不外乎从时间、数量、技术状态、质量、空间位置等方面进行控制。

另外，为慎重起见，生产前应对计划本身的科学性、合理性、可行性等进行检查，加强生产前的控制。

对计划检查，主要是检查计划的各项指标之间是否衔接、平衡；编制方法、计算方法是否正确；使用的各项定额是否合理，依据材料是否可靠；各生产环节的生产能力和任务之间是否平衡；计划任务分解落实是否合理等。发现严重失误的计划不能投产，必须修改调整。

11.4　林业企业生产过程控制

投产前的控制只是第一阶段的控制，而投产后加工制造过程或其他基本生产活动的控制，则是生产控制的中心环节，是保证良好生产秩序和取得较好经济效益的根本手段。这个阶段的控制是指对目的产品开始投产后到产成品入库为止所进行的各种控制行为。在这里，生产过程显然是指狭义的目的产品加工制造过程。

这个阶段，生产活动内容复杂，影响因素多、变化大，应针对不同生产工序活动的特点，采取适当的控制方法进行控制。主要的控制内容有生产进度控制、均衡状态控制、品种出产控制等。

11.4.1 生产进度控制

11.4.1.1 生产进度控制的内容

生产进度具有动态和静态两种表现形式。静态表现的生产进度不与时间消耗联系，只是单纯地从产品数量或工作量上表现生产任务的完成程度。而动态表现的生产进度，则是把数量任务完成的比例同计划期的时间消耗比例联系在一起所表现出的完成程度。例如，计划期已经过去了一半，任务只完成了40%，就是动态表现的生产进度。

生产进度控制贯穿于整个生产过程，从生产技术准备开始到产成品入库为止的全部生产活动都与进度有关。完整的进度控制应包括以下主要内容。

（1）投入进度控制。指对产品（或零部件）的投入日期、数量，以及对原材料、毛坯、零部件投入提前期的控制。

（2）工序进度控制。指对产品（或零部件）在生产过程中，在每道工序上的加工进度的控制。

（3）出产进度控制。主要指对产品的出产日期、出产数量的控制，也包括对零部件的出产提前期、出产数量的控制，更广泛地讲，还应包括对产品零部件的配套控制和品种出产均衡性地控制。

11.4.1.2 参与生产进度控制的部门与职能

（1）制定生产进度控制目标的职能部门。生产进度控制目标就是生产进度计划，该项任务一般由生产计划部门负责。企业级生产计划部门负责制定产品、零部件的出产进度计划和投入进度计划；车间级计划部门根据企业的计划作进一步的细化，具体确定各产品或零部件的投入产出计划。

（2）执行测量比较的职能部门。企业中执行这一职能的部门一般是生产统计部门，生产计划一般是由上而下逐级进行的，而生产统计则是自下而上逐级汇总的，即分班组、车间、企业逐级进行统计。测量、统计数据是生产控制的主要信息来源，因此，统计数据应真实、准确、可靠，以保证生产控制的有效。

（3）制定控制措施与实施的职能部门。在理论上可以分为制定措施与实施执行两部分，但在现实中，这两项职能可以由企业生产调度部门独自承担。

以上是参与生产进度控制的主要职能部门，有的是企业基本的生产管理职能部门。除此之外，参与生产进度控制的职能部门还有：物料管理部门负责物料的供应工作，确保投入进度计划的准时进行；设备和动力部门，主要是保证设备的开动率和精度；人力资源部门保证提供高素质的人员；质量管理部门保证各环节及产品出产的质量。

11.4.1.3 生产进度控制方式

生产进度控制，是为使产品数量进度与计划期时间进度以同步速度进行，所采取的观察核算、分析比较及一系列制约手段的管理行为。进行生产进度控制的具体方式，一般有指标计算法和图表法两种。

11.4.1.3.1 指标计算法

通过计算产量（或工作量）指标、时间进度、产量进度、预计计划期产量完成数、预计完成计划提前或延迟天数等指标，经过分析比较，掌握生产进度情况，为生产控制提供依据。进行生产进度检查时，应计算：

$$计划平均日产量（工作量）=\frac{计划期产量}{计划期日历日数}$$

检查日止计划产量 = 检查日止计划期天数 × 计划期平均日产量。然后以检查日止累计完成产量与检查日止计划产量相比较，判定计划完成情况。再计算时间进度和产量进度，比较进度上的差别，确定是否符合要求。为进一步掌握计划期末能否完成计划，还应对过去已完成的生产情况进一步分析，需作如下计算：

$$预计计划期产量完成数=\begin{cases}实际平均日产量×尚有计划期天数+已完成产量数\\实际先进平均日产量×尚有计划期天数+已完成产量数\\实际最高日产量×尚有计划期天数+已完成产量数\end{cases}$$

$$完成计划提前（+）或延迟（-）天数=计划期日历日数-$$
$$\frac{计划期产量×检查日止计划期天数}{检查日止累计完成产量数}$$

如上计算之后，能较全面掌握生产进度的状况。它适合于产量指标采用单一计量单位情况下的生产。当产量指标为复合计量单位时，还应增加计算指标，才能较全面反映生产进度。例如，运材生产除了要有运输量指标（m^3），还要有运输周转量（$m^3 \cdot km$），后者即为复合计量单位指标，其完成情况的计算见例题。

例：某企业 4 月份汽车运材生产作业计划为，运输产量（货运量）36 000 m^3，运输周转量 2 880 000 $m^3 \cdot km$。至 4 月 10 日止，完成运输产量 11 400 m^3，完成运输周转量 1 026 000 $m^3 \cdot km$，上旬每天完成运输产量情况如表 11-8 所示，试检查生产进度。

表 11-8　每天完成运输量表

日期	1	2	3	4	5	6	7	8	9	10
完成运输产量 m^3/d	1 010	1 120	1 080	1 270	1 130	1 210	1 240	1 220	1 100	1 020

$$计划期平均日运输产量=\frac{36\ 000\ m^3}{30\ d}=1\ 200\ （m^3/d）$$

$$计划期平均日运输周转量=\frac{2\ 880\ 000\ m^3 \cdot km}{30\ d}=96\ 000\ （m^3 \cdot km/d）$$

4 月 10 日止计划运输周转量 = 10 日 × 9 600 $m^3 \cdot km/d$ = 96 000（$m^3 \cdot km$）

与实际完成情况比较：

$$11\ 400\ m^3\ <\ 12\ 000\ m^3$$

$$1\ 026\ 000\ m^3 \cdot km\ >\ 960\ 000\ m^3 \cdot km$$

计算说明，到检查日止，计划运输产量没能完成，而运输周转量超额完成了计划。不难看出，4 月上旬运输生产载量小，较多的是长距离运输生产。

若从进度方面对比反映：

$$时间进度 = \frac{10 \text{ d}}{30 \text{ d}} \times 100\% = 33.3\%$$

$$运输生产量进度 = \frac{11\,400 \text{ m}^3}{36\,000 \text{ m}^3} \times 100\% = 31.7\%$$

$$运输周转量进度 = \frac{1\,026\,000 \text{ m}^3 \cdot \text{km}}{2\,880\,000 \text{ m}^3 \cdot \text{km}} \times 100\% = 35.6\%$$

直接对比看出，运输产量进度低于时间进度；运输周转量进度高于时间进度。按上旬生产进度继续下去完成计划提前或延迟的天数情况是：

$$运输产量提前或延迟天数 = 30 \text{ d} - \frac{36\,000 \text{ m}^3 \times 10 \text{ d}}{11\,400 \text{ m}^3} = -1.58 \text{ （d）}$$

说明将延期 1.58 天便能完成运输产量计划

$$运输周转量提前或延迟天数 = 30 \text{ d} - \frac{2\,880\,000 \text{ m}^3 \cdot \text{km} \times 10 \text{ d}}{1\,026\,000 \text{ m}^3 \cdot \text{km}} = +1.93 \text{ （d）}$$

说明提前 1.93 天便能完成运输周转量计划。除以上计算外，还应进一步分析上旬生产每天完成情况，以便估计计划期完成计划的可能性。

11.4.1.3.2　图表法

为了把握生产进度，可以把计划和实际完成的记录数字按时间顺序列成表格，绘制成计划完成进度显示图表，简明地表示出进度情况。这便于管理人员随时了解情况，分析原因，采取措施控制生产形势。利用上例资料，可绘制成图 11-2 的形式。

图中的累计计划产量是条直线，是在计划产量平均分配情况下绘出的；如果计划产量采取分段增加分配时，累计计划产量将是一条折线形式。

累计完成产量在图中是一条上下波动的曲线。从表中实际日产量数字看，只有少数几天的产量超过了计划，但图线表明，累计完成产量线始终在计划产量线的下方，没有达到计划要求。以计划完成的角度看，达到计划产量或超过计划产量，都算完成计划。实际管理中，管理人员最注意的是没有完成计划。在供不应求的产品生产中，企业条件允许大量超产时，对生产进度进行控制，应当设计一条控制下限，警告生产进度落后对完成计划的威胁。作为必要的管理信息，传递给管理人员。如图 11-3 所示。

如果企业条件受限制或市场受到限制，不允许大量超产的情况下，应该进行严格的双向控制，木材生产就是最有力的证明。双向控制图如图 11-4 所示。

11.4.2　均衡生产的控制

它是生产控制中的一项重要控制。对均衡性的控制，同样可以采取指标计算和绘制图表两种方法。

11.4.2.1　指标计算法

对均衡性的反映，传统做法是计算均衡率这个指标。它的计算公式：

$$均衡率 = \frac{\sum 考核期内每日完成计划的百分比（超额按 100\% 计）}{考核期日数}$$

或

$$均衡率 = \frac{\sum 考核期内每日实际产量（超额按计划量）}{\sum 考核期内每日计划产量}$$

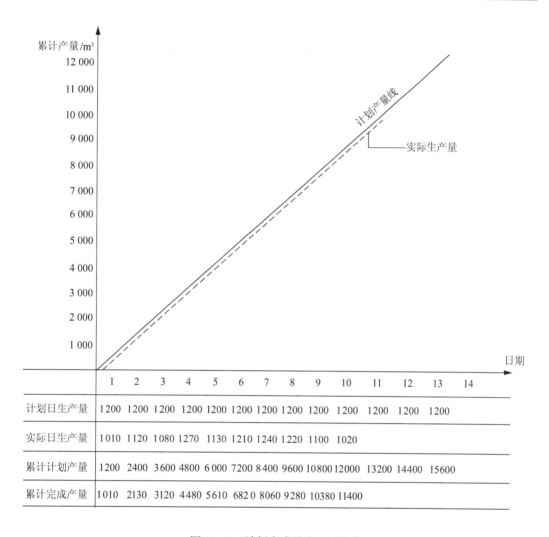

	1	2	3	4	5	6	7	8	9	10	11	12	13	14
计划日生产量	1200	1200	1200	1200	1200	1200	1200	1200	1200	1200	1200	1200	1200	
实际日生产量	1010	1120	1080	1270	1130	1210	1240	1220	1100	1020				
累计计划产量	1200	2400	3600	4800	6 000	7200	8400	9600	10800	12000	13200	14400	15600	
累计完成产量	1010	2130	3120	4480	5610	682 0	8060	9280	10380	11400				

图 11-2　计划完成进度显示图表

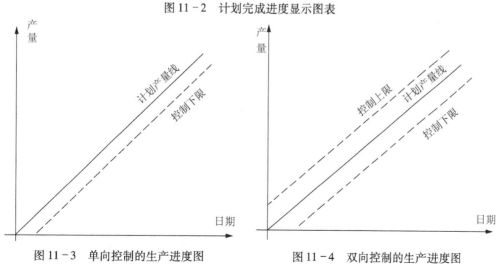

图 11-3　单向控制的生产进度图　　　　图 11-4　双向控制的生产进度图

指标计算结果表明，考核期均衡性较差，应采取必要措施，扭转生产上的这种局面。

上述计算过程，凡是超额部分均没有加以反映，而事实上，超额亦是一种偏高的偏差表现，我们没有理由只认为低于计划是不均衡，远远高于计划就不是不均衡的反映。当断续式的出现，时而高于计划很多，时而又降到计划水平，没有规律地反复如此变动，虽然没有低于计划的现象，亦是不符合均衡的概念。因此，为了正确反映生产进度的均衡性，不论低于计划的偏差，还是高于计划的偏差，均应予以反映。为此，计算实际偏离计划的标准差比较合适。标准差公式如下：

$$\sigma = \sqrt{\frac{\sum (Q_i - \overline{Q}_j)^2}{n}}$$

式中：σ——考核期实际产量偏离计划产量的标准差；

$\quad Q_i$——考核期实际日产量；

$\quad \overline{Q}_j$——考核期计划日产量平均值；

$\quad n$——考核期日数（考核项数）。

以上例资料为例，标准差的计算如表 11-9 所示。

表 11-9　标准差计算表　　　　　　　　　　　m³

考核日期	1	2	3	4	5	6	7	8	9	10	合计
计划产量 Q_j	1 200	1 200	1 200	1 200	1 200	1 200	1 200	1 200	1 200	1 200	12 000
实际产量 Q_i	1 010	1 120	1 080	1 270	1 130	1 210	1 240	1 220	1 100	1 020	11 400
离差 $Q_i - Q_j$	−190	−80	−120	+70	−70	+10	+40	+20	−100	−180	
$(Q_i - Q_j)^2$	36 100	6 400	14 400	4 900	4 900	100	1 600	400	10 000	32 400	111 200

$$\overline{Q}_j = \frac{\sum Q_j}{n} = \frac{12\,000}{10} = 1\,200\,(\text{m}^3)$$

标准差值：$\sigma = \sqrt{\dfrac{\sum (Q_i - \overline{Q}_j)^2}{n}} = \sqrt{\dfrac{111\,200}{10}} = 105.45\,(\text{m}^3)$

根据标准差的概念，105.45 m³ 表明了在考核期内，实际产量平均偏离计划产量的数值。此时的偏离程度 P（或称离散系数）：

$$P = \frac{\sigma}{\overline{Q}_j} \times 100\% = \frac{105.45}{1\,200} \times 100\% = 8.79\%$$

均衡率：$W = 1 - P = 1 - 8.79\% = 91.21\%$

这样的计算结果，显然与传统的计算方法得到的结果有所差别。应该说，用标准差这样的计算方法，能较准确地反映生产进度的均衡状况。

11.4.2.2　图表法

实际生产具有一定的波动性，但是通过管理者的努力，可以把生产波动控制在符合管理者意愿要求的范围内，使生产进度保持均衡。监控过程中，可以利用控制图作为一种控制工具。控制图的基本图形如图 11 – 5 所示。

图 11 – 5　生产进度均衡控制图

11.4.3　品种（材种）出产控制

品种计划是生产计划中的重要组成成分。社会对林木产品的需要是多种多样的，林业企业不论是从生产条件上、经济效益上考虑，还是从满足社会需要上考虑，都不能只生产一种产品。多品种生产对林业企业是一种客观要求。生产控制必须包括对生产品种的控制。品种出产完成情况，通常用品种计划完成率这一指标来反映。品种计划完成率有几种不同的算法，没有统一的规定。

11.4.3.1　按完成的品种数计算

这种计算的出发点是，只有完成了计划产量，才算满足品种的要求。这时品种计划完成率的公式为

$$品种计划完成率 = \frac{完成计划产量的品种数}{计划生产的品种数} \times 100\%$$

这种计算，没有考虑未完成计划品种的计划完成程度，不尽合理。

11.4.3.2　按完成计划产量的百分比计算

这种计算是把各品种计划产量完成的百分比进行简单的平均。同样，超额部分应遵守不能抵补的原则。

$$品种计划完成率 = \frac{\sum 各品种完成计划 \%（不含超计划部分）}{计划品种数}$$

这样用相对数计算的品种计划完成率，考虑了未完成计划品种的计划完成程度，比前者合理。

通过品种计划完成率的计算，结合生产进度指标完成等情况，就可以明确对品种出产量是否采取必要的控制措施。

木材采运生产，不同于其他木器加工和其他的加工企业生产，木材的品种、材种来源于同一劳动对象。进行品种控制时，可以以品种结构（比重）指标作为控制信息。发现变化时，查原因，然后采取必要的措施。

本章小结

生产调度和生产控制是林业企业管理的一项经常性的工作，它对于保证企业正常的生产秩序具有重要意义。

生产调度工作是林业企业生产统一指挥系统中的重要组成部分，它的主要任务是：调动职工的积极性，保证各项任务的按时完成；按作业计划的规定和要求，及时向基层生产单位下达任务，对生产经营活动进行有效的指挥和监督；随时掌握生产动态信息，收集、处理各种生产信息，及时向领导汇报生产情况；积极预防和处理生产中的事故和失调现象，保证良好的生产秩序，不断提高生产效率和企业经济效益。因此，生产调度是林业企业生产组织不可缺少的一项工作。要做好生产调度工作。一是必须遵循计划性、集中统一性、预防性、及时性、客观性、群众性的原则；二是建立起合理的工作制度对调度活动进行制约，包括调度值班制度、调度工作会议制度、调度工作的报告制度等；三是建立集中统一、分工协作的生产调度组织机构；四是配置先进的设施；五是运用科学合理的方法，对任务分配、生产过程的安排、设备的配置等，做出科学的安排。

林业企业在实施计划过程中，由于各种随机因素和外部环境中不可控制因素的存在，使实际情况和计划要求的时间、数量、质量之间可能产生差异。为了实现企业的目标，就必须对这种差异进行必要的控制。进行生产控制对于提高劳动生产率、降低消耗、提高生产管理的有效性、保证生产任务按期完成，具有非常重要的作用。由于涉及面广、参与部门多，使得生产控制活动并不是一项简单的工作，而是一个非常复杂的系统工程。要实现生产过程的有效控制，必须具备控制标准、控制信息、检查分析、拟定和实施控制措施等条件。同时，还要有各部门的密切配合，并且遵循科学的程序进行。

对于林业企业的生产控制，尤其是森林资源经营企业，由于企业生产经营过程的特殊性，决定了对其生产过程控制的困难性。其生产控制的内容主要包括：生产前的各项活动控制；生产过程中的生产进度、生产均衡性、品种（材种）出产等控制。对这些控制活动，可根据实际情况采用定额标准或规程、指标计算、图表法等。

复习思考题

1. 生产调度工作对现代林业企业生产组织有何意义？其主要内容包括哪些？
2. 如何有效地做好生产调度工作？
3. 熟练掌握生产调度的各种方法尤其是优化方法。
4. 什么是生产控制？实现生产控制应具备何条件？
5. 林业企业生产控制有哪些类型？其特点是什么？
6. 林业企业生产前的控制包括哪些内容？如何进行有效控制？
7. 生产进度控制包括哪些内容？有哪些部门参与，其职责是什么？采取什么方式进行控制？

    8. 如何进行生产均衡性控制？

12　现代林业企业人力资源管理

12.1　林业企业人力资源概述

12.1.1　人力资源及其特点

人力资源一般是泛指能够作为生产要素投入经济活动中的劳动力数量。从宏观的角度来看，人力资源是指全国或者一个地区具有劳动能力的劳动者人数的总和。从微观的角度来看，人力资源则是指企业可以利用且能够推动企业发展的具有智力劳动和体力劳动能力的劳动者数量的总和。人力作为一种可供开发的资源，不同于可供企业利用的其他资源，具有自身的特点。

（1）人力资源的主导性。人的劳动能力在生产力的诸要素中，起着支配和决定性的作用。即使在科学技术迅速发展的今天，先进的技术仍然依赖于人的创造和掌握。

（2）人力资源的能动性。人不同于自然界的其他生物，因为他具有思想、感情，具有主观能动性，能够有目的地进行活动，能动地改造客观世界。人具有意识，这种意识不是低级水平的动物意识，而是对自身和外界具有清晰看法的、对自身行动做出抉择的、调节自身与外部关系的社会意识。由于作为劳动者的人具有社会意识，并在社会生产中处于主体地位，因此表现出主观能动作用。

（3）人力资源的动态性。由于人作为生物有机体，有其生命周期，能从事劳动的自然时间被限定在生命周期的中间一段；人的劳动能力随时间而变化，在青年、壮年、老年各个年龄组人口的数量及其相互联系，特别是"劳动人口与被抚养人口"比例，都是不断变化的。因此，必须研究人力资源形成、开发、分配和使用的时效性、动态性。

（4）人力资源的智力性。人类在劳动中创造了机器和工具，通过开发智力，使器官等有效地得以延长，从而使得自身的功能迅速扩大。人类的智力具有继承性。人力资源所具有的劳动能力随着对时间的推移而得以积累、延续和增强。

（5）人力资源的再生性。经济资源分为可再生性资源和非再生性资源两大类。非再生性资源最典型的是矿藏，如煤矿、金矿、铁矿、石油等，每开发和使用一批，其总量就减少一批，绝不可能靠自身机制恢复。另一些资源，如森林，在开发和使用过后，只要保持必要的条件，就可以再生，保持资源总体的数量。人力资源也具有再生性。它基于人口的再生产和劳动力的再生产，通过人口总体内个体的不断更替和"劳动力耗费—劳动力生产—劳动力再次耗费—劳动力再次生产"的过程得以实现。当然，人力资源的再生性不同于一般生物资源的再生性，除了遵守一般生物学规律之外，它还受人类意识的支配和人类活动的影响。

（6）人力资源的社会性。从人类社会经济活动角度看，人类劳动是群体性劳动，不同的劳动者一般都分别处于各个劳动集体之中，构成了人力资源社会性的微观基础。从宏观上看，人力资源总是与一定的社会环境相联系的。它的形成、配置、开发和使用都是一种社会活动。从本质上讲，人力资源是一种社会资源，应当归整个社会所有，而不应仅仅归属于某一个具体的社会经济单位。

12.1.2 林业企业人力资源特点

12.1.2.1 林业企业劳动力整体质量欠佳，文化技术素质偏低

林业劳动力的数量极为丰富，但是平均学历层次较低，综合素质差，如表 12-1 和表 12-2 所示。林业系统工业企业职工文化素质程度略高，但绝大多数职工也仅有初、高中文化程度，大专以上文化程度的仅占 4.91%，如表 12-2 所示。林业劳动者总体素质差，这一方面是由于林业企业大多数是老企业，大部分职工是计划经济年代按照计划指标分配进企业的，很少考虑企业的实际需要；另一方面，林业企业地处边远地区，当地的经济、文化教育处于落后状态，也是林业劳动者素质偏低的一个重要原因。

表 12-1 分行业从业人员

万人

年份（年底）	农、林、牧、渔业	制造业	商业及餐饮业	建筑业	教育文化事业	其他	合计
1978	23 318	5 332	1 140	854	1 093	3 415	35 152
1980	29 122	5 899	1 363	993	1 147	3 837	42 361
1985	31 130	7 412	2 306	2 035	1 273	5 717	49 873
1988	32 249	8 652	2 576	2 491	1 403	6 963	54 334
1990	34 117	8 624	2 839	2 424	1 457	14 448	63 909
1992	34 795	9 106	3 209	2 660	1 520	14 264	65 554
1994	33 386	9 613	3 921	3 188	1 436	15 655	67 199
1996	32 910	9 763	4 511	3 408	1 513	16 745	68 850
1998	33 005	9 611	4 794	3 447	1 557	17 186	69 600

引自陈玲芳文章《面向 21 世纪的林业企业人力资源开发》。

12.1.2.2 技术人员相对短缺、结构欠合理

据全国第三次工业普查资料显示，全国林业职工中各类专业技术人员只有 35 万人，仅占林业全体职工总数的 13.6%；而对林业工业企业而言，各类专门技术人员占职工人数的比例也仅为 14.35%，略高于林业部门的总体水平，但远低于其他行业，更低于发达国家同行业 30% 以上的水平。林业系统研究开发机构有高级职称的科技人员年龄在 50～60 岁的占 82%，在 40～49 岁的占 10%，39 岁以下的只占 8%，年龄结构很不合理。1994 年全国林业系统只有博士 31 名，其中 80% 以上集中在部级科研机构，人员分布也很不合理。

表 12 - 2　　林业系统工业企业人员文化程度　　　　　　　%

统计年度	大专以上	中专	技工	高中	初中	小学以下
1995	4.19	5.81	6.03	26.59	49.67	6.97

引自陈玲芳文章《面向 21 世纪的林业企业人力资源开发》。

12.1.2.3　企业家综合素质不高，难以适应市场经济的要求

在长期的计划经济体制下，林业企业的经营者大部分是由上级主管部门委派和支配的官员，而不是从人才市场中择优录用的企业家。许多厂长、经理是经验型的，有的尽管是某一方面技术专家，却缺乏经营管理的知识和技能，林业企业家的整体素质不高，理论水平、专业知识、创新才能、风险意识都不能适应市场的要求。另一方面，目前大多数林业企业尚未建立起有效的企业家行为激励约束机制，企业家的利益没有与其贡献和为企业创造的效益挂钩，其收入与一般职工收入差距太小，没有创造一种使优秀的企业家脱颖而出的机制，甚至促使一些企业领导去获取灰色收入，导致最后的垮台。

12.1.2.4　缺乏有效的人力资源开发机制

目前林业企业人力资源开发部门大多数处于二线参谋部门的位置。缺乏专门人力资源开发的人才，通常 2~3 名员工承担规划、招聘、考核、薪酬福利、培训等方面的日常性工作，没有时间也没精力去分析林业企业的人力资源需求以及建立相关制度。一些林业企业年人均教育培训费在 10 元以下，45% 的林业企业甚至停止培训。教育经费的严重不足，与林业企业庞大的职工队伍素质低下急需培训的现状显得很不协调，并且在如此捉襟见肘的投入条件下，林业企业教育经费投入结构不合理，带来的教学设施、师资队伍重复建设，规模效益差，又使得有限的投入不能充分发挥作用，进而造成教育经费投入的隐性浪费。其结果是企业一方面存在大量用不上或起不了作用的冗余人员，另一方面普遍缺乏从事科技研究的高科技人员、中高层管理人员和技术工人。

12.1.3　人力资源在现代林业企业管理中的作用

12.1.3.1　人力资源是林业企业最重要的资源

人对社会的价值主要体现在他的劳动能力，劳动能力不能脱离人的健康肌体独立存在，所以一个具有企业所需的职业能力、身体健康、有主动工作精神、能与企业的组织环境和企业文化相适应的人，就成为企业最重要的资源。首先，企业的发展与员工的职业能力的发展是相互依赖的，但人们重视人的职业能力必须先重视人本身。企业通过招聘、培训开发、各种调整和激励政策要实现的目的就是鼓励员工能够不断地提高职业能力并运用它为企业服务，否则，企业就无法适应激烈的市场竞争。其次，人力资源是有意识、有价值的资源，这是它与物的资源的本质区别之一。当人具有从事工作的愿望时，人的工作会是主动的，因此如何有效调动员工的积极性，强化他们对组织的认同感，建立良好的工作价值观，是人力资源管理中的一项意义深远的任务。最后，人是在特定的环境中成长起来的，每个人形成了与其成长环境有关的生活和心理品质。企业是由许多单个人组成的、有目的的组织，为了有效地实现组织的目标，企业就需要统一的价值观念，这就是企业文化。

12.1.3.2　人力资源是创造利润的主要来源

商品的价值是由两个性质不同的部分组成的，即转移价值和附加价值，其中附加价值是商品价值对转移价值的差额部分，这部分价值是由劳动创造的，它是利润的真正来源。商品的附加价值越高，企业的利润就会越大，而期望更高的附加价值，就必须有更多的质量优、结构合理的人力资源。IBM 公司总裁 T. J. Wastgon 说过"你可以搬走我的机器，烧毁我的厂房，但只要留下我的员工，我就可以有再生的机会"。

12.1.3.3　人力资源是一种战略性资源

对人力资源的管理往往关系到一个企业的生存和可持续发展问题。知识经济的到来，社会经济的发展增强了对劳动者知识的依赖，因此人力资源特别是有高科技产业发展相关知识的人才，成为具有战略意义的资源。

12.2　林业企业人力资源管理

12.2.1　人力资源管理的发展

企业人力资源管理是企业所从事的人力资源规划、招聘、培养、使用及组织等各项管理工作的总称。综观人力资源管理的发展，大致经历了以下阶段。

12.2.1.1　产业革命阶段（18 世纪末至 19 世纪末）

这是人力资源管理的萌芽阶段，该时期的人力资源管理又称为人事管理，其特点是一切以工作或生产为中心，把人看成机器，忽视人性的存在，对人的主要管理方式是以强权管理为主。罗伯特·欧文被认为是"人事管理之先驱"，他试图解决由劳动分工产生的问题。他认为人的行为是所受待遇的反应。他还创建了最早的工作绩效评价系统，为了检查工人的表现，他使用一块四边分别涂成白、黄、蓝、黑四种颜色并安装在机器上的木块，用对应于工作表现的颜色指向来反映工人前一天的生产。

12.2.1.2　科学管理阶段（19 世纪末至 1920 年）

科学管理的基本假设是认为存在一种最合理的方式来完成一项工作。被称为科学管理之父的泰罗对劳动时间和作业方法进行了科学的分析，并依此建立了工资制度和用人制度。泰罗认为，要让工人最有效率地工作，就需要用金钱来激励他们。他还提出工作集体的效率是由其中生产率最低的工人的效率水平决定的。

12.2.1.3　人际关系阶段（1920 年至第二次世界大战）

哈佛大学教授梅奥和他的助手于 1927～1932 年在美国西方电器公司霍桑工厂进行了一系列试验，结果发现人际关系的重要性。研究人员发现，在工作中，影响生产效率的关键变量不是外界条件，而是员工的心理状态。泰罗认为企业是一个技术经济系统，而霍桑试验的结果却表明企业是一个社会系统。

12.2.1.4　行为科学阶段（第二次世界大战至 20 世纪 70 年代）

该阶段是人力资源管理理论发展的重要阶段，主要代表有马斯洛及其人类需求层次论，赫茨伯格及其激励因素—保健因素理论，麦格雷戈及其 X 理论—Y 理论，大内及其 Z 理论等。这个时期以人际关系为出发点，对组织的人事管理进行全方位的开放式管理，使组织中的人事管理由对员工的监督制裁转至对员工的人性激发，由消极的处罚到积极的激励，由独裁领导到民主管理，由只重视对员工的索取性使用到培训与开发和使用相结合，由一家之言到信息的充分沟通，由劳资或劳动者与管理者之间的对立关系到协调、和谐，以求人与人之间和人与事之间的理想协调。

12.2.1.5 人力资本管理阶段（20世纪70年代以来）

这一时期人力资源管理的发展在两个方面。一是人力资源管理重心不断转移，由以物为中心向以人为中心转移；第二是人力资本理论成为人力资源管理的基础理论，开始介入企业管理。

人力资源管理呈现出许多新的发展趋势，首先是人力资源管理职能的分化。人力资源管理的全部职能可以简单概括为人力资源配置、培训与开发、工资与福利、制度建设四大类。如果说这四大职能是在其发展过程中逐步形成与完善的话，那么，随着企业外部环境的变化，以及社会专项咨询服务业的发展，这些职能将再次分化，一部分将向社会化的企业管理服务网络转移。其次是人力资源管理的强化。人力资源管理职能的分化涉及的只是人力资源管理的一部分职能，而非全部职能。实际上，在某些职能不断弱化与分化的同时，人力资源管理的另一些职能却在逐步强化。譬如说，根据组织宏观管理理论，具有凝聚力和高成长能力的组织，都具有一个被组织大多数员工认同的共同理想与使命，从某种意义上说，组织的一切管理活动都是为了实现组织的理想与使命，因而，人力资源管理也更趋于强调战略问题。强调如何使人力资源为实现组织目标做出更大贡献。人力资源管理的强化主要关注：组织对风险共担者的需求是否敏感，开发人力资源迎接未来挑战；确保员工精力集中到增加组织投入的附加值上等。

人力资源管理会伴随未来组织的网络化、灵活化、扁平化、多元化和全球化趋势在管理目标、管理职能、管理技术以及对管理人员的要求方面发生新的变化。在管理目标上，未来的人力资源管理是战略型人力资源管理，其目标是为众多的利益相关者服务；在管理职能上，人力资源管理变化为缩小规模的裁员趋势、技术进步要求减少某些部门工作量的趋势、全球化趋势、管理层次减少趋势、风险付酬趋势等；在管理技术上，人力资源管理的信息化趋势明显。

12.2.2 林业企业人力资源管理的目标和任务

12.2.2.1 林业企业人力资源管理目标

林业企业人力资源管理的目标是：探索最大限度地利用人力资源的规律和方法，正确处理和协调生产经营过程中人与人的关系，人和事、人与物的关系，使人与人、人与事、人与物在时间和空间上达到协调，实现最优组合，做到人事相宜、人尽其才、人尽其用，充分调动人的积极性，实现企业的经营目标。

12.2.2.2 林业企业人力资源管理任务

（1）根据企业长期生产经营发展的要求，预测人才需求，制定企业人力资源规划及其发展战略，以及组织落实的各项措施。

（2）提高招聘与录用工作质量，吸引及网罗企业所需人才，为企业配备符合职务（岗位）要求，能够认真履行职务（岗位）职责的合格人才。

（3）加强教育与培训工作，适应当代社会的各方面发展的需要，提高员工的思想道德水平、科技文化知识水平、专业技能水平，不断提高员工综合素质。

（4）完善奖酬管理体系，保证奖励与惩罚的公平和公正，以各种有效的激励手段，充分调动员工的积极性。

（5）健全人员绩效的考评体系，规范岗位工作标准、劳动纪律和员工的工作行为，激励员工不断提高工作绩效水平。

（6）为业务部门提供有关人员管理的专业服务，为员工提供咨询和帮助，沟通部门之间、上下级之间和员工之间的各种关系，改善人际关系，创造和谐的劳动环境。

12.2.2.3　林业企业人力资源管理的原理

林业企业人力资源的管理，必须遵循以下基本原理：①系统功能原理。指同样数量的人，用不同的组织网络结构联结起来，形成不同的权责结构和协作关系，可以取得完全不同的效果。按照系统论的观点，组织结构的作用就是使人力资源管理形成一个有机整体，可以有效地发挥整体功能大于个体功能之和的优势。它具体包括系统的整体性、动态性、开放性与适应性四个方面的内容。②能级相适原理。指人的体力与智力因人而异，要把具有不同能力的人配置在组织内部不同的职位上，并赋予不同的责、权、利，实现能力与职位的相互适应。③互补增值原理。指组织可以通过个体间取长补短而形成整体优势，从而达到组织目标。互补的内容包括知识互补、能力互补、性格互补、气质互补、性别互补、年龄互补与关系互补等多个方面。利用这一原理，常会收到事半功倍的管理效果。④公平竞争原理。指组织对竞争各方以相同的规则，公正地进行录用、考核和奖惩的竞争方式。有效的公平竞争必须具备三个条件，即以公道和善意为内涵的公平性、竞争的适度性以及个人目标与组织目标相结合的良性竞争。⑤激励强化原理。即运用激励理论，激发人的工作热情，调动人的主观能动性，强化组织期望的行为，从而产生实现组织目标的特定行为的动态过程。⑥动态适应原理。指组织管理中的人与事从不适应到适应的动态过程，故在人力资源管理中，管理者应当把人事调整作为一种经常性的任务和有效的策略手段，以不断适应组织发展的需要。

12.2.3　林业企业人力资源管理的内容

林业企业人力资源管理包含着广泛的工作内容，涉及人力资源规划、人员招聘与录用、人员考核与评价、人员激励、人员教育与培训等内容。

12.2.3.1　人力资源规划

人力资源规划是指林业企业人力资源管理部门根据企业外部产品竞争市场和劳动力市场发展变化的预测，以及企业自身发展战略和组织机构内部各项业务发展的要求，制定的企业人力资源的发展计划。林业企业制定的人力资源规划应包括的内容主要有：①职务（岗位）的设置规划。此项规划的内容主要是根据企业长期或近期的经营目标、生产经营的特点、劳动生产率状况，以及组织结构的发展要求，确定职务（岗位）标准，规划企业的定编定员。②人员的分配与使用规划。此项规划主要是从合理用人的角度进行的规划安排。包括各种人员的职务（岗位）分配，人员的工作调整、调动安排等。③人员补充与更新规划。此项规划主要是对企业各种人员的新增、成长、减员、淘汰等做出的规划安排。以便于企业准确把握补充和更新人员的时机和数量，合理制定招工招聘计划。④人员的教育与培训规划。此项规划主要是从不断提高企业员工素质的角度，适应企业长远发展的需要，对人员的教育与培训做出的规划安排。包括教育与培训的内容、途径、方法及人员安排等。⑤人员的维护规划。此项规划主要是从维护劳动者有效的工作能力，激发员工积极性的角度，对人力资源开发与管理进行的规划安排。包括安全生产、员工保健与福利、奖酬制度的确定与调整等内容。

12.2.3.2　人员的招聘与录用

人员的招聘与录用是指用人单位根据用人条件和用人标准，通过各种渠道，合理地选择和录用各类人员。由于人员的招聘与录用是员工进入企业的关口，因此是人力资源管理的重要环节。首先，此项工作直接关系着企业人力资源的质量，只有选用合格的人员，才能得到有效的使用和培养，满足企业发展的需要。其次，这项工作关系着员工队伍结构的建设，招聘与录用不仅在于补充员工队伍，而且对提高员工队伍整体素质、保证企业的人员结构合理化上起着重要作用。再者，这项工作也是发掘人才资源的重要手段，企业内部和外部都蕴藏着丰富的人才资源，只有广开才路，择优任用，才能使企业具备良好的人力资源保证。

12.2.3.3　员工的配置与使用

即调整和优化企业的劳动组合，使生产经营各环节的人力均衡，人事相宜，同时，在员工的使用上要坚持量才使用，用人所长等原则。人事任用的主要方式有：①聘任制，是指根据企业生产经营发展的需要，面向社会或在企业内部，选拔和发现人才，并予以聘任。采用聘任制有利于广泛搜集人才，既可以保证用人单位和个人工作的稳定性，也有助于人才的合理流动。②考任制，是指通过公开考试的办法，考察应试者的才能，并以考试成绩为依据，择优选拔任用人员。考任制遵循平等竞争的原则，有明确和统一的评价标准，有利于发掘人才，激励人们积极进取。③竞选制，是指由竞选人提出竞选方案，通过自由竞争，由具有选举资格的人员直接选举，确定任用人员。竞选制将竞争机制引入了人才的选拔过程，有助于人才的发掘，并且能够反映广大员工的意志，体现民主管理的原则。④委任制，是指由有任免权的机构或人员，直接指定下属人员职务的任用方式。委任制具有干部选拔权力集中，任用程序简单，便于统一指挥，上下级干部联系密切的特点。但也易于产生主观随意的局限性。

12.2.3.4　人员的绩效考评

绩效考评是指林业企业按一定的标准，采用科学的方法对员工的思想、品德、学识、业务、工作能力、工作态度和成绩，以及身体状况等方面进行的考核和评定。绩效考评是人力资源管理的重要环节，其目的在于为发现与选拔人才，为员工实施奖惩、升降、调配、培训等工作提供基本依据。通过对员工工作绩效的客观考评，有利于发掘和有效地利用员工潜在的工作能力；有利于激励员工努力工作，积极进取，有利于发现工作中的问题，使员工明确进一步改进工作的方向。

人力资源管理中的日常绩效考评，一般包括工作成绩、工作态度和工作能力等三方面内容：①工作成绩是指一个人在其岗位职责范围内的工作任务完成的数量、质量、工作效率以及从事创造性劳动的成绩，包括合理化建议、科研成果等内容。②工作态度是指一个人以多大的干劲在从事本职工作，包括人员的思想状态、职业道德、工作作风、工作的责任心等。③工作能力是指一个人在从事职能工作时，其自身能力的适应性。包括独立工作的能力、分析解决问题的能力、领导能力、管理能力等。具体可划分为一个人的学识水平、理解力、判断力、决策力、创造力、表现力和反应力等。

12.2.3.5 人员激励

激励是指激发人的动机，鼓励人充分发挥内在动力，朝着企业所期望的目标采取行动的过程。在管理工作中，激励就是通常所说的调动人的积极性问题。行为科学理论认为，人的各种行为的产生主要取决于人的内在需要。当人产生某种需要，又具备了实现条件时，就会促进人产生动机，并推动人们从事某种活动，去实现自己的需要目标。当某种需要满足后，又会产生新的需要，促成新的动机和行为的产生。人的需要、动机和行为之间的关系表明，林业企业人力资源管理应善于针对具体情况，采取有效的管理措施，满足员工的需要，激发员工的动机和行为，去实现管理目标。

人是生产要素中最活跃的因素，企业目标的实现最终要取决于人的积极性的有效发挥。因此激励是企业管理的重要职能，是人力资源管理的重要内容。其在调动人的积极性、提高员工素质、企业文化的形成等方面具有重要的作用。

12.2.3.6 员工的教育与培训

员工的教育与培训是指企业为提高员工的政治、文化、科学、技术和管理水平而进行的教育和训练。员工的教育与培训从宏观角度看是国民教育体系的重要组成部分，从微观角度看是企业人力资源开发的重要途径，是人力资源管理的重要内容。

12.2.3.7 奖酬制度

奖酬是指林业企业对其员工所做的各方面的贡献所付给的相应的报酬。奖酬管理是林业企业人力资源管理的重要内容。公平合理的奖酬有利于保障企业员工的基本需要；有利于使企业的员工将个人利益与企业整体发展目标联系起来；有利于吸引人才，激励员工的积极性，促进工作效率的提高。

12.3 林业企业人力资源的开发

关于人力资源开发的定义，有许多不同的观点，其中美国的罗斯维尔的观点比较有代表性。他认为：人力资源开发指的是由企业倡导的一系列有计划的培训、教育和开发活动。它将企业的目标与任务和职工的个人需要与职业抱负融为一体，目的是提高企业的劳动生产率和个人对职业的满足程度。日本的一些企业根据经营目标的要求，人力资源管理采取了双重目标约束，即经营目标和发展目标。经营目标核心问题是解决好现有人力资源的开发和利用，解决好两种配合关系：①使企业的人力资源的数量、质量和结构适应企业独特的生产资料和生产的物质技术基础；②使每个员工与他们所从事的工作相适应。发展目标所要解决的核心是发展中的配合关系问题，即不断培训开发人力资源，使之与不断发展的物质技术基础相适应。从生产力发展的连续性的要求看，人力资源的不断开发是企业在发展中求得生存的必然要求。

因此，林业企业人力资源管理应着重在对企业人力资源的开发。人力资源开发包括两个方面的含义，一是对人力资源潜力的充分发掘和合理利用；二是对人力资源的培养与发展。针对林业企业人力资源的特点，应着重抓好企业家队伍建设和有效挖掘员工潜力两个方面。

12.3.1　企业家队伍建设

12.3.1.1　企业家的素质能力

企业经营成败的关键在于企业的主要领导者的素质、管理能力与水平。因此，企业必须十分重视高级管理人员的挑选、培训、使用，以及高级管理人才的观念、知识的现代化。企业家个人的素质对管理效果的影响和作用是十分重大的。对于企业家应具备哪些素质已引起理论界的高度重视，国内外的许多专家和学者都做了大量的研究和探索。以目前的研究成果来看，都倾向于把企业家素质归结为一个较完整的素质结构，包括道德品行素质、知识素质、个性心理素质、经验素质、身体与年龄素质五个方面。企业家的能力是企业家诸项素质有机结合所形成的综合能力。它表现为企业家凭借着自身的道德品行素质、知识素质、个性心理素质、经验素质、身体与年龄素质，把知识和经验有机结合起来具体运用于企业经营管理过程的能力。优秀的企业家必须具备以下能力：决策能力、组织能力、协调能力、创新能力、激励能力、用人能力、规划能力、判断能力、应变能力、社交能力。

12.3.1.2　开发企业家资源

发现和甄别企业家比发掘其他人才要困难得多。尽管我们可以列举出一些企业家的基本特征和必要素质与能力，但这终究还是概念性的，还不能使我们在众多的管理者中准确地辨认出哪些是企业家，哪些不是企业家。这主要是因为企业家这个角色很重要，各个企业面临的任务又有所不同，选择和评价企业家的方法又无定规。因此，既要重视工作成绩、经历和背景调查，又不可忽视印象和直觉判断这类重要的因素。

在识别企业家时，必须明确拥有厂长、经理职位的人未必都是企业家。企业家起码是有创造力、有应变能力和魄力，并能卓有成效地开展经营活动的人，而那些不懂经营、不善管理者与企业家的称号是绝对无缘的。因此，识别企业家应该从企业家所经营企业的经济效益、社会效益，结合企业家在市场经济中拼搏所表现出来的思想品德、行为作风、人格魅力及其社会声望等一系列因素来综合考察。发现和甄别企业家的方法有若干种，从总体上，可以分为测量和评定两类。前者是对有明确答案行为的标准化检验，具体方法有：智力测试、想象力测试、领导能力测试、情景测试等；属于评定的方法有：个性兴趣的客观考察、查阅分析人事档案和个人简历、同事评议等。总之，在发现和甄别企业家时，必须将静态分析和动态分析结合起来，将知识测量和能力测量结合起来，将定性分析和定量分析结合起来，只有这样，才能得出正确的、全面的结论。

12.3.1.3　造就企业家群体

培养一代适应市场经济内在要求的企业家，造就一支职业化的企业家队伍，既是深化林业企业改革的客观要求，又是搞好林业企业的关键。企业家的培养不能沿用过去的老办法，而必须采用一套适应市场经济体制要求的新办法。①鼓励现有的厂长、经理向职业企业家发展。这就需要建立相应的管理体制和企业家人才市场、制订必要的人才交流规则、配备好报价体系等。②创办"厂长经理学院",选拔一批优秀人才,采用脱产深造、专家授课、案例分析、模拟实习、经验交流等办法重点培养。③把企业家的培养列为大学或管理学院中的一个专业。另外,要重视对企业家进行训练,这是防止企业家知识和技能老化,提高其工作效率的重要措施。

12.3.2　有效挖掘企业员工潜力

12.3.2.1　建立一个现代化的人力资源开发和管理部门

从事人力资源管理的人员要树立起现代化的人力资源意识,明白人力资源是企业内最重要的资源;懂得如何去开发本企业内部的人力资源;知道怎样去引进急需的人力资源;掌握激励员工的各种原则和方法。

12.3.2.2　从招聘入手,严把质量关

向社会公开招聘员工应成为林业企业人力资源的主渠道,在招聘时要杜绝一切开后门的现象,运用现代科学的测评手段,择优录取。

12.3.2.3　加强员工的教育和培训

开展有效的教育与培训工作,对人力资源的开发有着重要的意义。首先,对员工进行的职前教育和岗位培训,可以使员工更快地具备履行岗位职责应具备的条件;其次,对员工的系统教育与培训,有利于开发人的智力,发掘员工的工作潜能,从而提高员工的工作质量和工作效率;再者,对员工进行以更新知识和技能为主的教育与培训,有利于顺应信息时代知识更新瞬息万变的特点,不断提高员工的知识和能力水平,进而提高企业的整体竞争能力;最后,对教育与培训的投入,可使员工感受到企业对人的重视,作为激励因素,有利于增强员工对企业的归属感和凝聚力,激发员工的积极性。

员工培训是指组织通过对员工有计划、有针对性的教育和训练,使其能够改进目前知识结构和能力素质的一项工作,其目的在于提高员工队伍的素质,促进组织的发展,内容包括思想政治、基础文化知识、技术业务、管理知识、法律政策与规章制度等培训。培训方式,依员工所在职位的不同,可分为新员工培训、在职培训与离职培训3种形式;依培训目的来分,有文化补课、学历培训与岗位职务培训等形式。

12.3.2.4　建立健全激励机制

美国通用电器公司总裁弗朗克斯说过:"你可以买到一个人的时间,可以雇用一个人到指定的工作岗位,可以买到按日计算的技术操作,但你买不到热情,买不到创造性,买不到全身心地投入,你不得不设法去争取这些。"人力资源管理的一个重要任务就是建立一个有效的多维交叉的员工激励机制,激发和调动员工的工作积极性。首先,要建立有效的人员配备机制。要根据企业目标和工作任务,按照量才使用、用人所长的原则,对员工进行合理配置和组合,使他们学有所用。其次,要建立合理的报酬机制。为鼓励员工努力为企业做贡献,在作法上可采取多种激励方式,如调薪以能力和表现为准,设立绩效奖金制度,按月季依成绩给奖,设立年度奖金制度依职位和考绩给奖等;有些企业还可以建立员工分红制度,按所订百分比提取红利,分配给员工。入股分红是当前股份制企业普遍推行的有效方法,它不仅可以使员工的利益与业绩相结合,而且还可以激发员工的整体意识,福建永安林业(集团)股份有限公司就是一个成功的典范。

第三，要树立有效的考核机制。对企业员工要进行真正严格的各种考核，工人以"工人技术等级标准"为依据，进行应知考试和实际操作考试；对管理人员、工程技术人员进行德、能、勤、绩的全面考核，并重点考核工作业绩，通过考核，奖优罚劣，进一步提高和改善员工的工作绩效。

12.3.2.5 营造学习型企业氛围，引导和鼓励员工自我开发

知识经济时代，知识老化周期进一步加速，社会变化急速而剧烈。任何人不可能一劳永逸地获取知识，而要终身学习。任何组织应变的根本之道是学习，以熟悉和掌握动态世界变化的规律性，适应这种动态的变化。林业企业未来唯一持久的优势，就是有能力比竞争对手学习得更快、更好。这就迫切需要建立一种全新的林业企业组织形式和组织结构——学习型组织，在学习型组织中，每个人都能意识到学习的重要性和紧迫性，并自觉自愿地学习。这种学习意识和学习的自觉性，无论对企业还是个人的发展都是十分有益的。但一个文化氛围，一个学习型的组织不会自然而然地形成，林业企业应该做到：一是引导，即通过各项制度的建立和完善，积极营造林业企业的文化氛围，建立学习型组织，使员工产生自我奋进的动力或因不求上进带来的压力。二是支持，林业企业应为员工创造良好的学习条件，为员工的自我开发提供帮助。如企业可以邀请职业生涯发展顾问和培训专家帮助员工确定学习目标，制定学习计划；邀请教师定期或不定期地为员工提供辅导；为员工的自我开发提供力所能及的学习资源；保证员工工作之余有时间和精力进行自我开发等。

本章小结

现代林业企业管理是对生产经营所需的人、财、物以及信息等各种资源的管理。随着知识经济的到来，人力资源作为生产要素越来越发挥支配作用，成为企业创造超常效益和增值的源泉。为此，必须把握人力资源管理的基本理论、内容以及如何有效地开发林业企业人力资源等，使林业企业由传统的资源依赖型转为知识依赖型。

复习思考题

1. 什么是人力资源，林业企业人力资源具有什么特点？
2. 如何理解人力资源在现代林业企业管理中的地位？
3. 林业企业人力资源管理的内容是什么？
4. 林业企业人力资源管理的目标是什么？
5. 如何做好企业家队伍建设？
6. 如何抓好林业企业人力资源的开发工作？

13 现代林业企业质量管理

质量管理是企业管理中的重要内容。在市场经济的条件下，质量就是企业的生命，伪劣产品是不可能有竞争力的。从社会发展的角度出发，无论生产还是生活，对物质产品要求越来越高，低劣产品是不会有出路的。从企业的根本目的出发，企业只有向社会提供优质产品或服务才有实际意义，否则就失去了存在的意义。

13.1 现代林业企业质量管理概述

由于林业企业生产特点所决定，林业企业的质量管理不能套用其他行业企业的质量管理办法，要有符合林业实际情况的管理方法。

13.1.1 对质量的认识

单纯质量而言，是人们为了说明某种评价对象品质好坏时的一种代名词与衡量尺度。作为生产物质产品的企业讲质量，首先强调的是生产成果——产品的质量，同时又要看到形成这种质量的过程、行为质量，即工作质量。

13.1.1.1 产品质量

产品质量是指产品本身具有的使用功能满足用户要求程度的反映。产品本身具有的使用功能是与其物理结构、化学性质、原料性质、加工技术等多方面的因素有关。因此，满足使用程度不能是抽象的，必须用产品内在的各种质量特性进行说明与表示。机械加工产品一般用性能、寿命、可靠性、安全性、经济性等这样的特性进行表示。由于对林木产品的使用功能要求与机械工业产品使用功能要求具有性质上的不同，反映林木产品质量的质量特性，不能套用一般工业品的质量特性，应从以下一些方面去建立适用的质量特性。如树种、材质、木材的生理结构、干形、物理及自然伤害、径级、长度、规格、经济性等。

各种质量特性需要用文字的形式或量化的形式制定成文件，以便于具体地贯彻执行，进行实际应用。这种文件就称为技术标准或质量标准。

13.1.1.2 工作质量

工作质量就是各个工作岗位上的工作行为质量，是各工作岗位活动行为的科学性、正确性程度的反映。各类工作行为灵活性较大，尤其是管理活动，具有较强的艺术性、创造性、难于有固定的模式去进行约束和要求，管理难度较大，一直没有十分成功的做法。但是，工作质量却又十分重要，不能与产品质量混为一谈，要依据实际的具体情况，抓好工作质量的管理。

13.1.2 质量管理发展简史

质量管理不是某一个国家独有的行为，而是具有共性的世界性的普遍行为，它的发展大体经历了三个阶段。

13.1.2.1 质量检验阶段

在20世纪20年代至40年代之间，这个时期人们在质量管理方面，还仅仅处在对最终产品进行检验的阶段，以此区分合格与不合格产品，保证不合格品不出厂，来树立企业的信誉。这种只靠最后检验的管理并不能解决预防或减少不合格品产生的问题。

13.1.2.2 统计质量控制阶段

在20世纪40年代至50年代之间，为了减少和预防不合格品的产生，也是为了解决破坏性检验问题，美国休哈特、道奇等人共同研究出了利用数理统计的方法，对生产过程中的产品质量进行控制管理的办法，并取得较大的成功。但是，由于普及不够，影响了广泛的推广应用，只限于少数专业人员的使用。

13.1.2.3 全面质量管理阶段

全面质量管理是从20世纪60年代开始形成的。当时社会上已经出现了大型的复杂产品生产，需要很多部门联合协作才能完成，产品需要几百万个零件进行组装。即使零件合格率达到99.9%，一个完整的产品也有上千的零件有问题，后果不堪设想。美国的朱兰和费根堡姆提出了全面质量管理的概念。把统计控制质量的方法同组织管理方法结合起来，主张实行全过程、全员参加的质量管理方法，逐渐形成了全面质量管理的理论、技术和方法，一直发展到今天。

13.1.3 提高林产品质量的重要意义

提高林产品质量无论对企业、对用户、对人民生活、对国家的经济发展，都具有十分重要的现实意义。

13.1.3.1 提高林产品质量是企业生存与发展的重要物质基础

综合性的林业企业，林业的一切生产活动均是由企业内部完成的。营林为采运提供原料基地，采运生产为各项林产品加工开发、生产提供原料。提高林产品质量实质上就是在为企业的生存、发展创造可靠的物质基础；同时也是在为提高企业的竞争力创造决定性的条件。

13.1.3.2 对改善生态环境、提高人民生活水平做出贡献

森林资源是陆地上最大的生态系统，在防风固沙、涵养水源、调节气候方面发挥着巨大作用。提高森林质量，既能为人类生活提供更多更好的物质产品，又能为人类生存创造优美的环境。提高林产品的质量，就是在直接提高人民的生活质量和消费水平。

13.1.3.3 对促进国民经济发展具有战略意义

林木产品最重要的使用方向是经济建设，木材的特殊性能，其他产品还不能完全代替。在国民经济高速发展过程中，林木产品需求量一直保持着较旺盛的势头，显然，提高林产品质量，对满足经济发展建设需要具有重要的战略意义。

13.2　全面质量管理

全面质量管理是一项综合性很强的复杂管理活动，无论是它的科学理论性还是它的实践性都具有较高的难度。从它的管理内容上看，存在于企业的各个组成部分；从它的管理活动要求上看，又必须是连续的，存在于每一个工作环节。有一个环节的疏漏都有可能造成不合格品的产生，对于产品质量必须进行科学的管理。

13.2.1　对全面质量管理的基本认识

全面质量管理就是为了保证和提高产品质量，企业各部门与全体职工分工协作，综合运用现代科学技术和管理技术，把组织管理同专业技术方法结合起来，建立起一套经济地开发、研制、生产、销售优质产品的管理工作体制。这一管理活动称为全面质量管理。

全面质量管理的基本指导思想是以工作质量保证产品质量，把事后检验把关为主的管理转变为预防为主、改进为主的管理，把单项分散式的管理转变为全面的综合管理，找出影响产品质量的各因素，然后发动全员参加到质量管理工作中来，运用科学的理论、技术和方法，使生产经营的全过程被控制在要求的状态下，从而保证和提高产品质量和服务质量。

全面质量管理的特点是：①对质量的认识是全面的；②实行全过程的质量管理；③实行全员参加的质量管理；④使用的管理方法是全面的。

13.2.2　在全面质量管理中应用目标管理

13.2.2.1　实行目标管理的作用

目标管理是一项十分有效的管理方法，它能使全面质量管理取得更好的效果。通过质量目标的制定和执行，对质量管理活动起到导向的作用，使质量管理活动成为一种理性行为，更有利于实现提高质量的目标。

实行质量目标管理，有利于对质量管理活动进行考核和监督。因为有了质量目标，就有了对质量管理活动及其成果进行考核和评价的依据，有利于促进质量管理水平的提高。另外，从动态上讲，质量目标不是固定不变的，是要不断循环提高的，也是对质量管理水平提高的促进。

另外，由于质量目标要展开成目标体系，这样就将分散、单项的质量管理活动转变成了系统的质量管理活动，强化了质量管理活动的有效性。通过质量目标体系的建立，把企业各部门、各单位、各层次、各环节的工作都纳入到质量管理中来，起到了全面组织调动作用，使全体职工树立起参与质量管理的意识和积极性，这是保证做好质量管理工作的重要基础。

13.2.2.2　制定质量目标体系

质量目标是企业在一定时期内要达到的质量水平或质量结果。质量目标从层次上可以区分为企业级的、生产单位级的、工段或班组级的、个人级的若干级别；从时间上又可区分为长期、短期不同时期的目标，形成目标体系。

质量目标体系是开展质量管理工作的指南，建立起来的质量目标体系，要能体现出企业产品质量和工作质量的提高，要能反映出企业利益的要求，也要反映出满足市场的要求。为此，建立质量目标体系时，必须有充分可靠的依据，正确认识外部环境的要求和内部条件所具备的质量保证能力。

13.2.3 全面质量管理的基础工作

13.2.3.1 标准化工作

标准化即是有组织地制定、贯彻执行、监督修改各种标准的活动过程。标准化是今后社会发展深化分工、密切协作、现代化大生产的必然产物，是组织高度专业化、自动化的前提条件。标准化的核心内容是各类标准。标准就是一种衡量尺度，是对重复性事物和概念所做的统一规定。是以科学、技术和实践经验的综合成果为基础，经有关方面协商一致，由主管机构批准，以特定形式发布，作为共同遵守的准则和依据。

随着标准化工作的深入开展，制定的各种标准越来越多，越来越复杂。常见的标准划分有以下方面：

（1）按标准内容的属性划分：分为技术标准和管理标准（或叫工作标准）两类。

（2）按标准适用领域和有效范围划分：①国家级标准，代号 GB，由国家标准总局制定，全国执行；②部级标准，由各部标准化部门制定，国家标准总局备案，③地方标准，由地方标准化部门制定，国家标准总局备案；④企业标准，企业制定，主管部门和地方政府标准化部门备案。一项标准，只有最高一级的权威标准有效，不允许同时存在多级的同一项标准。

在国际上还有国际标准（ISO）和国际区域标准。

13.2.3.2 计量化工作

计量是反映质量指标水平的基本手段。质量特性值测度的准确性、真实性是保证产品质量的重要环节。高质量将取决于高水平的计量化工作。为保证生产过程中的准确检测计量，首先应保证计量化方法的正确性和科学性，保证所使用的工具、仪器的先进性和精确性。在从物质方面重视的同时，亦应从管理方面加强计量化工作。

13.2.3.3 质量信息工作

质量信息是指产品质量状况、质量动态以及在质量管理过程中，各环节说明质量的各种数据、报表、资料、文件、新产品试验等情况反映，即是质量信息。它是改进产品质量和各环节工作质量不可缺少的重要依据。也是正确认识影响质量的诸因素变化、质量波动的内在联系、对质量进行控制的基本依据。通过对质量信息的研究，能帮助我们正确掌握提高产品质量、工作质量的规律性。

质量信息来源广泛、数量多、内容复杂，不易全面掌握。但基本上可分为企业内部质量信息与企业外部质量信息两类。内部信息反映的是企业内部对产品质量的保证情况和生产中的质量动态；外部信息反映的是社会对产品质量的要求及变动趋势。企业要使产品质量处于领先地位，必须建立以质量信息中心为轴心的高效灵敏的质量信息系统。搜集来自各方面的、大量的第一手资料，加工成各种有用的质量信息。通过汇总、传递、储存、提供使用，充分发挥质量信息的作用。高质量必须坚持要用高度灵敏的质量信息作引导。

13.2.3.4 质量教育工作及质量责任制

进行质量教育是为了使全体职工认识到企业的产品质量将决定企业的前途与命运，是关系到企业生死攸关的大事，也是关系到职工切身利益的大事，使每个职工树立起强烈的质量意识，自觉地参加到质量管理工作中来。要通过质量教育使全体职工都能懂得质量管理的基本理论、方法和技术。

建立质量责任制是使每个工作岗位、每个人都能明确自己在质量管理工作中所处的地位和所起的作用，明确在质量工作中的责任和拥有的权力。做到在质量管理工作上事事有人管、人人有专责、办事有标准、工作有考核、考核有结果、职责明确、奖惩分明。

13.2.3.5 建立有效运转的质量管理组织机构

组织机构是做好质量管理工作的组织保证，对管理活动的运行具有实质性的影响，为抓好质量管理工作，应建立起高效的质量管理机构，配备专职的质量管理人员，进行合理的管理分工，把全企业的质量管理活动组织协调起来。企业要有专职的领导负责质量工作，企业设置全面质量管理部门，保证质量工作的有效运行。但是，企业的产品质量不是单靠少数的质量管理机构、少数的专职人员就能完全保证的，更直接的是全企业每个工作岗位上的工作质量决定着企业的质量水平。因此，还应配合质量责任制和质量管理小组的活动，动员全体职工投身到质量管理工作中来。

13.2.4 全面质量管理的运行

科学的质量管理程序将有利于管理效果的提高和管理目标的实现。全面质量管理活动将采取 PDCA 工作循环方式进行运行。具体开展工作时，可归结为四个阶段八个步骤。

P——制订计划阶段。以达到质量要求和取得最佳经济效益为目标，通过市场调查、质量诊断，制定实现质量目标的措施和方法。这一阶段包括四个步骤：①分析生产现状，找出质量问题。②分析产生质量问题的原因或影响因素。③找出影响质量的主要因素。④针对主要因素和直接影响原因，制定解决问题、改进质量的措施计划。

D——执行计划阶段。按计划中的措施和要求，进行贯彻执行。

C——检查计划阶段。检查计划实际执行情况，制定的措施实现情况。

A——对检查结果的处理阶段。

①根据检查的结果进行总结，把成功的经验或失败的教训纳入到有关标准、制度、规定中，巩固成果，防止重蹈覆辙。②提出这一循环没有解决的问题，转入下一 PDCA 循环。

这样的运行过程完全体现出了事物的发展动态性，它的明显特点是：把每一个循环中的成功部分纳入标准，巩固已有的成果，避免一项工作只在原有的水平上进行简单的循环；同时，把失败的教训总结成可借鉴的制度规定，防止同样的失误再度发生。这样一个循环完了就能有一个新的提高，跨上一个新的层次，再次推动新的循环。另外这样循环也可以应用在每个工作阶段里，循环中有循环。

13.3 林业生产质量管理

林业企业的生产活动具有较强的综合性，有种植业、养殖业、采集采掘业、加工业、服务业等几大类。这些活动性质不同，质量管理的要求和方法也不同，为了集中说明林业生产的质量管理问题，这里只对营林生产和木材采运生产的质量管理作一说明。

13.3.1 营林生产质量管理

营林生产是一项林木种植业生产，生产对象是具有生命的生物体，生产过程就是树木生命周期的循环，最终产品是成熟的林木资源。由于林木资源的种类不同，对它们的培育目的、功能要求不同，因此质量管理上的要求也就截然不同。这里只对用材林的质量管理作一探索。

13.3.1.1 营林生产质量管理特点

从营林生产最终产品看，是具有生命的生物群落，具有明显的广阔空间性和整体性，评价质量时，不能以个别立木或局部立木来决定，而应以林分的整体为评价对象，使用的质量指标或标准，应能反映林分的整体情况。由于不能进行立木透视，所以难于准确判别内部材质程度。林木资源虽然有质量上的差别、价值程度上的差别，但营林生产的最终成果一般没有不能利用的生产物。另外，反映生物体质量的生命态、生物形象不易量化，所以也不便测量。各生产阶段的生产对象具有灵活性，随生命态的时间进程质量具有阶段变化性。再有，由于自然条件多变复杂、不可控因素多，使生产对象的质量难于控制。

营林生产的最终产品是取得优质的林木资源，其质量决不单单是在成熟阶段形成的，而是在长达几十年或上百年的长期生长过程中靠良好的生长环境和条件形成的，因此，不能简单地只用最终林木质量状况反映全部营林生产过程的质量管理，这种做法显然是不适当的。营林生产各阶段活动从林木生长过程上看是顺序进行的，但实际上由于营林生产的大量性、空间性的关系，各阶段生产是平行组织进行的，而且都具有相对独立操作性，所以抓营林生产的质量管理，必须抓各生产阶段的质量管理，重点在于抓好各阶段的工作质量管理。

13.3.1.2 种子采收质量管理

种子是未来生物体的生命源，对未来生物体的质量具有决定因素的作用。营林生产是为了取得优良苗木和长远的优质林木，这是质量管理的起点。

（1）种子的质量评价。为了能正确地表现出种子的质量状况，应该用生物生理指标结合物理性指标全面进行评价。主要指标有：①种子的生活力；②种子发芽率；③种子的优良度；④种子纯净度；⑤种子的含水量；⑥种子病虫害感染度。

各项指标计算出来后，对照种子等级标准确认种子质量等级。

（2）种子采收阶段的工作质量。这一阶段的主要工作是培育、采集、收购、保管等项业务。即科学地培育母树林获得优良种子；及时有选择地采集野生种子；收购时严格按照检验方法进行检验；保管时按保管条件实施管理活动。对各项工作进行必要的检查，确保工作质量，进而保证种子质量。

13.3.1.3　育苗阶段的质量管理

育苗活动的产品是苗圃生产活动培育出的各树种苗木。

（1）苗木质量。它是苗木生命力是否旺盛的表现，用下列质量特征予以反映。①生物形象：苗干的曲直，色泽是否正常，顶芽是否饱满，木质化程度的好坏，苗木有无机械损伤或病虫害等。②生态量化方面：苗高，地径大小，主根系长度，侧根数量等。

（2）工作质量要求。育苗阶段的具体活动内容很多，可以讲所有的活动都是在为获得健壮的苗木创造生长条件和环境，因此，各项活动都要从苗木的生物生理要求出发，确定各项活动的具体要求。①种子处理。为了保证种子及时的高发芽率，必须严格地按照种子处理程序进行。催芽期间保证温度和湿度的要求，经常检查，温度和湿度都不应超过规定的范围。种子处理期间应安排人员进行全日制的监控。②土地整理。土地是苗木生长的根本载体，要求土壤疏松、肥沃、具有良好的透气透水性、平整、保肥能力强。③播种。这是创造苗木生命的重要转化过程，其质量要求完全体现出了对工作的质量要求。首先是对播种时间性的严格要求，其次是对播种密度、均匀性的要求，再次是对覆土厚度和镇压力的要求。这些活动都会直接影响到种子的出苗率。④苗期管理。这一期间的活动主要是适当地调节光照，经常性地灌溉、排水、除草、施肥，换床或间苗、防寒、防病虫害，起苗出圃等。这些活动要有严格的时间性、数量和程度方面的要求。可按照育苗技术规程检查活动是符合要求。反映苗期管理质量时，可测算土壤含肥合格率、换床苗木窝根率、换床苗木成活率、起苗时的苗木损伤率、病虫害次数或受害的株数或面积反映受害程度等。

13.3.1.4　更新造林阶段质量管理

这个阶段的成果是幼林地，目标是形成有生命力和抵抗力的幼龄林。这里重要的是保证幼苗或幼树的成活和保存。

13.3.1.4.1　幼林地的质量表现

一般可用科学选择树种、正确确定初植密度、幼苗成活后的长势、幼树保存情况等反映林地的质量情况。树种选择只能依据生物学特性和立地条件等因素进行定性分析选取。树种不同初植密度也不同，可查表再结合应用下列指标反映质量状况加以确定。

$$幼苗成活率 = \frac{单位面积的人工壮苗 + \frac{1}{2}弱苗}{单位面积规定的栽植株数} \times 100\%$$

$$株数保存率 = \frac{单位面积上保存的人工壮苗 + \frac{1}{2}弱苗 + 天然幼树}{单位面积上规定的植苗株数} \times 100\%$$

$$面积保存率 = \frac{第三年达到保存株数标准的小班面积之和}{更新造林时合格小班面积之和} \times 100\%$$

保存情况均指更新造林三年后的成活株数及合格面积，保存株数达到80%的为合格面积。

13.3.1.4.2　更新造林阶段工作质量

这一阶段主要的作业活动有清林、整地、植苗、抚育保护。

清林时的质量，要注意掌握割带宽度，清除杂草灌木要干净，注意保留珍贵树种。整地的质量，要求穴匀、土细、拣净杂物，做到穴状的规格和松木的深度符合要求。植苗活动的质量，关键是苗木运输过程中保证苗木不受机械损伤，苗木要有足够水分和湿度，具体植苗时，把握植苗的季节，操作要符合技术要求，植苗在穴的中央、栽正不倾斜、不窝根、不过深过浅、适当踏实不悬空、防止透风。植苗后要进行大量的抚育保护工作，为幼苗成活创造有利的环境条件，其质量点就在于保证抚育次数，不漏抚，不损伤幼树，除草、松土应符合基本要求。

13.3.1.5　成林抚育阶段的质量管理

林木资源从成林到成熟是一个漫长的生长过程和变化过程，也是其质量形成的过程。环境因素是林木资源质量形成的根本影响因素，为保证取得优良的林木资源，不能消极地靠自然随机去形成生长环境，而应通过一定的人工投入，努力改变和创造适合林木生长的环境和条件。现阶段的成林抚育，主要是清林、割灌、透光伐与生长伐，不断重复进行，直至最后培育出成熟林木资源。成熟林木资源是一个生物群落，其质量不是个别林木所能代表的，而应是一个林分整体的质量表现。它的质量特性应从以下一些方面建立：林相林貌；立木干形的普遍情况；平均径级；平均树高；平均单株材积；单位面积蓄积量；腐朽枯损情况；病虫害情况及抗病虫害能力；珍贵树种或优良树种的比例等。

成林抚育阶段的工作质量，可通过对动作的要求或用这些活动的直接成果进行反映，并建立以下一些质量指标：

$$抚育强度准确率 = \frac{符合设计抚育强度的面积}{实际抚育面积} \times 100\%$$

$$清林与割灌合格率 = \frac{清林（割灌）合格面积}{标准地面积} \times 100\%$$

$$抚育伐根合格率 = \frac{合格伐根数}{检查总伐根数} \times 100\%$$

$$应伐未伐株数（蓄积）/hm^2 = \frac{应伐未伐株数（蓄积）}{标准地面积（hm^2）}$$

$$丢弃木材量/hm^2 = \frac{检查测量丢弃木材量（m^3）}{标准地面积（hm^2）}$$

$$漏抚面积率 = \frac{\sum 漏抚面积}{设计小班面积} \times 100\%$$

13.3.2　木材采运生产质量管理

木材采运生产是对生物资源的采掘过程，生产出的木材产品只是对生物体的物理形状作了简单地改变和搬运，并不是对木材使用根本特性的创造过程。从木材产品的自然属性和生产的特点上看，对木材产品质量的表现和反映，不能套用一般工业品的质量表现特性，要有适合木材采运生产特点的质量特性。如木材产品的干形、材质、色泽、径级、长度、树种、节子、虫害等。多数质量特性是生物过程铸就的，与采运生产的机械过程并没有必然的根源关系。由此可见，对木材采运生产的质量管理不能简单地用最终的木材质量反映生产全过程的质量。尽管如此，并不是说采运生产过程的质量管理不重要，木材产品质量仍与采运生产过程有着密切联系。另外，从资源保护利用方面、作业环境、作业条件方面，对生产过程的质量管理也提出了严格要求。因此，木材生产的质量管理，一是从木材使用要求方面严格掌握产品质量水平，正确地把握产品质量等级；二是抓好生产过程中各工序的工作质量。

13.3.2.1　伐区生产阶段质量管理

在原条运材的工艺过程中，伐区生产阶段的主要工序是：伐木、打枝、集材、装车、清林几项工作。阶段产品是山上装车场的原条，根据它的生产特点所决定，这一阶段主要是作业质量的要求。综合说明伐区生产的质量时，可从以下一些方面考核：

（1）采伐方式选择的合理性及采伐强度的合理性；

（2）实际采伐面积的准确性；

（3）应伐木的准确性；

（4）伐倒木倒向是否合理、准确，伐根高度、锯口平齐情况，摔断及打桩子情况；

（5）打枝砍伤树干、留桩、大抹头情况；

（6）地表破坏程度；

（7）采伐木的损失程度；

（8）装车的牢固性、平衡性；

（9）伐区清理合格情况。

更深层次的作业质量管理，应用放录像的方式，分析操作过程的规范性、合理性和创造性。质量考核中的有些方面只能根据现场检查做出判断，不便于公式化、数量化。如采伐方式的合理性、树倒方向准确性等都是如此。但是在可能的情况下，应尽量用数据、用事实说话。如：

$$采伐面积失误频率 = \frac{越界作业或漏伐的小班个数}{采伐的小班个数} \times 100\%$$

$$伐倒木打桩子摔断频率 = \frac{\sum 打桩子摔断伐倒木棵数}{\sum 抽查的采伐面积}（棵/hm^2）$$

其他方面如：每公顷漏伐蓄积、伐根合格率、每公顷砸伤、断保留树的棵数，每公顷丢弃木材量、伐区清理面积合格率等。

实际评价伐区作业质量时，可利用检查评分的形式进行。

13.3.2.2　运材阶段的质量管理

运材只是对生产过程中的在产品进行搬运，并不对产品的物理形状或化学性质做出改变，质量管理只是对工作活动质量做出考核。可参考下面几个指标：

$$正点发（到）车率 = \frac{正点发（到）车次数}{发（到）车总次数} \times 100\%$$

$$运材掉道频率 = \frac{发生掉道现象的运材车次数}{实际运行车次数} \times 100\%$$

$$运材损失率 = \frac{检查期发生的掉道材数量（m^3）-已收拣数量或可收拣数量（m^3）}{检查期装车场装运出的木材数量（m^3）} \times 100\%$$

13.3.2.3　贮木场阶段质量管理

贮木场是木材生产的最后阶段，也是企业生产与销售衔接的地方。基本生产活动内容有：卸车、造材、选材、归楞、检尺、保管、装车各项工作。对卸车的质量要求是把运来的原条或原木平行地兜放在造材台或选材台上，防止打横打斜的现象。造材活动的质量管理难度较大、十分复杂。每一根原条具体形态都不同，应科学合理地造材，创造出木材的最大使用价值和最好的经济效益。应该说一根原条一个造法，根本就没有统一标准的造材法。这正是造材质量管理的难点，至今尚没有解决，完全靠造材工的创造。选材的质量要求则是正确地分辨材种、材长、树种和等级。归楞的质量要求则是根据选材的结果分别归楞，楞堆要整齐，不倾斜不超高，并且要考虑楞堆的顺序。检尺的质量要求是，应分别树种、材种、等级，准确计量不同长度、不同径级的材积数量。同时建立一些质量指标，进行考核监督。

$$原条造材出材率 = \frac{木材产量（m^3）}{造材消耗的原条数量（m^3）} \times 100\%$$

$$材长失误率 = \frac{超长短尺的原木根数}{抽检的原木根数} \times 100\%$$

$$材种失误率 = \frac{材种不准的原木根数}{抽检的原木根数} \times 100\%$$

$$检尺失误率 = \frac{\sum 各项检尺失误的原木根数}{抽检的原木根数} \times 100\%$$

$$楞堆合格率 = \frac{合格楞堆个数}{贮木场的楞堆个数} \times 100\%$$

$$贮存降等率 = \frac{某一时期内降等材积（m^3）}{某一时期内平均贮量（m^3）} \times 100\%$$

$$装车失误率 = \frac{出现超尺短尺等级不符的车数}{检查期内装出的车数} \times 100\%$$

13.4　常用的几种质量统计方法

13.4.1　调查表法

质量统计方法从形式上可分为列表法和图示法两种。本方法即是列表法，就是把要调查质量项目和内容，列成统计表的形式再作调查统计。这种方法简单、直观、方便，是常用的一种质量统计方法。如表 13-1 所示。

表 13-1　等外原木缺陷调查表

调查部门	调查人	调查时间	调查地点	树种	材长	调查数量
			伊春林管局 ××贮木场	阔叶	4 m	168 根

续表 13-1

等外原因	漏节超限	边材腐朽超限	心材腐朽超限	弯曲超限
频 数	正 正 正 正 正 正 正 正 正 丅	正 正 正 正 正 丆	正 正 正 正 正 正 正 正 正 正 正 正 正 下	正 正 正 正 丅
合计	49	29	68	22

13.4.2 排列图法

用排列图研究各影响因素对质量成果的不同影响程度，用图形表现出主次因素在质量管理中的地位。如图 13-1 所示。左边的纵坐标表示研究对象的件数，右边纵坐标表示不同因素形成的数量占研究对象的百分比，横坐标是各因素的分布。

排列图中的曲线，百分比累计值达 85% 时所对应的因素称关键因素；累计值在 85%~95% 之间对应的影响称次要因素；累计值在 95%~100% 之间对应的因素称一般因素。这样区分后，将力量集中在解决关键因素上。

使用排列图应注意两点：

（1）使用目的要明确，关键因素不能过多。

（2）采取措施解决问题后，应间隔适当时间再次画出新的排列图，前后对比以观察问题解决的程度。

13.4.3 因素分析图法（鱼刺图）

发生质量问题时，原因是多方面的，可归结为人、材料对象、工具设备、生产条件环境、工艺方法几个方面。很难一下子确定是什么原因时，可应用因果分析图的方法。如图 13-2 所示。

使用时应注意的事项：

（1）一张图只能针对一个质量问题找原因，不能同时针对两个以上质量问题找原因。

（2）调查原因时不能以个人的意愿取舍。

（3）整理各种意见时，按性质把原因分类，并按范围大小分层次排列，不能平行罗列。

（4）分析影响原因要直到能采取措施为止，并到现场核实措施的可行性。

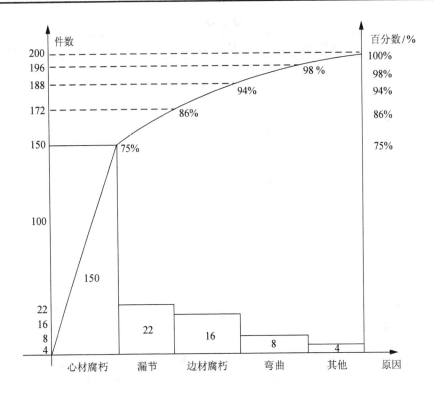

图 13 - 1 排列图法示意图

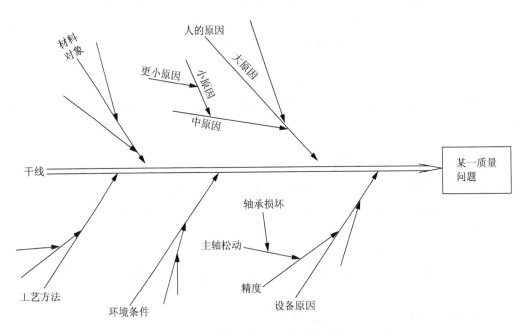

图 13 - 2 因果分析示意图

13.4.4 相关图法

产品质量要受到多种因素的影响，其中哪种因素作用的程度大些，作用的方向是什么，因素之间是否还有相互作用的关系，弄清这样的问题可利用相关图的方法。相关从作用程度上可区分为强相关、弱相关和不相关；从相关的形式上可区分为线性相关和非线性相关；从相关的方向上可区分为正、负相关。无论哪种相关，均可以在相关图上得到反映，也可以用相关系数加以反映。公式如下：

$$r = \frac{\sum (x_i - \bar{x}) \cdot (y_i - \bar{y})}{\sqrt{\sum (x_i - \bar{x})^2 \cdot \sum (y_i - \bar{y})^2}}$$

式中：r—— 相关系数；

x_i—— 影响因素的不同值；

$\bar{x}$—— 影响因素的平均值；

y_i—— 对应 x_i 时的质量特性值；

$\bar{y}$—— 质量特性的平均值。

r 的取值范围在 $-1 \leqslant r \leqslant 1$ 之间，r 取值的意义如表 13 - 2 所示。

表 13 - 2　相关系数值意义表

序号	r 值	意　　义
1	$r = 1$	完全正相关
2	$0 < r < 1$	正相关，接近 1 的范围，正强相关；接近 0 的范围，正弱相关
3	$r = 0$	不相关
4	$-1 < r < 0$	负相关，接近 -1 的范围，负强相关；接近 0 的范围，负弱相关
5	$r = -1$	完全负相关

13.4.5 频数直方图法

直方图是质量管理中的最常见的一种统计图。这里的频数是指质量数据在某一分布区间内出现的总次数。把频数分布情况画成直方形的坐标图，就是频数直方图。直方图能表现出质量数据的分布情况，对图形的观察和分析，能判断出工序的稳定性并预测出今后的变化趋势。

13.4.5.1 直方图的作图过程

13.4.5.1.1 搜集质量数据并找出最大值和最小值

根据作图的需要以及为了满足计算标准差 S 的精度要求，作直方图的数据一般不应少于 50 个，经常取 50，100，150……这样的数据量。表 13 - 3 是测得某产品的质量数据。

表 13 – 3　某产品质量数据表

样本号	质量数据										
1 ~ 10	9.75	9.82	9.92	9.68	10.08	9.80	9.84	9.90	9.98	10.00	
11 ~ 20	9.76	9.85	9.84	9.93	10.10	9.94	9.96	10.02	10.11	9.88	
21 ~ 30	10.00	9.99	10.01	9.98	10.10	10.06	10.08	10.07	10.04	10.06	
31 ~ 40	10.18	10.13	10.20	10.28	10.12	9.97	9.93	9.95	9.99	10.12	
41 ~ 50	10.29	10.04	10.11	9.99	9.96	9.96	10.18	10.05	10.02	9.93	
每列最大数	10.29	10.13	10.20	10.28	10.12	10.06	10.18	10.07	10.11	10.06	最大数 10.29
每列最小数	9.75	9.82	9.84	9.68	9.96	9.80	9.84	9.90	9.98	9.88	最小数 9.68

13.4.5.1.2　将数据正确分组，组数为 K

分组多少要适当，过多过少均不能正确反映数据的分布情况。分组的经验数可参考表 13 – 4。本例组数取 7 组。

表 13 – 4　数据量与分组数关系经验表

数据个数 n	适当分组数 K	一般使用组数 K
50 以内	5 ~ 7	
50 ~ 100	6 ~ 10	10
100 ~ 250	7 ~ 12	
250 以上	10 ~ 20	

13.4.5.1.3　计算组距 h

$$h = \frac{极差(R)}{组数(K)} = \frac{X_{max} - X_{min}}{K}$$

h 取值要为最小测量单位的整倍数，最小测量单位即是数据所表示出的最小的有效数据值的位数。本例组距 $h = \dfrac{10.29 - 9.68}{7} = 0.087\,14 \approx 0.09$。

13.4.5.1.4　计算各组上、下界限值

先计算第一组的下界限值，为了使 X_{min}、X_{max} 尽可能分布在组内的中间，同时为了避免质量数据落在界限值上造成统计频数麻烦问题，界限值要取高于最小测量单位的精度。因此，计算第一组下界限值时，

h 为奇数时：第一组下界限值 $= X_{min}$

h 为偶数时：第一组下界限值 $= X_{min} - \dfrac{h - \Delta}{2}$

Δ 为一个最小测量单位。下界限值加上组距即得到该组上界限值，第一组上限即是第二组的下限，以此类推可求出各组界限值。本例各组界限值：

9.635—9.725—9.815—9.905—9.995—10.085—10.175—10.265—10.355
　　1 组　　2 组　　3 组　　4 组　　5 组　　6 组　　7 组　　8 组

13.4.5.1.5 计算各组中心值 $\bar{x}_i$

$$\bar{x} = \frac{i\,\text{组下界限值} + i\,\text{组上界限值}}{2}$$

本例：$x_1 = \dfrac{9.635 + 9.725}{2} = 9.68, x_2 = \dfrac{9.725 + 9.185}{2} = 9.77$

以此类推，即可计算出各组中心值。

13.4.5.1.6 计算各组简化中心值 U_i

频数最大（f_{max}）那组的中心值为 α。各组简化中心值的计算如下：

$$u_i = \frac{\bar{x}_i - \alpha}{h}$$

13.4.5.1.7 计算 f_iu_i 及 $f_iu_i^2$ 的值

13.4.5.1.8 计算质量数据的平均值 $\bar{x}$

$$\bar{x} = a + h \cdot \frac{\sum f_iu_i}{\sum f_i}$$

13.4.5.1.9 计算标准差 S

$$S = h \times \sqrt{\frac{\sum f^iu_i^2}{\sum f_i} - \left(\frac{\sum f_iu_i}{\sum f_i}\right)^2}$$

13.4.5.1.10 画出直方图形

以纵坐标表示频数，以横坐标表示组距，由左至右依次画出各组的直方形，即得到直方图。如图 13-3 所示。

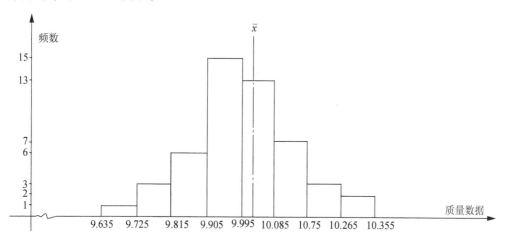

图 13-3 频数直方图

13.4.5.2 直方图的观察与分析

13.4.5.2.1 观察图形形态

图形的分布形态主要有以下几种，如图 13-4 所示。

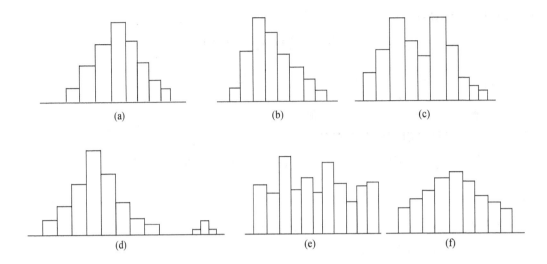

图 13 - 4　几种常见的直方图形状

（1）正态分布，中间高、两侧基本呈对称分布，如图 13 - 4（a）所示，说明工序处于稳定状态。

（2）偏态分布，图形分布偏向某一侧，多是技术上的原因，如图 13 - 4（b）所示。

（3）双峰分布，图形呈现出两个明显的主峰，多是因为对检测对象分类不好造成的，如图 13 - 4（c）所示。

（4）孤岛型分布，在远离主分布区的地方又有一个小分布区，如图 13 - 4（d）所示。形成原因较复杂，如测量错误、遵循的标准有改变等。

（5）锯齿型分布，直方形参差不齐，没有规律。主要是测量方法或读数有误等。如图 13 - 4（e）所示。

（6）平顶型分布，主要是因素缓慢变化引起的，如图 13 - 4（f）所示。

13.4.5.2.2　分析实际分布与公差范围的关系

把质量数据的实际分布与公差范围进行对比，可以看出产品质量是否符合质量标准要求，判断工序状态是否稳定。比较结果有以下几种情况，如图 13 - 5 所示。除图 13 - 5（a）工序稳定理想外，其他几种情况均不正常，应采取调整措施，改变质量数据的分布形态和分布位置。

图形中的 T 为质量标准规定的分布范围，称为公差范围。B 表明的是数据实际分布范围。

13.4.6　控制图法

13.4.6.1　控制图的基本图形

控制图也叫管理图，用于分析和判断工序的受控状态，是带有控制界限线的一种图示。通过图形显示生产过程随时间变化存在的质量波动，以此为信号分析判断质量波动的原因，及时采取正常的对策，保持工序处于稳定状态。

依据数理统计的理论，在工序状态稳定时，在 $\pm 3\sigma$ 的范围里，质量指标值出现的

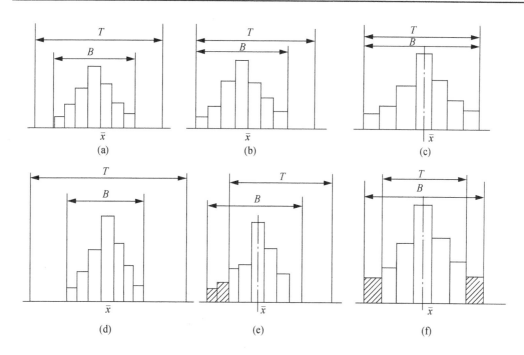

图 13-5 质量数据实际分布与公差范围的对比图

概率为 99.73%，超出此范围就是一个小概率事件，表明工序不稳定，可能是系统原因在起作用，这时管理人员就要查找原因，使工序处在稳定的状态下。其基本图形如图 13-6 所示。

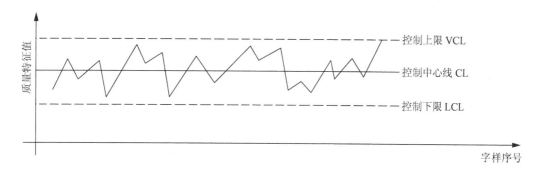

图 13-6 控制图的基本形式

13.4.6.2 控制图的种类

控制图的种类较多，参见表 13-5。

表中计算上、下控制界限值时，涉及 A_2，D_3，D_4，m_3，E_2 一些计算系数，其数值的多少是由样本组 n 的大小确定的，可查表取得。如表 13-6 所示。

图 13 - 5　控制图分类表

类别	图　别		控制界限		样本组大小	特　点
			中心线	上、下界限		
计量值控制图	$\bar{x} - R$ 平均值—极差控制图	$\bar{x}$ 平均值控制图	$\bar{x}$	$\bar{x} \pm A_2\bar{R}$	$n \geqslant 2$，一般取 $n = 4 \sim 5$	$\bar{x}$ 图主要用于观察分布的平均值变化；R 图主要用于观察极差变化。结合起来合成 $\bar{x} - R$ 图，判断工序是否正常，工作量较大
		R 极差控制图	$\bar{R}$	$D_4\bar{R}$ $D_3\bar{R}$	$n \geqslant 2$，一般取 $n = 4 \sim 5$	
	$\tilde{x} - R$ 中位数—极差控制图	$\tilde{x}$ 中位数控制图	$\tilde{x}$	$\tilde{x} \pm m_3 A_2\bar{R}$	$n \geqslant 2$，一般取 $n = 4 \sim 5$	用 $\tilde{x}$ 图代替 $\bar{x}$ 图，$\tilde{x} - R$ 图计算简便，但检出能力较差
		R 极差控制图	$\bar{R}$	$D_4\bar{R}$ $D_3\bar{R}$	$n \geqslant 2$，一般取 $n = 4 \sim 5$	
	$x - R_S$ 单值—移动极差控制图	x 单值控制图	$\bar{x}$	$\bar{x} \pm E_2\bar{R}_s$	$n = 1$	计算简单，使用方便反应迅速。不易发现分布中心变化，检出能力较差
		R_S 移动极差控制图	$\bar{R}_S$	$D_4\bar{R}_S$，无下限	一般取 $n = 2$	
计数值控制图	P_n 不合格数控制图		$\bar{P}_n$	$\bar{P}_n \pm 3\sqrt{\bar{P}_n(1-\bar{P})}$	n 为常数	计算简单，操作工人容易掌握
	P 不合格品率控制图		$\bar{P}$	$\bar{P} \pm 3\sqrt{\dfrac{\bar{P}(1-\bar{P})}{n}}$	n 为变数	计算工作量大，控制线成凸凹状曲线
	C 缺陷数控制图		$\bar{C}$	$\bar{C} \pm 3\sqrt{\bar{C}}$	n 为常数	计算简单，操作工人容易掌握、理解
	u 单位缺陷数控制图		$\bar{u}$	$\bar{u} \pm 3\sqrt{\dfrac{\bar{u}}{n}}$	n 为变数	计算工作量大，控制线成凸凹状曲线

表 13 - 6　控制图系数值选用表

样本组 n	2	3	4	5	6	7	8	9	10
A_2	1.880	1.023	0.729	0.527	0.433	0.419	0.373	0.337	0.308
D_3	—	—	—	—	—	0.076	0.136	0.184	0.223
D_4	3.267	2.575	2.282	2.115	2.004	1.924	1.864	1.816	1.777
m_3/A_2	1.880	1.187	0.796	0.691	0.549	0.509	0.432	0.412	0.363
B_2	2.660	1.772	1.457	1.290	1.184	1.109	1.054	1.010	0.975
d_2	1.128	1.693	2.059	2.326	2.534	2.704	2.847	2.970	3.087

13.4.6.3　控制图的观察分析

质量数据点子在控制界限内，随机排列没有异常现象时，认为工序质量在控制状态中。如果质量点子跳出了界限外或者虽然落在了控制界限内，但有排列异常现象时，都要查明原因，把产生不合格的因素消灭在萌芽之中，减少由于质量问题造成的损失。

凡属于下列情况之一者均为异常现象。

（1）点子连续在中心线的一侧出现。连续有 7 个点子或更多的点子在中心线一侧出现；连续 11 个点子中至少有 10 个点在一侧出现；连续 14 个点中至少有 12 个点在同一侧出现；连续 17 个点中至少 14 个点在一侧出现等，均为异常。如图 13 - 7 所示。

（2）点子排列具有趋势性。点子单向上升或下降，连续 7 个点有单向性即为异常。如图 13 - 8 所示。

（3）点子周期性出现即为异常，如图 13 - 9 所示。

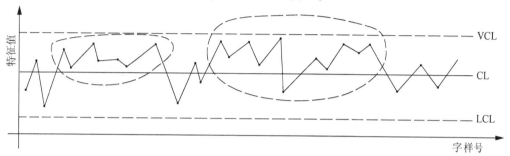

图 13 - 7   点子连续在中心线一侧出现的示意图

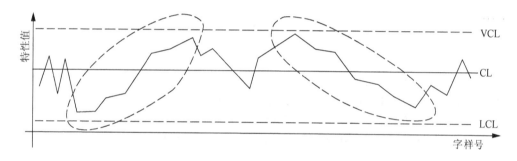

图 13 - 8   点子单向性出现的示意图

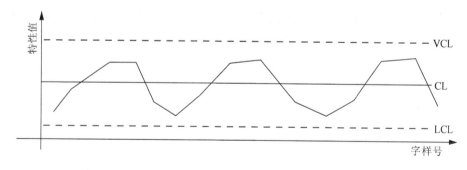

图 13 - 9   点子周期性出现的示意图

（4）点子在控制界限附近出现。所谓控制界限附近，是指离控制界限一个 σ 的范围里，即在 $\pm 2\sigma \sim \pm 3\sigma$ 的范围内。如果连续 3 个点子有两个点子，或者连续 7 个点子有 3 个点子，或连续 10 个点子中有 4 个点子落在以上的范围里，即为异常。如图 13 - 10 所示。

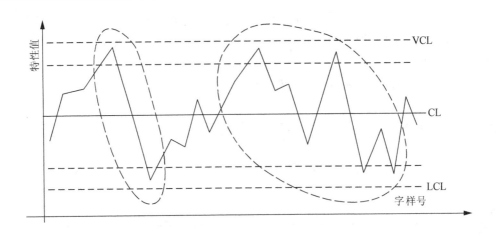

图 13 - 10　点子在控制界限附近出现的示意图

本章小结

质量是企业的生命，加强质量管理对于企业的发展具有重要作用。质量管理的发展经历了三个阶段：质量检验阶段、统计质量控制阶段、全面质量管理阶段。全面质量管理是一项复杂的综合性的管理活动，必须做好标准化、计量化、信息化、责任制、组织机构等一系列基础性工作才能保证它的有效实施。同时，运用 PDCA 循环保证其有效运行。

林业企业生产活动内容多种多样，且性质不同，考核其质量的指标也各不相同。因此，必须根据营林、采运、加工等不同阶段的具体性质和要求，实施不同的质量管理。

质量管理的方法有多种，常用的方法有：调查表法、排列图法、因果分析图法、相关图法、直方图法、控制图法。每种方法在质量管理中解决的问题不同，必须根据具体条件和具体质量问题，采用适宜的方法加以解决。

复习思考题

1. 什么是产品质量、工作质量？两者有何关系？
2. 什么是全面质量管理？有何特点？
3. 如何进行营林、采运生产各阶段的质量管理？
4. 说明各种质量统计方法的特点和解决的主要问题。

14 现代林业企业物资管理

现代林业企业物资管理，是对林业企业生产经营活动所需各种物资的计划、采购、保管、发放、使用等活动的计划、组织和控制。它是企业生产管理的重要组成部分，加强物资管理，对于促进企业生产发展、提高产品质量、降低成本、加强流动资金周转、增加企业盈利等，都具有十分重要的意义。

14.1 林业企业物资管理概述

14.1.1 物资管理的任务和内容

林业企业物资管理的基本任务，总的来说，就是在国家宏观调控指导下，根据企业的生产经营任务，以提高经济效益为核心，有效完成物资供应和管理工作，保证企业生产有效地、顺利地进行。具体来说，企业物资管理的任务是：

（1）保证按品种、按质、按量、按期供应企业生产经营所需的各种物资。

（2）加强库存决策，建立合理的物资储备，加速流动资金周转。

（3）创造合理利用物资的条件，监督和促进生产过程合理使用物资，降低物资消耗。

（4）节省采购、运输、仓储及其他物资管理费用的支出。

物资管理的任务是相互联系的，应当全面理解和执行，才能保证提高企业的经济效益。为了有效地完成上述任务，物资管理必须完成以下工作内容：

（1）制定先进合理的物资消耗定额。

（2）确定正常的物资储备定额。

（3）编制物资供应计划。

（4）搞好库存控制和仓库管理。

（5）建立和健全各项规章制度。

总之，物资管理是以供应各方面需要物资为职责，以最少占用资金、最合理储存量、最低成本、最大盈利为目标，有效地完成物资供应和管理任务。

14.1.2 物资的分类

在林业企业中，物资是指在物质生产过程中所耗费的各种生产资料。企业所需的物资品种繁多，各有特点。为了便于编制计划，加强订货采购的管理，供应生产的需要，必须对各种物资加以分类。

14.1.2.1 按物资在生产中的作用分类

（1）主要原料和材料。指经过加工后构成产品主要实体的物资。其中，原料是指采掘工作的产品，如原木、矿石、原油等；材料是指将原料经过加工之后，作为劳动对象提供的产品，如木材、钢材、塑料、化纤等。

（2）辅助材料。指用于生产过程、有助于产品形成但不构成产品实体的物资，例如，使主要材料发生物理和化学变化的辅助材料，如染料、催化剂、接触剂、油漆等；与设备使用有关的辅助材料，如润滑油、皮带等；与劳动条件有关的辅助材料，如清扫工具、照明设备等。

（3）燃料。指用于生产工艺过程、劳动生产、运输和取暖的可燃性物资，如煤炭、汽油、天然气、木柴等。

（4）动力。指用于生产和管理等方面的电力、蒸汽、压缩空气等。

（5）工具。指用于生产过程但不作为固定资产管理的各种生产工具，如各种刀具，量具、卡具等。

（6）修理用备件。指预先准备用于维修的专用与通用的零件、部件等。

采用这种分类，便于企业制定物资消耗定额，计算各种物资需要量、产品成本和储备资金定额等。

14.1.2.2　按物资的自然属性分类

（1）金属材料。包括黑色金属和有色金属，黑色金属又分为钢材、生铁等；有色金属，如铜、铝、铅、锌等。

（2）非金属材料。包括各种化工产品、石油产品、纺织产品、木材产品等。

（3）机电产品。包括各种机械产品、电器产品等。

采用这种分类，便于企业编制物资供应目录，也便于物资采购与仓库管理。

14.1.2.3　按物资使用方向分类

可分为基本建设用物资、生产产品用物资、经营维修用物资、科学研究用物资、技术组织措施用物资、工艺装备和非标准设备制造用物资等几类。

这种分类主要便于对物资使用方向和费用来源进行了解，从而有利于对物资进行核算、统计和管理。

14.1.2.4　按物资管理体制分类

可分为国家统一分配物资、市场采购物资两类。

（1）国家统一分配物资。指由国家统一平衡和分配，对国民经济发展具有重大作用的物资。

（2）市场采购物资。指由企业通过市场自购的物资。

这种分类，主要是便于企业编制物资分配目录，规定物资的申请和供应渠道，编制物资供应计划和统计报表等。

14.1.3　物资管理的组织形式

14.1.3.1　职能式组织

职能式组织是一种集权式管理。企业的物资管理由最高领导层中确定一名主管领导，物资业务管理工作在主管领导的统一领导下由职能部门的负责人指挥，职能部门下设计划业务、采购业务、仓库业务、运输业务等专门科室。企业实行采购集中、仓库集中、运输集中。这种组织形式的优点是权力集中，分工明确；其缺点是各业务专门科室之间协调不够，易产生互相扯皮的现象。

14.1.3.2 区域式组织

区域式组织是一种分权式管理，一般适用于企业集团和大型企业。物资管理的具体业务工作，包括编制物资计划、采购和仓库管理等工作，分别由分厂和车间统一组织。企业的物资部门主要负责计划的综合平衡，进行业务指导，以及调度和调节各仓库的余缺物资。这种组织形式优点是使基层物资部门与生产部门紧密配合；缺点是采购和管理分散，费用大，成本高，经济效益差。

14.1.3.3 产品式组织

产品式组织是一种专业化管理。企业按产品或物资分类成立专业仓库，作为一个相对独立的物资管理系统，下配计划、采购、仓库和统计核算人员。企业的物资部门主要负责编制物资综合计划、物资调度和运输调度等工作。这种形式适用于规模较大、品种较多的企业。其优点是可以按产品或物资类别一统到底，专业化程度高，适应性强。其缺点是组织分散，综合平衡困难，易产生层层设库，资金周转慢的情况。

14.1.3.4 内外分工式组织

内外分工式组织是改革开放以来引进的国外物资管理的一种方式。目前。我国不少企业也在采用。这种组织形式是企业专门成立物资采购部门，全面负责物资采购和对外业务联系；而企业内部的物资管理全部由生产部门统一管理，实行企业内部和企业外部工作的高度分工。

14.2 林业企业物资消耗定额和储备定额

14.2.1 物资消耗定额

14.2.1.1 物资消耗定额的作用

物资消耗定额是指在一定的生产技术组织条件下，制造单位产品或完成单位工作量所需消耗物资的数量标准。先进合理的物资消耗定额对于林业企业管理具有重要的作用：

（1）物资消耗定额是编制物资供应计划的重要依据。企业编制物资供应计划，要根据物资消耗额来计算物资需要量，并根据物资需要量来计算物资申请量或采购量。

（2）物资消耗定额是科学地组织物资发放工作的重要基础。根据物资消耗额和生产作业计划来向生产部门发送物资，就能保证企业生产不间断地、有节奏地进行，并能科学地判断物资的节约或浪费。

（3）物资消耗定额是控制企业合理使用和节约物资的有力工具。企业有了先进合理的物资消耗定额，并同必要的考核、奖励办法结合起来，就能动员全体职工更合理地使用物资，精打细算，千方百计地节约物资。

（4）物资消耗定额是促进企业提高技术水平、管理水平、工人操作水平的重要手段。先进合理的物资消耗定额，是建立在先进的技术水平和管理水平的基础上的，随着定额的贯彻和不断修订，就能促使企业不断地改进设计和工艺，改善生产组织和劳动组织，提高工人的操作技术水平。

14.2.1.2 物资消耗定额制定的方法和程序

物资消耗定额要具备先进性和可行性，这是物资消耗定额制定的基本原则，也是搞好物资管理的关键。所谓先进性，是指定额必须是先进的。这就要求在制定时，应充分考虑到计划期内的技术进步、经营管理水平提高以及工人素质的提高等因素，积极吸取国内外先进技术和经验，并且充分地估测采取各项技术组织措施可能获得的效果。所谓可行性，是指定额必须切实可行。这就要求定额的制定必须建立在可靠的科学基础之上，是广大职工经过努力可以达到的。如果制定的定额片面追求高标准，脱离企业实际，就不可能达到定额应有的激励和约束的作用，便成为无效定额。

物资消耗定额制定的基本方法主要有以下几种：

14.2.1.2.1 技术计算法

技术计算法是以产品设计图纸和工艺资料为依据，并以相应的技术措施为基础，经过精确计算来制定物资消耗定额的方法。这种方法所制定的物资消耗定额较准确，但工作量大，而且要求具备完整的技术文件和资料。

14.2.1.2.2 统计分析法

统计分析法是根据过去生产物资实际消耗的近期统计资料，结合当前生产情况，考虑各种生产技术变化因素来确定物资消耗定额的方法。这种方法简便易行，但准确性和可靠性较差。

14.2.1.2.3 实际测定法

实际测定法是利用各种计量、检测手段在现场实测，并通过计算来制定物资消耗定额的办法。运用此法，应以正常生产条件为基础，采用先进的测定技术，并以多次测定的平均值为标准，以此保证测定的精度。

14.2.1.2.4 经验估计法

经验估计法是根据生产工人和工程技术人员的实际经验，参考有关的技术文件和产品实物，再考虑企业在计划期内生产技术条件的变化，来制定物资消耗定额的方法。这种方法简单易行，但准确性较差，一般在缺少技术资料和统计资料时采用。

以上方法各有优缺点，在实际工作中应结合运用。一般来说，主要原材料消耗定额的制定应尽量采用技术计算法，而对于辅助材料则可采用其他三种方法。

物资消耗定额是林业企业物资管理的一项重要的基础资料，必须在遵循科学的制定方法基础上，严格地按照规定的程序来制定。物资消耗定额制定的一般程序是：

（1）全面收集整理分析有关资料；

（2）分析物资消耗的构成；

（3）进行定额的测算并提出草案；

（4）组织定额的试行；

（5）确定物资消耗定额并编制定额文件。

14.2.1.3 物资消耗定额的具体制定

企业的物资消耗定额，一般是按主要原材料、辅助材料、燃料、动力和工具等分类制定的。

14.2.1.3.1 主要原材料消耗定额的制定

制定主要原材料消耗定额，首先要明确原材料消耗的构成，即原材料从入库到制成成品的整个过程中，原材料都消耗在哪些方面。原材料消耗构成一般包括三部分：

（1）构成产品或零件实体（净重）的消耗。这是原材料消耗的基本部分，即有效消耗部分。这部分消耗是由产品设计决定的，充分反映了产品设计的技术水平。如果产品设计不合理，即使管理再好，其浪费也是无法避免的，设计上的浪费是一种先天的长期的浪费。因此，要求产品设计人员必须树立节约物资的观念，并与物资管理人员密切配合，在保证产品质量的前提下，努力设计出质量好、重量轻、消耗低、结构合理的产品。

（2）工艺性消耗。是指在准备和加工过程中，由于工艺技术上的原因而必然产生的原材料消耗。这一部分消耗是由工艺技术水平决定的，一般地说，在工艺加工过程中的废渣、废料、废气越多，其工艺性损耗就越大。因此，要求企业不断地提高工艺技术水平，积极采用新工艺，改革落后的旧工艺，尽量把工艺性物资消耗降到最低限度。

（3）非工艺性消耗。是指产品净重和工艺性消耗以外的原材料损耗。如生产的废品，运输、保管过程中产生的损耗，以及来料不符合规格或其他非工艺技术原因造成的损耗等。这部分消耗一般是由管理不善造成的。

为了便于物资管理工作，人们把上述三部分消耗概括成为两种消耗定额形式，即工艺消耗定额和物资供应定额。工艺消耗定额，是从工艺角度规定完成单位产品合理消耗的物资数量标准，一般只包括产品净重和工艺性消耗两部分。如果把非工艺性消耗也包括在内，就会削弱定额对于促进企业改善经营管理的作用。但是，有些非工艺性消耗，在一定的生产组织条件下，一时还难以完全避免，为了确保供应，有必要在工艺消耗定额的基础上，按一定的比例加上非工艺性消耗，一般是以物资供应系数来表示，这样计算出来的定额，通常称为物资供应定额。在实际工作中，这两种定额起着不同的作用。工艺消耗定额是用于企业内部车间、班组发料和考核的依据，物资供应定额是用作核算需要量、确定物资申请量和采购量的主要依据之一。

综上所述，主要原材料消耗定额可以用下列公式表示：

单位产品原材料工艺消耗定额 = 单位产品净重消耗 + 各种工艺性消耗的总和

单位产品原材料物资供应定额 = 工艺消耗定额 × （1 + 材料供应系数）

式中的材料供应系数，是指非工艺消耗应加的比例。它可以根据以往有关的统计资料和企业现实情况分析确定。

14.2.1.3.2 辅助材料消耗定额的制定

辅助材料的特点是品种多、用途广，应根据实际情况，灵活选择制定的方法。

（1）按单位产品或单位工作量确定。凡是消耗量与产品产量或工作量成比例的辅助材料，可按单位产品或单位工作量来计算。如各种包装材料和保护用涂料等。

（2）按设备开动时间确定。凡消耗量与设备开动时间成比例增减的辅助材料，如机床润滑油等，可按设备开动台班或台时确定定额。

（3）按主要原材料消耗定额的比例确定。凡与主要原材料消耗成比例的辅助材料，其消耗定额可按主要原材料单位消耗量的比例计算。

（4）按使用期限确定。凡与使用期限有关的辅助材料，其消耗定额可按规定的使用期限来制定，如劳保用品、清扫工具等。

14.2.1.3.3　燃料消耗定额

燃料消耗定额包括煤、焦炭、石油、木材等。可根据不同用途、不同消耗标准分别制定。如动力用燃料消耗定额以发一度电所需燃料为标准来制定；工艺用燃料消耗定额，以加工 1 t 产品所需燃料为标准来制定。由于燃料的品种、物理状态不同，其发热量也不同，计算时需按国家公布的各类标准为依据。

14.2.1.3.4　动力消耗定额

动力消耗定额，一般是按不同用途分别制定，如用于发动机器的电力消耗定额，是先按实际开动马力计算电力消耗量，然后再按每种产品所消耗的机械小时数，算出单位产品的消耗定额。

14.2.1.3.5　工具消耗定额的制定

一般是根据工具的耐用期限和使用时间来制定。计算公式如下：

$$单位产品工具消耗定额 = \frac{生产单位产品使用工具的时间}{工具作用期限}$$

14.2.1.4　物资消耗定额的贯彻执行

物资消耗定额的制定，仅仅是定额管理工作的开始，更重要的是要抓好定额的贯彻执行，主要包括以下各项工作：

（1）编制必要的定额文件。各项物资消耗定额制定以后，应当加以整理，汇总成册，作为定额管理的依据。

（2）建立严格的责任制度。一个企业应建立和健全物资消耗定额管理的体制和从厂、车间到班组的三级定额管理网，并通过制定定额管理的各项规章制度，明确规定他们的责任和权限。

（3）加强定额管理人员的培训。通过培训，使他们了解和掌握定额，特别是定额的构成、影响因素和降低消耗的途径，为正确执行定额和不断降低物资消耗提供可靠的人员保障。

（4）要严格执行定额供料制度。从物资需要量的申请、审批、发放，到考核和奖励都必须以物资消耗定额为基础。

（5）建立健全物资消耗的原始记录和统计工作。包括定额的计量、检测工作，原始数据的记录、统计工作，以及原始凭证的保管工作。以此为定额的检查、修改、评比提供可靠的依据。

（6）做好定额执行情况的检查、考核和分析工作。对于先进经验要及时总结推广，对于出现的问题要查明原因，采取措施加以解决。

（7）及时修订物资消耗定额。企业应随着技术组织条件的变化，或者产品的设计和原料配方的改变，对定额作相应的修改，使之经常保持先进合理的水平。

（8）定额的执行要同加强班组核算、开展劳动竞赛、实现物资节约奖励制度相结合。

14.2.2 物资储备定额

14.2.2.1 物资储备定额的作用

物资储备定额是指在一定的生产技术组织条件下，为保证生产顺利进行所必需的、经济合理的物资储备的数量标准。林业企业的物资储备定额，一般是由经常储备定额、保险储备定额和季节性储备定额构成。物资储备定额工作是林业企业生产管理的一项重要的基础工作，具有多方面的作用：

（1）物资储备定额是编制物资供应计划的主要依据之一。

（2）物资储备定额是企业监督库存动态，使库存经常保持在合理水平上的必要工具。

（3）物资储备定额是核算企业流动资金的重要依据。

（4）物资储备定额是确定物资储备仓库面积和储备设施数量的依据。

14.2.2.2 经常储备定额的确定

经常储备是在前后两批物资运达并投入使用的间隔期中，为满足生产正常进行的需要而建立的储备。这种储备因生产对物资的不断耗用和进货对物资不断补偿而周而复始地变化，因而又叫周转储备。

经常储备定额的确定方法有两种：

14.2.2.2.1 供应间隔期法

此法是根据物资的供应间隔期（储备天数）确定经常储备定额，其计算公式如下：

经常储备定额 = 物资储备天数 × 平均每日需要量

$$= （供应间隔天数 + 使用前准备天数） × \frac{计划期物资需要量}{计划期天数}$$

式中，供应间隔天数是指前后两批物资进厂时间的间隔天数。确定供应间隔天数是一项比较复杂的工作，因为影响因素很多，如供应条件、供应距离、运输方式、订购数量以及采购费和保管费等。一般根据以前各期实际的供应间隔天数计算出加权平均天数后，再按计划期供、产、运等情况的变化加以适当调整后确定。

使用前的准备天数，主要取决于物资的化验、加工、整理等工作效率，可根据技术分析和实际经验来确定。

这种方法侧重于考虑企业的外部条件，却忽视了企业本身的经济效益。

14.2.2.2.2 经济订购批量法

经济订购批量法是以订购费用和存储费用之和（即库存总费用）最小作为基本条件，来确定最佳储备量的一种方法。订购费用是指物资从订货到入库过程所需的各种费用，如差旅费、验收费、搬运费等。它与物资的订购次数有关，当全年物资需要量一定时，订购批量越大，订购次数越少，订购费用支出也越少，反之亦然。存储费用是指物资储备占用资金的利息、仓库管理费和损耗费。它与物资的存储量有关，订购批量越大，物资平均存储量就越大，存储费用也就越高。订购批量与库存总费用、订购费用、存储费用的关系如图 14-1 所示。

设：Q_0 是经济订购批量；A 是全年物资需要量；C 是单位物资的年存储费用；P 是每次

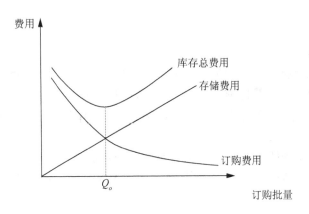

图 14-1　经济订购批量图

订购费用，则经济订购批量的计算公式为

$$Q_0 = \sqrt{\frac{2PA}{C}}$$

　　经济订购批量，是该物资的一次到货量，实际上就是该物资的一种经常储备定额。它是侧重于从企业经济效益考虑来建立物资储备的一种方法。对于由企业决定进货时间的市场采购物资，运用这种方法决定采购量和存储量是较为经济、合理的。

14.2.2.3　保险储备定额的确定

　　保险储备是指为防止物资供应发生意外中断，保证生产正常进行所必需的物资储备。它是一种后备性质的储备，在正常情况下不予动用。只有发生意外情况，如交货拖期，运输延误，到货质量、规格不符合要求等，使经常储备不能满足生产需要时，才可动用。动用后须及时组织进货，予以补充。

　　保险储备不是任何情况下都是必要的。对于供应稳定和易于就近购得的物资，一般可不建立这种储备。企业还应通过不断改进组织工作、运输工作，巩固稳定的供货关系等办法，尽量减少保险储备量。

　　保险储备定额的大小，主要取决于保险储备天数，其计算公式为

保险储备定额 = 保险储备天数 × 平均每日需要量

　　保险储备天数，一般是根据以往的经验或以前各期到货平均误期天数来确定。

14.2.2.4　季节性储备定额

　　季节性储备是指由于某些物资供应的季节性以及生产的季节性，为保证生产正常进行而建立的物资储备。其定额计算公式为

季节性储备定额 = 季节性储备天数 × 平均每日需要量

　　季节性储备日数，一般是根据经验统计资料进行分析和计划期具体情况来确定的。

　　在通常情况下，如果没有季节性储备，则经常储备定额与保险储备定额之和，即为企业的最高储备量，最低储备量为保险储备定额。企业物资的储备量（即库存量）应在最高储备量与最低储备量之间变动，当库存物资达到最高储备时，应停止进货，以防超储积压。当库存物资降到最低储备时，应立即进货，以保证生产正常进行。其关系如

图 14 - 2 所示。

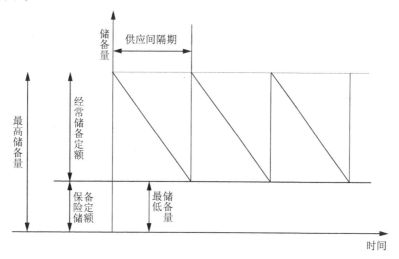

图 14 - 2　物资储备示意图

14.3　林业企业物资供应计划

林业企业物资供应计划，是确定计划期内为保证生产正常进行所需各种物资的计划。它是林业企业经营计划的重要组成部分，是组织订货和物资采购的依据。正确地编制和实施物资供应计划，对于加强物资管理，保证生产需要，促进物资节约，降低产品成本，加速资金周转有着重要作用。

14.3.1　物资供应计划的准备工作

编制物资供应计划，并不是单纯的数学计算和报表的填写工作，而是通过编制物资供应计划，充分挖掘物资潜力，做到合理、节约地利用物资的过程，因此在确定计划前必须做好一系列的准备工作。

（1）从思想上认真领会国家有关物资工作的方针政策以及企业有关物资管理的制度和办法，树立全局观点、节约观点，为编制计划打好思想基础。

（2）调查研究，掌握物资供应动态，充分了解物资供应的变化情况，新产品、新材料的发展趋势，以及收集有关各类物资的资源、产地、样品、数量、价格、运输条件等情报资料。

（3）掌握企业内部有关资料，如计划年度生产任务和分季分月产品的生产进度，新产品试制计划，技术革新、技术改造计划以及物资消耗定额和物资储备定额等有关资料。

（4）掌握上期实际完成情况的有关资料。如各项计划实际完成情况的有关资料；各类物资消耗定额和物资储备定额的执行情况；物资供货单位的变化情况等。

（5）开展清仓查库，核实库存，充分依靠群众，对原有的物资消耗定额进行全面的审核和修订。

（6）分析上期物资供应的执行情况，总结经验教训。同时分析研究计划期物资供应工作的有利因素和不利因素，以便采取有效措施，改进物资供应工作。

14.3.2 物资供应计划的编制

林业企业物资供应计划的编制，主要是确定物资需要量，确定物资库存储备量，编制物资平衡表，确定物资申请量或采购量等。

14.3.2.1 物资需要量的确定

企业的物资需要量，是指计划期内企业产品生产、日常维修、大修理、新产品试制和技术组织措施以及基本建设等所需的物资数量。正确计算企业各种物资需要量是编制物资供应计划的重要环节。物资需要量是按每一类物资的不同品种、用途分别计算的。由于物资用途和种类不同，其需要量的计算方法也不同，概括起来，物资需要量的计算方法有以下几种。

14.3.2.1.1 定额计算法

它是根据计划年度的产品产量（或工作量）和物资供应定额，并考虑其他必要因素计算物资需要量的方法。计算公式如下：

某种物资需要量 = 计划期产品产量或工作量 × 该种物资供应定额 − 计划回收的废料数量

采用这种方法计算需要量，由于以物资供应定额和计划任务为直接依据，所以计算结果比较准确。

14.3.2.1.2 动态分析法

它是根据以往的实际发生数，结合计划期的情况，进行对比分析，来确定计划期所需要的物资数量。计算公式如下：

$$\text{某种物资需要量} = \text{上期该种物资耗用量} \times \frac{\text{计划期产品产量（产值）}}{\text{上期产品产量（产值）}} \times (1 - \text{计划期预计该种物资消耗降低率})$$

采用此种方法确定物资需要量，误差比较大。所以只有在缺乏物资供应定额的情况下方可采用。

14.3.2.1.3 类比计算法

它是根据同类产品的物资供应定额和调整系数来计算物资需要量的一种方法。计算公式如下：

某种物资需要量 = 计划产量 × 类比产品物资供应定额 × 调整系数

调整系数主要是根据新产品与类比产品在结构、加工工艺上的区别而确定的。

这种方法一般用于既没有物资供应定额，又没有历史资料可查的新产品物资需要量的计算。

14.3.2.1.4 比例计算法

这是按某种材料占另一种材料的比例来计算材料的需要量。例如油锯的润滑油可按占燃油的比例来计算。这种方法适用于没有消耗定额或消耗量不大的物资。

按照不同用途采用相应方法分别计算出各种物资需要量后，把同类物资需要量合并汇总，即可计算出计划期该类物资需要量。

14.3.2.2 物资库存储备量的确定

由于生产任务、供应条件的变化，计划期的期初库存量和期末储备量往往是不相等的。因而当物资需用量不变时，申请供应的物资数量也会发生相应的增减。当期初库存量大于期末储备量时，申请供应的物资数量就可减少，反之，则要增加申请量。因此，编制物资供应计划必须确定物资库存储备量。

14.3.2.2.1 期初库存量

计划期初物资库存量是报告期末库存物资剩余量结转到计划期初的仍可继续使用的物资库存。它应该是报告期末实际库存物资数量。但是，由于组织订货、编制物资供应计划等工作，通常需要在计划期开始前一个季度进行，所以无法取得报告期末库存的实际数量，只能采取推测的方法求得。因此，期初库存量一般是根据编制计划时的实际盘点数，以及预计计划期初的到货量和耗用量计算出来的，可用下列公式计算：

期初预计库存量 = 编制计划时实际库存量 + 期初前到货量 − 期初前耗用量

14.3.2.2.2 期末储备量

计划期末物资储备量的作用是为了保证下一计划期生产任务的需要，它也是一个预计的数量。当需用的某种物资品种、规格很少时，通常是按经常储备定额加保险储备定额来确定。当物资的品种、规格较多时，则以 50% ~ 75% 的经常储备定额加保险储备定额，作为期末储备量。

14.3.2.3 编制物资平衡表，确定物资申请量或采购量

企业在确定了各种物资需要量和期初库存量、期末储备量之后，就可编制物资平衡表，如表 14 − 1 所示。

表 14 − 1 物资平衡表

序号	名称	规格型号	计量单位	期初预计库存量、企业内部可解决的数量	计划期需要量							期末预计库存量	平衡差额	措施			备注
					木材生产	营林	基本建设	经营维修	大修理	其他	合计			向国家申请	市场采购	协作调剂	
甲	乙	丙	丁	1	2	3	4	5	6	7	8	9	10	11	12	13	

编好物资平衡表后，即可按物资类别汇总，计算物资申请量或采购量。物资申请量或采购量是物资供应计划的主体，申请量是对国家分配物资而言，采购量则是对非分配物资来讲的，物资申请量或采购量可按下式计算：

物资申请（或采购）量 = 物资的需要量 + 期末储备量 − 期初库存量 − 企业内部可解决的数量

14.3.3 物资供应计划的组织措施

物资供应计划制定之后，就要组织计划的实施。企业实现物资供应计划的关键是对

外争取货源，对内按计划组织供应，其主要工作有以下几方面。

14.3.3.1　订货与采购的组织

物资的来源主要有两个方面。对于国家分配的物资，企业在接到上级下达的分配指标后，要及时提出本企业的明细要货单，供上级平衡使用。对于非国家分配物资，则应根据采购计划通过市场积极组织采购与订货。

订货与采购工作是实现物资供应计划的重要环节。因此必须加强市场调查研究，掌握物资信息和行情，协助配合企业的设计、工艺、生产等部门正确选择物资品种，慎重选择供货单位，加强订货合同管理和进料的管理工作。

14.3.3.2　供料管理工作

供料管理是指企业物资部门对车间及其他用料单位供应物资的计划和组织工作。首先，供应部门要制定供料计划和用料计划。企业内部各有关单位都必须根据生产和工作任务编制用料计划报物资供应部门，以便供应部门有计划地供应用料和控制用料。控制用料的方法可以采用按定额供应，或按计划限额发料，对一些特殊和临时性用料，要经过一定的审批手续，以加强对物资消耗的管理。

14.3.3.3　计划执行情况的检查和分析

物资供应计划制定出来后，这只是完成了第一步工作。为了及时发现和解决计划在执行过程中出现的问题，要进行定期和不定期的检查分析工作，以便促进物资供应计划的实现。检查分析的主要内容包括：物资申请计划的审批情况；下达分配指标的虚实情况；采购及订货合同的完成情况；物资供应对企业生产建设的保证程度；主要物资的库存与周转情况；主要物资消耗定额的执行情况等。根据检查的情况，对原定计划需要作进一步调整或修改，以保证物资供应工作任务的顺利完成。

14.4　林业企业库存控制和仓库管理

库存控制和仓库管理是林业企业物资管理的重要组成部分，加强库存控制和仓库管理对保证及时供应生产需要和合理储备，加速流动资金周转，节约物资，降低成本，都具有十分重要的意义。

14.4.1　库存控制

保持经济合理的物资库存量是保证企业生产正常进行的前提。但是，库存量过低易产生物资供应的断档，过高又易产生积压而占用资金，为此，必须对库存量进行控制。库存控制，就是通过对物资库存量变化动态的掌握和调整，使其经常保持在合理的水平和优化的状态，达到既能保证生产正常进行，又能使库存总费用下降到最低水平的目的。

影响实际库存数量的因素，主要有两方面：一是生产车间领料的数量和时间；二是向外订购物资的数量和时间。从物资管理的角度出发控制库存数量的方式，只能从物资的订购数量和时间入手进行。因此，库存控制的方式可以归纳为两种，即定期订购方式和定量订购方式。

14.4.1.1 定期订购方式

就是订购的时间预先固定，而每次订购的数量不固定，随时根据库存情况来定。订购量的计算公式为：

$$订购量 = 平均每日需要量 × （订购时间 + 订购间隔期） + 保险储备定额 - 实际库存量 - 订货余额$$

订购时间是指提出订货到物资到达企业所需的时间。订购间隔是指相邻两次订购日之间的时间间隔，实际库存量为订购日之实际库存数，订货余额为过去已经订购但尚未到货的数量。

采用这种方式时，规定的订购间隔期应考虑与该物资的经济订购批量相适应，以提高物资库存的经济效益。

14.4.1.2 定量订购方式

是指订购的时间不定，而每次订购的数量固定不变。具体办法是预先规定一个订货点，当实际库存量降到订货点，就按固定的订购数量（即经济订购批量）提出订货或采购。这种方法称为订货点法。订货点的库存量可用下式确定：

$$订货点 = 平均每日需要量 × 订购时间 + 保险储备量$$

订货点法又称"双堆法"，即在实际应用中可把该物资分作两堆储存保管。第一堆是订货点量，其余的作为第二堆。发料时先使用第二堆，当需动用第一堆时，就应及时提出订购。

订购时间、订购间隔和订货点如图 14－3 所示。

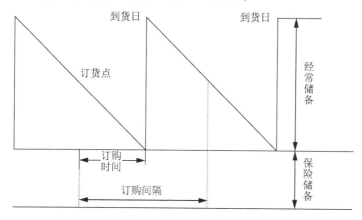

图 14－3 定量订购时间和间隔示意图

定期订购方式，需定期盘存并相应调整订购量，是一种比较严格的库存控制方式。这种方式既能保证生产需要，又可避免物资超储，节省流动资金，但在管理上需花费较多的精力。而定量订购方式，则与此相反，比较粗放简便。企业应根据 ABC 分类法的分类要求，将这两种方式结合运用。

14.4.2 ABC 分类法在物资管理中的应用

它是对品种繁多的物资按一定的标准进行排列和分类，找出管理重点，提高物资管理经济效益的一种方法。

14.4.2.1 确定分类标准

分类标准一般取决于库存物资资金占总库存资金的累计百分数，以及相关品种数占总库存物资的品种累计百分数。根据这两项指标将库存物资划分为 A、B、C 三类，具体分类标准如表 14 - 2 所示。

表 14 - 2　ABC 分类标准表

物资分类	累计品种占总品种百分比/%	累计金额占总金额百分比/%
A	5～15	60～80
B	20～30	20～30
C	60～80	5～15
合计	100	100

14.4.2.2 分类的程序

对物资进行分类的程序如下：

（1）根据已知数据，分别计算出每种物资在一定时期内所占用的资金额。

（2）根据各种物资不同的金额按大小顺序进行排列。

（3）根据以上排列顺序，适当分成区域类别，然后计算出累计物资品种数占全部物资品种的百分比，以及累计物资金额占全部物资金额的百分比。

（4）根据 ABC 分类标准，按物资金额分段，确定 ABC 各类物资的品种数和金额。

（5）绘制 ABC 曲线图。以物资品种累计百分比为横坐标，以物资金额累计百分比为纵坐标，绘制 ABC 分类图，如图 14 - 4 所示。

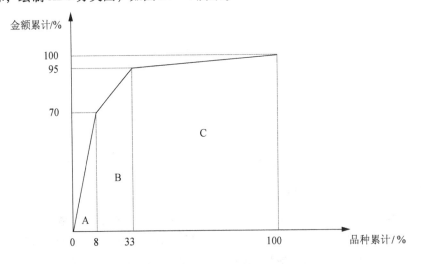

图 14 - 4　ABC 分类图

图中例子，A 类物资累计品种仅占总品种的 8%，但累计金额却占总金额的 70%；B 类物资累计品种占总品种的 25%，累计金额也占总金额的 25%；C 类物资累计品种占总品种的 67%，但累计金额仅占总金额的 5%。

14.4.2.3　进行分类管理控制

分出三种类型的物资后，实行分类控制管理，采用相应的管理方法。

A类物资，品种最少，占用资金最大，应重点管理，实行定期订购的控制方式，对库存盘点、来料期限、领发料等都要严格要求；C类物资，品种最多，占用资金最少，可实行一般管理，采用定量订购的控制方式，适当加大保险储备量，以防止缺料现象发生；B类物资，其特点和重要程度介于A、C类物资之间，企业要根据物资管理的能力和水平，选用定期订购方式或定量订购方式。

14.4.3　仓库管理

仓库管理是林业企业物资管理的重要环节，做好仓库管理工作，对保证生产需要和合理储备、加速资金周转，以及节约物资、降低成本有着重要作用。仓库管理的主要工作有物资的验收入库、保管、收发、清仓盘点，以及严格仓库管理制度等。

14.4.3.1　物资的验收入库

验收物资是管好物资的第一步。物资验收的内容：

（1）物资数量、品种、规格的验收。检查到货物资在数量、品种、规格上是否与运单、发票及合同规定相符，认真做到过磅点数。

（2）物资质量验收。物资质量凡是仓库能验收的，由仓库负责检验；凡是要技术部门或专业单位检验的，应由技术部门或专业单位检验，有相应的检验合格证明，才能点数入库，或发送现场使用。

（3）把好入库三关。通过验收工作，要把好物资入库前的数量关、质量关和单据关。只有当单据、数量和质量验收无误后，才能办理入库、登账、立卡等手续，并将入库通知单连同发票、运单一并送交财会部门。

14.4.3.2　物资的保管

物资验收之后，到发出使用前，有一段时间需要在仓库妥善保管。物资保管要做到：

（1）摆放科学。物资在保管中，应按不同的材料、规格、性能和形状等实行科学合理的摆放和码垛，使摆放整齐，标志鲜明，便于存放发送和查验盘点，充分利用仓库空间。

（2）质量不变。物资在仓库储存过程中，要养护好，防止物资变质。应按物资性能，分门别类，采取不同措施维护保养，做到防锈、防尘、防潮、防震、防腐、防磨、防水、防爆、防变质、防漏电十防工作。

（3）账、卡、货相符。

14.4.3.3　物资的收发

物资发放实行定额供应制，其主要内容是：

（1）根据生产作业计划和物资消耗定额，由定额供料员签发定额供料凭证。

（2）仓库要严格按照供料凭单所列的材质、规格、数量来供料，无计划者不发料，有计划无定额者不发料，更不能无故超额发料。

（3）实行工废、料废、超定额等要求补料的审核制度。必须经过一定的审核、批准手续，才予补料。

（4）坚持退库和核销制度。由于材料节约、计划变更等原因而产生余料时，必须办理退库手续。同时，物资部门要会同车间对本月所消耗的原材料，按计划完成程度和消耗定额进行核销，以避免物资浪费和物资消耗情况失真。

（5）实行核算、奖励制度。定期统计定额执行情况，分析差异原因，总结推广先进经验，提出改进的措施和意见，并与适当的奖励制度结合起来。

14.4.3.4　清仓盘点

仓库物资流动性大，为了及时掌握物资变动的情况，避免物资短缺丢失和超储积压，保持账、卡、货相符，企业物资管理部门必须认真做好清仓盘点工作。清仓盘点工作的主要内容有：

（1）检查物资的账面数与实存数是否相符。

（2）检查收发物资是否错误。

（3）检查各种物资有无超储积压、损坏、变质等情况；

（4）检查安全设施和库房设备有无损坏。

物资盘点的方法有经常盘点和定期盘点两种。

经常盘点是指由仓库管理人员通过每日的物资发放，及时检查库存物资的账、卡、货是否相符，并每月对有动态的物资进行复查或轮番抽查。

定期的仓库盘点是由物资部门、财务部门共同组织的有领导干部、管理人员、职工代表结合起来的清仓盘点小组，按制度规定的时间（如年中或年底）对仓库物资进行清点。在清点工作中，如发现盘盈盘亏，必须分析原因，说明情况，如发现严重短缺和损坏，应查明原因，追究责任，对于清查出来的超储、呆滞物资，必须及时处理。

14.4.3.5　严格仓库管理制度

仓库管理制度主要是指：

（1）安全管理制度。仓库是物资管理重地，一定要严格安全防范制度。如人员出入检查制度；火源管理制度；安全检查制度；消防制度等。

（2）岗位责任制度。仓库管理要达到专业化，内部必须定岗、定责、定工作量，仓库内的各工种和管理职能岗位要做到人人有专职，事事有人管。因而仓库管理必须实行岗位责任制。包括仓库主任责任制，保管员责任制，收、发货员责任制，物资养护员责任制，财务统计员责任制等。

本章小结

物资管理是现代林业企业管理的重要组成部分，是指对企业所需各种物资的计划、采购、保管、供应和合理使用等各项管理工作的总称。企业的生产过程，同时也是物资的消耗过程，因此，制定科学合理的物资消耗定额和储备定额就成为林业企业生产管理的重要基础工作。在物资消耗定额和储备定额基础上制定的物资供应计划，是林业企业经营计划的重要组成部分，是企业组织订货和采购的重要依据。物资供应计划工作的内容，主要包括计划编制和组织实施两个方面。库存控制是对物资库存的掌握和调整。库存控制的方法有定期订购方式、定量订购方式和 ABC 分类法等。此外，加强仓库管理，严格物资收发制度，保证供应物资的质量和配套性，降低库存费用，也是林业企业物资管理的重要内容。

复习思考题

1. 物资管理的任务和内容是什么？
2. 物资管理的组织形式有哪些？
3. 物资消耗定额和储备定额的概念、构成及制定方法。
4. 物资供应计划的编制及组织实施。
5. 库存控制的主要方法及仓库管理的工作内容。

15 现代林业企业设备管理

设备是现代林业企业生产的重要物质技术基础，是企业固定资产的重要组成部分。加强设备管理，对于保证企业正常生产秩序、增加产量、提高质量、节约物资能源消耗、提高经济效益、实现技术进步，都具有十分重要的意义。

15.1 林业企业设备选择与评价

15.1.1 设备的选择

设备的选择是林业企业设备管理的首要环节。设备的选择，对于新建企业选择设备，老企业购置新设备和自行设计、制造专用设备，以及从国外引进技术装备，都是十分重要的课题。设备选择的基本原则是技术先进、经济合理、生产可行，以保证企业生产发展，实现技术进步。在选择设备时，应考虑以下因素：

15.1.1.1 生产性

设备的生产性是指设备的生产效率，即设备在单位时间内生产的产品数量。在选择设备时，设备的生产效率应与企业的长期计划任务相适应，以避免设备在实际生产中超负荷运行或负荷不足。

15.1.1.2 可靠性

从广义上讲，可靠性指的是精度的稳定性、性能的持久性，以及零部件的耐用性等。机器设备的可靠性是指在规定的时间内，在规定的使用条件下，无故障地发挥规定功能的概率。

15.1.1.3 安全性

安全性是指设备在使用过程中对操作者人身安全及设备本身安全的保证程度。选择设备时，要注意设备的材质是否良好，结构是否先进，组装是否合理牢固，是否安装预防和控制事故的安全装置，以保证使用中的人身安全。

15.1.1.4 节约性

节约性是指设备节约资源的能力，主要包括设备节约能源和原材料资源的能力。一般应选择能源消耗低、原材料加工利用程度高的设备。

15.1.1.5 耐用性

耐用性主要指设备的寿命。设备的寿命不仅取决于设备的自然寿命，而且取决于设备的技术寿命和经济寿命。在选择设备时，既要考虑设备的自然寿命与科技进步的适应性，又要考虑设备的经济寿命。

15.1.1.6 维修性

维修性又称维修的难易性、易修性或可修性等。设备的维修性要求设备的结构简单，零件组合标准合理，容易检修，拆卸迅速，互换性好。这样不仅能缩短修理时间，提高设备利用率，还可以大大降低修理费用。

15.1.1.7 环保性

环保性主要指设备运转时产生的噪音和排放的有害物质对环境污染的程度。选择设备时，要选择那些把噪音和排放的有害物质控制在保护人体健康的卫生标准范围内的设备，并要求配备有相应的治理"三废"的附属设备和配套工程。

15.1.1.8 成套性

成套性是指设备本身及各种设备之间的配套水平，它是形成设备生产能力的重要标志。选择设备时，注意设备的成套性，能充分发挥各类设备的生产能力，提高生产效率，节约能源，提高企业经济效益。

15.1.1.9 适应性

适应性是指设备对不同工作条件，加工不同产品、零件的适应能力。通常要求设备加工范围较广，设备结构紧凑、轻巧，占地面积小。

15.1.1.10 经济性

关于设备的经济性，不仅要考虑最初投资费用大小，而且要考虑设备投资回收期限和采用该设备所带来的能源、原材料的节约额，以及使用后的维护费。

以上是林业企业选择设备要考虑的一些主要因素，这些因素是互相联系、互相制约的。在选择设备时，要统筹兼顾，全面地权衡利弊，然后从几种设备中选择最优的设备。

15.1.2 设备的评价

林业企业设备评价是设备选择的深化，是对设备选择的初步方案，运用对比分析的方法进行经济评价的过程。

15.1.2.1 费用效率分析法

费用效率分析法又称寿命周期费用法，是通过设备的系统效率与其寿命周期费用对比来评价设备的一种技术经济分析方法。其计算公式如下：

$$费用效率 = \frac{系统效率}{寿命周期费用}$$

设备寿命周期指从方案研究、设计、制造、安装、试验、投入正式使用、维修改造、更新直至报废为止的全过程。对于使用设备的企业来说，指从该设备投入使用开始，到将其转让或处理为止的整个时期。

寿命周期费用指设备在寿命周期内所支出的各种费用总和，包括购置费用和使用费用两大部分。购置费用，包括设备价格、运输费和安装费。如果设备是企业自行研制的，设备购置费应包括设备方案的研究、设计、制造、安装、试验，以及编印使用和维修设备技术资料所支出的费用。使用费用，也称维持费用，是指设备在使用期间所支出的与设备有关的一切费用，包括维修保养、能源消耗、环境保护、保险、教育培训等所需费用。

系统效率是表示设备选择的一系列影响因素反映的效果，包括：生产性、可靠性、安全性、节能性、耐用性、维修性、环保性、成套性以及适应性。其中，生产性、节能性一般用数量表示；而可靠性、维修性等难以用数量表示，只能作定性分析。定性分析需按每个因素的情况给不同设备评分，综合得分最多的设备为最佳设备。

由此可知，费用效率是单位寿命周期费用支出所取得的效果。这种方法的目的是追求寿命周期费用最经济，而不是寿命周期费用最低。

15.1.2.2 投资回收期法

设备的投资回收期是企业使用设备获得的收益回收其投资所需的时间。其计算公式如下：

$$投资回收期（年）= \frac{投资总额}{年平均收益额}$$

上式中的年平均收益额，既可采用企业纯利润（年）加折旧，亦可采用包括税金在内的年盈利额加折旧。具体采用哪一种要看分析问题的需要。年平均收益额可用该项目投产后每年能增加的收入总额减去年使用费求得。利用投资回收期分析方法计算出投资回收期后，应与标准投资回收期进行比较，小于标准投资回收期者可取，投资回收期越短的方案，其经济收益越好。

15.1.2.3 费用换算法

费用换算法又可分为现值法、年值法。

15.1.2.3.1 现值法

将设备寿命周期每年的使用费按货币的时间价值原理，折算成设备购置后投入使用的第一年年初的价值——现值，加上设备购置的投资额，得到设备寿命周期费用，以最少的寿命周期费作为选择决策的准则。设备的现值计算公式如下：

$$C = I + c \cdot \frac{(1+i)^n - 1}{i(1+i)^n}$$

式中：I——设备最初投资（购置费）；

i——年利率；

c——设备每年使用费；

n——设备使用年限（经济寿命）。

15.1.2.3.2 年值法

将设备购置时的最初投资额按货币的时间价值原理，换算成相当于设备寿命周期每年支出的费用，再加上每年的平均使用费用，得出不同设备每年应分摊的费用，然后进行比较。设备的年值计算公式如下：

$$C = I \cdot \frac{i(1+i)^n}{(1+i)^n - 1} + c$$

式中：I——设备最初投资（购置费）；

i——年利率；

c——设备每年使用费；

n——设备使用年限（经济寿命）。

15.2 林业企业设备的使用

15.2.1 设备的磨损规律与故障规律

研究设备的磨损规律与故障规律，是搞好林业企业设备的使用、维护、修理工作的客观依据。

15.2.1.1 设备的磨损规律

设备在使用（或闲置）过程中均会发生磨损，从而使设备的使用价值降低，甚至完全丧失价值。

设备在使用（或闲置）过程中发生的实体磨损或损失，称为有形磨损或物质磨损。这类磨损产生的原因，一是设备在使用和运转过程中，由于机械摩擦、振动、疲劳和化学反应等作用，导致零部件的原始尺寸甚至形状改变、公差配合性质改变使精度降低，零部件损坏等，这种磨损被称为使用磨损，它是设备有形磨损的主要原因；二是设备在闲置或封存过程中，由于自然力的作用，导致零部件生锈、腐蚀、老化而丧失精度和工作能力，这种磨损被称为自然磨损。

设备的使用磨损一般可以分为三个阶段，如图 15-1 所示。

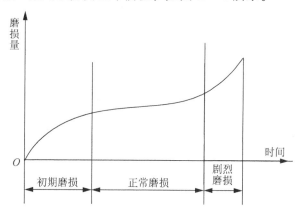

图 15-1 设备磨损曲线

（1）初期磨损阶段。在这个阶段，设备零件表面上高低不平处，以及氧化层、脱炭层，由于零件的运转，互相摩擦力的作用，很快被磨损。这一阶段的磨损速度很快，但时间较短。

（2）正常磨损阶段。在这个阶段，零件的磨损受设备开动时间、负荷强度的影响，基本上随时间匀速增加，磨损缓慢。这个时期设备处于最佳技术状态，设备的生产率、产品质量最有保证。

（3）剧烈磨损阶段。在这个阶段，因零件磨损超过一定限度，破坏了正常配合关系，使得零件磨损急剧增加，设备的性能、生产率和精度迅速下降。所以一般不允许设备的零件使用到这个阶段，当零件到正常磨损阶段的后期，进入急剧磨损阶段前就应修复或更换。否则，将会加大修理工作量，增加修理费用，延长设备停工修理时间。

15.2.1.2　设备的故障规律

设备故障可分为突发故障和劣化故障两类。突发故障是突然发生的故障，其发生时间为随机性的，一旦故障发生就可能使设备完全失去工作能力，必须停机修理。劣化故障是设备由于工作性能逐渐劣化而产生的故障，这类故障的特点是出现速度缓慢，并且有一定的规律性。这种故障大多是设备的局部功能丧失或损坏而造成的。设备故障规律因其图形像浴盆的断面，故有"浴盆曲线"之称。如图15-2所示。

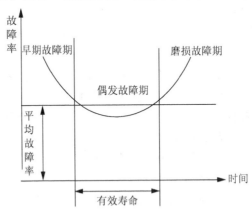

图15-2　设备典型故障曲线

同设备的磨损规律一样，设备故障规律也有三个阶段。因此，可以针对不同阶段的故障特点，采取不同的对策。

（1）早期故障期。早期故障期是指新设备安装调试至移交生产试用的阶段。此时的故障，多是由于设备的设计、制造缺陷，零部件的加工质量欠佳，搬运、安装工作不细心，以及操作者不适应等原因而产生的故障。这一阶段故障较多，但随着调试、运转正常，故障发生率将逐步下降。此阶段重点是研究操作方法，并将设计、制造的缺陷反馈给设备制造厂。

（2）偶发故障期。经过第一阶段调试、试用，设备进入正常运转时期，使用者逐步掌握设备性能、原理及结构调整的特点，故障明显减少。故障经常是由于操作者疏忽和错误，以及保养和使用不当造成的。这一阶段一般持续相当长的时间，是设备的实际使用期，它决定了设备使用寿命的长短。此阶段的重点是加强操作管理，做好日常维护保养工作。

（3）磨损故障期。也称故障多发期，此时故障呈急剧上升趋势，这是由于设备随着使用时间的延长，各部分零件因磨损、老化、腐蚀逐步加剧而丧失机能，使设备故障增多，生产效能下降，维修费用上升。为了降低这个时期的故障率，应在零件到达使用寿命以前进行修理。重点是进行预防性维修和改善维修。

15.2.2　设备的合理使用

设备的合理使用是林业企业设备管理的重要环节。设备寿命的长短、效率的大小、精度的高低，不仅取决于设备本身的设计结构和各种参数，而且在很大程度上取决于人们对设备的合理使用。正确合理地使用设备，可以保持设备良好的工作性能和工作程度，充分发挥设备的生产效率，延长设备的寿命，为生产顺利进行创造有利条件，同时也给企业提供良好的经济效益。

合理使用设备应做到以下几个方面。

15.2.2.1　要合理安排机器设备的生产任务和工作负荷

企业应根据设备性能、结构、精度、使用范围和工作条件安排相应的加工任务和合理的工作负荷，严禁超负荷运转，不允许精机干粗活。只有这样，才能保证设备正常运转，避免意外损失，确保生产安全。

15.2.2.2　要正确配备各种类型的设备

企业应根据自己工艺特点和生产过程的要求，合理地配备各种类型的设备，在性能上和效率上要互相协调，使各种主要设备和辅助设备都能充分发挥效能。为了适应产品品种、结构和数量的不断变化，还应能够及时进行调整，使设备能力适应生产发展的要求。

15.2.2.3　要为设备提供良好的工作环境

良好的工作环境是保证设备正常运转，延长使用期限，保证安全生产的重要条件。因此，要根据设备使用和维护的要求，安装必要的防锈、防潮、防尘、防震装置，配备必要的测量、保险用的仪器装备等。

15.2.2.4　要为设备配备一定熟练程度的操作者

企业应根据设备的技术要求和复杂程度配备相应工种和熟练程度的操作者，要求每个操作者能够熟练地掌握设备的性能、结构、工艺加工范围和维护保养等基本知识，做到"三好"、"四会"（即用好，管好，保养好；会使用，会保养，会检查，会排除故障）。

15.2.2.5　建立健全设备使用与维护保养方面的规章制度

设备使用与维护保养方面的规章制度是指导工人操作和维护保养设备的技术文件，要根据设备的特点制定出设备的使用保养规程。这些规章制度一般应按各类设备分别制定，包括设备的主要性能和最大负荷，正确操作的方法和要领，设备清扫、润滑、维护保养、检查的方法和要求，设备与人身安全注意事项，以及紧急情况的处理步骤等。

15.2.2.6　要经常对职工进行爱护设备和合理使用设备的教育

设备是由工人操作和使用的，操作工人积极性的充分发挥是用好、管好设备的根本保证。因此，企业应经常对职工进行爱护设备的宣传教育，提高其自觉性和责任心，吸收他们参与设备管理。另外，企业必须根据设备的技术要求，采取多种形式对职工进行专业理论教育，维护和操作技术教育，帮助他们熟悉设备构造和性能。新工人要经过考试合格，才允许单独上机操作。

15.2.3　设备的日常管理

林业企业设备的日常管理，是指设备从验收入厂，安装试车，移交生产到报废或调出、转让等管理工作。

15.2.3.1　设备的编号、建账

设备在交付生产使用之前，必须办理正式验收移交手续，并需进行试车。凡未办理移交手续的设备，一律不得使用。设备正式移交生产部门使用后，企业设备管理部门要进行分类编号、登账，并建立设备卡片。设备编号在企业内应有统一规定，每年复查核对一次。

15.2.3.2　设备的封存、迁移、调出

凡生产任务不足，设备闲置在 1 个月以上，应封存保管。设备的封存与启封均由车间提出计划，经生产计划部门和设备管理部门审核，报请领导批准。设备封存时应清扫，查点，采取防尘、防锈、防潮措施。设备封存后应指定专人保管，定期检查。

设备的厂内迁移，可由申请部门提出要求，报请工艺部门审查是否符合工艺过程和生产的需要，经设备管理部门从设备使用的合理性方面提出意见后，报请领导批准，办理迁移。

对企业不适用，长期闲置或利用率过低，使用不合理的设备，应予调出有偿转让。

15.2.3.3　设备的改装

生产设备需要改装时，应办理设备改装申报手续，经设备管理部门审查，报请领导批准。改装的方案、图纸、审批等文件，以及改装的费用、鉴定资料等，均应存入设备档案。

15.2.3.4　设备事故的处理

企业要积极防止设备事故的发生。一旦发生事故，应立即分析原因，采取措施使设备尽快恢复正常状态，并总结经验教训，采取措施杜绝事故重复发生。对肇事的责任者要根据情况进行教育并作相应的处理。如发生重大事故，应详细记录和分析：事故发生的日期，地点，性质与类别，事故发生的原因，处理情况以及今后防止事故发生的措施等。对隐瞒事故者要作严肃处理。

15.2.3.5　设备的报废

设备如果已达到规定的使用年限，或遇到事故被损坏而无法修复，或从经济上考虑已不值得修复和改装的，可以报废，但需经过设备部门组织有关方面进行技术鉴定和有关负责人批准。

15.2.3.6　设备技术资料的管理

建立设备档案，做好设备档案管理工作，是设备管理的重要环节。设备档案包括设备的全部附件清单，设备安装工程的详细记录，设备安装后的精度检验记录，试车记录，设备移交使用部门的交接单，设备修理专用卡，设备历次修理记录，修理质量检验和修理交接单，设备的定期检验和预防检验记录，设备的改装、调拨、迁移记录，设备事故记录等。

此外，企业要管好设备，需要建立健全相应的设备管理机构。设备管理机构要贯彻执行设备管理和维修工作的原则、方针政策，以及国家的有关规定，并结合本企业的实际情况制定实施细则。企业内要建立一支维修队伍，形成一个群专结合的设备管理网。维修人员必须确保完成维修任务，使设备经常处于完好状态，保证企业生产的顺利进行。

15.3 林业企业设备维护与修理

设备在使用过程中，由于物质磨损使设备的精度、性能和生产效率必然会下降，需要及时地进行维护和修理。林业企业设备的维修工作是减少和补偿物质磨损，使设备经常处于完好状态，保证生产正常进行的一项十分重要的工作。在林业企业的设备维修管理中，要贯彻预防为主的方针，正确处理好设备维修中维护保养与修理的关系，维修与生产的关系，群众维修与专业维修的关系。

15.3.1 设备的维护保养

设备维护保养，是指消除在生产中不可避免的不正常技术状况（零件的松动、干摩擦、异常响声等）的作业。加强设备维护保养，可以防止设备过早磨损，消除设备隐患，减少或消灭事故，提高设备使用寿命，使设备保持良好的工作性能。设备的维护保养是搞好林业企业设备维修工作的基础。

15.3.1.1 设备维护保养的内容

设备维护保养的主要内容是清洁、润滑、紧固、调整、防腐，按其工作量的大小，可以分为以下几个类别。其中，日常保养是例行保养，一级保养、二级保养、三级保养是定期保养。

（1）日常保养。主要内容是对设备各部位进行清洁，润滑，紧固松动的螺丝；检查零部件是否完整；工件附件放置整齐以及填写交接班记录等。这类保养项目和部位较少，大多数在设备的外部，由操作人员承担。日常保养是维护保养的基础，是预防故障发生的积极措施，应当严格制度化。

（2）一级保养。它比日常保养的内容多一些，工作深入一些。不仅要完成日常保养的工作，还要根据设备的使用情况，对部分零部件进行拆卸清洗；对设备某些配合间隙进行适当的调整，清除设备的表面油污，检查调整润滑油路，保证畅通不泄漏；清扫电器箱、电动机电器装置，做到固定整齐，安全防护装置牢靠；清洗附件和冷却装置等。一级保养通常是在专职维修人员的指导配合下由操作人员完成。

（3）二级保养。二级保养的主要内容是根据使用情况，对设备进行部分解体检查和清洁。重点是对设备的内部进行清洁，即对各传动箱、液压箱、冷却箱进行清洗、擦油；检修电器箱、电动机，整修线路；检查、调整、修复精度，校正水平。二级保养由专职维修人员承担，操作人员协助完成。

（4）三级保养。三级保养除了解体设备，进行检查调整外，还对已达到规定磨损程度的零件进行更换，对主要零部件的磨损情况进行测量鉴定，为编制修理计划提供依据。

维护保养工作应有明确的责任制度和要求，应实行定人定机制度。不能定人定机的设备，应由专职维修人员进行区域维护。区域维护指由专职维修人员承担一定生产区域内设备的维修工作，并与有关操作人员共同做好例行保养、定期保养及计划修理工作，及时排除故障，向设备管理部门及时反映设备存在问题，负责完成管区内设备的完好率、故障停机率等考核指标。

15.3.1.2 设备维护保养的技术经济指标

从企业的某个部门、车间来说，设备维护工作的好坏主要反映在经济效益指标上。因此维修效益和设备综合效益这两个反映设备维护经济效益的指标显得尤为重要。

设备维修效益＝产品生产量/设备维修费用

设备综合效益＝设备寿命周期内的产出/设备寿命周期费用

其中，设备寿命周期内的输出包括产量、质量、成本、交货期、安全、劳动情绪等方面。

做好设备维护保养工作，还要有一套科学的维护保养规程并组织实施。设备维护保养规程应按每台设备分别制定。其主要内容包括：

（1）设备的构造简图和主要技术规程。

（2）设备的润滑部位、油质标准和润滑规程。

（3）主要运行部位的调整和运行参数，如温度、速度、各部位间隙等。

（4）常见故障及其排除方法。

15.3.2 设备的检查

设备的检查是对设备的运行情况、工作精度、磨损程度进行检查和校验。设备的检查是林业企业设备维护和修理中的一个重要环节，通过检查，可以全面地掌握设备的技术状况和磨损情况，及时查明和消除设备隐患，改进设备维修工作，提高修理质量和缩短修理时间。

15.3.2.1 设备检查的类型

设备检查，按时间间隔可分为日常检查和定期检查，按技术功能可分为机能检查和精度检查。

（1）日常检查。就是在交接班时，由操作工人结合日常保养进行检查，以便及时发现异常的技术状况，进行必要的维护和修理工作。

（2）定期检查。定期检查是一种有计划的预防性检查，就是在操作人员的参加下，由专职维修人员按计划定期对设备进行检查，以便全面准确地掌握设备的技术状况、零部件磨损、老化情况，确定是否有进行修理的必要。因此，定期检查是一种有计划的预防性检查。

（3）机能检查。就是对设备的各项机能进行检查与测定，如是否漏油、漏水、漏气、防尘密闭性如何，零件耐高温、高速、高压的性能等。

（4）精度检查。是指对设备的实际加工精度进行检查和测定，以便确定设备精度的劣化程度，为设备验收、修理和更新提供依据。不少企业采用设备精度指数来定量地表示设备综合精度状况。设备精度指数的计算公式如下：

$$T = \sqrt{\frac{\sum (T_p/T_s)^2}{n}}$$

式中：T——设备精度指数；

T_p—— 设备精度实测值;

T_s—— 设备精度允许值;

n—— 测定项目数。

T 值越小,精度越高。根据国外经验:$T \leq 0.5$ 为新设备的验收条件;$T \leq 1$ 为设备大修、重点修理后的验收条件;$T \leq 2$ 表示设备仍可继续使用,但需注意调整;$2 < T < 2.5$ 设备应进行大修或重点修理;$T > 3$ 表示设备需要大修、改装或更新。

企业可以根据本单位的设备构成、技术性能及质量状况,结合生产的需要合理地制定各种设备的 T 值标准,作为评定设备综合精度的尺度。

设备检查,可以采用现场观察、分析运转记录和仪器检测等方法来进行。

15.3.2.2 设备点检制

设备点检制是日本全员设备维修制的一项重要内容,目前已被我国企业广泛采用。它是指为了保持设备的技术性能,在规定的时间内,按规定的检查标准(即检查内容),由操作人员或专职维修人员凭感官感觉或简单测试工具,对设备进行制度化、规范化的检测。所谓的"点",是指被检测设备的关键部位。通过对这些"点"的检测,就能及时、准确地获取设备运行的技术状况信息。所谓的"感官感觉",是指以操作者的五官为主,检测设备运转时的噪音、振动、油温、油压、磨损等。

设备点检,按时间间隔也可分为日常点检和定期点检。此外,按设备管理的层次,还可分为"厂控"点检和一般点检。"厂控"点检是指由企业直接管理和组织的点检,一般用于关键设备和公用设备的点检。一般点检是指由车间管理和组织的点检,对象为一般性局部设备。

15.3.3 设备的修理

林业企业设备修理是指修复由于正常的或不正常的原因而造成的设备损坏和精度劣化,通过修理,更换已经磨损、老化、腐蚀的零部件,恢复设备性能。设备修理的实质是对物质磨损的补偿,其基本手段是修复和更换,使设备的效能得到恢复。

15.3.3.1 设备维修制度

设备维修制度是指对设备进行维护、检查和修理所制定的制度。设备维修制度是保证设备经常处于良好技术状态,缩短修理周期,降低生产成本和提高修理质量的重要措施。目前,多数企业实行的设备维修制度主要是计划预修制和计划保修制。从 20 世纪 80 年代末以来,预防维修制在我国的部分企业逐步推行。

(1)计划预修制。计划预修制是按照预防为主的原则,为防止设备意外损坏,根据设备的磨损规律,有计划地对设备进行日常维护保养、检查、校正和修理,以保证设备经常处于良好状态的一种设备维修制度。计划预修制的主要内容有:日常维护、定期检查、清洗换油、计划修理。

(2)计划保修制。计划保修制是 20 世纪 60 年代在总结计划预修制的基础上,建立的一种设备维修制度。它的主要内容和措施是:日常保养、一级保养、二级保养、计划大修。这是一种有计划地进行三级保养和大修的制度和方法,所以叫计划保修制。

(3)预防维修制。预防维修制,也叫全员生产维修制(TPM 制),是我国从 20 世纪 80 年代开始，引进研究的一种设备维修制度，它是在设备综合工程学理论指导，吸收以往设备维修制度中的成就而建立起来的一种设备维修制度。这种维修制度采用多种维修方式方法，实行比较灵活的修理周期结构，强调实现全系统、全效率、全员的设备管理。

15.3.3.2　设备修理的类别

设备的修理，按其工作量的大小和修理后设备性能恢复的程度，可分为小修理、中修理和大修理三类。

（1）小修理。小修理是对设备进行的局部修理，通常只更换和修复少量磨损的零件，调整设备的结构，清洁、换油及解决部分渗漏和缺陷，以保证设备能运转到下次小修理。因为设备小修理的工作量较小，故一般利用生产间歇时间并在设备所在地点进行。

（2）中修理。中修理要更换与修复设备的主要零件以及数量较多的其他磨损零件，并校正设备的基准，以恢复和达到规定的精度、功率和其他的技术要求，并保证使用到下一次中修理。

（3）大修理。大修理是工作量最大的一种全面修理。大修理要求把设备全部拆卸分解，更换或修复主要大型零件及所有不符合要求的零部件，并重新喷漆，恢复原有精度，达到出厂标准。大修完毕要进行验收。大修理可与设备革新、改造结合在一起进行。

小修和中修也称为经常修理，其费用直接计入产品成本；大修费用以折旧形式摊入产品成本，并由大修理折旧基金支付。

15.3.3.3　设备修理的方法

设备维修制度的不同，决定了设备修理方法的差异。

在计划预修制和计划保修制下，设备修理的主要方法是标准修理法、定期修理法和检查后修理法。

（1）标准修理法，也称强制修理法。是根据设备的磨损规律和零件的使用寿命，预先规定检修的日期、类别和内容。到了规定的修理时间，就按照原计划进行强制修理，而不管设备当时的技术状况如何。

（2）定期修理法。是根据设备的实际使用情况和检修定额资料，制定修理计划，大致地计算出修理的工作量和间隔期，再根据修理前检查的结果确定修理类别、日期和内容。这是一种定期检查、定期修理的方法。

（3）检查后修理法。是预先规定设备的检查期限，再根据实际检查的结果和掌握的有关资料，确定修理类别、日期和内容。

在预防维修制下，设备修理的方法则主要包括日常维修、预防维修、事后维修、生产维修、改善维修和预防维修等。

（1）日常维修。是对设备的日常维护修理，具体包括对设备的日常检查和定期检查及清扫、调整、润滑、更换、整理等活动。

（2）预防维修。是对重点设备，以及一般设备中的重点部位进行预防性维修。

（3）事后维修。是对非重要设备实行故障发生后的维修，或者是对事先无法预计的突发故障的修理。

（4）生产维修。是预防维修与事后维修相结合的维修方式。其目的是要保证生产需要，又要节约维修费用。

（5）改善维修。是在进行设备修理的同时还进行设备改造、改装，目的是为了提高设备的使用性能、效率、精度和节能等。

（6）维修预防。是在进行设备设计、制造或选择阶段，就考虑到设备的无故障原则和无维修原则，提高设备的可靠性和维修性。

（7）预知维修，也称为预测维修或预报维修。是在设备监测技术基础上产生的一种针对性很强的维修方法。预知维修通常根据设备开动台时或状态监测结果，科学地分析、判断设备状态变化的趋势和规律，当出现可能导致异常的设备信息时，及时进行设备维修。预知维修是当今世界设备维修方法改革的发展趋势之一。

15.3.3.4 设备修理的组织

15.3.3.4.1 设备修理组织形式

设备修理的组织形式有集中修理、分散修理、混合修理。

集中修理。集中修理是将全厂设备的各种修理工作都集中起来，由专门修理车间负责完成。这种组织形式适合于规模不大，设备数量不多的企业。

分散修理。分散修理是将设备修理工作分散，由各车间的专职维修人员（或工段）负责进行。这种组织形式适合于规模大、设备多，生产车间分散的企业。

混合修理。混合修理是将设备的大修及维修配件的制造，由专门的修理车间完成，而将设备的中修、小修由生产车间负责进行。这种组织形式，既能集中使用维修资源，采用先进的修理工艺，保证维修质量，又能发挥各生产车间对设备维修管理的积极性，使需要修理的设备能得到及时的维修。目前，多数企业采用这种组织形式。

15.3.3.4.2 设备修理组织技术

设备修理的组织技术有部件修理法、部分修理法和同步修理法。

部件修理法。也就是拆下需要修理的部件，换上事先准备好的同类部件。这种方法运用于具有大量同类型设备的企业和生产关键设备。

分部修理法。这一方法的特点是，设备的各部件不同时修理，而是对设备各独立部分按顺序分别修理，每次只修其中一部分。此法适用于一系列构造上具有相对独立性的设备，以及修理工作量大、时间长的设备。

同步修理法。把在工艺上相互紧密联系的数台设备安排在同一时期内进行修理，实现修理同步化。此法常用于流水生产线设备、联动设备中主机与辅机以及配套设备方面。

15.4 林业企业设备改造与更新

在设备的自然寿命结束之前，其经济寿命即因无形磨损而无可挽回地要趋于结束。如果继续延长设备的役龄，设备系统由于过分老化将不再给企业带来利润。因此，必须对原设备系统进行技术改造，使它再焕发创利的生命力；或彻底更新，以全新的原型设备或新式设备取代旧设备。

15.4.1　设备的磨损与设备的寿命

设备的磨损与设备的寿命原理，是林业企业设备改造、更新的重要理论依据。

15.4.1.1　设备的磨损

设备的磨损有两类：一是有形磨损（或称物质磨损），其中主要是使用磨损与自然磨损。有形磨损造成设备的物质技术劣化。二是无形磨损（或称精神磨损），一般在两种情况下产生：一种是由于劳动生产率的提高，生产同样性能的机器设备的必要劳动时间减少了，从而使原有同种设备发生贬值。但是这种机器设备的技术结构、性能都没有变化，不影响使用厂对原有设备的使用。另一种是由于科学技术的进步，出现了新的、性能更加完善、生产效率更高、能源消耗更少的机器设备，使原有设备的经济效能相对降低，变得陈旧而形成一种损耗。设备的这种无形磨损，直接影响使用厂继续对原有设备的使用。无形磨损造成设备的经济劣化，这时就必须对原有设备进行改造或更新。

15.4.1.2　设备的寿命

设备寿命包括物质寿命、技术寿命和经济寿命等多种含义。

（1）物质寿命。也称自然寿命。由于设备长期使用，引起磨损率急剧增长，主要零部件失去基本功能，经修理无效，设备报废。这种从投入使用到因物质磨损而报废所经历的时间，称为设备的物质寿命。设备物质寿命，取决于物质磨损速度。物质磨损速度越高，物质寿命越短。一般来说，随着设备使用时间的延长，支出的维修费用也日益提高。因此延长设备的物质寿命在经济上不一定都是合理的。

（2）技术寿命。由于科学技术的迅速发展，在设备使用过程中出现了技术上更先进合理的同类设备，从而使现有设备在物质寿命尚未结束前被逐步淘汰。设备从开始使用，直至因技术落后而被淘汰为止所经历的时间，叫作设备的技术寿命。设备技术寿命的长短，取决于同类设备科学技术发展速度。科学技术发展越快，技术寿命越短。通过设备改造可以延长设备的技术寿命。

（3）经济寿命。在设备的物质寿命后期，由于设备的磨损老化，要依靠高额的使用费用来维持设备的寿命。这种由使用费用的高低决定的设备寿命，称为经济寿命。设备经济寿命的长短取决于使用费用的增长速度，超过了经济寿命而勉强继续使用，在经济上往往是不合理的，因此，使用费用增长达到一定的水平，就得更新。此外，通过设备改造也可以延长设备的经济寿命。

由此可见，在进行设备改造、更新决策时，不能只考虑设备的物质寿命，还要同时考虑到设备的技术寿命和经济寿命。

15.4.2　设备的改造

林业企业设备的改造是指应用当代科学技术成果，根据企业生产经营的需要，改变原有设备的结构，提高原有设备的性能、效率，补偿其无形磨损，使其局部或全部达到当代新设备的水平。

15.4.2.1　设备改造的意义

设备改造与设备更新，都是解决设备陈旧问题的经常性手段，但两者各有特点。设备改造对于解决设备陈旧问题来说，具有以下优点：

（1）设备改造的针对性强，对生产的适应性好。企业进行设备技术改造，具有明确的目的。一般是针对使用单位的生产需求决定改什么，怎么改，改到什么程度；尤其是涉及产品更新换代所需的专用设备，更是为适应新生产工艺和操作方法而专门设计、制造。故在这些方面，设备的技术改造有其突出的优越性。

（2）设备改造的经济性好。由于设备改造是在企业原有设备的基础上进行的，因而与研制、开发新设备或购置新设备相比，具有投资少、周期短、见效快、节约资源等优越性。

（3）设备改造有利于企业引进先进而适用的技术，提高企业的科学技术水平，设计、制造能力，管理水平和人员素质。

（4）设备改造有利于改变企业设备的构成，减少陈旧、落后的设备，增加具有现代技术水平的设备。

15.4.2.2 设备改造的方法

设备的改造必须在技术可行性研究的基础上进行。设备改造的方法包括：

（1）在现有设备上运用新工艺、新材料。如有的设备可采用工程塑料代替钢、铅材料，以提高防腐能力，延长设备使用期限；有的设备可采用新的流程，使生产更合理。

（2）提高设备的生产率。改进设备的结构，提高运转速度，从而提高生产效率。

（3）保证产品质量。在现有设备上安装新装置，提高设备精度，以提高产品质量。

（4）降低消耗。在现有设备上装上新附件或改进结构，降低能源和原材料消耗。

（5）扩大现有设备的用途。改造现有设备，变单用途为多用途；变粗加工为精加工。

15.4.3 设备的更新

林业企业设备更新主要是用技术上先进、经济上合理的新设备去更换已经陈旧了的、不能再继续使用的设备，或在技术上已经不能满足产品质量的要求，在经济上又很不合理的设备，使企业生产手段经常保持在先进水平上。

15.4.3.1 设备的最佳更新周期

设备更新周期是指设备从投入使用开始到被新设备代替退出生产领域为止所经历的时间。设备更新周期受设备的物质寿命、技术寿命和经济寿命等多种因素的影响，其中经济寿命是最主要的影响因素，因此，设备的最佳更新周期是由设备的经济寿命决定的。设备的经济寿命的确定方法很多，现介绍两种常用的方法，即面值法和低劣化数值法。

15.4.3.1.1 面值法

这是一种通过分析计算同类型设备的账面统计资料求得设备经济寿命的方法。

例如，设某企业以 3 000 元购入全新设备一台，计算其最佳更新周期。

第一步：收集同类型设备使用情况的经验统计资料如表 15 - 1 所示。

表 15 - 1　同类型设备使用情况的经验统计表　　　　　　　　　　　元

年份	1	2	3	4	5	6	7
残值	2 000	1 333	1 000	750	500	300	300
使用费	600	700	800	900	1 000	1 200	1 500

注：①残值指设备使用到该年时尚可售出的价格，随使用年限的增加而逐渐降低。
　　②使用费包括动力、维护、修理等费用支出，随使用年限的增加而增加。

第二步：根据资料计算年累计使用费、年折旧费、年总运行费和年平均运行费等，如表 15 - 2 所示。

表 15 - 2　费用计算表　　　　　　　　　　　元

更换年份	1	2	3	4	5	6	7
累计使用费	600	1 300	2 100	3 000	4 000	5 200	6 700
折旧	1 000	1 667	2 000	2 250	2 500	2 700	2 700
总运行费	1 600	2 967	4 100	5 200	6 500	7 900	9 400
平均运行费	1 600	1 483	1 367	1 312	1 300	1 317	1 343

注：①年折旧 = 原值 - 残值
　　②年总运行费 = 年累计使用费 + 年折旧费
　　③年平均运行费 = 年总运行费/更新年份

第三步：确定最佳更新周期。由表 15 - 2 可知，年平均运行费第 1 年为 1 600 元，至第 5 年降低为 1 300 元，以后又逐年上升，因此，第 5 年末应为最佳更新周期。

15.4.3.1.2　低劣化数值法

低劣化数值法是根据正常使用条件下设备低劣化的情况，确定设备最佳更新周期的方法。

设备在使用过程中由于有形磨损和无形磨损逐年加剧，包括维修费、动力消耗费、停工损失费在内的使用费用会逐年增加，这种趋势被称为设备的低劣化。设备的低劣化程度可以用设备使用费用的年增长值表示。如果能根据统计资料预测出设备的低劣化程度每年以 λ 的比率呈线性增加，则可用下面的方法计算出设备的最佳更新周期。

设 K_0 为设备原始价值，经过 T 年使用后，残值为零，则每年分摊的设备购置费用为 $\dfrac{K_0}{T}$。若设备使用费用以 λ 数值逐年递增，则第 T 年的使用费用为 λT。T 年中的平均设备使用费用，即 T 年的平均低劣化数值为 $\dfrac{(T+1)\lambda}{2}$。因此，设备的年平均总费用 C 可按下式计算：

$$C = \frac{K_0}{T} + \frac{(T+1)\lambda}{2}$$

将上式对 T 微分，令 $\dfrac{\mathrm{d}C}{\mathrm{d}T} = 0$，即可求得设备的最佳更新周期 T_0 为

$$T_0 = \sqrt{\frac{2K_0}{\lambda}}$$

以上介绍的两种方法均未考虑资金的时间价值。若要考虑资金的时间价值，可将各期发生的投资和费用折合成现值，再进行计算分析。

15.4.3.2 设备更新的方式

设备更新分为原型更新和技术更新两种方式。

（1）原型更新。设备的原型更新，又称简单更新，是指用结构、功能相同的新设备更换由于有形磨损而在效率上、经济上不宜继续使用的旧设备。

设备的原型更新，解决了设备的效能衰退问题，但不具有技术进步的性质。因此，如果大量采用这种更新方式，不仅不能显著地提高企业的劳动生产率和经济效益，而且还会影响企业的技术进步。

（2）技术更新。设备的技术更新，又称新型更新，是指用技术更先进新设备，更换技术上陈旧、落后的设备。这种更新，能补偿原有设备的有形磨损和无形磨损。既恢复和提高了原有设备的功能，又具有技术进步的性质，是促进企业技术进步的重要方式。

设备的技术更新，可以直接从国内、外购置，也可以引进技术由本企业设计、制造或合作生产。总之，这种更新方式依赖于设备制造技术的进步和提高。

15.4.3.3 设备更新应注意的问题

（1）设备更新之前，要做好调查研究工作。根据本企业的实际情况和可能性，制订更新计划，使企业的设备更新工作做到有计划、有步骤、有重点地进行。

（2）设备更新要注意克服薄弱环节，提高企业的综合生产能力。尽可能首先更新薄弱环节的陈旧设备，以保证生产不断向前发展。

（3）设备的更新要同加强原有设备的维修和改造相结合。在一定时期内，更新设备总是有限的，因此对于大量的设备还应加强维修和改造，以保证生产的顺利进行。

（4）设备更新所需资金的筹措，是更新工作的一个重要课题。在原有规模条件下，设备更新资金主要来源于企业固定资产的折旧资金。因此折旧率的确定和折旧费用的提取，应保证设备更新资金的需要。此外，还可以从利润留成的生产发展资金中筹措。

（5）更新设备要注意减轻工人的劳动强度，提高安全性和环保性，不仅要考虑企业的利益也要考虑国家和人民的利益，这是社会主义制度的基本要求。

（6）对已更换下来的设备，要妥善处理，尽可能地发挥其应有的作用。

本章小结

设备是林业企业现代化生产的基本手段，是企业生产的物质技术基础。设备管理就是对设备的选择和使用、设备的维护和修理以及设备的更新和改造进行科学的计划、组织和控制，保证设备状态良好，使企业的生产活动建立在最佳的物质技术基础之上。设备选择和评价是林业企业设备管理的首要环节，先天地决定着设备一生的技术状态和经济效益。因此，企业必须坚持技术先进、经济合理、生产可行的原则做好设备的选择和经济评价。设备的合理使用是林业企业设备管理的重要环节。正确合理地使用设备，可以在节省费用的前提下，充分发挥设备的效益，延长设备的使用寿命。设备的维护与修理是设备自身运动的客观要求，林业企业设备的维修工作是减少和补偿物质磨损，使设备经常处于完好状态，保证生产正常进行的一项十分重要的工作。设备的改造和更新是设备管理的又一个重要环节，对于克服由于技术进步带来的落后，提高设备的现代化水平，促进林业企业生产的发展具有重要作用。

复习思考题

1. 设备选择的影响因素分析及设备评价的基本方法。
2. 设备的磨损规律与故障规律。
3. 设备合理使用的基本要求、设备维护保养的主要内容及设备检查的类型。
4. 设备维修制度及设备修理的类型与方法。
5. 设备磨损的类型与设备寿命的含义。
6. 设备改造与更新的比较。
7. 设备最佳更新周期的计算及设备更新的类型。

16 现代林业企业营销管理

16.1 现代林业企业市场营销概述

16.1.1 市场营销与市场营销管理

市场营销是个人和机构通过预测、刺激、提供方便，协调生产与消费以及顾客和社会公众对产品、服务及其他供应的需求的整体经济活动。它以顾客为终点，更以顾客为起点，包括市场调研、选择目标市场、产品开发、市场开发、产品定价、渠道选择、产品促销、产品储运、产品销售、售后服务等一系列与市场有关的业务经济活动。市场营销的质的规定性不是制造产品的生产，而且实现产品的交换。而市场营销管理就是公司和企业为达到生产经营目标，通过分析、计划、执行、控制等职能，用以创造、建立和维持与目标市场间互利的交易关系。依据目标市场的需要、欲望、知觉与偏好之分析来制订产品计划，提供有效的产品设计、定价、沟通和分配程序，去激发和服务目标市场。

16.1.2 市场营销组合与市场营销观念

16.1.2.1 市场营销组合

市场营销组合（Marketing Mix）是由美国哈佛大学教授鲍敦提出的。鲍敦认为，一个企业生产和销售产品，要受到各种因素的影响，概括起来说，就是要受到外部环境的影响，外部环境的诸因素对企业来说是不可控的因素，如社会、人口、经济、政治、文化、技术、法律、竞争等因素；另外还受到企业内部条件的影响，企业内部条件的诸因素是可以控制的。包括产品（product）、分销渠道（place）、价格（price）、促销（promotion）四种因素，简称4Ps，对这四个市场营销变量的运用好坏关系到企业的成败。市场营销组合是指综合运用企业可以控制的因素（4Ps），实行最优化组合，以达到企业的营销目标。它具有以下特点：①可控性。企业在生产经营活动中，要受到企业内、外环境的诸因素的影响。在企业外部有社会、人口、政治、文化、经济等不可控因素。企业内部条件就是4Ps，是可控的因素。市场营销组合就是4Ps的组合，因此具有可控性。②系统性。市场营销组合是系统工程的具体运用，具有系统性。③层次性。市场营销组合是4Ps的大组合，而每一个P都包含着许多因素，形成了每一个P的次组合。因此，企业在确立营销机会策略时，不仅应该求得4P间的最佳组合，还应该求得每个P内部的最佳次组合，使所有营销因素都能达到有效结合。④动态性。市场营销组合包含着许多因素，这些因素都是根据不同经济环境确定的。市场供求关系、经济形式发展了，这些因素也要相应改变才能达到较佳的经营组合。因此，企业在制订生产经营计划时要有弹性，要留有余地，以适应市场形势的变化。

16.1.2.2　市场营销观念

市场营销观念（Marketing Concept）是贯彻市场营销的指导思想，即以什么为中心开展市场营销活动，它是一个哲学概念。它概括了一个企业经营的基本态度和思维方式。从某种意义上说，现代市场营销学的产生和发展就是新的市场营销观念产生和发展的过程。从西方发达国家的营销观念的发展过程看，大致经历了5个阶段。

（1）生产观念。20世纪20年代以前，资本主义世界制造业的发展十分繁荣，当时市场要求旺盛，产品供不应求，市场是卖方市场。生产出来就能卖掉，企业从事销售活动的指导思想是："生产什么，销售什么。""我能生产什么，就销售什么。"在这种观念指导下，企业的主要工作是扩大再生产，寻找资源，降低成本。这种以产定销，以生产者为中心的营销观念叫作生产观念。

（2）产品观念。产品观念认为：消费者总是欢迎那些质量高、性能好、有特色、价格合理的产品，只要提高产品质量，做到物美价廉，就一定会顾客盈门，无须花力气推销。这种观念本质上还是生产什么就销售什么，但它比生产观念多了一层竞争色彩。持产品观念的领导常常会深深地迷恋自己的产品，患上市场营销近视症（只关心自己的产品，看不到市场需求的变化），以至于没能意识到其产品可能并不那么迎合市场需求。

（3）推销观念。随着资本主义经济的发展，资本主义社会固有的矛盾日益突出，终于爆发了1929～1933年的经济危机，产品供过于求的矛盾日益突出，市场竞争日益加剧。在这种情况下，许多企业开始寻找新的消费行为的方式和手段，以便大量兜售商品，压倒竞争对手。这时企业的经营新口号是："我们推销什么，人们就要什么。""首先推销××产品。"这种观念认为，如果听其自然的话，消费者通常不会足量购买某一组织的产品。因此，必须积极推销和进行大量促销活动，重视推销和广告术的研究与应用。但由于推销观念是从既有产品出发的，因而本质上依然是生产什么销售什么，是生产观念的延伸。

（4）市场营销观念。营销观念是作为对上述诸观念的挑战而出现的一种企业经营哲学。就是"消费者需要什么，就生产什么"。这是在社会产品进一步供过于求，整个市场已由卖方市场转化为买方市场条件下的一种营销理论。在市场商品丰富，消费者购买时选择性越来越高，市场供大于求的市场环境下，企业再靠以前那样仅把商品推销出去就认为完事，而消费者是否满意，是否适用则不去研究和重视，就将失去大部分顾客，最终也将失去市场。所以，这时期很多企业都把研究消费者需要当作自己的营销活动中心，千方百计地抓住顾客，并使其满意，通过争取消费者来扩大销售，获取利润。

（5）社会市场观念。西方一些专家对市场营销观念进行了补充和完善，提出了社会市场观念。市场营销观念导致能源和物资浪费、环境污染、产品过快陈旧和通货膨胀等一系列社会问题。为了解决这些问题，有人提出社会市场观念。这种观念认为，企业提供产品和服务，不仅要满足消费者一时的需要和欲望，还应当同时考虑消费者的长远利益和社会整体利益。现代企业的行为应做到满足社会发展、消费者需求、企业发展和职工利益四个方面。

16.1.3 林产品市场的特点

现代市场营销是以消费需求为中心的，因此林业企业营销必须对消费者的需求及购买行为进行研究，掌握消费需求的规律，有针对性地开展市场营销策略。为此，必须研究林产品市场的特点。

16.1.3.1 供给约束突出

林产品的基础是森林资源，中国林业面临的资源危机是众所周知的事实。中国的森林资源危机不仅表现在数量上的不足，而且还表现在质量的降低。特别是具有多种用途的大中径级原木资源大幅度减少，而人工林资源树种单一，大中径级资源比重不高。由于资源不足，林产品供给的总量和产品品种都受到限制，这也就影响了林产品生产企业满足市场需求的能力。随着中国经济的增长，人们对林产品的需求的数量和质量都有了很大提高。林产品的供给由于受现有资源和林业用地不足的制约难以有较大的增长，而且在短期内这种状况也不会有根本的改变。因此，供给不足是中国林产品市场的基本特点。

16.1.3.2 资源供给的地域性强

中国是一个大国，地域辽阔，森林资源分布极不均匀，且多分布在边远地区。而中国的人口稠密地区和工农业发达的地区集中在中部和东部，这恰与森林资源的分布截然不同，因而交通运输的矛盾极为突出。

16.1.3.3 计划体制和市场机制同时发挥作用

中国正在建设社会主义市场经济体制，完成由计划经济向市场经济的过渡。在市场运作中，计划体制和市场机制同时发挥作用，具体表现为：第一，市场的供给不仅受需求的影响，而且也受国家计划的影响；第二，行政干预较多，市场机制难以单独发挥作用。

16.1.3.4 林产品市场管理分散

中国的林产品供给、流通、消费所涉及的部门和层次较多。由于不同部门、不同层次、不同区域之间的矛盾，使整体市场的运作和发展不协调。由于在全国范围内还没有形成统一的市场管理体系，因此，信息因此不能及时沟通，市场管理较为分散。

16.1.3.5 替代产业发展迅速

由于中国林产品的市场供需矛盾比较突出，各种生产替代品的产业可以迅速发展，填补由于林产品供需不足而形成的巨大空间，大量替代品使价格难以准确反映林产品市场的供需状况。这也使林产品市场的供给、需求、价格之间的变化有较大的空间和调整余地。

16.1.3.6 林产品市场的交易行为不规范

在林产品市场上进行的交易是多种多样的，由于市场运行缺乏完善的市场管理制度和法律法规约束，市场行为更多地反映出交易者个人的行为，而这些个人行为规范性不强，有很大的随意性。这种交易行为的不规范特点使林产品市场中的经营规划、经营方式、交易方式、合同的达成、交易的履行、产品的检验和计量等带有一些难以把握的因素，给交易的正常进行带来困难。随着我国市场经济体系的建立和不断完善，这一特点有望改善。

16.1.3.7 在国际林产品市场中，中国林产品具有相对独立性

中国在世界林产品市场中已成为一个大国，从世界其他国家林产品贸易的情况来看，国际交往比较频繁，国与国之间供需、价格等相互之间影响较大，不少国家之间还存在着较强的依赖性，但中国对世界林产品市场的依赖性不强，国内市场自成体系，供给、需求、价格受国际市场的影响总体上不大。与世界几个林产品贸易强国相比，中国林产品国内市场的独立性相对较强。

16.1.4 林业企业市场营销的原则

16.1.4.1 需求导向原则

这是现代市场营销的核心原则。首先，企业上下必须一致承认并接受"顾客至上"的观念，认识到满足市场需求和实现企业利润之间的内在关系，一切活动都必须符合顾客需求和利益。其次，要了解顾客的需求，这是现代林业企业进行市场营销活动的起点，它要求林业企业必须全面开展市场调查和预测，掌握顾客需求的现状及其发展趋势。第三，要实行市场营销组合策略，综合运用可控因素去满足不断变化的、不同层次的消费需求。最后，要从消费需求的满足中获得利润。现代市场营销观念认为，企业获取最大利润的途径是通过提供市场所需的产品、服务使顾客需求得以满足。

16.1.4.2 整体营销原则

林业企业需要建立起一种整体营销体制，如同斯坦福大学教授理查德·P·巴戈茨所指出，现代市场营销具备一种统括职能，即由原来与生产、财务、人事、研发等职能平行转变为将其统括起来及时有效地应付激变环境的最重要的职能。首先是营销活动的整体性，即产前、产中、产后等相关活动都要以市场需求为中心，相互配合，互相协调。其次是营销组合的整体性，即林业企业要使产品、价格、渠道、促销等可控因素相互协调配合，构成一个有机整体，达到最优化组合。最后是营销主体的整体性，即林业企业各部门、各环节都要以营销为核心，统一协调地开展工作。

16.1.4.3 社会责任原则

当今时代，企业规模不断扩大，对社会的影响也越来越大。因此，企业的市场营销活动要被社会所接受，必须承担起对社会的责任。首先，要保护消费者。企业要按法律要求保护消费者的利益，并使其享受应该享有的权利。其次，要使顾客满意。市场营销活动的最终目的就是要使顾客满意。第三，要保护生态环境。近年来，绿色营销、绿色产品、绿色消费、绿色消费者等词语像雨后春笋一样涌现出来。林业企业必须面对并适应这种"绿色"趋势。最后，要协调好消费需求与社会最大的长远利益关系。既要满足消费者的需要和欲望，又要符合道德规范，符合消费者和整个社会的长远利益；要正确处理消费者欲望、企业利润和社会整体利益之间的矛盾，统筹兼顾；要考虑企业发展和社会的协调；要考虑目的性结果与伴随性结果的一致性或者预防伴随性结果的负面影响。

16.1.4.4 创新原则

创新是市场营销观念的延伸，因为企业要满足消费需求，就必须提供顾客所需的产

品和服务，而顾客的需求又是不断变化的，尤其是在激烈的市场竞争中，林业企业更要善于发现市场机会，形成新的目标市场。为此，林业企业必须进行产品开发、市场开发等，通过不断创新，用新的产品、新的服务满足消费者不断变化的需求。

16.2　现代林业企业产品策略

16.2.1　产品整体概念

市场营销的观点认为，消费者购买某种产品，不单是为了取得一件有形的，可以使用的物体，而且是为了取得实际利益和满足需要。例如，消费者购买一架照相机，他不仅是为了取得一个机子，而且是为了满足娱乐的要求、美术爱好或作为一种纪念。从这个意义上说，服务也应包括在产品范围之内。因此，产品整体概念包括：①核心产品——产品能为消费者提供某种效用和利益，从而使消费需要得到满足，这是消费者需求的中心内容。②形式产品——指产品所具有的质量水平、外观、品牌、包装、特色等消费者不同需求的具体形态。③附加产品——指产品经营者为顾客提供的附加服务和利益。如售后服务，如安装、维修、质量保证、免费送货。④期望产品——指消费者在购买该产品时期望得到的与产品密切相关的一整套属性和条件。⑤潜在产品——指现有产品可能发展成为未来最终产品的潜在状态的产品。

16.2.2　产品寿命周期理论

产品寿命周期是指某一新产品从投放到市场开始，直到最后被淘汰退出市场为止的全部过程所经历的时间。典型产品寿命周期可分为四个阶段，即投入期、成长期、成熟期和衰退期。

16.2.2.1　产品寿命周期各阶段的特点

投入期：产品刚投入市场，消费者对产品不了解，销售增长缓慢且不稳定，销售量低，费用和成本高，竞争力不强，利润低，甚至亏损。

成长期：产品定型，技术稳定，能大批量生产，用户对其有所了解，销售额迅速增长，销售增长率大于10%，成本下降，利润增长，竞争者不断介入。

成熟期：市场需求趋于饱和，销售增长率为 -10% ~ 10%；生产量和销售量都很大；该阶段比其他阶段都要长；成本低，利润高；很多同类产品进入市场，竞争十分激烈。

衰退期：产品已经陈旧老化趋于淘汰的阶段，市场上出现新的换代产品，产品的销售量和利润急剧下降，降低价格成为主要的竞争手段。

16.2.2.2　各阶段营销策略

（1）投入期策略。总体上应尽量缩短投入期，敏锐地把握市场变化，不失时机地适应消费者的需要，抢先占领市场。从促销和价格两方面因素考虑，可组合成双高策略、选择性渗透策略、密集性渗透策略和双低策略四种。

（2）成长期策略。这时的市场策略的重点是突出"好"字。第一，保证产品质量，并以美观的包装和优质服务与之相配合，在创名牌上下功夫，显示与竞争者产品的差异。第二，进一步进行市场分析，开拓新市场。第三，加强品牌宣传，提高消费者对本企业产品的信赖程度和培养偏爱感。第四，对本企业的高价产品，可扩大生产量，降低价格，使竞争者不能介入。

（3）成熟期策略。成熟期是企业获取利润的"黄金季节"，要努力延长这一阶段。由于这时市场需求已处于饱和状态，因此，在剧烈的竞争中，策略思想主要突出"占"字，即提高市场占有率是制定策略的关键。进取性策略包括：①市场改革策略：包括寻求新市场，增加产品的新用途，发掘和推广新的消费方式。②产品改革策略：增加商品系列，品种、花色规格、档次。③市场组合改革策略：常用的方式包括降价，改进包装，提高服务水平，加强广告宣传，更换商标等。

（4）衰退期策略。正确的策略是应该抓住一个"转"字，即有预见地"转"，有计划地"撤"，有目标地"攻"，弃旧图新。

16.3　现代林业企业价格策略

16.3.1　定价的三维环境

任何企业的经营活动都是在由多种因素组成的特定环境中进行的，定价也不例外。影响企业定价的因素有很多，但最终都可归结为直接影响企业定价的四个因素：①企业的生产要素供应者。包括原材料供应者、资金供应者、劳动力供应者等。显然，若供应者所提供的要素价格发生变化，将直接影响到企业的产品定价。②顾客，包括一切购买企业产品的人或机构。它既包括消费者，也包括为卖而买的中间商，以及为生产而买的企业。显然，若顾客的需求发生变化，将在很大程度上影响企业所欲出售产品的价格。③国家有关物价政策法规及执行机构。各个国家都制定了一些有关物价的政策法规，有的明确规定了商品的具体价格，有的规定了商品价格的上下限，还有的只规定了定价原则。国家还设立了专门机构来执行、解释这些政策法规。国家政策法规及其执行机构无疑对企业的定价有着重大的直接影响。④竞争者。一个企业在其经营活动中，常常受到竞争者强有力的挑战，因此竞争者的价格必然对企业的定价产生影响。

这四个影响因素中，国家物价政策法规及其执行机构是统御性的，企业与其关系是"下"与"上"的关系；生产要素供应者与顾客分别处于企业的"前""后"，而竞争者则处于企业的"左""右"。这样，四者一起组成了企业定价的三维环境。

16.3.2　林业企业定价目标

16.3.2.1　以预期收益率为定价目标

企业把预期收益水平规定为占投资额和销售额的一定比率，叫作投资收益率或销售收益率。追求预期的收益率，是企业经常采用的一种定价目标。在此目标下，定价时在产品成本外加入预期利润。一般说来，预期利润率应高于银行存款的利息率。有些垄断企业，由于竞争对手少，可能将短期的预期收益率定得很高，产品以较高的价格出现于市场。有些企业为预防潜在的竞争，收益率可能定得较适中，以使实现较长期稳定的利润。收益率的确定，应谨慎的研究、分析和计算，使所定价格能为消费者所接受。

16.3.2.2 以最大利润为定价目标

获取最大利润是企业共同的重要目标，最大利润应以长期的最大利润为目标，不能只顾短期的最大利润。同时，最大利润应以全部总利润为目标，不能只顾单一产品的最大利润。

16.3.2.3 以市场占有率为定价目标

一个企业的市场占有状况是该企业经营状况和产品竞争力状况的反映，关系到企业的兴衰，所以维持或提高占有率对企业来说有时比其取得预期收益更为重要。一个企业某一时期的收益率较好，可能是由于过去取得了占优势的市场占有率。然而在市场占有率有下降趋势时，则收益率逐渐递减，因此势力雄厚的企业常常施行低价政策以获取一定的市场占有率。

16.3.2.4 以应付与防止竞争为定价目标

大多数企业，对于竞争者的价格均很敏感，在定价前，经常广泛收集资料，将本企业产品的品质、规格与竞争者类似产品作谨慎的比较，然后对以下三种定价办法作一选择：低于竞争者价格出售、与竞争者同等价格出售、高于竞争者价格出售。

16.3.2.5 以维持营业为定价目标

即以保持企业能够继续营业为定价目标，这是企业处于不利环境的一种缓兵之计。这种定价目标只能作为特定时期内的过渡性目标，一旦企业出现转机，应尽快用其他目标取而代之。

16.3.3 林业企业定价方法

16.3.3.1 成本导向定价法

其基本思路是以商品的成本作为制定基本价格幅度的依据，具体方法有以下方法。

（1）成本加成定价法。这种方法是根据产品的单位总成本加上预期利润，价格 = 单位总成本 + 预期利润 = 单位总成本（1 + 预期利润率），一般在零售业中使用。这种方法的优点是计算简单，在正常情况下，企业可获得预期的利润。其缺点是只考虑生产者的个别成本与个别价值，忽视产品的社会价值与市场供求状况，缺乏灵活性，难以适应市场竞争的形势。

（2）按边际成本定价法。价格 = 变动成本 + 边际贡献。即仅计算变动成本，暂不计算固定成本，而以预期的边际贡献补偿固定成本并获得收益。如边际贡献不足以补偿固定成本，则出现亏损。按这种方法定价，一般是在卖主竞争激烈时，企业为迅速扩张市场，采用的较灵活的做法。这种方法容易掌握降价的幅度，即售价必须高于变动成本。

16.3.3.2 需求导向定价法。

需求导向定价法认为生产的目的是为了满足消费者的需要，这样，商品的价格就不应以成本为依据，而应该以消费者对商品的价值的理解和认识程度为依据。以需求为中心的定价主要有两种。

（1）理解价值定价方法。就是根据消费者理解的商品价值，即根据买主的价值观念来定价。作为企业应善于利用市场营销组合中的价格因素如产品质量、服务、广告宣传等来影响购买者。理解价值定价法的关键是企业要对消费者理解的相对价值，有正确的估计和判断，如果卖方对买方的理解价值估计过高，它会出现失误。

（2）区分需求定价法。又叫差别定价法，就是指某一种产品，在特定的条件下，可以按不同的价格出售。区分需求定价的价格差异是针对不同的顾客、不同产品式样、不同地点、不同时间等不同情况灵活地制定不同的价格。

16.3.3.3　习惯导向定价法

市场上许多商品，由于销售长久，往往形成一种习惯价格。对此类产品，任何生产者为打开销路，必须依照习惯价格定价，即使生产成本降低，也不能轻易减价，减价易引起消费者对产品品质的怀疑。若生产成本增加，也不能轻易涨价，只好靠薄利多销来弥补低价所造成的损失。当市场上存在强有力的习惯价格时，如果产品未具备特殊优越的条件，只好据一般价格定价，甚至在由于生产要素涨价，原售价已无利可图时，也只能从降低产品质量或偷工减料着手，而不直接提高售价。如果认为降质减量都不可取，就得采用其他方法，创造新的习惯价格。

16.3.3.4　竞争导向定价法。

即企业在制定价格时，主要以竞争对手的价格为基础，与竞争价格保持一定的幅度。这种定价法的特点是：产品价格与成本或需求不发生直接关系。即使成本或需求变动了，由于竞争价格未变，企业仍应维持原价；反之，虽然成本与需求未变，由于竞争价格变动，企业也应相应调整价格。一般有两种形式：一是随行就市定价法。指企业按照行业的平均价格水平来定价。二是密封定价法。买方引导卖方通过竞争成交的一种方法。一般在招投标时采用。

16.3.4　价格策略

16.3.4.1　新产品的价格策略

新产品定价是营销策略中一个十分重要的问题。如上市产品索价多少，将决定它是否能在市场上站住脚，也将影响到可能出现的竞争力量。常见的新产品定价策略有三种：

（1）撇油价格策略。所谓撇油价格是将产品的价格定得很高，尽可能在产品寿命周期的初期，赚取最大的利润。这种策略的优点是：利用顾客的求新心理，以偏高的价格刺激需求；能及时获取较多的利润，缩短投资回收期；价格留有余地，若有不当，可适当削价，使消费者能接受；如果企业生产有限，产品市场需求很大，这种策略可避免产品供不应求。缺点：价格远高于价值，损害了消费者的利益；当新产品未树立起良好形象的时候，往往不容易打开市场；容易引起竞争，使好景不长。当产品与竞争产品差异比较大，具有能满足市场需求的特征、产品需求的价格弹性较小、产品不易仿造时，可采用此策略。

（2）渗透价格策略。渗透定价是把产品定价在预期价格上，以利于为市场所接受，迅速打开销路。其优点为：低价往往容易打开市场；竞争者望而却步，避免竞争；着眼于长远利益，薄利多销。缺点是：风险大，如果销售量不能上升到预期水平，企业就要遭受损失。另外，投资回收期长。适用条件为：需求价格弹性较大的产品，价格与市场关系密切；销路扩大，生产与销售成本可因大量生产、大量销售而降低；潜在市场很大，竞争者又容易进入市场。实行低价薄利，使竞争者望而却步。

（3）满意价格策略。有的企业处于优越地位，本可定高价取得最大利润，但为赢得顾客的良好形象，定温和价格，既吸引购买，又得到顾客好感，这就被称为介于以上两种定价法之间的"君子定价"。

16.3.4.2 折扣与让价策略

折扣和让价都是减少一部分价格以争取顾客的方式。

（1）现金折扣。即企业给予那些以现金付款或提前付款的顾客以一定的折扣的一种方法。按合同规定日期付款，如果买主提前付款，则可给予一定的折扣优惠。

（2）数量折扣。包括非累计数量折扣：按每次购买商品的数量而定，达到一定数量（金额）给予折扣优惠。累计数量折扣：规定顾客在一定期间内，购买商品达到一定数量或一定金额时，按期总量大小给予不同的折扣。这可鼓励顾客长期购买。

（3）交易折扣。根据各类中间商在市场营销中所担负的功能不同，而给予不同的折扣，所以又称作功能性折扣。一般说来，给予批发商折扣较大，给予零售商折扣较小。

（4）季节性折扣。生产季节性产品的企业为鼓励中间商早进货，对提前进货的中间商给予一定的价格优惠；或对已过时的商品折扣出卖。

（5）推广让价。中间商为产品提供各种促销活动，如刊登广告、布置专门橱窗等，生产者大多数都是乐意给予津贴或产品减价作为报酬。

（6）运费让价。对于较远的顾客实行减价，以弥补其部分或全部运费。

16.3.4.3 心理定价策略

心理定价策略是针对顾客的消费心理所采用的价格策略，其定价的基础是消费者的心理需求。

（1）小数定价。根据顾客的消费心理，把商品的价格定为小数，给人一种便宜的感觉。

（2）整数定价。对于一些高档，名牌商品或消费者不太了解的商品，人们常有"一分钱一分货"的心理，采用整数定价，便于消费者做出购买决定，有利于商品的销售。

（3）声望定价。对于在顾客中有声望的产品、企业或商店，可以把价格定得稍微高一点。

（4）招徕定价。为了招徕顾客故意将几个商品的价格降低，期望顾客在购买这些商品的同时，也购买其他商品。

（5）合意定价法。这是一种迎合消费者某种心理状态，引起对美好事物联想的定价方法，如很多人对"8"十分偏爱，因为"8"与"发"发言相似，人们能联想到"发财""富有"，使人感到满意。

16.4 现代林业企业分销策略

分销渠道，是指商品的所有权从生产企业到达消费者的过程中所经过的流通途径，是由流通领域中各种营销环节的营销机构所组成。它是连接生产者和消费者的纽带和桥梁，是社会再生产过程的具体组成部分。销售渠道一般来说也可以指产品从生产过程向中间商转移到消费者手中的整个市场营销机构。具体地说，分销渠道包括以下的商业组织、机构和个人：代理商、批发商、零售商、销售服务单位。

16.4.1 选择销售渠道应考虑的因素

在商品流通过程中，影响商品销售渠道选择的因素很多，林业企业要选择正确的销售渠道，必须考虑这些因素。

16.4.1.1 产品因素

（1）单位产品价格。一般来说，产品单价越高，越应注意减少流通环节，否则会造成销售价格的提高，从而影响销路，这对生产企业和消费者都不利。例如一些昂贵的耐用品，不宜经较多中间商转手；产品单价较低、市场面广的日用消费品则通常采用多环节的间接销售途径。

（2）产品的体重与重量。这直接影响运输和储存等销售费用。因此，庞大或过重的新产品（如机器设备等）应减少渠道，最好直达供应。

（3）产品的易毁性和易腐性。有效期短，易于腐烂变质的产品，例如蔬菜、水果要保鲜，应缩短销售渠道，快速送到消费者手中。

（4）产品的技术性。有些产品具有高度技术性，需进行经常性的技术服务和维修。对这些产品应以生产企业直接销售给用户为好，即使要经过中间商，也应尽量减少流通环节。

（5）定制品和标准品。定制品一般需由产需双方直接商讨规格、质量、式样等技术条件，不宜经由中间商销售。标准品具有明确的质量标准、规格和式样，分销途径可长可短，有的用户分散，宜经由中间商间接销售，有的则可按样本或产品目录直接销售。

（6）新产品。为了尽快把新产品投入市场，扩大销路，生产企业比较重视组织自己的推销队伍，直接与消费者见面，推广新产品和收集用户意见。如能取得中间商的良好合作，也可考虑采用间接销售形式。

16.4.1.2 市场因素

目标市场的状况是企业选择渠道的关键因素。企业的产品是出售给消费者的，因此，潜在顾客的人数、地区性、销售数量、消费习惯及季节性等，是构成市场的重要因素。

（1）购买批量的大小。这是企业选择分销途径主要影响因素。例如：一家食品制造厂对于大型的食品店可以直接供货；反之，对于订单数量少的食品店，则宜由中间商来供货。

（2）消费者的分布。某些商品消费地区较集中，适合直接销售；反之，适合间接销售。工业品销售中，本地用户产需联系方便，因而适合直接销售。外地用户较为分散，通过间接销售较为合适。

（3）消费者购习惯。消费者对各种消费品的购买习惯，往往影响销售渠道的选择。例如，消费者购买日用品，要求方便、快速，则宜采用传统的销售渠道；某些非日用品选择性较大，又不常买，宜采用较短销售渠道。

（4）用户数量的多少。用户数量多，市场容量就大，就需中间商提供服务，故宜间接销售。如果用户数量少，市场容量小，则宜采用短销售渠道，或企业自行推销。

（5）消费的季节性。有季节性的消费品，常常需要批发商提供储存服务，宜选择传统的销售渠道。

16.4.1.3 企业自身因素

（1）声誉与资金。企业的声誉高，资金雄厚，对销售渠道的选择有较大的自由，甚至自立销售机构，采取产销合一的办法来经营，不需要任何中间商。

（2）管理能力与经验。企业在市场营销方面有无管理能力与经验，在一定程度上决定对销售渠道的选择。如知识很差，不得不将产品经由批发商去推销。

（3）提供的服务。生产者乐于为其产品做广告，中间商就愿意代为销售。生产者能为中间商在技术指导、培训人员、橱窗设计、维修服务等方面予以资助，中间商代销的积极性就高。反之，中间商难以尽力为之推销产品。

林业企业在制定销售渠道策略时，除了对上述产品、市场、企业因素进行综合分析和权衡外，不同分销途径的经济效益的大小显然也是影响选择销售渠道的一个重要因素。对于经济收益的分析，主要考虑的是成本、利润和销售量这三方面的因素。

16.4.2 分销策略的选择

林业企业在确定目标市场后，必须根据中间环节的数目和特性，评价各种利弊，合理地选择有效的销售渠道销售自己的产品，满足市场需要。

16.4.2.1 普遍性营销渠道策略

又称广泛分销策略。企业在所有营销渠道中，不进行选择，任何中间商均可销售本企业的产品，一般适用日用品。

16.4.2.2 选择性营销渠道策略

又称特约经销。是在一定的地区内，选择几个中间商去推销产品。这种分销策略适用于大多数消费品，对于消费品中的选购品、特殊品与工业品中的零配件，由于消费者常对某种厂牌的产品发生偏爱，尤其应采用此种策略。由于有选择的销售经销商较少，生产者与经销商之间的配合较为密切协调，对双方都有利，对生产者来说，产品可以占有一定的市场，且成本比广泛分销低；对经销商来说，可以维持一定的产销关系，增加销售额，且获得一定利润。有些生产者在推出新产品时，开始采用广泛分销策略，希望产品能迅速进入市场。但经过一段时间后，则会改用选择性的分销策略，逐步淘汰不理想的中间商，以减少费用，保持产品声誉。

16.4.2.3 专营性营销渠道策略

又称独家经营。在一定的市场区域内，制造商只选择一家中间商经销其产品，并规定中间商不得再经销别的厂家生产的同类竞争性产品，故又称排他性销售渠道。在这种情况下，中间商享有推销此产品的一切权利。通常，销售贵重高价商品适合采用独家经销策略。

16.5 现代林业企业促销策略

16.5.1 促销策略概述

促销是"促进销售"的简称，它是指企业通过一定的手段，将有关企业和产品的信息传递给消费者，促使消费者了解、偏爱和购买本企业的产品，从而达到扩大销售的目的的活动。促销活动的实质就是信息的沟通过程。在社会化大生产条件下，生产者与消费者之间客观上存在着信息的分离，优质产品（或服务）与有效沟通，已成为建立顾客信任的不可缺少的两个方面。为了有效地把企业和产品的信息传递给消费者，企业必须采取一定的营销信息沟通方式，营销信息沟通的主要方式分为人员促销和非人员促销两大类，非人员促销包括广告、营业推广、公共关系。这四种促销方式的组合与配搭称为营销信息沟通组合。由于这四种方式同时也是企业促进销售的主要方式，又称促销组合。促销方式有广告、人员推销、营业推广、公共关系四个方面，同时还可以包括服务促销方式，各种促销方式各有优缺点，各自发挥的作用也就不一样。为了提高促销效率，就必须制定科学的促销组合策略。所谓促销组合就是指企业为了达到促销目标，对人员推销、广告、营业推广和公共关系这四大促销手段的综合运用，以形成一个促销整体。

16.5.2 人员推销及营业推广策略

16.5.2.1 人员推销概念及特点

人员推销就是推销人员以谈话的方式，面对面地向目标顾客推荐产品并促使对方购买的活动。它是世界上最古老的促销方式，在西方国家至今仍是重要、最有效的促销方式，同时也是费用最高的促销方式。与其他促销方式相比，它具有以下特点：①双向沟通。人员推销是信息双向沟通方式，使得推销人员在向顾客介绍商品、提供信息的同时，能及时得到消费者的信息反馈，从而使企业及时掌握市场动态，修正营销计划，并促进产品开发进程。②具有灵活性、有效性、全面性。其他促销方式是既定内容的信息传递，人员推销则可以发挥人的主观能动性，当场解答问题，提供各种服务，并直接成交，成功率较高。③培养和建立友好关系。人员推销能使买卖双方从纯粹的买卖关系发展成为深厚的个人友谊关系，这就有利于买卖双方保持长期的合作，稳定购销关系。

当然，人员推销也有其局限性：第一，人员推销费用支出较大，势必造成企业定价较高。既不利于消费者，同时也影响到企业市场占有率和竞争能力的提高；第二，人才难得。人员推销的有效性，与推销员的素质有直接关系。现代观点认为：推销员必须懂得如何使顾客满意并为企业产生利润，必须懂得如何分析销售资料，测定市场潜力，收集市场情况，制定营销策略和计划。但找一个理想的推销员并不是一件容易的事情。第三，人员推销面向个别用户，宣传面窄，多应用于产业用品的推销。

16.5.2.2 营业推广策略

营业推广，也称销售促进，它是指除了人员推销、广告和公共关系等手段以外，企业用以激发较早或较强的市场反应而采取的各种短期性促销方式的总称。营业推广主要是为了解决目标市场在一定时期内达到某种目标而采取的特殊的推销方式，它与广告、人员推销、公共关系相比较，具有以下特征。①营业推广的非规则性和非周期性。典型的营业推广不作为一种常规性的促销活动出现，而是常常用于短期的和额外的促销工作，其着眼点在于解决一些更为具体的促销问题，因而往往是非规则性、非周期性地使用和出现。②灵活多样性。营业推广可以根据不同产品特点、顾客心理和市场营销环境，采取各种有针对性的方法，在营业推广十分繁多的方式中加以灵活的选择和运用。③短期效果。营业推广宣传攻势大，形式多样，给顾客提供特殊的购买机会，具有强烈的吸引力和诱惑力，能刺激消费者立即做出购买决策，能比较快地提高销售额。营业推广也有局限性，如果经常使用或不慎使用，会显示企业急于出售的意图，顾客会产生疑问，怀疑产品和价格，不利于长期效果。

营业推广决策主要包括：①确定营业推广目标。营业推广目标按其作用的对象划分有三种类型：其一，针对消费者，目标是刺激消费者经常和重复购买，吸引新客户试用，建立品牌知晓和兴趣等。其二，针对中间商，目标是促使中间商经营新品种，扩大采购批量，鼓励非季节性购买、对抗竞争者的促销活动，建立中间商的品牌忠诚等。其三，针对推销人员，目标是鼓励其积极从事推销工作，开拓市场，增加销售量等。②选择营业推广的方式。营业推广的方式很多，企业在选择方式时，应综合考虑企业营业推广目标、市场类型及其竞争状况、各种推广方式的成本与效益等。企业可采用的主要营业推广方式如下：赠送样品、优惠券、有奖销售、代价券、附送赠品、交易印花、特价包装、现场陈列和示范、商品展销会、交易推广、津贴、推销竞赛等。③制定营业推广方案。在确定了营业推广的目标和方式后，接下来就是着手制定具体的营业推广方案。在方案的制定中，要注意确定刺激强度、选择刺激对象、确定营业推广的分送途径、确定营业推广的持续时间、推广时机的选择、确定营业推广的总预算等问题。④实施营业推广方案。在具体运用各种营业推广方式之前，如果有条件，应对各种方式事先测试，以确定所选择的是否合适，并及时决定取舍。⑤评价营业推广方案的效果。准确的评价有利于企业总结经验教训，为今后的营业推广决策提供依据。常用的营业推广评价方法有两种：一是阶段比较法，即把推广前、中、后的销售额进行比较，从中分析营业推广的效果；二是跟踪调查法，即在推广结束后，了解多少参与者能回忆起此次营业推广活动，其看法如何，多少参与者从中受益，以及此次推广对参与者今后购买的影响程度等。

16.5.3 广告策略

16.5.3.1 广告概述

根据《中华人民共和国广告法》之规定："广告是指商品经营者或者服务提供者承担费用，通过一定媒介和形式直接或间接地介绍自己所推销的产品或者所提供服务的商业广告。"相对于其他促销手段，广告具有以下特征：①大众化，广告是高度大众化的促销手段，是以广大消费者为传播对象的。②渗透性，广告是一种渗透性很强的信息传递形式，同样的信息可以重复多次，能把企业有关经营规模、经营观念、产品特色、企业声誉等信息渗透到广大的消费者中间。③艺术性，广告能通过富有艺术性的印刷品、声音、动作和颜色表达企业和产品的特点，具有较强的表现力。④广告是付费的，做广告的人必须明确，并承认曾为使用广告媒介而付出费用。

16.5.3.2 广告决策

为了要使广告的作用得以充分发挥，给企业带来巨大经济效益，必然要求企业制定科学合理的广告决策，广告决策包括五个方面的内容。

16.5.3.2.1 确定广告目标

（1）告知性质的广告目标。即企业通过广告活动向消费者提供种种信息，这种以向消费者提供信息为目标的广告，常应用于产品寿命周期的初期，其目的是让消费者知道这种产品并产生需求，而不在于宣传介绍其品牌。

（2）说服性质的广告目标。即企业通过广告活动建立本企业的品牌偏爱，鼓励顾客放弃竞争者品牌转而购买本企业品牌，同时期望顾客立即购买。在产品处于成长期时，常采用这种说服性广告。

（3）提醒性质的广告目标。即企业通过广告活动提醒消费者未来可能产生的对商品的需求，并提醒消费者在何地购买。这种以提醒、提示为目标的提示广告常常应用产品处于成熟期时。

16.5.3.2.2 编制广告预算

广告目标决定后，企业即可编制广告预算，编制时可采用量力而行法、销售额百分比法、竞争对等法、目标任务法等方法。

16.5.3.2.3 广告信息决策

确定了广告目标后，企业就要用一定的信息，通过合适的方式传递给消费者，以达到预期的目的，这就要求企业制定科学的广告信息决策。广告信息决策主要包括三方面的内容：一是广告信息的创作，即根据广告目标构思几种可供选择的广告内容；二是广告信息的评价和选择，这一工作要求企业首先对可供选择的广告内容进行评价，在此基础上选择最佳广告内容；三是广告信息的表达形式，一则广告信息的效果不仅取决于"说什么"，而且取决"怎么说"，即信息的表达方式。特别是对那些差异性不大的产品（如洗涤剂、啤酒、文具等），广告信息的表达方式更为重要，能在很大程度上决定广告效果。

16.5.3.2.4 选择广告媒体

媒体是信息传递的载体，广告信息和创意只有通过媒体才能传递。媒体的使用与选择直接关系到信息传播的影响范围和准确度，也影响到策划创意的广告形象的渲染力、影响力。广告媒体的类型很多。①印刷媒体，如报纸、杂志、电话簿、画册、商品目录、挂历等。②电讯媒体，如广播、电视、幻灯、霓虹灯、电子显示大屏幕等。③流动媒体，如公共汽车、三轮车等。④邮寄媒体，如函件、订购单、征订单等。⑤户外媒体，如路牌、招贴、海报、气球等。⑥展示媒体，如商品陈列、橱窗、门面、模特儿等。⑦其他媒体，如火柴盒、手提包、购物袋等。林业企业应根据广告内容、对象和效果等因素决定具体的广告媒体。

16.5.3.2.5 评估广告效果

企业的广告活动是一项投资活动，因而对这种费用很高的促销方式进行效果的评估和检查是完全必要的。对广告的评价有两方面内容：一是信息沟通效果的评估，主要是判断广告的内容是否能够进行有效的沟通，使人们去关注它。广告效果评估可以分为事前评估和事后评估。二是销售效果的评估，就是分析广告对扩大销售额的影响，其中最常用的方法有比较法和试验法。

本章小结

市场营销学是通过研究企业外部动态环境因素与消费者行为变化对企业营销的影响，揭示单个企业的市场营销规律，引导企业通过自己的整体营销活动，去满足目标消费者的要求，从而使企业获取尽可能高的利润，并促使社会整体效益提高的一门综合性的应用经济学。市场营销的观念经历了由生产观念、产品观念、推销观念向市场营销观念、社会市场观念转变的过程。本章根据林产品市场的特点，遵循一定的指导思想，详细论述了林业企业市场营销的产品策略、价格策略、分销策略和促销策略。

复习思考题

1. 什么是市场营销？市场营销观念包括哪些内容？
2. 林产品市场有什么特点？林业企业营销要坚持什么原则？
3. 林产品整体概念包括哪几个层次？
4. 林产品寿命周期各阶段的特点及相应的营销策略是什么？
5. 试述企业定价环境的内容。
6. 影响企业分销渠道选择的因素有哪些？
7. 简述广告决策的内容。

17 现代林业企业理财

　　企业理财是企业管理的重要组成部分，是有关资金的获得和有效使用的管理工作。现代林业企业是从事森林培育和充分利用森林资源为基础进行加工和服务的涉林企业，林业企业理财是现代林业企业管理的一项重要职能，主要包括筹资理财、资产理财、投资理财和理财效益分析等主要内容。

17.1 现代林业企业筹资理财

　　企业筹资理财是指企业根据其生产经营活动、对外投资以及调整资金结构的需要，通过一定渠道，采取适当的方式获得所需资金的行为。无论是新建企业还是扩大生产规模，企业都需要筹集资金，因此，筹资是企业资金运动的起点和基本环节。

　　随着林业经济体制改革的深入和现代林业企业制度的逐步建立，林业企业财务管理出现了许多新情况。首先，林业企业与国家的分配关系发生了许多变化，国家对林业企业实行了财务包干、企业基金和税利分流等利润分配制度；同时政府不再直接干预企业的理财活动，林业企业作为独立的经济实体，直接参与市场的竞争和操作；而且国有专业银行的商业化改革，以及金融市场的发展，使林业企业筹资从传统的国家拨款、银行借款和企业内部积累等几种形式，又发展到联营筹资、租赁融资和股票融资等多种形式，林业企业逐步形成了多层次和多元化的筹资渠道。由于林业企业涉外经济业务的日益增多，以及中外联营经济的发展，林业企业财务管理又面临国际上税率、利率、风险和政策变动等各种因素影响，使林业企业理财更趋于复杂化，财务理论和计算技术更趋于现代化等。因此，林业企业在进行筹资时应注意以下两个方面问题。一是资金来源要合理，林业企业面临多层次和多元化的筹资渠道时，必须要慎重，因为不同来源的资金对企业的收益和成本有不同的影响；二是融资规模要适当，由于资金的占用是需要成本的，因此企业的财务人员要认真分析科研、生产、经营状况，认真预测资金的需要量，确定合理的融资规模。

　　目前，企业筹集资金的渠道多种多样，有国家财政资金、银行信贷资金、非银行金融机构资金及社会（其他企业、民间）资金和利用外资等。现代林业企业筹集资金的渠道也由过去的单一渠道向多渠道发展，由纵向渠道为主逐步向横向渠道为主发展。

　　筹集资金的方式是指企业取得资金具体形式。企业对于各种渠道来源的资金，可以采用不同的方式加以筹集。企业筹集资金的方式大体可分为股票融资、负债融资和融资租赁三种。

17.1.1 股票融资

17.1.1.1 股票的概念

股票是股份公司为筹集自有资本而发行的有价证券，是持股人拥有公司股份的入股凭证，它代表股份企业的所有权，股票持有者为企业的股东。股东按照企业的组织章程参加或监督企业的经营管理，分享红利，并依法承担以购股额为限的企业经营亏损的责任。

发行股票融资，有以下几个特点：

（1）代表所有权。发行股票，绝不仅仅是一个融资的问题，因为股票代表持股人在企业中拥有的所有权，持股人一般都要求获得与其所持股份相应的经营管理权，或采取代理或委托等形式享有这种权利。因此，发行股票融资在筹集资金的同时，也可能带来产权的变动和经营权利的重新组合。

（2）不可返还性。发行股票筹集到的资金是企业的主权资本，股东购买股票后是不允许退股的。由于通过发行股票所筹集到的资金，企业可以永久占用，可保持企业资金的稳定。

（3）可交易性。股票不可返还，但可转让，即股票持有者通过买卖将股票转让他人。

（4）发行成本不固定。资金成本是企业筹措和使用资金而付出的代价。发行股票融资，其资金成本包括股票的发行费用和付给股东的股利，一般情况下股利的多少随着公司赢利的多少而变动，所以股利是不固定的。因此，发行股票融资的资金成本是不固定的。

17.1.1.2 股票的种类

为了适应股票融资各方的权益和要求，股票可以按不同标志进行分类：

（1）记名股票和不记名股票。记名股票指在票面上注明持股人的姓名，并在企业股东名册上进行登记。不记名股票则不在票面上注明持有人的姓名。目前我国企业职工中发行的股票多为记名股票，在社会上发行的股票多为不记名股票。

（2）普通股和优先股。普通股票是股票中最普通的一种形式，也是公司资金的基本来源。普通股票的红利是不固定的，随着公司经营状况的好坏变动，甚至股票代表的资本价值也会波动，因而，普通股票又是风险最大的股权形式。优先股是公司在筹集资金时给予投资者某些优惠权利的股票，它包含债券的某些特征；优先股股票的股利按约定的固定股利率支付；股利的分派，公司清算时剩余财产的清偿，优先于普通股票。但优先股的股东一般没有参与公司经营管理的权利。

（3）面值股票和无面值股票。面值股票是根据企业章程，定出每一股票面金额。面值大小根据公司需要而定，为便于控制一般采用整数。无面值股票，则是在股票上不定金额，只注明股数，所以又称份额股票。每个股份额代表净资产的一定比例值。

（4）A股和B股。A股即人民币股票，是指以人民币标明股票面值，并以人民币认购和进行交易的股票，外国和我国香港、澳门、台湾地区的投资者不得买卖。B种股票即人民币特种股票，是指以人民币标明股票面值，以外币进行认购和进行交易，主要供外国和我国香港、澳门、台湾地区的投资者买卖的股票。

17.1.2 负债融资

企业通过发行债券或向银行申请贷款而形成债务资本。债务资本也是企业正常经营所不可缺少的，而且增大债务资本可以提高权益收益率和每股收益，不过同时也增加了财务费用和财务风险，所以企业往往追求权益资本和债务资本之间合理的比例关系，即追求最佳的资本结构，使企业资金成本最低，融资风险最小。

负债融资按占用资金期限的长短可分为短期负债融资和长期负债融资两种。长期负债融资指企业融入的使用期限在一年以上、需要按期偿还本金和利息的资金来源，主要投向固定资产和长期流动资产。其方式有长期借款和发行长期债券。短期负债融资指企业融入的在一年以内周转使用并要求偿还的资金，具体方式有商业信用、短期借款、发行短期融资券等形式。

17.1.2.1 债券融资

企业债券是指企业发行的期限在一年以上、需要按期还本付息的有价证券。企业发行债券通常是为大型投资项目一次性筹集大量资金。

债券融资的资金成本较低，能防止控制权的旁落，且具有财务杠杆的作用，便于调整企业的资本结构。但利用债券筹资，通常受一定的额度的限制，企业负债比例超出了一定程度后，债券筹资的成本也就增加了；债券到期是要还本付息的，这种融资方式加大了财务风险。

债券是一种借款凭证，上面写明票面金额、票面利率和还本期限。为了保证债券投资人的利益，公开发行债券的公司要由债券评信机构评定等级。债券的等级通常分为三等九级，信用等级从高到低依次为 AAA，AA，A，BBB，BB，B，CCC，CC，C 级。债券的信用等级越高，偿还本金利息的能力、投资风险越低，反之亦然。

企业债券可按多种标志进行分类：按票面上是否记有持有人姓名分为记名债券和不记名债券。记名债券可以挂失，安全性好；不记名债券便于流通。按利率是否浮动分为固定利率债券和浮动利率债券。固定利率债券对企业而言风险较大；浮动利率债券的利率根据有关利率与市场资金供求状况等因素加以确定。按还本付息的时期等因素可将债券分为一次到期债券、分次到期债券和可转换债券。一次到期债券是指发行企业于债券到期日一次还本付息；分次到期债券是指对债券的本金和利息分次偿还，于债券到期日全部还清，发行分次到期债券可分散企业的还本负担；可转换债券是指股份公司发行的债券按一定的规定在一定的时期内可转换成公司的股票。可转换债券既有债券的性质，也有股票的性质，对企业来说，发行该种债券的利率较低，降低财务费用。

17.1.2.2 长期借款

长期借款是指企业向银行或其他金融机构借入的期限在一年以上的资金来源，主要用于固定资产的投资和满足长期资金占用的需要。

长期借款的利率相对较低，借款弹性大，同时融资的速度较快；但长期借款的限制性条款较多，而且采取长期借款筹集资金会降低企业的资信和借款能力。

长期借款也有多种分类方式。按用途可分为固定资产借款、更新发行借款、科技开发和新产品试制借款等；按有无抵押品作担保可分为信用借款和抵押借款；按提供贷款的机构可分为政策性借款、商业银行借款和非银行金融机构借款；按利率是否固定可分为固定利率贷款和浮动利率贷款。

17.1.2.3 短期负债融资

短期负债融资指企业融入的在一年以内周转使用并要求偿还的资金。企业在融入短期资金时，要注意防范筹资风险，避免因到期日短而不能按期归还负债资金的风险。具体方式有商业信用、短期借款、发行短期融资券等形式。

商业信用是指在商品交易中由于延期付款或预收货款所形成的企业借贷关系。短期借款指企业向银行和其他非银行金融机构借入的期限在一年以内的借款。短期融资券又称商业票据、短期债券，是由大型工商企业或金融企业所发行的短期无担保本票。

17.1.3 融资租赁

17.1.3.1 融资租赁的特点

租赁指出租人以收取租金为条件，在契约合同规定的期限内，将资产提供给承租人使用的一种业务活动。企业资产的租赁有经营性租赁和融资性租赁两种。

融资租赁指由租赁公司按承租人的要求，出资购置设备，在较长的契约或合同期内提供给承租企业使用的业务活动。而承租企业向租赁公司按期支付等额的租金，到期企业支付一定的手续费后，资产所有权即归企业所有。融资租赁兼有融资和融物的双重性质。

融资期内资产所有权归租赁公司，承租企业负责租赁物的维修保养及管理，但无权对租赁物自行拆卸改装。租赁期满，承租企业对承租物可选择留购、续租或退还，一般情况下由承租企业留购。

17.1.3.2 融资租赁资金的计算

租金的计算方法很多，这里仅介绍等额年金法。等额年金法是将一项租赁资产在未来各租赁期内的租金额按一定的贴现系数予以折现，使其总额恰好等于租赁资产的成本。计算公式为

$$R = C\frac{(1+k)^n k}{(1+k)^n - 1}$$

式中：R—— 每年支付租金；

C—— 租赁资产成本；

k—— 租赁费率；

n—— 支付租金次数。

例1 某企业于2003年1月1日从租赁公司租入一套设备，价值100万元，租期为5年，假定租金费率为8%，则该企业每年年末应支付的租金为

$$R = 100 \times \frac{8\%\ (1+8\%)^5}{(1+8\%)^5 - 1} = 25.5\ (万元)$$

17.2　现代林业企业资产理财

17.2.1　现代林业企业固定资产管理

17.2.1.1　林业企业固定资产的特点

按照现行财务制度规定，企业固定资产是指使用期限超过一年的房屋、建筑物、机器设备、运输工具以及其他与生产经营有关的器具、工具等主要劳动手段。用货币形态表现的固定资产的价值，称为固定资金。

作为固定资产一般要同时具备两个条件，一是使用期限在一年以上，二是单位价值在限额规定以上（分别不同规模企业规定为：1 000 元、1 500 元、2 000 元）的企业资产。不具备这两个条件的，列入低值易耗品，作为流动资产管理。林业固定资产的特点有：

（1）以实物形式表现固定资金的固定资产。在一般工业企业中，使用周期比生产周期长，往往较长时间地保持一定的实物性能投入生产，经过多次反复的生产周期，直到报废才能完成全部价值的周转。林业企业中的木材加工业、林产工业、多种经营业属于这种类型。但森林培育不一样，除了定向培育的速生树种以外，生长期长达 20 ~ 50 年。用于培育森林的固定资产，有的使用周期比较短，在一个生产周期内需要更新若干次，即经过多次价值周转，才能实现固定资金为生产服务的全过程。

（2）固定资金补偿的价值形态与实物形态不同。价值形态的补偿，是按照固定资产在单位时间内的消耗程度，用折旧的方法以货币形式逐步完成的。实物形态的补偿方法是投入使用，但它只是以特定的技术性能在生产中发挥作用，而不是以实体作为产品形成价值返回。

（3）固定资金价值表现的双重性。林业固定资金的一部分附着在实物形态上，经过长期投入使用，逐年递减，直到报废为止；另一部分在产品上转为货币，再从中提取一定比例的折旧基金，逐年递增，直至固定资产使用终期，积累成为货币准备金以保证固定资金更新、扩大再生产的实现。如果林木资产列为林业企业固定资产，那么从商品材中提取的育林基金就相当于折旧基金，以维持林业再生产的需要。

17.2.1.2　固定资产的分类和计价

17.2.1.2.1　固定资产的分类

固定资产可按照不同的标准进行分类。

（1）按用途分为生产性固定资产和非生产性固定资产。生产性固定资产指直接参加生产过程或直接服务于生产过程的各种固定资产。非生产性固定资产指不参加或不直接服务于生产过程的固定资产，如职工宿舍、文化娱乐、教育卫生等方面所使用的房屋和设备等。

（2）按使用情况分为使用中的、未使用的、不需要的和封存的固定资产。

（3）按所属关系分为自有固定资产和融资租入固定资产。

17.2.1.2.2 固定资产的计价

固定资产在长期使用过程中，其价值随着使用过程不断发生变化，对其进行正确地计价，是固定资金管理的重要内容。计价通常有以下几种计价方法：

（1）原始价值。简称原值，指企业在购置、建造或获得某项固定资产所支付的全部货币支出。

（2）重置价值。指在目前情况下重新购置某项固定资产所需发生的全部支出。当企业取得无法确定原价的固定资产时，如出现盘盈固定资产时，按照同类固定资产的重置完全价值计价，当国家要求企业对固定资产进行重估价时，也应当采用重置价值。

（3）折余价值。简称净值，指固定资产原值（或重置价值）扣除折旧的余额。它反映固定资产的现有价值。

17.2.1.3 固定资产价值评价

固定资产价值评价是企业进行投资决策时的一项内容。固定资产价值评价方法大体可分为贴现法和非贴现法。贴现法主要包括净现值法、现值指数法、内部报酬率法；非贴现法主要指回收期法。

17.2.1.3.1 净现值法

企业把资金放入银行，可获得利息；进行投资，可得收益。所以资金具有时间价值，它是时间的函数，一般有三种表示方法：现值、终值和年金。现值指为取得利息和收益进行投资时的资金价值量；终值指资金在将来的某时间的本利；年金指间隔相同的时间（一般为一年）支付或收入相等数额的款项。

净现值法指特定投资方案未来现金流入量与现金流出量按预定贴现率贴现为现值后的差额。预定贴现率指企业所要求的最低投资报酬率。净现值是该投资方案给企业增加的净价值。如果净现值为正值，意味着未来现金流入量大于现金流出量，则方案可行；如果净现值为负值，则表明未来现金流入量小于现金流出量，方案不可行；净现值大的方案优于净现值小的方案。净现值的计算公式为

$$NPV = \frac{NCF_1}{(1+k)} + \frac{NCF_2}{(1+k)^2} + \cdots + \frac{NCF_n}{(1+k)^n}$$

式中：NPV—— 净现值；

NCF_t—— 第 t 年的净现金流量，它等于现金流入量与现金流出量之差；

k ——贴现率。

17.2.1.3.2 现值指数法

现值指数是指特定投资方案未来现金流入量现值与现金流出量现值的比率。如果现值指数大于1，则方案可行，小于1则不可行。其计算公式为

$$PI = \frac{\sum\limits_{i=1}^{n} \dfrac{I_i}{(1+k)^i}}{\sum\limits_{i=1}^{N} \dfrac{Q_i}{(1+k)^i}}$$

式中：PI—— 现值指数；

I_i—— 第 i 年的现金流入量；

Q_i—— 第 i 年的现金流出量。

显然，现值指数法和净现值法意义相同，只不过采用的具体表现形式不一样而已。

17.2.1.3.3　内部报酬率法

在计算净现值和现值指数指标时，我们使用资本成本或企业要求的报酬率作为未来现金流量的贴现率，但投资方案的实际报酬率仍然是未知的。引入内部报酬率指标的目的在于衡量方案的实际报酬率的情况。

内部报酬率是使净现值为零（或现值指数为 1）时的贴现率，用 IRR 表示。其公式为

$$\sum_{i=1}^{n} \frac{NCF_i}{(1+r)^i} = 0$$

根据方程解出的 r 即为内部报酬率 IRR。

17.2.1.3.4　回收期法

回收期法是一种非贴现法，它是根据回收原始投资额所需时间的长短来进行投资决策的方法。其公式为：

（1）在原始投资一次性支出，每年现金流入量相等时：

$$回收期 = \frac{原始投资额}{每年现金流入量}$$

（2）如果每年现金流入量不等，或原始投资是分几年投入的，则回收期 n 将符合下列条件：

$$\sum_{i=1}^{n} I_i = \sum_{i=1}^{n} Q_i$$

17.2.2　现代林业企业流动资产管理

17.2.2.1　林业企业流动资产的特点和构成

17.2.2.1.1　林业企业流动资产的特点

林业企业流动资金是林业企业生产、木材储运、资源培育、林产工业、多种经营等生产过程中，购置原材料、在产品、产成品等劳动对象、支付工资、其他费用和银行存款、应付款的资金。林业企业流动资产的特点有：

（1）在林业企业的产供销过程中，不断改变形态。流动资产是在企业生产经营或者业务活动中，参加循环周转、形态不断改变的那部分资产。流动资产的价值在一个生产经营周期内完成一次循环，具有流动性。从流动资金角度看，每一批流动资金都不断地由货币资金经储备资金、在产品资金、成品资金，再转化为货币资金，其形态具有变动性。

（2）流动资金通过一个生产周期，将它的全部价值转移到产品中去，然后又通过产品销售收入进行补偿。

（3）流动资金占用资金的数量具有波动性。流动资金在其最低余额之上总有产销变化起伏不定的波动部分。企业在资金筹措方面必须考虑这部分波动性流动资产，针对企业决策时对风险的态度，根据资产的不同性质选择不同的资金来源。

17.2.2.1.2 林业企业流动资产的构成

流动资产的主要构成如下：

（1）货币资金。企业所有保持货币形态的资金，包括库存现金和银行存款。

（2）应收款。指企业应该收取而尚未收到的各种款项，包括应收票据、应收账款和其他应收款等。

（3）预付款。指企业因购买材料、物资和接受劳务供应而预付给其他单位的款项。

（4）存货。指企业在生产经营过程中为销售或者耗用而储备的物资，包括原材料、林用材料（种子、肥料、农药等）、低值易耗品、在产品、在制品和商品等。它是流动资产中所占比例最大的项目。

（5）短期投资。是指各种能够随时变现、持有时间不超过一年的有价证券以及不超过一年的其他投资。

17.2.2.2 现金管理

17.2.2.2.1 企业现金需求的目的与成本

企业持有一定数量的现金，一般来说有以下几个目的：

（1）交易动机。为了保证日常生产经营活动的正常进行，企业一般都持有一定数量的现金，因为无论是内部往来还是外部交易，都需要支出一定的资金。

（2）预防动机。企业在经营过程中面临着较多的不确定因素，必须持有一定数量的现金以备不时之需。

（3）投机动机。企业准备一些现金，以求在有利的时机来临时进行短期投资。企业留置现金表明企业积极的投资态度。

企业持有现金需要付出一定的成本，主要包括：

（1）持有成本。持有现金，企业首先必须付出一定的管理费用，同时也放弃了用于其他投资的机会，从而放弃部分收益，这部分收益即现金的机会成本。因此企业现金的持有成本包括现金的管理费用和现金的机会成本两个组成部分，管理费用比较固定，机会成本则随着现金持有量的上升而上升。

（2）交易成本。交易成本指企业用现金购入有价证券以及转让有价证券换取现金时付出的交易费用。交易成本和现金持有量成正比。

（3）短缺成本。指企业持有的现金不足而给企业带来的损失，如错失一些有价值的投资机会。短缺成本随现金持有量的上升而下降，即与现金持有量负相关。

17.2.2.2.2 最佳现金持有量分析模型

最佳现金持有量分析模型很多，这里我们介绍成本分析模型和鲍曼模型。

（1）成本分析模型。

企业持有现金的总成本主要包括管理费用、机会成本和短缺成本三个组成部分，即

$$持有现金的总成本 = 管理费用 + 机会成本 + 短缺成本$$

显然持有成本和交易成本都和现金持有量正相关，短缺成本和现金持有量负相关。现金很少时，短缺成本占主导地位，而交易成本和持有成本都较小，这时，增加现金持有量会降低总成本；当现金很多时，短缺成本很小，而持有成本和交易成本都变得很大，这时增加现金持有量会增加总成本。因此持有现金的总成本是 V 形的，应该存在

一个最低点，即在最佳现金持有量时的那个点。

例2　万达公司设计了三种现金持有量方案，如表 17-1 所示，请做出决策。

表 17-1　三种现金持有量方案

万元

项目	方案 1	方案 2	方案 3
现金持有量	100	200	300
机会成本率	5%	5%	5%
短缺成本	15	5	2
管理费用	1	1	1

三种方案的现金持有总成本计算如下：

方案 1：总成本 = 100 × 0.05 + 15 + 1 = 21

方案 2：总成本 = 200 × 0.05 + 5 + 1 = 16

方案 1：总成本 = 300 × 0.05 + 2 + 1 = 18

通过计算，方案 2，即持有现金 200 万元是最佳方案，此时总成本最低。

（2）鲍曼模型。

鲍曼模型中只考虑机会成本和交易成本，能够使机会成本和交易成本总和最低的现金持有量即为最佳现金持有量。现金持有量的总成本可以表示为

持有现金总成本 = 机会成本 + 交易成本

鲍曼模型建立在三个假定基础上：

第一，企业在一定时期内对现金的需求是已知常数。

第二，单位时间现金的使用量为一稳定值。

第三，企业需要现金时可以出售证券或向银行贷款。

现用 TC 表示持有现金总成本，用 Q 表示现金持有量，用 R 表示有价证券的收益率，用 D 表示一个周期内对现金的总需求，用 F 表示为每次转换有价证券的固定成本，则有：

$$TC = \frac{Q}{2}R + \frac{D}{Q}F$$

要使 TC 最小，可对上式求导数，并令其等于零，即可求最佳的 Q 值。

$$\frac{\partial TC}{\partial Q} = \frac{R}{2} - \frac{FD}{Q^2} = 0$$

$$Q = \sqrt{\frac{2FD}{R}}$$

$$TC = \sqrt{2FDR}$$

例3　某企业现金收支比较稳定，预计全年需现金 100 万元，现金与有价证券的转换成本每次为 2 000 元，有价证券收益率为 10%，试确定最佳现金持有量和现金管理总成本。

$$Q = \sqrt{\frac{2FD}{R}} = \sqrt{\frac{2 \times 100 \times 0.2}{10\%}} = 20(万元)$$

$$TC = \sqrt{2FDR} = \sqrt{2 \times 100 \times 0.2 \times 10\%} = 2(万元)$$

17.2.2.2.3 现金日常管理策略

现金日常管理的策略在于提高现金的使用效率。

（1）力求现金流量同步。如果企业能够使现金流入量和流出量保持同步，则可以大大降低持有现金的机会成本，提高现金管理的效率。

（2）合理使用现金浮游量。从到银行资金结算会有一个时间差，在这一时间差中的资金处于游离状态，称之为浮游量。当然使用这部分资金必须要谨慎，避免损害企业的信誉。

（3）充分利用先收后付原则。企业在不影响信誉的前提下，推迟应付的支付，加速应收账款的催缴。

17.2.2.3 应收账款管理

17.2.2.3.1 应收账款的概念

应收账款是企业对外销售产品而形成的尚未收回的被购买方所占用资金，它是未来货币资金收入的重要来源，是企业流动资产的重要组成部分，是企业的债权。应收账款是企业用商业信用进行促销的产物，是企业扩大市场销售，提高竞争能力的重要手段。

应收账款有助于企业扩大销售，但如果应收账款过多，并且不能在短时期内收回，将会影响企业正常的资金周转，也增加了企业遭受坏账损失的经营风险，所以应加强对企业应收账款的管理。应收账款数额的大小取决于企业信用销售的数量和平均收账期，它们之间的关系可用下式表示：

$$应收账款总额 = 每日信用销售额 \times 平均收账期$$

例4 某企业的每日信用销售量为 500 件，单价为 80 元，平均收账期为 15 天，则应收账款总额 $= 500 \times 80 \times 15 = 600\,000$ （元）

17.2.2.3.2 信用政策

信用政策又称应收账款政策，是企业财务政策的重要组成部分。它是企业给予客户的先付货而后收款的结算优惠，其实质是企业对客户的一种短期融资。企业应收账款管理的重点，就是制定合理的信用政策。企业的信用政策主要包括信用标准、信用条件和收账方针三部分内容。

（1）信用标准。信用标准是客户获得企业的信用所必须具备的条件。企业信用标准过高，会导致将大量信用条件一般的客户拒之门外，从而影响企业的销售能力；如果信用标准过低，则会大大增加企业坏账损失的经营风险，所以企业在确定信用标准时要全面综合地考虑问题，经常对客户进行信用评估和信用等级分析，及时修正信用标准的宽严程度。

企业评价客户的信用可以采用"5C"评价系统。5C 指信用品质（character）、偿付能力（capacity）、资本（capital）、抵押品（collateral）、经济状况（conditions）。企业可以通过各种渠道，收集客户这五个方面的信息，并进行打分，以对客户的信用状况进行评估，然后制定出信用标准。

（2）信用条件。信用条件是指企业在销货时为客户规定的付款条件，包括信用期限、折扣期限和现金折扣。信用期限是企业规定客户推迟付款的最长时间，折扣期限是客户可以享受现金折扣的付款期限；现金折扣是鼓励客户提前付款所给予的价格优惠。如信用条件"2/10，N/30"表示客户必须在30天内付款，如果客户在10天内付款，则可以享受2%的现金折扣。而"2/10，1/20，N/45"表示客户必须在30天内付款，如果在10天内付款，可以享受2%的现金折扣，如果在10天以外20天以内付款，可以享受1%的现金折扣。

（3）收账方针。收账方针指企业为催收已过期的应收账款所采用的程序和方法。一般情况下，当客户不能按时付款时，企业应先确定一个容忍拖欠的期限，超过这个期限后，可以采取一系列的收账行动。先可发送给客户一个委婉的催账通知，如无效，可以打电话要账，或派人上门催讨。如上述方法都没有效果，可交由账款催收机构处理，不得已时可诉诸法庭。

17.3 现代林业企业对外投资理财

林业企业可利用多余的资金进行投资，对外投资主要包括证券投资兼并和收购等形式。证券基本类型有三种，即股票、债券和投资基金。在健全的资本市场上，林业企业可以通过发行证券筹集资金，也可在二级市场交易以保持资金的流动性。

17.3.1 股票投资

股票是股份公司为筹集自有资本而发行的有价证券，是持股人拥有公司股份的入股凭证，它代表股份企业的所有权，股票持有者为企业的股东。股东按照企业的组织章程，参加或监督企业的经营管理，分享红利，并依法承担以购股额为限的企业经营亏损的责任。

17.3.1.1 市盈率法

投资者在购买了股票后，不能直接从公司里抽回资金，只能在二级市场交易股票。普通股投资的潜在报酬率比其他投资方式高，但风险最大。衡量股票投资价值的简单方法是市盈率法。

市盈率是股票市价与每股收益之比，即

$$市盈率 = \frac{股票市价}{每股收益}$$

在没有优先股的情况下，每股收益的计算公式为

$$每股收益 = \frac{年净利润总额}{年度末发行在外股份总数}$$

市盈率反映了投资者在现有价格下，用每股收益收回投资所需的期数。一般情况下，市盈率越高，投资该股票面临的风险也越大，同时也表明投资者对公司增长潜力看好；市盈率越低，投资者面临的风险越小，同时也表明投资者不看好公司未来收益增长。一般地，市盈率在5~20倍之间较为正常。高科技公司的股价市盈率一般高于其他

企业，传统的大型企业的股票市盈率相对较低。

17.3.1.2 股票理论定价模型

投资者持有股票的目的在于持有股票获得预期收益。预期收益越高，则股票的内在价格越大。股票的收入决定于股息收入和出售股票时的价格。根据现值理论，可以将这两部分收入进行贴现，从而得出股票的定价模型。

$$P = \frac{D_1}{1 + r_1} + \frac{D_2}{(1 + r_1)(1 + r_2)} + \cdots + \frac{D_n}{(1 + r_1)(1 + r_2)\cdots(1 + r_n)}$$
$$+ \frac{F}{(1 + r_1)(1 + r_2)\cdots(1 + r_n)}$$

式中：P—— 股票的理论价格；

D_i—— 股票第 i 年的股利；

r—— 贴现率，这里用市场利率表示；

F—— 股票出售时的价格；

n—— 股票的年限。

根据这一模型，股票的价格取决于今后各年股票所能取得的股息收入的现值加上到时出售股票获取收入的现值之和。模型中，股票价格与分配的股息成正比；而市场利率水平会抵消部分股息的收益折现，市场利率水平越高，股份越低；F 是一个未来市场价格，至于股票在未来可以什么价格出售，只能根据现有的资料进行预测，但 F 与 P 成正比，F 越高对股价越有利。

17.3.2 债券投资

债券是一种有价证券，是债务人为了筹措资金向非特定投资者出具的、承诺在一定时期内支付利息和本金的凭证。债券包括国库券、金融债券和公司债券。

投资债券除了要承受违约风险之外，还要承受利率变动的风险，因为债券的价格受利率变动的影响。一般来说，债券的价格随着利率的上升而下跌。

债券投资价值的计算公式为

$$V = \frac{I_1}{1 + i} + \frac{I_2}{(1 + i)^2} + \cdots + \frac{I_n}{(1 + i)^n} + \frac{M}{(1 + i)^n}$$

式中：V ——债券的价值。

例5 某企业拟购买一张债券。该债券面值1 000 元，票面利率5%，购买后每年年末支付一次利息，3 年后到期。现在的市场利率为4%，债券市价为1 020 元。问是否购买该债券？

计算该债券的价值为

$$V = \sum_{t=1}^{3} \frac{1\,000 \times 5\%}{(1 + 4\%)^t} + \frac{1\,000}{(1 + 4\%)^3} = 1\,027.75(元)$$

债券的价值（1 027.75 元）大于债券的市价（1 020 元），所以可以购买该债券。

17.3.3 投资基金

投资基金是一种集合投资制度，由众多的中小投资者通过购买收益证券将资金集结，委托由投资专家组成的专门投资机构代为理财的形式。投资基金最早出现在英国，而后在美国得到发展。

投资基金的分类：

按照基金的组织形式划分，投资基金分为单位信托基金和互惠基金。单位信托基金以委托的形式设立，互惠基金则以有限责任公司的形式设立，投资者购买基金单位后即成为互惠基金公司的股东。

按基金证券是否可以赎回划分，可分为开放式基金和封闭式基金。

17.4　现代林业企业经济效益分析

17.4.1　经济效益的意义和种类

经济效益指企业从事生产经营活动的效率、效果和收益，反映了企业投入与产出之间的关系，用公式可以表示为

$$经济效益 = \frac{劳动成果}{劳动消耗} \times 100\%$$

企业要提高经济效益，一方面要千方百计地降低成本和各种费用，另一方面要提高产品质量和产量，以市场为导向，千方百计地满足消费者的需要。经济效益分析在林业企业管理中具有重要地位，无论是投资一个新的经营项目还是投产一个新产品，能为企业带来经济效益是基本前提。

经济效益有多种不同的分类方式。

从生产经营过程进行划分，经济效益可分为生产经济效益、投资经济效益和营销经济效益。生产经济效益指在投入一定的情况下尽量提高产出，或是在产出一定的情况下尽量降低投入。投资经济效益指在项目建设过程中的经济效益，主要体现在保证质量的前提下节约投资额。营销经济效益指选择何种营销组合以取得最大的销售收入和利润。

从时间角度进行划分，经济效益可分为当前效益和长远效益。当前效益指企业在当年的经济效益；长远经济效益则指在将来一段时间内企业的效益。对于林业企业而言，更应注重长远效益。

17.4.2　林业企业经济效益评价指标

评价林业企业经济效益指标主要有 10 个，它们从不同的角度反映了企业经济效益的高低，组成了评价林业企业的经济效益指标体系。

17.4.2.1　总资产报酬率

总资产报酬率，又称资产收益率或资金利润率，它表示企业每一元资产提供的息税前利润的数额，计算公式为

$$总资产报酬率 = \frac{息税前利润}{总资产} \times 100\%$$

总资产报酬率是评价企业经济效益的综合性指标，它反映了企业资产的获利水平，

总资产报酬率高，说明企业资产质地优良，能为企业创造较多利润。

17.4.2.2 销售利润率

销售利润率是企业的收益与销售收入（或营业收入）的比率，它表示每元销售收入所提供的利润，计算公式为

$$销售利润率 = \frac{息税前利润}{销售收入} \times 100\%$$

销售利润率反映了企业销售的获利能力或产品成本的高低。

17.4.2.3 资本收益率

资本收益率又称自有资金报酬率或所有者权益报酬率，是企业的税后净利与期末的所有者权益（自有资金）的比率，计算公式为

$$资本收益率 = \frac{税后净利润}{所有者权益} \times 100\%$$

资本收益率水平是投资人判定是否向企业投资的基本指标，该指标值越高，对投资者的吸引力就越大。资本收益率指标和前两个指标分析的角度不同，资本收益率是从投资人的角度来分析投资水平，前两个指标则从企业的角度来反映生产经营水平。相同的销售利润率和总资产报酬率，不同的企业可能会产生不同的资本收益率。

17.4.2.4 资本保值增值率

资本保值增值率是年末的所有者权益与年初的所有者权益的比率，计算公式为

$$资本保值增值率 = \frac{年末所有者权益}{年初所有者权益} \times 100\%$$

资本保值增值率是反映资本增值能力的一个指标。资本的基本特征就是增值，但增值的实现依赖于企业经营者的生产经营活动。

17.4.2.5 资产负债率

资产负债率是企业的负债总额与资产总额的比率。其计算公式为

$$资产负债率 = \frac{负债总额}{资产总额} \times 100\%$$

资产负债率是衡量企业偿债能力和财务风险大小的指标。该指标值高，企业的偿债压力和财务风险会很高。资产负债经营程度应结合企业的具体情况进行分析，没有绝对的标准。

17.4.2.6 流动比率

流动比率是企业流动资产与流动负债的比率，计算公式为

$$流动比率 = \frac{流动资产}{流动负债} \times 100\%$$

流动资产比率是衡量企业短期偿债能力的指标。流动资产指一年内可以变现的资产，包括现金、短期投资、应收款和存货。流动负债指一年内到期的债务。一般来说，流动资产在 1~2 倍较合适。

17.4.2.7 速动比率

速动比率是企业速动资产与流动负债的比率，计算公式为

$$速动比率 = \frac{速动资产}{流动负债} \times 100\%$$

速动资产指企业立即可以用于偿债的资产，包括企业的现金、银行存款、应收票据、应收账款、短期投资等。速动比率反映了企业的流动资产可以立即偿付流动负债的能力，一般比率在 1 左右为好。

17.4.2.8　总资产周转率

总资产周转率是指企业的销售收入（营业收入）与企业总资产的比率，计算公式为

$$总资产周转率 = \frac{销售收入（营业收入）}{总资产}$$

17.4.2.9　应收账款周转率

应收账款周转率是企业销售收入与应收账款的比率，计算公式为

$$应收账款周转率 = \frac{销售收入}{应收账款}$$

该指标反映企业资金运用效率的高低，应收账款周转率越高，企业财务管理要求加速资金的周转速度，提高资金的运用效率。

17.4.2.10　存货周转率

存货周转率是企业的销售成本与存货平均余额的比率，计算公式为

$$存货周转率 = \frac{销售收入}{存货}$$

同应收账款一样，这也是衡量企业资金运用能力的指标，反映企业销售能力的强弱和存货水平是否合理。

17.4.3　企业经济效益综合分析

一项经济效益指标只能从一个侧面反映企业的经济效益，要想全面分析和评价企业的经济效益，就要进行综合分析。综合分析的方法主要有综合指数法、综合评分法、杜邦分析等，这里仅介绍综合指数法。

综合指数法的步骤如下：

（1）选定经济效益指标（x_i）；

（2）确定指标的权数（f_i）；

（3）确定各项指标的标准值（y_i）；

（4）求出单项指标的指数（k_i）；

（5）计算综合指数（K）。

有关的计算公式为

$$k_i = \frac{x_i}{y_i}$$

$$K = \sum k_i f_i$$

由于指标有正指标和逆指标之分，正指标越大越好，逆指标则越小越好，所以在进行综合分析时，应根据指标的性质分成两部分进行，即分成正指标部分和逆指标部分。

当然，也可以经过适当的转换，将逆指标转换为正指标。

在进行综合分析时，正确地确定各项指标的权数和标准值十分重要，这也是综合指数分析的难点，因为权数和标准值的确定都带有很强的主观性。实践上可以多选择几组权数，进行比较，最后留下认为是最好的权数。

本章小结

企业理财是企业管理的重要组成部分，是有关资金的获得和有效使用的管理工作。现代林业企业是从事森林培育和充分利用森林资源为基础进行加工和服务的经济组织，林业企业理财是现代林业企业管理的一项重要职能，主要包括筹资理财、资产理财、投资理财和理财效益分析等主要内容。本章主要对现代林业企业的筹资、资产管理、投资和理财效益分析等内容进行了论述。

复习思考题

1. 简述林业企业筹集资金的渠道和方式，应如何合理地筹措资金。
2. 林业固定资产和流动资产的特点分别有哪些？
3. 林业企业为何持有现金？确定最佳现金持有量的方法有哪些？
4. 林业企业对外投资有哪些方法？
5. 经济效益的评价指标有哪些？如何运用？

18 现代林业企业信息管理

18.1 林业企业信息化工程

林业企业信息化是能够把林业企业带入新世纪的重要技术，也是林业企业建设的重要内容之一。然而，林业企业进行信息化建设时一定要弄清楚：信息化是什么？林业企业为什么要进行信息化建设？林业企业信息化的科学依据是什么？林业企业应该怎样进行信息化建设？

18.1.1 林业企业信息化

18.1.1.1 林业企业信息化的定义、内容和任务

林业企业信息化是指利用电子信息技术，实现林业企业生产经营、管理和产品开发的自动化、集成化、智能化。林业企业信息化的内容大体上可以分为两大部分：一部分是制造过程信息化，即产品设计和生产过程的自动化，属于工业化范畴，其主要目标是利用计算机辅助设计、生产、测量、监控等手段和工具，通过制造过程信息的处理达到设计和生产的自动化；另一部分是管理的信息化，即经营和管理的自动化，是自动化概念的进一步扩展，其主要目标是利用计算机这一辅助决策、管理的手段和工具，通过对经营和管理过程的信息处理达到企业经营、计划、管理等的自动化和智能化。林业企业信息化的具体任务是规划、构造、运行、管理和维护林业企业的信息系统。

18.1.1.2 企业信息化的背景

18.1.1.2.1 信息社会正在形成

首先，社会信息化进一步打破了时间和空间的限制。通过互联网，人们可以在几分钟甚至更短的时间内，到地球上自己想去的地方，了解自己想了解的事情。因此，人与人的交往变得十分方便，知识传播的速度达到一个高峰，距离不再是文化、科技和知识交流的障碍。重大事件一旦发生，便以光速传播到世界各地。其次，由于信息共享，世界上产品的秘密很少能保持较长的时间，特别是在商业领域，新技术或新产品一经问世，其奥秘很快就被揭示出来。新产品独占市场的周期越来越短，不断创新成为推动企业发展的力量。第三，由于信息交流和复制十分方便和容易，真的、假的、对的、错的、有用的、无用的信息往往交织在一起，信息的收集和分析成为十分重要的问题。第四，信息技术成为一门飞速发展的新兴技术，正向各个领域渗透，并受到极大的关注。当前，如果林业企业的经营者看不到信息技术对企业的影响，不明白企业信息化的含义和要求，不按照信息社会的要求改造企业，那么落伍和失败只是时间早晚的问题。

信息社会对林业企业产生的影响主要表现在：信息化使市场竞争进入了一个新的阶段。过去，提高生产能力、扩大生产规模是林业企业发展的主要手段。生产能力的提

高，一方面降低了产品成本，另一方面使市场对某种产品的需求很快饱和，使每个企业都感受到同行的巨大压力。随着社会的信息化、科学技术转化为产品的速度加快，企业的创新能力大大提高，使市场竞争进入了一个新的阶段。扩大生产规模和降低生产成本只能为林业企业解决一时的困难，无法保证企业长时间保持优势；取而代之的是产品换代和产品创新。专家们已经明确指出，企业最大的利润在于技术的独占或者垄断。在信息社会中，任何技术只能在一个短暂的时间内被一个企业独占或者垄断。因此，企业只有不断创新才能保持生命力。

18.1.1.2.2 网络经济初见端倪

互联网（Internet）已经覆盖全球，建立了全球信息共享的平台，其通信能力越来越强，对社会、经济、生活的影响越来越大，这是网络经济最重要的物质基础；其次，电子商务正在向传统的生产和生活方式挑战，尽管实现电子商务还有一些问题有待解决，但是已经迫使林业企业开始思考和研究未来经济运行的模式；第三，网络支持下的现代制造技术将使市场竞争变得更加激烈，林业企业只有改变自身才能生存和发展，新的制造理念正在形成和发展；第四，信息技术的发展和计算机应用的普及为网络经济储备了技术和人才，促进了网络经济的形成。

当前，企业信息化技术继续在深度和广度上发展。从深度上看，企业在完成单个企业的信息集成后，开始考虑跨企业集成的问题。新概念和新技术不断出现，例如异地设计、网络制造、敏捷供应链、客户关系管理、动态联盟等。新的计算机集成平台不断推出，因特网迅速发展，使实现这些跨企业运作模式的条件日趋成熟。从广度上看，信息技术对林业企业的影响范围越来越大。我国通过信息产业部的引导，已有一批林业企业进行了信息化建设，并取得了一定的成果。目前信息技术开始向更多的企业推广，估计5～10年内我国大部分林业企业将会不同程度地实施信息化工程。

18.1.2 林业企业信息化工程

18.1.2.1 企业信息化工程的内容

从抽象意义上讲，林业企业信息化就是使企业按照 CIMS（计算机集成制造系统）的理论组织企业的基本活动。在林业企业的基本活动中，物流、信息流、价值流（资金流）"三流"贯穿全部。按照 CIMS 的理论，在"三流"中信息流起主要控制作用。企业人员在进行经营、生产、设计、采购、销售等活动时，应以信息流作为依据。信息流记录了物流和资金流的运动情况，因此掌握了信息流就掌握了物流和资金流的运动情况。信息流又是联系物流和资金流的纽带，通过对信息流的观察，不仅可以了解物流和资金流的运动情况，而且能够发现它们的规律和内在联系。控制信息流可以达到控制物流和资金流的目的。

由于计算机是信息处理的主要工具，信息集成首先要实现计算机联网。在企业内部，所有的计算机都通过网络连接在一起。企业内部的计算机网络称为内联网或企业网。同时，内联网还要和企业外部的网络连接。企业外部的网络统称为互联网，最有影响的互联网是因特网（Internet）。一些底层设备自动化程度比较高的林业企业，底层设备之间也通过网络连接。支持底层设备运行的网络也要与内联网连在一起，形成统一的整体。计算机联网不仅是一个硬件连接的问题，而且必须在相应的软件支持下才能正常工作。

在林业企业信息化工程中，集成是一个关键的概念。集成是指使一个整体的各部分之间能彼此有机结合和协调工作，以发挥整体效益，达到整体优化。集成的要点是整体性，对于信息集成而言就是要求信息共享。信息共享有两层含义：其一是信息的来源一致，这就要求任何一个信息（数据）都来自于唯一的数据源，从而避免了信息的二义性；其二是信息为所有具备使用该信息权限的人服务，这一方面要求信息对有权使用它的用户是方便、快捷、准确、可靠的，另一方面要求信息系统具备安全性和保密性。CIMS 理论强调企业的不可分割性，其基础工作首先是计算机联网，然后是信息集成和数据共享。这些工作的完成只表明物理连接完成和信息已经沟通，不等于说企业信息化获得成功，也不一定能使企业运行达到优化。企业信息化还必须关注人的集成、组织机构的集成、技术和管理的集成。这就是说，企业信息化不仅要考虑计算机应用的问题，还必须考虑企业文化、思想观念、组织机构、运行模式等问题。

18.1.2.2　企业信息化工程的技术

信息技术是现代技术的热点，其含义十分丰富。由于信息技术正在与传统的学科相互渗透和相互结合，在不同的领域对信息技术的理解和要求是不同的，其信息的载体也不同。对企业而言，信息的载体主要是数据，所以其主要技术路线是数据的定义、采集、传输、集成、加工处理、分析决策等。这些内容和多个学科方向具有密切的关系，如图 18-1 所示。

当把物流抽象为信息流以后，理化实体对信息系统而言没有本质区别，只是属性不同的数据而已。管理人员要学会通过数据了解理化实体，通过信息流的运动了解物流的运动。不同物料的加工设备和加工过程差别可能很大，但是从信息处理的角度看，其本质是相同的，都是把一种数据转换为另一种数据。

18.1.2.3　林业企业信息化工程的组织

尽管林业企业信息化是一项技术性很强的工作，但不应单纯地从技术的角度去对待它，还必须考虑如何组织工程实施的问题。组织工作的核心是人的集成，包含人员培训、队伍组织、机构调整、项目管理等内容。

人员培训贯彻企业信息化工程的始终。培训大致分为 3 个层次：思想层、技术层、操作层。思想层次培训的主要任务是更新观念，通过讲座、培训班、专题讨论等多种形式，让全体人员了解企业信息化工程的原理和要求，以保证信息化工程顺利进行。企业的领导层在更新观念的同时，还要思考企业体制和运行模式将会发生的变化，制定企业改革方案和计划，逐步调整企业机构，以适应信息化的要求。技术层次培训针对现代集成制造系统的设计人员和企业管理人员，通过培训，使他们掌握现代集成制造系统的设计方法，具备系统维护和扩展的能力，成为实施现代集成制造系统的主体。操作层次培训针对各部门现场使用系统的人员，培训目标是熟练应用系统提供的功能，准确完成相应的任务，具备排除一般故障的能力。

林业企业信息化工程会涉及林业企业内外的各种人员，合理组织这些人员可以达到事半功倍的效果。企业人员是信息化工程的主体，由于企业人员一般都不是信息技术的

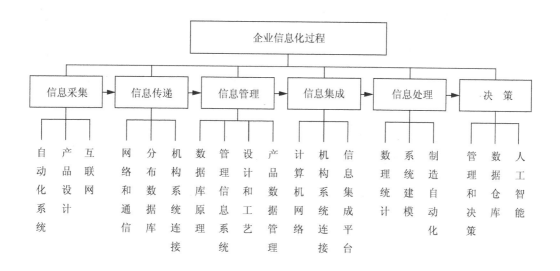

图 18-1 企业信息化工程和有关学科方向

专业人员，因此有一个再学习的问题。企业外部的人员可能来自两个方面：电脑供应商和咨询服务单位。电脑供应商出售计算机硬件和软件，主要负责把设备按照要求在现场正确安装和调试，一般不管企业如何使用。咨询服务单位的任务是帮助企业正确使用信息设备、培训企业人员，为企业实施信息化工程提供必要的技术支持。这3支队伍结合在一起，相互取长补短，达到整体优化，可以大大加快企业信息化工程的步伐。

在林业企业信息化过程中，机构调整是必然的结果。随着信息化的进展，企业的经营思想、制定生产计划的原则、企业运行模式，甚至报表格式和传递方式都会发生变化，必须调整原有机构才能适应新的变化。通常遇到的问题是原有机构过于臃肿，不适应现代集成制造系统提倡的扁平化管理模式。在机构调整的过程中，人员重新定位是比较困难的问题。随着社会和观念的变化，这个问题解决起来会容易一些，但是机构调整总会遇到一些问题，需要想办法妥善解决。

项目管理也是林业企业信息化的重要问题。一些林业企业应用计算机多年，花费了一定的资金和人力，但是收效甚微，其中的重要原因是企业一把手没有亲自过问，目标不明确，缺乏总体规划。我们主张林业企业把信息化工程作为一个重要项目来抓，企业一把手任项目组组长。由于林业企业信息化工程涉及比较复杂的技术，还要成立专门的总设计师小组，负责总体规划和组织实施。信息化工程对企业发展影响重大，由于工程涉及面广，投资比较大，延续时间长，因此项目管理应该贯彻 863/CIMS 主题制定的 20字方针：需求牵引、效益驱动、总体规划、分期实施、重点突破。

18.1.2.4 林业企业信息化的过程

林业企业信息化是一个过程，其目标是使林业企业适应社会发展。目前，这个过程大致经历3个阶段：单元技术应用、企业信息集成和跨企业信息集成。

18.1.2.4.1 单元技术应用

很多林业企业在全面规划信息化工程以前已经开始实现局部计算机应用，例如计算机辅助设计（CAD）、各种管理信息系统（MIS）、办公自动化（OA）、电算化会计信息系统（CAIS）等。如果这些应用构成了一个局部信息集成系统，就可以称之为林业企业信息化的单元技术。单元技术的应用是林业企业信息化的初级阶段。在一些单元技术应用情况比较好的林业企业，实施现代集成制造系统相对比较顺利。对于没有单元技术应用基础的企业，应按照总体规划、分期实施的原则，先做现代集成制造系统的总体规划，在总体规划的指导下，从单元技术应用开始切入企业信息化工程。

单元技术应用要体现局部信息集成。单元技术大致相当于现代集成制造系统的一个分系统，例如工程设计分系统、资源计划分系统等。每个分系统又由若干子系统和一些功能模块组成，其中必然有信息共享和信息集成的问题。

单元技术是林业企业信息化的基础。如果单元技术的基础没有打好，会给今后的信息化工作增加很多麻烦，很可能会造成投资浪费。由于企业信息化是一个时间相对较长的过程，如何按照"总体规划、分期实施"的原则安排投资是个重要问题。一般说来，在实施单元技术时，设备能满足当前或者近一两年的需要就可以了。

18.1.2.4.2　林业企业信息集成

如果林业企业通过单元技术的应用，领导和职工基本上接受了 CIMS 理论，感受到信息化带来的效益和对企业发展的作用，企业有一个总体规划，建立了一支信息技术队伍，完成了部分管理流程和数据的规范化工作，那么，就有条件开始建设企业级信息集成了。企业级信息集成系统也称为现代集成制造系统（CIMS）。在现代集成制造系统的总体设计中，一般都要把整个系统划分为若干分系统。一个分系统可能对应一种单元技术，也可以不与单元技术相对应。在习惯上，分系统的划分与企业的职能部门密切相关。由于某些单元技术的商品化软件已经很成熟，因此划分分系统也经常参考软件的集成范围。现代集成制造系统使用的软件十分复杂，开发的工作量很大，需要反复试用才会逐渐成熟，达到实用的水平。鉴于企业的技术力量有限，一般都不自行开发，尽可能购买商品软件。

现代集成制造系统是企业级信息集成的标志性工程，它为企业奠定了进入信息社会的基础。一方面，在技术上为企业建设了在网络经济下运转的信息环境；另一方面，在管理机制上帮助企业建立了新的运转模式，同时使企业具备了向更高层次发展的潜力。随着市场竞争和科技的发展，企业必然要考虑跨企业信息集成的问题。

18.1.2.4.3　跨企业信息集成

跨企业信息集成按其范围可以分为林业企业集团内部集成、联邦式企业集成和动态联盟集成；按专业可以分为经营管理集成、产品开发合作、商贸关系等。

林业企业集团内部的信息集成以经营管理集成为主，总公司关心的问题是子公司的经营状况、财务报告、业绩等，而对生产的安排、产品开发、产品销售等具体问题一般不加干预，这种跨企业的信息集成通常使用远程信息访问和电子邮件便可。一些森工集团公司已经在使用有关的集成技术。

联邦式企业是指经营和财务彼此独立但因为业务关系而联合在一起的企业，例如因为产品供应链、委托设计、委托开发、转包等建立起来的业务关系。这种跨企业集成通常涉及的技术是供应链技术、异地设计和异地制造技术、电子邮件、电子商务等。目前有关的技术还不十分成熟，仅在较低层次上得到应用。

　　动态联盟是当前跨企业信息集成研究的前沿。它是一种全新的企业运作模式，其基本想法是：为了某一项任务，例如共同开发一种新产品，把有关企业组织在一起，根据双赢策略，使大家共同获利，当任务完成后合作关系即宣告结束。动态联盟需要十分复杂的跨企业信息集成技术支持，包括企业内部的经营、财务、技术、生产等以及企业之间的敏捷供应链、异地设计、异地制造、电子商务、多人异地决策等方面的支持。

18.2　企业信息管理

18.2.1　信息

　　信息是客观存在的事物，是客观事物运动和变化的一种反映。可以认为，信息是客观事物的特征通过一定物质载体形式的反映。

18.2.1.1　信息的特征及种类

18.2.1.1.1　信息的种类

　　信息的范围很广，来源众多，形态各异。加强信息管理需要对信息作分类研究，信息的分类可以从不同的角度进行。

　　按信息的性质分类，可分为自然信息和人类信息。自然信息泛指自然界中各种非生命物体、动物、植物传播出来的种种信息。人类信息是人类在认识客观世界和改造客观世界的社会活动过程所产生的信息。

　　按信息加工情况分类，可分为原始信息和加工信息。原始信息是对某一现象所做的最初直接的记载，是信息工作的基础，影响着信息工作的质量。原始信息经过必要的加工处理成为加工信息，它是指把原始信息按照管理者既定目标和决策要求进行加工处理后形成的有固定用途的信息。

　　按照信息发生情况的不同，可分为预知性信息和突发性信息。预知性信息是经常发生、事先可估计到而且也可用常规程序和模式进行处理的信息，所以又称为程序性信息。突发性信息则是不经常发生、带有突发性、事前难以预料而且也无法按常规程序和模式进行处理的信息，一般称为非程序性信息。

　　按信息的时间性分类，信息可分为历史的、现行的、未来的三类信息。历史信息是对以往经济过程的客观描述，是过去一段时间内经济状况发展程度的统计、会计、物价和计划执行结果等方面的资料、数据和图表。现时信息是反映当前经济状态和市场情况的各种信息。未来信息是指刻画未来经济发展趋势和变化规律的信息。

18.2.1.1.2　信息的基本特征

　　信息具有以下基本特征：

　　（1）客观性。信息是事物在现实世界中存在和变化的客观反映。因此，反映事物客观存在的信息具有客观性。只有真实反映事物本来面貌的信息才具有使用价值，而虚假的信息不仅不具备使用价值，甚至造成决策结果的失误。

　　（2）价值性。信息是商品。信息不仅具有使用价值，当信息产品和信息服务进入市场后，与其他商品一样具有交换价值。信息产品的价值和价格同样取决于产品的质量和供求关系。信息作为一种商品又有别于普通的物质商品。它不但本身具有成本、价格等商品要素，还能够影响市场中其他商品的价格和供需状况。在以信息产业为主导的信息化社会中，信息商品将发挥愈加重要的作用。

（3）等级性。信息的等级性是与管理系统的等级相适应的。管理系统分为不同的等级，不同等级的管理部门对信息的需要也分为不同的层次。根据管理层次的等级，信息可分为战略级、策略级和执行级。不同级别的信息，其来源、寿命、加工方法、使用频率和保密程序都是不同的。

（4）共享性。信息与实物不同，具有共享性。作为实物，如果一方享有，则其他方面就会失去，而信息可为多方利用。因此，信息作为人类生产和生活中的重要资源，可为人类社会所共享。

（5）可传输性。信息可以通过各种传输手段向外传输。信息传输的快慢直接影响信息的使用价值。随着技术革命的不断发展，信息传输的技术也在飞速提高。从某种意义上来说，信息传输技术的发展决定了人类文明和社会发展的进程。

（6）可再生性。信息是有寿命的，随着时间的延长，信息的使用价值逐渐减少甚至完全消失。但是信息在不同的时间、地点和目的又会具有不同的意义，从而显示出新的使用价值。因此，人们能够利用失去原有价值的信息经过加工而得到新的信息。

（7）时效性。信息是有寿命周期的，具有较强的时效性。客观事物总是不断地发展变化的，因而信息也会发展变化，可谓转瞬即变。如果信息不能适时地反映事物存在的方式和运动状态，那么这一信息就失去了效用。新颖和及时是信息价值的一部分，失去时效的信息，会变得毫无价值。

（8）与信息载体的不可分性。任何信息都是由信息实体和信息载体构成的整体。信息实体是指信息的内容；载体是反映这些内容的数据、文字、声波、光波等。信息不能脱离载体而存在，它需要借助于一定的物质载体，才能传递给各种不同的对象，从而发生效用。

（9）可存储性。信息可以利用专门的存储介质和装置将其保存起来，需要时重新取出，并且可多次使用。

18.2.2 企业信息

企业信息是信息中的一种，一般是指与企业的人、财、物诸要素以及供、产、销各环节有关的信号、数据、消息、情况和指令等内容。它是企业生产经营活动中不可缺少的要素之一，也是企业管理人员进行决策、计划、控制等活动的基础和依据。

18.2.2.1 企业信息的来源

一般来说，企业信息的来源主要有以下几个方面：

（1）企业的生产经营活动，是企业内部最主要的信息来源。企业内部信息主要来源于企业的生产经营活动涉及的内容、设计技术方面的文件等，财务方面的各种账簿、文件等，设备使用信息，市场环境方面的各种分析报告等。

（2）商业电讯及公共传播媒介。一般专业的商业电讯和电台、电视传播媒介消息来源广泛、灵通、迅速，也是企业信息的主要来源之一。

（3）报刊。各国政府和团体出版的报纸及连续性的刊物，内容比较丰富、消息灵通，对企业掌握经济贸易、市场动向、行情变化有一定参考作用。

（4）图书。各种专业性图书、综合性年鉴、年报、手册等，内容比较完整、系统，有助于企业全面了解和掌握相关信息的情况。

（5）政府及国际组织。中央和地方政府以及一些重要的国际组织，每年出版大量有用的资料，涉及的面也非常广，对企业收集信息也十分重要。

（6）专业性会议报告、论文、专著以及各种研究中心的研究报告等。

18.2.2.2 企业信息的种类

企业管理活动中的信息，存在着各种形式，发挥着不同的作用。企业信息一般可以根据不同的标志分为以下几类：

（1）按信息来源分类，可分为企业内部信息和企业外部信息。企业内部信息也称为内源信息，它是企业在生产经营过程中产生的各种信息，一般通过计划、会计、统计报表、财务分析、企业简报等形式反映和存储。外部信息亦称之为外源信息，它是从企业外部环境传输到企业的各种经济信息，一般是通过国内外市场、供货单位、上级主管部门、财政金融部门、有关信息服务中心及其他信息媒介反映和传入企业的。

（2）按信息的稳定程度分类，可分为固定信息、流动信息和突发信息。固定信息是指具有相对稳定性，一定时期内在企业各项经济活动中重复出现和使用，不会发生根本性变化的信息。流动信息在企业内部又称作业统计信息，它是反映某一时期内生产和经营活动的实际进程、计划执行情况和产生的问题的信息，具有不断变化、时效较强的特点。突发性信息多是来自于企业外部环境的偶然变化和意想不到的转机的信息。这种信息的突出特点是带有意外性、活跃性，它对于企业进行风险型决策具有重要意义。

（3）按不同层次的管理活动对信息的不同要求分类，可分为战略规划级信息、管理控制级信息和日常业务级信息。战略规划级信息是企业最高管理层制定企业战略规划时所需的信息，主要是关于企业外部环境情况的信息。管理控制级信息是企业中层管理人员进行生产和经营过程控制所需要的信息，它多半来源于企业内部，是企业制定程序化决策时所必不可少的信息。日常业务级信息是与企业日常生产和经营管理活动有关的信息，是企业基层管理人员完成某项具体任务所需的信息，它一般来自于某个具体的实际部门，供企业局部计划调整和基层管理人员使用。

（4）按信息的流向分类，企业信息可分为纵向流动信息和横向流动信息。纵向流动信息是指自下而上或自上而下流动的信息。横向流动信息是指企业内部各类人员之间、班组之间、车间之间、职能科室之间的信息传递。企业内部的纵向流动信息和横向流动信息彼此纵横交错，形成企业管理信息网络。同样，企业与外界环境也有着纵向和横向的信息交流。

（5）按信息在企业管理活动中所起的作用分类，可分为描述性信息、预测性信息和决策控制性信息。描述性信息，即反映企业生产经营活动发生、发展过程的有关信息。预测性信息，是将描述性信息进行科学加工处理之后，用以反映经济活动未来发展趋势的信息，或者是预测某项决策执行结果的信息。决策控制性信息，是为了实现管理目标，对描述性信息、预测性信息进行加工、综合和分析判断，得到的能够直接满足决策控制职能需要的信息。

（6）按信息内容分类，企业信息的内容十分丰富，可分为指令信息、市场情报信息、经营管理信息、营销环境信息、科技信息、人事信息等。

18.2.2.3 企业信息在管理中的作用

（1）信息是企业现代化管理的基础。在现代社会里，由于信息量的急剧增加，只能借助于电子计算机这种现代化手段进行处理。在物质生产和流通过程中，生产经营与流通始终贯穿着"物流"和"信息流"。"物流"是指原材料等资源的输入变为产品而输出，经历着形态和性质的变化。伴随"物流"而产生的大量数据，形成了"信息流"。"物流"的活动是在"信息流"活动的作用下进行的，要使"物流"，即生产过程沿着计划目标进行，就必须合理地管理和利用"信息流"，以便科学地计划、组织、调节、引导"物流"，使之按照客观规律进行运动。"信息流"的任何阻塞都会使"物流"失去控制，给生产和流通造成损失。

（2）信息是生产力发展的需要。对信息及其有效的管理，是社会进步和经济繁荣的先决条件，只凭过去低效率的办公方式，是很难适应生产力发展要求的，只有建立科学的信息管理系统，才有助于推动生产力发展的进程。

（3）信息是企业管理人员智力结构变化的需要。我国企业各级管理人员平均知识和智力水平已有很大程度的提高，只有采用先进的信息采集、传输、处理、存储等手段，建立管理信息系统，才能使这种优势充分发挥出来。利用管理信息系统提供的数据，管理人员可以更客观、更科学地做出决策，同时，管理人员可以从繁杂的数据统计中解脱出来，去从事更高级的开拓工作。

（4）信息是新技术革命挑战的需要。信息作为一种新型资源，它的重要作用逐渐为人们所认识。我们面临着新技术革命的挑战，有人说，"后工业社会"是信息社会。生产的发展主要不是依靠资本而是依靠信息、价值的增长，不再依赖体力而需要知识；信息和知识已成为决定生产力高低、竞争力强弱和经济发展的关键。这就是说，不必增加多少资金和劳动力，只要掌握最新的信息量，用先进的技术和科学管理，就能开创新局面，提高效益，以适应新技术革命的需要。

18.2.3 企业信息的管理

信息资源在企业的管理活动中起着举足轻重的作用。因此必须做好信息的收集、加工、传输、贮存，以及建立合理的、先进的信息资源管理系统的工作。

18.2.3.1 信息资源的收集

信息资源的收集是指收集原始的资料和数据，是企业信息资源管理的起点。原始资料和数据的完整性、真实性，直接关系到信息资源管理工作的质量。资料的收集方法一般有：资料查询法、询问法、阅读法、收听法、观察法、购买法、采集法、调查预测法等。这些方法有些可以独立进行，有些可以交叉进行，企业可根据自身实际，灵活选择。

18.2.3.2 信息加工

企业收集到的信息在未加工前是杂乱无章的，彼此独立存在，必须经过加工处理，才能成为企业需要的、有用的信息资源。所谓的"信息加工"就是把收集到的信息，按照一定的规则进行处理。信息加工主要经过以下几个步骤：

（1）核查数据：检验所收集到的数据的真实性、准确性。

（2）归档整理：将收集到的信息分类、归档处理，形成一个系统资料。

（3）分析研究：形成有用信息，在归档整理的基础上进一步筛选出与企业的生产经营活动相关的信息。

18.2.3.3　信息的传输

原始资料和数据经过整理加工，形成了有用的信息资源后，能否及时到达企业各经营决策部门，以便其迅速地采取对策，信息的传输工作就显得非常重要。企业的信息工作部门、各生产经营部门应密切配合、相互融通，同时要采用现代化的通信工具、传送设施，使信息的传递迅速、及时、准确。

18.2.3.4　信息的贮存

由于信息资源的性质和时效不同，经过加工整理后的信息有的要立刻投入使用；有的则暂时不用，处于停滞状态；有的则只有一次使用价值；有的则要求多次反复使用。这就要求企业把那些暂时不用和多次使用的信息资源贮存起来，从而形成了信息的贮存。信息的贮存有助于对企业的经济情况作全面系统的、动态的分析研究。

18.2.4　企业信息管理的原则

18.2.4.1　系统原则

企业信息管理的系统原则，是以系统的观念和方法，立足整体，统筹全局地认识管理对象，以求得满意结果的原则。

企业信息管理中之所以存在系统原则，首先是因为企业信息管理的对象本身就是一个系统，而且是另一个大系统的子系统。其次，是因为企业信息系统是企业信息流的通道，是企业信息功能得以实现的前提和基础，要管理企业信息和企业信息活动，就离不开对企业信息通道（系统）的使用和管理。第三，企业信息系统是对企业信息和企业信息活动进行管理的重要工具，任何企业信息管理的意图最后都是通过系统去实现的。离开了企业信息系统，很难使企业信息管理获得成功。

18.2.4.2　排序原则

企业信息管理的排序原则，是指对所获得的企业信息按照某种特征进行排序的原则。

企业信息管理中之所以存在排序原则，首先是因为企业信息管理中面临的信息量极大，如果不进行有序排列，查询起来会非常困难，甚至发生已经采集到的信息会因一时无法找到而贻误企业决策的现象。其次，因为排序之后，同类企业信息归并一起，就可以显现出这一类企业信息总体的内涵和外延，也能够发现所采信息的冗余和漏缺，以指导下一步的检索。未经排序的信息只能反映单条信息的内容，不能显示信息整体的内容。第三，因为同一组信息所取的特征不同，得到的序列也不相同。企业管理者可以根据自己的需要选择信息的特征进行排序，以便获得自己需要的信息序列。

18.2.4.3 激活原则

激活原则是对所获得的企业信息进行分析和转换，使企业信息活化，为我所用的原则。

企业信息管理中之所以存在激活原则，是因为企业信息不会自动地为企业管理者服务，未经激活的企业信息没有任何用处，只有在被激活之后才会产生效用。

18.2.4.4 共享原则

共享原则是指在企业信息管理活动中，为充分发挥企业信息的潜在价值，追求最大限度利用企业信息的原则。

企业信息管理中之所以存在共享原则，是因为信息具有共享的特征。信息的共享可以在企业内相互弥补、相互增强，尤其是可以相互激活，挖掘出信息和信息活动的潜在价值。

18.2.4.5 搜索原则

搜索原则是企业管理者在管理过程中，寻求有用信息的管理原则。

企业信息管理中之所以存在搜索原则，是因为企业信息是可以任意索取的，而且任何人在获取后都可以为我所用。所以，剩下来的问题就是如何找到所需要的企业信息。搜索原则，具体来说，包括强烈的搜索意识、明确的搜索范围和有效的搜索方法。搜索意识对于企业管理者至关重要，它是管理者及时、有效地获取信息的前提。因为任何信息不会自动地来到企业管理者面前，学习"信息检索法"，只是解决了搜索范围和方法问题，有了范围和方法不等于就一定能搜索到有用的信息，还要看掌握方法的人会不会及时地、恰当地使用。就是说，最根本的是在于企业管理者要能够时时、处处都要有一种强烈的搜索欲望和搜索动机，这就是搜索意识。它是最重要的企业信息管理意识之一。

18.2.5 企业信息资源管理系统

在我国传统企业的管理系统中，信息资源处理主要是建立在人们的手工计算、处理和流动的基础之上的。实践表明，人手工进行信息资源处理的能力是十分有限的，而企业信息资源的收集和加工的工作量是相当大的，从而造成了信息资源处理的瓶颈。同时这种传统的管理方式存在着许多缺陷：管理人员困扰在烦琐的事务中，其创造性无从发挥；层次多，机构重叠，浪费了人力、物力，易形成多头关系，降低工作效率；分散处理，不能充分发挥信息资源的综合作用。

上述事实说明，传统的企业信息资源管理系统，已不能适应企业管理现代化的需要，必须建立综合的信息资源管理系统。综合管理系统是以电子计算机为基础的综合信息管理系统，消除了传统信息资源管理系统中的基层与企业各部门信息联系的多层次、多渠道的不足，如图 18-2 所示。

信息资源的综合管理系统有以下优点：信息资源处理集中统一，变多头关系为单一关系；基层发生的文件明显减少，节约了人力、物力；由于取消了基层处理的中间环节，减少了管理层次，提高了管理效率；发挥了一数多用的信息资源综合处理效果，充分发挥了信息资源效用；提高了信息资源的真实性和可靠性；使管理者从烦琐的事务中

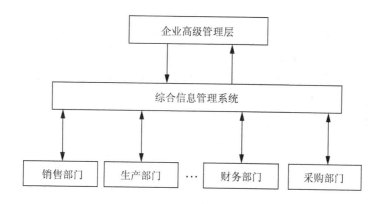

图18-2　综合信息管理系统示意图

解脱出来。

18.3　现代林业企业管理的计算机模式

计算机在企业管理中的应用是十分广泛的。按开发环境及规模可分为：单项业务管理系统；管理信息系统；决策支持系统；专家系统及模拟系统。

18.3.1　单项业务管理系统

单项业务的计算机辅助管理系统，涉及面不宽，要求的计算机硬件系统及软件并不苛刻，对开发系统的人员要求也不很高。所以，林业企业信息管理通常都是从单项业务开始的。单项业务的辅助管理系统，虽然是单机、单业务，然而它仍包含了大的管理系统要求。其开发过程一般有五个开发阶段，但每阶段的内容相对简单。建立单项业务辅助管理系统的步骤为：确定任务；选择方法；数据库设计；功能模块设计；程序编制调试；系统维护与移交。

18.3.2　管理信息系统

虽然单项业务的计算机辅助管理也能起到解放手工劳动的作用，提高工作效率，有一定的间接经济效益，但毕竟是某一项业务对整个企业部门效益并不显著。在经营活动中，各项业务是有机联系的。从系统观点来看，这便是一个企业的信息管理系统。用计算机来处理时，便称之为辅助管理信息系统。在管理信息系统中，计算机的硬件、软件资源，能得到较好的利用，数据得到共享，信息得到无形的传递，最终将大大提高企业的管理水平及经济效益。

18.3.2.1　管理信息系统的特点

18.3.2.1.1　面向管理决策

管理信息系统是继管理学的思想方法、管理与决策的行为理论之后的一个重要发展，它是一个为管理决策服务的信息系统，它必须能够根据管理的需要，及时提供所需要的信息，帮助决策者做出决策。

18.3.2.1.2　综合性

从广义上说，管理信息系统是一个对组织进行全面管理的综合系统。一个组织在建设管理信息系统时，可根据需要逐步应用个别领域的子系统，然后进行综合，最终达到应用管理信息系统进行综合管理的目标，管理信息系统综合的意义在于产生更高层次的管理信息，为管理决策服务。

18.3.2.1.3　多学科交叉的边缘科学

管理信息系统作为一门新的学科，产生较晚，其理论体系尚处于发展和完善的过程中。早期的研究者从计算机科学与技术、应用数学、管理理论、决策理论、运筹学等相关学科中抽取相应的理论，构成管理信息系统的理论基础，从而形成一个有着鲜明特色的边缘科学。

18.3.2.2　管理信息系统的功能

（1）数据处理：即数据的收集、输入、传输、存储、加工处理和输出。

（2）预测功能：运用数学、统计或模拟等方法，根据过去的数据预测未来的情况。

（3）计划功能：合理安排各职能部门的计划，并按照不同的管理层提供相应的计划报告。

（4）控制功能：对计划的执行情况进行监测、检查，比较执行与计划的差异，并分析其原因，辅助管理人员及时用各种方法加以控制。

（5）辅助决策功能：运用数学模型及时推导出有关问题的最优解，辅助各级管理人员进行决策。

总之，系统的观点、数学的方法和计算机的应用是管理信息系统的三要素。

18.3.2.3　管理信息系统的开发步骤

（1）立项。企业根据自身需要、条件确立建立计算机管理信息系统，成立开发队伍，确定开发目标。

（2）可行性研究。本阶段的任务为：确定开发系统的范围；研究现行人工系统，产生数据模型；确定系统的需求；制定评价系统的指标；制定开发方案，并从经济、技术和运行三个角度对提出的方案进行论证。

（3）系统调查。本阶段的任务是弄清楚企业的业务现状、组织机构、工作流程、数据流向。调查的方法可采取会议、座谈、洽谈、函调或间接调查等方式和方法。调查的结果要绘制出企业组织机构图及粗略的数据流向图。

（4）系统分析。调查后的第一手资料，往往是杂乱无章的，而且是十分庞大的。计算机的辅助管理系统要权衡各方面的利弊，系统分析是开发管理信息系统中的重要一环，它将决定开发出的系统有什么功能，有什么效益。具体任务有：提出管理信息系统的整体方案、逻辑模型，管理信息系统的功能及模块划分、数据及信息的流向等。

（5）系统设计。是将系统分析阶段提出的系统逻辑模型转化为物理方案，包括若干设计：系统功能设计、模块设计、代码设计、输入与输出设计、数据库及数据库文件的设计等。

（6）系统实施。这个阶段是将物理方案用具体的开发工具实现。本阶段的任务有：选择开发的硬件及开发工具，编制各种程序，调试程序，系统安装及运行。

（7）系统维护。是为保证管理信息系统正常工作所进行的维护，包括纠错性维护、适应性维护、完善性维护、预防性维护。

18.3.3　决策支持系统

计算机用于管理领域的过程，经历了三个阶段：一是 20 世纪 50 年代出现的电子数据处理阶段；二是 60 年代出现的计算机管理系统；三是 70 年代出现的决策支持系统。80 年代出现的人工智能技术及其蓬勃的发展，又为决策支持系统增添了新鲜血液。

决策支持系统，关键是支持。决策支持系统的目标是通过信息技术的应用，致力于改善人们的行为。这个目标在管理信息系统中是难以实现的。决策的正确与否，关系到经营效果和事业的成败。决策理论、决策方法和决策工具的发展，是经营决策正确的重要保证。

一个好的决策者要做好以下四件事：①制定决策的依据；②设计可行的操作方案；③在多种可行的方案中选出较好的方案；④事后要对所做的决策做出评估分析。

有关决策模型，西蒙按其性质分为：①结构化决策；②半结构化决策；③非结构化决策。对结构化决策问题，因为有确定的求解模型，所以通过业务处理系统或管理信息系统，便可得到满意的结果，无须决策支持系统的支持。半结构化决策问题，用决策支持系统提供全过程的支持，求得满意的结果。至于非结构化决策的问题，因为没有基本的模型可依，只有完全凭主观判断来决策。决策支持系统可解决半结构化决策问题。

18.3.4　专家系统

人工智能的迅速发展导致了专家系统的出现。专家系统是用人工智能、利用人类某一领域中的专家知识解决实际问题的系统。专家系统运用的是知识和推理，不同于决策支持系统中运用的数据和模型。

一般来说，专家系统由下列部分组成：

（1）知识库：由与某一问题有关的事实或经验组成；

（2）推理程序：问题求解中利用的知识库的控制结构；

（3）综合数据或称工作存储器：用来保存各种信息。

专家系统将各种经验的专家知识整合在一个整体中，充当了使知识系统化的"贮藏室"角色。因此，专家系统能够达到顾问的水平，甚至超过专家本人。

适用于专家系统的问题，可分为三类：分析、综合和接口的问题。分析问题时，专家系统描述并解释所获得的数据；解决综合问题时，专家系统必须得出一种解，这个解能在多种约束条件下满足一个目标；在接口问题解决中，是部分分析和部分综合。

18.3.5　计算机模拟系统

经济管理中不少问题涉及多因素，而且具有随机和模糊性。因此，对这些因素的描述，不能用数学分析的方法来简化事实，也就是不能建立一个精确的数学模型。这类问题借助于计算机，采用模拟的方法，就可以求解复杂的经济管理问题。

建立模拟系统的步骤为：

（1）明确模拟对象的界限、约束条件及模拟效果；

（2）搜集和生成供模拟用的数据；

（3）构造模拟模型；

（4）编制模拟程序；

（5）模拟计算，得出结果。

本章小结

本章就林业企业信息管理问题进行了阐述，说明了企业信息化的基本问题，并就企业信息的管理及管理方法原则进行了说明，介绍了林业企业应用计算机的模式。

复习思考题

1. 什么是林业企业信息化？

2. 林业企业信息化工程的内容是什么？其过程是什么？

3. 简述企业信息的定义、特征。

4. 简述企业信息管理的意义。

5. 企业信息管理的原则是什么？

6. 简述林业企业应用计算机进行企业管理的模式。

19 现代林业企业创新管理

19.1 林业企业创新的含义及创新体系

19.1.1 林业企业创新的重要意义

当前，我们已经生活在一个充满创新的世界里，创新层出不穷，无时无刻不环绕在我们的周围，由创新产生的大量信息充实着我们的生活，可以说创新无所不在。不仅如此，创新正加速改变着我们的生活和生存方式。芬兰图尔库高等商业学院未来学研究中心主任马尔库·维莱纽斯曾发表谈话认为，在今后一二十年，以创新为基本特征的新经济将以锐不可当的势头蓬勃发展，世界将因此出现翻天覆地的变化。和凯恩斯同时代的经济学大师熊彼特对资本主义的运转曾经做过深刻的观察。他认为，"创新"是资本主义中最重要的一个元素，而企业经营者将创新和生产手段结合，正是资本主义经济飞跃向前的主要原因。在熊彼特心中，"创新"可能是技术的新发展，如英特尔的新式处理器；或是重新安排现有的经济资源，如麦当劳汉堡；也可能是一个流行趋势。但是不管何种创新，都为企业带来了巨大的利润。熊彼特所处的经济时代从现在看来应当算是以对物质性资源进行配置和优化为主的"旧经济时代"，最主要代表就是工业革命带来工业生产。但是，他所提出的"创新是经济增长的动力"的见解，在目前以知识为基础，以对知识资源进行优化配置为主的"新经济时代"仍然适用。网络是新经济的主力，而将网络和生产手段相结合，发展出创新的企业运作方式，正是不少企业得以创造高获利产品的重要原因。

在当今经济迅猛发展和知识急速更新的时代，加快林业企业创新，对我国林业企业改革及经济发展将具有重要的战略意义。

19.1.1.1 创新是林业企业获得核心竞争优势的决定因素

随着世界经济一体化的形成，随着我国买方市场的形成，林业企业面临着更加激烈的市场竞争环境。林业企业要想在市场竞争中占有一席之地，必须从知识经济的要求和市场环境的变化出发，调整自己的发展战略，在调整过程中进行一系列的创新。其内容包括技术、管理、制度、市场、战略等诸多方面的创新，其中技术创新是核心。可以说，在今天企业外部环境激烈变动的形势下，只有进行创新，林业企业才能达到调整与发展的目的。也只有这样做，林业企业才能真正获得竞争的优势。因为只有创新，林业企业才能不断地向市场推出新产品、不断提高产品价值中的知识含量和高科技含量，这不仅能大大提高产品和服务的市场竞争力及市场占有率，还可以开拓出新的市场领域。正因为如此，国际著名大企业都纷纷确立以创新开发为主导的经营战略，不断加大对企业的创新投入，由此增强自身的创新能力。综观国内外成功企业发展史，就是一部企业的创新史。只有持续不断地创新，企业才能在竞争中取胜。

19.1.1.2　创新是林业企业求得生存和发展的灵魂

林业企业是一个具有一定功能的有机整体，跟生物一样有生有亡。企业无论是困难的，还是实力雄厚的，都感到危机潜在，忧患意识在向每一个经营者袭来。在外部环境并不宽松、市场竞争尤为激烈的态势下，企业要想得以生存和发展，就必须要改革、要变化，这个变化就是创新。因为社会在发展，只有创新才能赶上时代的新潮流；科技在进步，只有创新才能站到科技领域的前沿；产品在更新，只有创新才能占领市场。由此可知，变、创新才能使企业生存，并由此而得到发展。不要说产品更新更快，生命周期更短，就是企业生命周期也发生着变化。国外有的大企业生命周期只有30年，有的小企业生命周期只有几个月。20世纪80年代的卓越企业，到了90年代有1/3风光不再，为什么？因为竞争激烈，缺乏应变能力和创新精神，因循守旧、故步自封、无所作为、停滞不前，自然就失去了生存的基础。而有了变的思想、变的精神，就会去创造新的产品、新的市场，开拓新的领域，企业也就有了生存的基础和发展的源泉。

19.1.1.3　创新是林业企业实现持续发展的重要源泉

创新在林业企业持续发展中处于核心地位。林业企业持续发展是讲企业不仅能在特定的条件下实现发展，而且能在变化的条件下发展；不仅在短时间内实现发展，而且能在较长时间内实现持续发展。企业能否实现持续发展，关键在于能否不断调整自身行为，跟上时代的潮流。如果环境发生了变化，技术水平不断提高，而企业不思进取，不进行相应的变革与创新，则必然难以生存，更谈不上发展。世界上众多的成功企业，由小到大、由弱到强，发展成为具有长久生命力的大公司、大集团，无不是以不断创新来实现的。企业发展离不开创新，创新是为了更好地发展。企业不仅要能在顺境中实现发展，而且要善于在逆境中实现发展。为此，只有通过创新达到与企业生存环境的协调，从而在竞争中取得胜利，并获得发展。林业企业只有在持续不断推出并实施新的思想、新的管理方式、新的工艺、新的产品、新的市场战略，才能不断地实现创新的经济效益，带来企业的持续不断的发展。

19.1.1.4　创新是林业企业提高整体效益的根本途径

林业企业作为一个经济组织，必须以实现整体效益最大化为自身的追求目标，必须围绕这一目标的实现采取一系列的行为，而创新正是实现这一目标的有效途径。创新的过程，是林业企业实现发展的过程，是林业企业优化自身行为的过程，是适应社会进步趋势的过程，而这一切同时也都是追求更大效益的过程。一个企业的创新是否成功，其检验标准就是看是否使企业获得了明显的收益。这种收益可能是现实的和眼前的，也可能是潜在的和长远的；也许是立即见效的行为，也许是为今后获得较高经济效益打基础的行为。但不论哪种行为，最终追求的都是要提高企业的经济效益。从现实效果来看，一个有效的创新，可以使企业在市场销售、产品成本、运行方式等方面立即见到效果。从战略性的创新行为来看，也许在一开始只表现为付出。比如，创新资金的投入，创新人才的开发，新产品的研制，企业市场形象塑造等，都不会在短时间内见到效果，但这些行为具有十分丰厚的潜在价值。一旦时机成熟，其收益将是成倍的，远远大于其投入的数额。

19.1.2 林业企业创新的含义

林业企业创新是指企业以提高效益和市场占有率、促进企业持续发展为目标，在分析研究企业外部有关因素的情况下，对企业内部相关方面进行综合和协调配套的变革。这里既包括对创新所涉及的各项要素如人力、物力、财力、时间、信息、知识等，也包括企业内部各项创新，如技术创新、管理创新、市场创新、知识创新、组织创新等，还包括对各项创新系统的管理等。

林业企业创新是把企业作为一个统一整体来进行考察的，即把林业企业作为一个系统来对企业的创新进行研究，找出其运行规律性，从而达到对企业创新进行管理，实现企业持续不断发展的目标。因此，林业企业创新作为一个整体的概念，包括了林业企业进行的各类单项创新，如技术创新、管理创新、文化创新、知识创新等，同时，也包含了对企业中各项创新进行的计划、组织、控制、领导等活动过程。

19.1.3 林业企业创新的分类

19.1.3.1 按创新内容划分

林业企业创新可分为：观念创新、技术创新、管理创新、产品创新、市场创新、制度创新等。这些创新之间具有联动作用，每一项创新的变化都会影响到其他创新的变化，它们之间相互联系、相互作用，构成一个具有一定功能的有机整体的网络状系统——企业创新网络系统，而在企业中每一项创新又具有独自的运行规律，具有一定的功能作用，构成了自身的运行体系，即企业创新网络系统的子系统。以上各项创新在整个企业创新网络系统中的地位和作用是不同的。观念创新是企业创新的先导，技术创新是企业创新的根本，管理创新是企业创新的保证，产品创新是企业创新的实现形式，市场创新是企业创新得以实现的载体，制度创新是企业创新的基础。

19.1.3.2 按创新性质划分

林业企业创新可分为渐进式创新和突变式创新。通过考察众多国内外企业创新性质，我们发现企业创新基本上可分为两类：一类是渐进式创新；另一类是突变式创新。这两类创新在促进企业发展方面具有不同的重要作用。渐进式创新使得企业能在新兴行业未侵入之前为企业的持续发展创造有利条件，但同时往往容易造成企业满足于现状，对企业的突变式创新起到抑制作用。突变式创新使得企业能够在面临行业衰败等突变情况时及时进入新兴行业，从而使得企业能够继续发展壮大。

19.1.3.3 按创新的功能作用划分

林业企业创新可分为导向创新、核心创新、基础创新、保障创新、活力创新、目标创新等主要创新类别。导向创新是指在企业创新中居于引导地位的创新，导向创新的发展直接影响到企业创新网络系统的运行发展方向。核心创新是指企业创新中居于核心地位的创新，不同企业的不同发展阶段都有不同的核心创新。如技术创新在企业创新中往往都是企业的核心创新。企业一旦确定核心创新，则各项创新都要围绕核心创新开展，共同为促进核心创新服务。基础创新是指为企业创新提供生存和发展空间的创新，如市场创新等。保障创新是指为保障企业创新顺利进行而开展组织、协调、综合等活动的创新，如管理创新等。活力创新是指为企业创新提供活力，促进企业创新发展的创新，如制度创新等。目标创新是指企业创新发展的目标方向的创新，如产品创新、效益创新等。

这六种创新相互作用、相互联系，共同构成了企业创新网络系统。这个系统是具有耗散结构的动态平衡系统。前两种的分类方法基本上是侧重于以技术创新为主，适用于对生产型企业创新进行研究，而对于其他类型企业特别是服务型、贸易型企业的创新则难以适用。因此，要满足对知识经济时代企业创新研究和促进各类型企业创新不断发展，就必须对企业创新按照功能进行分类，这种分类方法不仅适用于生产和服务型企业，而且适用于不同层次的企业创新分析和研究。因为无论企业创新的大小，基本上都要涉及这六种创新类型的配合。

19.1.4 林业企业创新的特点

从总体上看，林业企业创新大致具有以下几个特点：

19.1.4.1 系统性

如上所述，林业企业创新是一项复杂的系统工程，企业创新涉及市场开发、市场预测、企业生产决策、研究、开发、设计、生产、安装、管理、销售、文化、理念、服务等一系列过程的系统活动。这一过程是完整的有机整体，这个整体的某一方面出现问题都会影响到整个体系的运转，都会影响到整个企业创新活动的整体效果。不仅如此，企业的创新活动还受到企业外部环境的影响，如国家创新网络系统的建立和完善、文化观念情况、法律制度的完善程度、国家支持企业创新的政策措施、全球企业创新网络系统的完善和运行情况、市场的规范程度等都会对企业创新造成直接或间接的重大影响。

19.1.4.2 创造性

林业企业创新是多种复杂的创造性活动。这种创造性，一是体现在新产品、新工艺上，或是产品工艺的显著的变化上。二是体现在组织结构、制度安排、管理方式的创新。这种创造性的特点是打破常规、适应规律、敢走新路、勇于探索。企业创新体现创造性，最大障碍在于传统习惯和惯性思维以及原有模式。当然，创造离不开原有知识，但创造性更本质的属性是敢于进行新的尝试，这其中包括新的设想、新的实验、新的举措等，特别是在原有的方式方法还有效的情况下，仍然能打破常规，积极进行创新则更是难得的。

19.1.4.3 市场性

林业企业是市场竞争的主体。在市场经济条件下，林业企业创新行为是为了满足经济和社会的发展需要。市场既是企业创新的出发点，又是企业创新的归宿点，是否取得市场成功是判别企业创新的重要标准。因此，企业的一切创新行为都应致力于提高企业与市场的吻合度，这其中包含三层含义：一是市场变化后，企业通过一系列创新行为，适应市场的变化，跟上市场前进的步伐。二是把握市场变化的规律，通过创新，做到与市场的变化同步前进。三是预测市场未来的发展方向、潜在趋势，通过观念创新、产品创新、管理创新去创造市场、创造需求。对企业来说，最直接的客观环境就是市场，离开与市场的吻合，就谈不上准确、科学的创新。

19.1.4.4　实用性

创新是为了林业企业发展，只有真正能够促进企业发展的创新，才是真正意义上的创新。从这个意义上讲，创新并非越奇越好，而是应以适用为基本原则。对一个企业来说，由于基础条件不同，历史背景不同，所处环境不同，经营目标不同，通过创新要解决的问题和达到的目的自然就不同。因此，不同企业的创新方式也应有所区别。这就是说，不同企业的创新要满足对本企业的实用要求。

19.1.4.5　协同性

林业企业创新是一个动态的过程，创新效益的实现也就随之贯穿于整个创新活动之中。企业整体创新效益的实现呈现出非线性的动态趋势。同时，整体创新的有效进行，需要内部战略、组织、资金、文化等要素之间的协同作用。因此创新管理对企业整体创新绩效的发挥具有至关重要的作用。否则，缺乏有效的管理，各要素的协同作用无法发挥，整体创新的效益就要下降。所以，在企业创新过程中，必须注意各项创新的协同作用。比如在进行产品和工艺创新的同时，还必须致力于开拓新的市场，建立新的营销网络和销售体系；要抓好企业组织体制的创新与配套，探索适应本企业具体条件的管理方法、管理手段，从而确保企业在新环境、新形势下始终能够处于领先地位。

19.1.4.6　收益性

林业企业创新的根本目的就是要促进企业持续发展，并取得良好的整体效益。因此，只有通过企业创新方案的实施，实现企业发展，真正为企业增加了效益，才算达到了企业创新的目的。这里，企业创新和一般意义上的理论创新有所区别。理论创新侧重于新观点、新理论的探索，而企业创新则是侧重于真正实现企业经济效益的提高。企业创新是一种兼有经济和社会目标导向的行为。

19.1.4.7　风险性

一个创新方案的提出和实施，说到底也是一种决策行为，凡是决策，不可避免地具有一定的风险性。就创新过程和结果来分析，当提出创新方案时，都是以立足于现实条件和未来趋势的把握进行抉择的。尽管人们总是认真地分析已知和未知条件，但人们不可能准确无误地左右未来客观环境的变化和发展趋势。这样就使得作为决策行为的企业创新具有一定的风险性。创新如果成功，其成果将为企业带来可观的经济效益，大大提高企业的市场竞争力。一旦失败，则不但创新过程所做的投入无法收回，有时还会损害企业的市场竞争力。所以，创新是一种高收益与高风险并存的经济活动，其中风险分为技术风险和市场风险两种。技术风险是指一项创新在技术上存在着成功与否的不确定性；市场风险是指一项创新活动在技术上成功后，还存在其成果是否受市场欢迎这种不确定性。不同内容的创新所需要的资金和时间的投入以及相伴随的风险是不同的。

19.1.4.8　动态性

林业企业创新能力的形成和提高，需要组织、制度、管理、信息、资金等诸多方面的支撑条件。随着企业创新活动的进行，企业的组织结构、组织文化、制度安排和信息网络都要不断地进行动态调整。通过这种动态调整，促进创新效率的提高。此外，这种动态调整又产生反馈作用，直接影响到创新活动的方式。就技术、资金、信息等创新要素而言，它们既是企业创新的基础，又在创新过程中不断积累和加强，并对企业未来的创新活动发生作用。

19.2 现代林业企业创新管理的内容

19.2.1 制定林业企业创新计划

创新计划的制定是林业企业创新管理的基础。制定正确而有效的企业创新计划，可以提高企业创新过程的效率和成功率。制定林业企业创新计划要符合林业企业的总体发展目标，根据利用企业发展的不同阶段的不同需要，有针对性地提出企业创新目标。制定企业创新计划，首先要进行创新对象的选择，即根据林业企业环境的变化和管理中发现的各种问题决定进行什么样的创新，是技术创新还是管理创新，是制度创新还是文化创新，是产品创新还是工艺创新。其次，建立林业企业创新网络系统并对其进行结构调整以适应企业内外环境发生的变化和影响，综合协调考虑各项创新的配套，以达到林业企业创新网络系统运行功能最优化。

当然，林业企业创新也适合于用目标管理法进行管理，企业可以根据企业存在的主要问题，确定需要解决的问题的前后顺序，把企业创新分解成阶段性和局部性目标，利用目标管理法实施重点突破、梯次推进、全面系统创新，使企业创新有效进行，企业发展得到整体改善。

19.2.2 组织林业企业创新

林业企业创新的组织要求林业企业按照企业创新目标和计划要求，建立合理的、高效的、能保证计划顺利实施的组织结构和体系，合理安排和配置各种有效资源，以保证计划和组织目标的顺利完成。林业企业创新的组织主要做两件事：一是建立具有激情和活力的创新组织；二是合理配置创新组织人员和资源。

19.2.2.1 创新组织的建立

在林业企业内部，创新组织的形式多种多样，如 QC 小组、攻关小组、专家委员会、模拟董事会等，每个企业可以根据自身的实际情况和创新需要建立相应的创新组织。但是，对于每一个企业来说，建立既有利于企业推进连续进行的渐进式创新，又有利于推进突变式创新的组织形式至关重要。

19.2.2.2 创新组织人员的配备

不同性质的工作需要具有不同才能的人才能胜任，而为了使同部门中的人能协调一致，需要合理配备有关人员。能否进行富有成效的创新，关键取决于创新组织人员配置是否合理，是否具有团队精神。

19.2.3 建立林业企业创新网络系统

根据上述分析，林业企业创新管理的主要内容之一就是要建立相对独立、运转灵活、功能齐全、高效稳定运行林业企业创新网络系统。同时，对这个系统管理应是全面的、系统的。因此，怎样合理、有效建立实用、有效、功能齐全的企业创新网络系统，以实现林业企业持续创新的目标是我们要进一步研究的课题。

首先，该网络系统既要能作用于林业企业的长期创新发展，又要能完成各项具体现实目标。这就要求创新网络系统既要具备相对稳定的组织形式，又要能结合具体目标随时进行调整。林业企业可根据企业创新的长远发展规划和发展方向制定网络框架，再将具体的现实任务与其相结合，就形成了一个有内容、有目标、层次分明的有型创新网络系统。这一系统的建立，在当今市场经济日益发展和不断变化的形式下具有重要的现实意义。企业要随时调整、更新企业网络系统的结构，以适应不断变化的外部环境，真正做到以市场需求为导向。所以在建立林业企业创新网络系统时，要充分考虑可能发生的各种情况，使企业创新网络系统功能多元化，随时可以按照企业的发展要求进行切换，这就是企业创新网络系统的弹性功能。一个企业创新网络系统如果没有足够的弹性，不能形成动态平衡网络系统，该企业的创新网络系统运行就会僵化，难以适应知识经济时代对企业创新发展的要求。

其次，现代林业企业创新网络系统包容林业企业创新活动的所有环节，不仅要做到结构清晰，还要做到易于把握。林业企业创新系统在建立时要经纬分明，以经纬交结来控制固定于结点上的人。根据功能不同，企业创新网络系统的各条经线又可自成子系统，这就是导向创新——企业观念创新网络系统、核心创新——企业技术创新网络系统、基础创新——企业市场创新网络系统、保障创新——企业管理创新网络系统、活力创新——企业制度创新网络系统和目标创新——企业产品创新网络系统。这些子系统是为完成某种单一功能而自成一体的具有一定功能结构的网络系统。而整个企业创新网络系统则是对各子系统协调统一的有机结合，其协调功能是由纬线来完成的。纬线就是负责将经线连接成网以实现各经线间的协调运作。纬线的主要职责是促使处于各经线上子系统有机结合，相互协作，合理配置资源，达到网络系统功能最优化，并且这种由合作与综合协调产生的最优化功能，远远超出了每个子系统各自为政所产生最优化功能的简单相加。

再次，控制一个网络系统的关键点就在于控制该网络系统的网纲。对于任何一种网，使用者用以把握这个网络系统、牵制其他各子系统的主要线路称为网纲。企业管理者只要抓住网纲就能掌握对整个网络系统运行的控制。一段时间内，企业的创新目标一般是确定的，也就是说企业的创新工作都会有一个核心，企业的其他创新都要围绕核心创新进行，这个核心创新就是企业创新网络系统运行的网纲的依据。企业的核心创新可能会有所变化，但在一段时期内它是相对固定的。网纲是企业创新工作重点的一个真实反映，又是为了完成企业创新管理目标所采取的必要手段。通过抓住企业创新网络系统网纲，可以简化企业创新管理工作，避免步入"眉毛胡子一把抓"的大而全的管理误区。那么如何进行网纲的选择呢？如上所述，企业创新网络系统的网纲是由当前的重点创新目标而定。企业的创新目标可能同时有多个：产品创新、技术创新、成本创新、质量创新等。在这一系列目标中，要选择与企业当前经济利益关系最直接、最能发挥企业潜力的创新目标作为企业创新网络系统运行的重点管理对象，即作为网纲来管理，以带动企业创新的全面发展。例如，对一般生产企业来说，技术创新一直都在抓，但同时对技术创新的管理可能比较混乱，技术创新实施难以跟上，这时就要把管理创新作为网纲来抓；而对于一个商业企业来说，服务创新则应是其企业创新网络系统的网纲。对同一个企业来讲，由于经营目标的转变，其创新网络系统的网纲也会相应有所改变。一般来讲，某一专业管理水平达到一定程度以后，由此带来的效益呈递减趋势。这时就应转变创新网络系统的网纲，把重点放在其他能够带来更大效益的创新目标上。

另外，提出网纲就是要让管理者的管理有针对性，减轻对管理创新的负担，以实现企业创新的最优化管理。因此网纲的选择要少而精，不能混淆主次，要抓住重点。通过分析，对于每个企业来说，特别是生产经营型企业，从长远来看都要进行导向（观念）创新、核心（技术）创新、保障（管理）创新、基础（市场）创新、活力（制度）创新和目标（产品）创新。

19.3　现代林业企业创新管理的政策措施

是否能够实现现代林业企业的创新管理，现代林业企业创新能否有效开展，取决于该企业是否真正成为市场主体，进而是否真正成为创新主体。由于我国市场经济体制正在建立过程当中，林业企业行为的市场化程度还比较低，全面创新活动尚在萌芽之中，还远远谈不上成为真正的创新主体，所以我们要制定一系列的政策措施，大力促进现代林业企业成为创新主体，只有成为创新主体，才能培育出具有核心竞争力的现代林业企业。

19.3.1　采取有力措施，切实转换现代林业企业经营机制

企业是否真正成为市场主体，进而成为真正的创新主体，关键在于企业是否真正转换经营机制。虽然，经过20多年的企业改革，国有企业在转换经营机制上取得很大进展，但是，从总体看，我国国有企业的体制仍然不够顺利，经营机制还不能完全适应社会主义市场经济体制发展的需要，还不能适应国际竞争的需要。特别是我国的国有林业企业，进入市场较晚，经营机制上存在很多弊端。林业企业改革的重点是扎扎实实地转换内部经营机制，建立起强有力的管理体制和优胜劣汰的激励约束机制，真正成为自主经营的法人主体和市场主体。当前，我国应采取以下措施加快促进现代林业企业经营机制的转换。

一是进一步推进政企分开，落实企业自主权。要按照市场经济体制要求加大探索政企分开和落实企业自主经营权改革的力度。首先，要实行政府所有者职能和社会行政管理职能分离，为企业转换经营机制创造条件。其次，适应市场经济体制要求，政府的社会行政管理职能要进一步分解，即行政管理职能和宏观经济管理调控分开。

二是积极推进劳动人事和社会保障制度改革。通过改革转换企业经营机制的目的在于提高企业在国际竞争中的活力，而企业活力的来源主要是广大职工的责任感和积极性的发挥。因此，要深化劳动人事和社会保障制度改革，为转换企业经营机制创造体制条件。主要内容是要按照适应市场经济体制要求，深化劳动体制改革，建立新的符合国际竞争需要的用工机制；改革企业人事制度，建立新的市场化的激励和约束机制；改革企业领导体制，建立企业家队伍形成机制。

三是入世之后的挑战，进一步提高林业企业的国际竞争能力。加入世贸组织之后，林业企业将在更大范围、更深程度上参与经济全球化进程，这既是难得的机遇，同时也是严峻的挑战。应对入世贸带来的挑战，最关键的是要采取有效措施切实转变企业经营机制，提高企业素质和核心竞争力。

与此同时，为适应经济全球化和我国加入世贸组织的需要，必须进一步扩大林业对外开放，更好地利用国内国际两种资源、两个市场，扩大林业在国际市场的生存空间。一是要努力提高利用外资水平。鼓励外商特别是跨国公司参与国有林业企业改组改造。鼓励有条件的林业企业对外发行股票，积极采用收购、兼并、风险投资、投资基金等各种形式，促进利用外资和国有企业产权制度改革。二是要大力实施"走出去"的发展战略。鼓励能够发挥林业企业优势的对外投资，扩大国际经济技术合作的领域、途径和方式。继续发展对外承包工程和劳务合作，鼓励有竞争优势的林业企业到境外采伐，创造更高的经济效益。

19.3.2　进一步加强对林业企业的科学管理

加强管理是企业做好一切工作的基础，对企业创新也不例外。因此，培育林业企业创新管理的主体，促进林业企业创新发展必须大力加强企业管理工作。主要是做好以下几方面工作。

19.3.2.1　建立权责明确的领导体制，完善企业组织机构

19.3.2.1.1　建立与社会主义市场经济体制相适应的企业领导体制和组织机构

企业领导体制因企业规模及资产构成不同而异。要贯彻权责一致原则，权威、精干、高效的原则。建立现代林业企业制度是国有林业企业改革的方向，其典型形态是公司制。按照《公司法》规定，公司的所有者、经营者要通过建立权力机构、决策和管理机构、监督机构，形成各自独立、权责明确、相互协调、相互制衡的关系，并通过公司章程具体确立。从体制和机制上保证决策的科学化、民主化，提高决策的水平和效率，防止大的决策失误。科学有效的公司组织机构必须通过严格的管理加以保证和实现。

19.3.2.1.2　要充分发挥企业基层党组织的政治核心作用

发挥党组织在企业中的政治核心作用，是我国企业的优势所在，也是我国实行社会主义市场经济体制的重要体现。公司制企业党组织负责人可通过法定程序进入董事会、监事会或经理层，参与重大决策；具备条件的党员董事、经理、副经理和监事会主席，通过党组织的推荐和选举，可兼任党委职务。党组织的政治核心作用，主要通过教育和监督董事会、监事会和经理层中的党员在决策和管理中认真贯彻党的方针政策，按照国家法律、法规行使各自的职权来体现；通过领导工会、共青团组织围绕生产经营和有益职工身心健康积极开展丰富多彩的活动来体现；通过发挥党支部的战斗堡垒作用和教育党员在各自岗位上发挥先锋模范作用来体现；通过做好思想政治工作，加强企业文化建设，调动和发挥广大职工积极性来体现。

19.3.2.1.3　要全心全意依靠工人阶级办好企业

要依据《公司法》《劳动法》等有关法律规定，从制度上保证职工参与企业的民主管理和民主监督。公司研究决定生产经营的重大问题、制定重要的规章制度，特别是有

关职工切身利益的问题，应充分听取工会和职工代表的意见和建设。

19.3.2.2 切实制定发展战略，实施战略管理

19.3.2.2.1 要把战略管理放在林业企业管理的重要位置

企业战略对于林业企业的生存和发展具有全局性的重要意义。林业企业要在市场竞争中立于不败之地，就必须树立战略致胜观念，搞好企业发展战略，特别是国有大中型林业企业的领导，要把很大精力集中于企业发展战略研究上，强化战略管理职能，把战略意图贯彻到企业经营活动的各个环节，增强企业抗御风险的能力，使其健康发展、长盛不衰。

19.3.2.2.2 采取有力措施，实施战略管理，提高发展能力

林业企业既要制定符合国家经济发展规划和产业政策的总体发展战略，也要制定确保总体发展战略实现的市场营销、科技开发、资产经营、结构调整、人才开发等分战略，并对战略的研究、制定、实施、调整进行全过程的管理。

发展战略的制定要建立在可靠性研究的基础上。要加强战略研究，包括对国内外大环境、市场经济发展情况、社会资源配置和流动趋势的研究；对企业的发展领域和方向，专业化和多元化选择，产品结构调整，资本结构和筹措方式，规模和效益的优先次序，以及对科、工、贸、金的组合进行不断的研究。在此基础上制定本企业的发展战略。要加强战略实施的管理。企业发展战略的实现依赖于战略目标的层层分解，以各自目标的完成确保企业整体战略目标的实现。

19.3.2.3 建立科学的管理体系

发达的市场经济中较为成功的大企业，都有一套适合自身经营战略和市场环境、生产条件的管理制度、组织机构以及配套管理体系。如青岛海尔集团公司创立的以市场为中心的目标体系，以人为中心的激励机制，以"日清日高管理法"为核心的运作体系，就是一个较为成功的典型，对于保证企业经营战略的实现和经济效益的提高起了明显的保证作用。

19.3.2.4 切实引导林业企业面向市场，加强市场营销管理

19.3.2.4.1 充分认识市场营销是现代企业管理的首要环节

面向市场、适应市场是市场经济对企业的基本要求。企业必须树立新的市场营销观念，以现在、潜在的市场需求引导营销行为，以尽可能少的人力、物力、才力投入，以尽可能快的资金周转，获取尽可能好的企业经济效益、社会效益，在最大限度地满足市场需求中达到企业良性发展的目的。

19.3.2.4.2 强化营销管理

强化营销管理主要应采取以下措施：①加强市场研究与预测工作。既要研究现在的市场，也要研究潜在的市场，根据市场分析，搞好市场定位，选准目标市场，完善促销手段，满足消费者需求和引导消费，扩大市场占有份额。②加强营销网络的管理。建立稳定的客户网络，实现企业产品和服务的迅速转化。要选精兵强将上营销的"战场"，扩大销售工程师的数量，加强对销售人员的培养和管理，加强售后服务和重点跟踪，提高服务质量和企业信誉。③加强信息网络的管理。信息是企业的重要资源。要把销售网络变成信息渠道，开展市场信息的搜集、分析、应用和交流。要使信息在企业内的传递

通畅、利用高效。要借助于计算机等现代科技手段进行信息管理，提高预测分析的精度和速度。通过各种方式获取国际市场信息，积极参与国际市场竞争。

19.3.2.5 加强质量管理，积极贯彻国际系列质量标准

19.3.2.5.1 充分认识产品质量是企业的生命

要强化质量意识，树立"大质量"观念，采取有效措施，迅速扭转企业质量管理不严、产品质量不高、不良品损失严重、假冒伪劣商品屡禁不止的状况，把提高产品质量作为提高国民经济增长质量的一个突出问题来抓。每个企业都要制定企业质量管理目标，把企业管理同企业经营紧密结合起来，强化从产品开发到售后服务的全过程质量管理，为用户提供满意的产品和服务。

19.3.2.5.2 要继续深入推行全面质量管理

全面质量管理在我国已推行多年，积累了比较丰富的经验。推行全面质量管理与贯彻执行 ISO9000 系列标准是一致的。要继续健全质量管理机构，深入开展群众性的 QC 活动，不断改进质量管理，推广应用科学的质量管理方法，大力推进计算机控制质量，持续地提高质量管理水平和质量保证能力。

19.3.2.5.3 积极贯彻 GB/T9000 - ISO9000 系列标准

ISO9000 系列标准是国际通行的质量管理和质量保证标准，是国际贸易中需方要求供方提供质量保证的依据，也是产品进入国际市场的"通行证"。我国已将此标准等同转化为 GB/T9000 - ISO9000 系列标准。各个企业都应创造条件积极贯彻。具有进出口权的大中型企业，基本上都要达到 ISO9000 系列标准的要求，并通过国内或国际认证机构的认证。ISO9000 系列标准是不断完善和发展的，企业取得认证后，还要继续完善保证体系，以符合新版标准的要求。

质量体系认证机构，要以高度负责精神，严格按照标准对申请的企业进行认证和对已认证企业进行定期复审，确保认证工作的质量。

19.3.2.6 加强林业企业资金管理

资金紧张对林业企业来说将是长期的现象。造成当前企业资金紧张的原因主要有以下几方面：①资金运营效率低下，拖欠严重，使用结构不合理，但也确有总量不足问题。②边生产、边积压导致资金沉滞，形成企业相互拖欠，进一步加剧了企业资金紧张状况。③企业消耗过高，资源浪费严重，造成资金浪费。

根据以上造成资金紧张的原因，相应地应采取措施，加强对企业资金的管理。①要想方设法开源节流，加强对资金的管理，从抓资金筹措、使用、运转的管理入手，统筹安排使用各项资金，优先满足企业生产经营资金需要，多搞技术改造，走投入少、产出多、质量好、消耗低、效益高的发展道路；要严格执行结算制度，认真实施"两则"，完善企业内部审计制度，形成有效的资金审计监督机制。②要按照"增畅、限平、停滞"的原则，做好限产压库，加强贷款回收，严肃资金结算纪律，采取各种措施，开展促销，盘活资金存量，加快资金周转，提高资金使用效率。③要加强企业的成本管理，减少不合理消耗，健全以节能降耗为主要内容的成本管理责任制，完善成本核算，杜绝浪费，提高投入产出比。

本章小结

本章从企业进行创新的重要意义入手，提出创新是企业获得核心竞争优势的决定因素、创新是企业求得生存和发展的灵魂、创新是企业实现持续发展的重要源泉、创新是企业提高经济效益的根本途径。同时提出企业创新的特点：系统性、创造性、市场性、实用性、协同性、收益性、风险性和动态性。对现代林业企业创新管理的内容进行了深入的分析和探讨，对现代林业企业创新管理的政策措施提出了具体思路。

复习思考题

1. 林业企业创新管理的重要意义是什么？
2. 林业企业创新管理的具体内容有哪些？
3. 结合我国林业企业的实际，谈谈你对林业企业创新管理的认识。
4. 如何实现林业企业的管理创新？

参考文献

[1]　哈罗德·孔茨．管理学［M］．北京：经济科学出版社，1998．

[2]　彭璧玉．现代企业管理新论［M］．北京：经济科学出版社，2001．

[3]　芮明杰．国有企业战略性改组［M］．上海：上海财经大学出版社，2002．

[4]　魏杰．企业前沿问题——现代企业管理方案［M］．北京：中国发展出版社，2001．

[5]　蒋敏元．林业经济管理［M］．北京：中国林业出版社，2000．

[6]　耿玉德．现代林业企业管理基础［M］．哈尔滨：东北林业大学出版社，1995．

[7]　孙永正．管理学［M］．北京：清华大学出版社，2003．

[8]　万志芳．营林与林产品加工利用分制研究［J］．林业经济问题，2003（2）．

[9]　肖更生，刘安民．管理学原理［M］．北京：中国人民公安大学出版社，2002．

[10]　杨明刚．实用管理学［M］．上海：华东理工大学出版社，2001．

[11]　耿玉德，王永清，蒋敏元．国有森工企业管理体制改革研究［J］．林业经济，2002（3）．

[12]　蒋明新．企业经营战略［M］．成都：西南财经大学出版社，2000．

[13]　李啸尘．新人力资源管理［M］．北京：石油工业出版社，2000．

[14]　王璞．人力资源管理咨询实务［M］．北京：机械工业出版社，2003．

[15]　陈阳，邓丽明，张建军．现代企业管理学［M］．北京：经济日报出版社，2002．

[16]　陈玲芳．面向21世纪的林业企业人力资源开发［J］．林业经济问题，2002（5）．

[17]　斯蒂芬·P.罗宾斯．管理学［M］．北京：中国人民大学出版社，1996．

[18]　王一江，孔繁敏．现代企业中的人力资源管理［M］．上海：上海人民出版社，1998．

[19]　张国初．人力资源管理定量测度和评价［M］．北京：社会科学文献出版社，2000．

[20]　张德．人力资源开发与管理［M］．北京：清华大学出版社，1996．

[21]　谢家祜，邱俊齐．林业经济管理学［M］．北京：中国林业出版社，1995．

[22]　王静刚，顾海英．现代农业企业管理学［M］．上海：上海交通大学出版社，2003．

[23]　孙义敏，杨杰．现代企业管理导论［M］．北京：机械工业出版社，2002．

[24]　耿玉德．林业产业化研究［M］．哈尔滨：东北林业大学出版社，2002．

[25]　刘瑜，田忠．加强林业企业财务管理的几点建议［J］．林业科技，2001（5）．

[26]　郑永新．林业股份公司财务管理制度探讨［J］．林业经济问题，2002（2）．

[27]　刘文开，陈裕德．论林业企业投资理财模式的选择［J］．林业财务与会计，2002（6）．

[28]　邢以群，张大亮．管理创新论［M］．长沙：湖南大学出版社，2000．

[29]　傅家骥．技术创新学［M］．北京：企业管理出版社，1998．

[30]　梁镇，赵国杰．企业管理创新［M］．北京：中国经济出版社，1996．

[31]　张体勋，李霞，郭伟．现代企业管理［M］．北京：中国纺织出版社，2002．

[32]　吕巍．现代企业市场创新［M］．太原：山西经济出版社，1998．

[33]　黄恒学．市场创新［M］．北京：清华大学出版社，1998．

[34]　姜彦福．企业技术创新管理［M］．北京：企业管理出版社，1999．

[35]　王路郁．企业管理创新方法［M］．济南：山东大学出版社，1991．

[36]　李有荣．企业创新管理［M］．北京：经济科学出版社，2002．

[37] 覃家君，张玉意．企业管理概论 [M]．广州：中山大学出版社，1999.

[38] 穆庆贵，陈文安．新编企业管理 [M]．上海：立信会计出版社，2000.

[39] 周耀烈．现代企业管理学 [M]．杭州：浙江人民出版社，2000.

[40] 陈秋元．现代企业管理 [M]．北京：经济科学出版社，2003.

[41] 董文尧．企业管理基础 [M]．天津：南开大学出版社，2002.

[42] 章健．管理学 [M]．北京：经济科学出版社，2002.

[43] 周三多．管理学 [M]．北京：高等教育出版社，2000.

[44] 王文举．信息学概论 [M]．北京：中国商业出版社，1999.

[45] 陶长琪．信息经济学 [M]．北京：经济科学出版社，2001.

[46] 司有和．企业信息管理学 [M]．北京：科学出版社，2003.

[47] 潘永泉．企业信息管理 [M]．北京：中央广播电视大学出版社，2000.

[48] 谭祥金，党跃武．信息管理导论 [M]．北京：高等教育出版社，2000.

[49] 黄梯云．管理信息系统 [M]．北京：高等教育出版社，1999.

[50] 甘仞初．信息系统开发 [M]．北京：经济科学出版社，1996.

[51] 李红．管理信息系统 [M]．北京：经济科学出版社，2002.

[52] 陈玮．计算机在经济管理中的应用 [M]．哈尔滨：哈尔滨地图出版社，2003.

[53] 吴健安．市场营销学 [M]．北京：高等教育出版社，2000.

[54] 菲利普·科特勒．营销管理：分析、计划和控制 [M]．上海：上海人民出版社，1997.

[55] 何永祺，张传忠，蔡新春．市场营销学 [M]．大连：东北财经大学出版社，2001.

[56] 张春霞．林产品贸易学 [M]．北京：中国林业出版社，1999.

[57] 陈阳，邓丽明，张建军．现代企业管理学 [M]．北京：经济日报出版社，2002.

[58] 黄渝祥．企业管理概论 [M]．2 版．北京：高等教育出版社，2000.

[59] 腾铸，季敏波，程华．现代企业管理学 [M]．上海：上海财经大学出版社，1997.

[60] 王方华．工商企业管理基础 [M]．太原：山西经济出版社，1997.

[61] 施礼明．生产与作业管理 [M]．北京：中国财政经济出版社，2000.

[62] 倪文岚．现代工商企业管理 [M]．北京：中国社会出版社，1995.

[63] 张国有．生产经营 [M]．北京：经济日报出版社，1997.

[64] 赵振华，耿玉德，韩斌．林业企业现代管理概论 [M]．哈尔滨：黑龙江科学技术出版社，1995.

[65] 赵振华，倪鹏伍．国有森工企业管理学 [M]．哈尔滨：东北林业大学出版社，1993.

[66] 潘大均．管理学教程 [M]．北京：经济管理出版社，2002.

[67] 张志永．现代管理论 [M]．南昌：江西人民出版社，2001.

[68] 简鸿飞．现代企业经营管理学 [M]．广州：华南理工大学出版社，2002.

[69] 杨怀锡．企业战略管理 [M]．北京：高等教育出版社，2002.

[70] 王方华，吕巍．企业战略管理 [M]．上海：复旦大学出版社，2001.

[71] Philip Kotler. Marketing Essentials [M]. New Jersey：Printice – Hall Ins. , 1994.

[72] Larrg Long. Introduction to Computers and Information Processing [M]. New Jersey：Printice – Hall Inc. , 1991.